北京市高等教育精品教材

第六版

现代商业经济学

祝合良　编著

Modern Business Economics

首都经济贸易大学出版社
Capital University of Economics and Business Press
·北 京·

图书在版编目（CIP）数据

现代商业经济学 / 祝合良编著. -- 6版. -- 北京 : 首都经济贸易大学出版社, 2025. 3. -- ISBN 978-7-5638-3809-7

Ⅰ. F710

中国国家版本馆CIP数据核字第20258M583Y号

现代商业经济学(第六版)

XIANDAI SHANGYE JINGJIXUE

祝合良　编著

责任编辑　杨丹璇

封面设计　风得信·阿东 FondesyDesign

出版发行　首都经济贸易大学出版社

地　　址　北京市朝阳区红庙（邮编100026）

电　　话　(010)65976483　65065761　65071505(传真)

网　　址　http://www.sjmcb.cueb.edu.cn

经　　销　全国新华书店

照　　排　北京砚祥志远激光照排技术有限公司

印　　刷　唐山玺诚印务有限公司

成品尺寸　170毫米×240毫米　1/16

字　　数　463千字

印　　张　21.75

版　　次　2001年7月第1版　2004年7月第2版　2008年6月第3版
2017年1月第4版　2020年11月第5版　**2025年3月第6版**

印　　次　2025年3月总第27次印刷

书　　号　ISBN 978-7-5638-3809-7

定　　价　51.00元

第六版前言

商业是商品交换的发达形式，是第三次社会大分工的产物，具有悠久的历史。商业自产生以来，其地位在不断地提高，其作用在不断地增强。如今，现代商业已经演变成为一个庞大的产业系统，在现代市场经济中发挥着至关重要的作用，商业的发达程度已经成为衡量一个国家市场经济发达程度的重要标志，以至于不少学者认同：改变未来世界格局的不是战争，而是商业；21 世纪的社会是商业社会。随着经济全球化的发展，以商业为主体的流通产业已经成为世界各国争夺的焦点，成为当今世界经济活动最活跃的领域。

为了充分发挥现代商业在市场经济中的作用，国内外理论界在不断地探索和研究商业活动的基本规律、运行原则和业务流程等以指导商业实践。其中，马克思的流通理论对世界商业的发展有至关重要的影响。长期以来，发达国家尤其是日本非常重视对商业理论的研究，并取得了许多重大的研究成果。如日本对商业职能、零售业态、企业集团、物流学、商品流通渠道的研究，美国对期货市场、代理制、合约理论、电子商务的研究等，都非常深入和具体，这些研究成果对现代商业和市场经济的发展起到了极大的促进作用。中华人民共和国成立后，尤其是改革开放以来，我国商业理论界在商业理论研究方面也取得了一批丰硕的成果，并形成了一定的理论体系，对指导我国的商业和社会主义市场经济的建设起到了巨大的推动作用。但长期以来，受多种因素的影响，商业产业在我国还没有得到足够的重视。重生产轻流通、重工业轻商业的旧观念在我国至今还根深蒂固，极大地阻碍了我国商业和市场经济的发展。与之相对应，商业理论的研究和商业经济学科与专业的建设也没有得到应有的重视。尤其是 1997 年全国研究生学科和专业目录调整时，将商业经济学科和专业并入产业经济学科和专业，以及 1998 年全国普通高校本科专业目录调整时将商业经济专业列为目录外本科专业的做法，对我国商业经济学科与专业的建设造成的恶劣影响至今没有根除。目前，我国流通领域存在的诸多问题，虽有体制等因素的影响，但从根本上来讲，主要是人的问题。流通领域人才偏少、人员素质偏低，是我国流通产业发展的主要瓶颈之一。面对国内市场的国际化竞争，想要提高我国流通企业的竞争力，彻底解决我国流通领域存在的诸多问题，必须树立人才强商的战略思想，必须加强对流通人才的培养，为此，必须高度重视具有中国特色的商业经济学科和专业的建设。

笔者多年来从事商业理论的教学和研究工作，切实感到商业理论的教学和研究对我国商业和市场经济的发展具有十分重大的指导作用。通过多年的学习和积累，在借鉴国内外研究成果的基础上，笔者编写了这本商业经济学教材。

本教材的编写主要体现了两个原则。一是理论与应用相结合的原则——通过理论方面的阐述，培养学生们的理论思维能力；通过应用方面的阐述，培养学生们解决实际问题的能力。二是中西方理论相结合的原则——既吸收了国内同行的研究成果，又吸收了西方国家经济学中与商业有关的一些最新研究成果，如，新制度经济学理论、交易费用经济学理论、信息经济学理论、现代合约经济学理论中与商业有关的理论在本书中都有所体现。

本书自第 1 版出版以来，得到社会和国内众多高校的厚爱，发行已达数万册。本次修订，在前五次修订的基础上，主要对第一章、第三章、第四章、第五章、第七章、第八章和第十章的部分内容进行了修改，补充了一些最新资料和最新动态，使本教材内容更加丰富，使理论和政策更加贴近现实。

本书在写作的过程中，得到了导师李金轩教授、曹厚昌教授的指导和帮助。此次修订过程中，黄敏、祝希贤参与了一些修订工作。首都经济贸易大学出版社的领导和编辑为本书的修订也付出了大量的心血。在此，一并表示衷心的感谢。

由于水平有限，书中不足之处在所难免，恳请同行和广大读者批评指正。

祝合良

2025 年 1 月

Contents

目 录

第一章

交换与商业

商业是商品交换的发达形式，属于交换的范畴。因此，要了解商业，有必要先了解交换。交换的产生和发展，始终是同分工的产生和深化紧密联系在一起的。因此，要了解交换，就必须从分工谈起。本章首先介绍分工与交换的关系；然后介绍交换与商业的关系，同时介绍与商业有关的几个基本经济范畴，如交易、贸易、商品流通、市场等；接着阐述商业的作用和职能；最后阐述现代商业的发展与创新。

第一节　分工与交换

人类的交换活动古已有之。最初是简单的物物交换，后来发展到商品交换，并由此产生了商业。在商品经济社会中，交换已经成为经济总体的必然要素，社会再生产过程中的必然环节。但交换的产生和发展，始终是同分工的产生和深化紧密联系在一起的。因此，要了解交换，了解商业，必须首先从分工谈起。

一、分工的演变

分工是指人类在经济领域中为进行合理的劳动而使劳动专业化的做法。因此，一切分工都是劳动的分工。

从经济运行的过程来看，劳动分工首先是生产的分工，然后是交换的分工。生产的分工，最初是自然分工，然后才有按劳动特长进行的技术分工。所谓自然分工，就是指按性别和年龄的差异而进行的分工，“也就是在纯生理的基础上产生的分工”①。这种自然分工，早在原始社会的氏族、部落、公社内部就已经存在，如男子从事渔猎，女子从事采集等。在现代经济生活中，自然分工依然存在，如护士多为女性，就是这一分工的体现。可见，自然分工时至今日仍有其存在的

① 马克思，恩格斯．马克思恩格斯全集：23 卷[M]．北京：人民出版社，1972：390.

合理性。所谓技术分工就是指以一定的技术准则进行的分工。同一经济体的产品由不同工种的劳动者制造的局部产品所组成，技术分工使不同工种的劳动者按照时间的先后顺序完成整个操作过程。生产的分工使生产者之间互相依赖，进而产生了生产交换。生产和需求规模的不断扩大，以及生产分工的深化和消费需求的精细，使交换的分工成为可能。随着交换规模的扩大、交换过程的延长以及交换关系的复杂化，交换的分工成为必然。例如，今天按交换对象的不同，就有物质产品、劳动力、房地产、服务、技术、信息、资金等多种交换；按流通过程的不同，就有批发和零售贸易等行为；按行业的不同，就有农产品、纺织品、日用工业品等的交换。

从分工影响的范围来看，劳动分工首先是内部分工，然后才是社会分工。所谓内部分工，就是指某一经济体内的分工，如家庭内部的分工、手工工场的分工、企业内部的分工等。经济体内部的分工，首先也是自然分工，然后才是技术分工。从历史上看，经济体内部的分工，从自然分工到技术分工是从手工业开始的，这种分工在工场手工业中得以成熟。随着生产力的发展和劳动生产率的不断提高，内部分工的发展必然导致生产的专业化，而生产专业化的发展，又必然导致社会分工。因为生产专业化的发展把每一种产品以及产品每一部分的生产都变成了专业的工业部门，这样就使生产的内部分工走向社会化。社会分工使劳动的划分不是在经济体内部，而是在全社会范围内以独立部门的形式存在。每个经济体依分工的不同而归于不同的社会经济部门，专业化的生产成为社会总劳动的有机组成部分。

社会分工与内部分工虽有许多相似和相互联系之处，但两者在本质上是不同的，具体表现为：第一，社会分工中独立劳动发生联系是因为生产者各自的产品都是作为商品而存在的，而内部分工的劳动者彼此的劳动成果不作为商品，而作为经济体内部各种劳动的共同产品；第二，社会分工以不同劳动部门的产品的买卖为媒介，而内部分工则以劳动力的结合使用为媒介；第三，社会分工以生产资料分散在许多互不依赖的商品生产者中间为前提，而内部分工则以生产资料积聚在一个经济体中为前提。

二、分工的客观必然性

分工作为一种普遍存在的经济现象，有其存在的客观必然性。一般来说，主要是由资源的制约、技术的限制和提高效率的需要所决定的。

（一）资源的制约

从事经济活动的主体往往不可能占有其所需的一切资源，受资源条件的约束，进行分工就成为必要。例如，草原地区往往降水量不足、地力贫瘠、气温偏低，不适宜种植蔬菜、水果、茶叶、稻谷等农作物，游牧民族长期生活在草原，由于自然条件的影响，主要靠吃牛羊肉为生，如果他们需要蔬菜、水果、茶叶、大米等农产品，就需要从适宜生产这些农产品的地方采购。适宜种植蔬菜、水果、茶叶、稻谷等农作物的地方，一般又不适宜大量放牧，这些地区的人们需要消费牛羊肉时，往往又要从草原地区采购。因此,基于资源条件约束而出现的分工是一种最基本和最常见的分工。由于生产力的发展尚不能完全摆脱资源条件的束缚,并且资源条件在长期内难以改变,因此基于资源条件的约束而出现的分工是必然的。

（二）技术的限制

在历史和现在的经济生活中,技术并非广泛、均匀地发展和分布于每个国家或经济体之中;相反,由于技术往往具有垄断性,因而其分布往往具有不均衡性,再加上专利技术和专有技术的保护等,使得技术的传播、掌握、消化需要一定的时间,因此,在技术的限制下进行分工,是一种现实的需要。

（三）提高效率的需要

分工往往可以提高效率,促进经济整体的发展,具体表现在分工可以充分利用人力资源、提高劳动熟练程度、促进技术的改进、充分利用工作时间、摆脱自然束缚、发挥比较优势等诸多方面。

进一步讲,就自然分工而言,在生产力水平比较低的条件下,自然分工较好地配置了当时最重要的资源——人的劳动能力,从而有效地发挥了不同性别、不同年龄的劳动者的体力和脑力的相对优势,促进了农业和手工业的发展,支撑了自然经济的基本框架,促进了生产力的提高。就技术分工而言,分工有助于提高劳动熟练程度,每个人从事单一的操作,自然易于由不熟练变得熟练;有助于改进技术,一个人长期从事某一项操作,容易洞悉其原理和机制,提出技术改造的方案;有助于提高时间的利用率,节省每个人变换操作的时间。就部门分工而言,有助于摆脱自然束缚,提高劳动效率。第一次社会大分工,畜牧业从农业中分离出来,使人类在摆脱自然界束缚的进程中向前迈进了一大步。第二次社会大分工,手工业从农业中分离出来,使人类又前进了一大步。第三次社会大分工,商业从产业部门中分离出来,表明人类经济活动的重心由人与自然之间的关系逐渐向着人与人之间的关系转移。以后随着金融、保险、信息等服务业的发展和独立,人类自身的协调作用越来越重要,自然界对人类的束缚进一步得到解放,劳动效率进一步得到提高。就地区分工和国际分工而言,各自发挥优势、优化资源配置、降低生产成本、节约社会劳动,可以大大提高经济发展的效率。可以说,提高效率的需要是分工得以深化的根本原因。

三、分工与交换

无论从理论还是从历史的角度来看,分工与交换都是密不可分的。概括地说,分工是交换的基础,交换又是分工之必需。这里主要从理论和历史相结合的角度谈谈社会分工与商品交换的关系。

（一）第一次社会大分工与商品交换的出现

人类社会的发展经历了蒙昧时代、野蛮时代、文明时代三个时期。在蒙昧时代,生产力水平极为低下,原始人结成原始群落,依靠集体的力量与自然界搏斗,主要以狩猎、采集为生,共同劳动,共同消费,没有社会分工,也没有剩余产品。因此,不同的经济体之间难以发生交换,商品交换也就无从谈起。经过数十万年缓慢而持续的进化,人类社会终于由蒙昧时代进入野蛮时代,原始人群那种简单粗糙的组织形式开始被以血缘关系结成的氏族与部落取代。与此同时,新的生产工具不断出现,如狩猎用的弓箭与钓鱼用的骨制鱼钩被发明出来了,人类不仅懂得了利用天然火,而且还逐渐掌握了人工取火的技术,饮食上由生食转为熟食,取暖御寒、抵御野兽的能力也因火的利用而大为增进,人类体质增强,寿命延长,劳动者的劳动能力也相应增长。劳动者劳动能力的增长与生产工具的进步标志着生产力水平的飞跃,此时剩余产品出现了。最初剩余产品的产生是因为人们将狩猎而得、一时食用不了的野兽暂时饲养起来,以备日后之需。然而在这一过程中,人们发现野兽自身繁衍带来的利益比狩猎更大,于是开始有意识地驯化、饲养野兽,野兽也渐渐被驯养为家畜,于是肉食、皮毛有了稳定的来源,畜牧业取代了狩猎而逐渐居于主导地位。与此同时,人类在长期的采集过程中发现,植物种子落地后会定期生根发芽。于是,当采集所得的植物种子一时食用不了时,人类就开始模拟自然进行播种试验,获得成功后又不断积累有关气候、土壤、水肥条件的知识,并且开始有意识地选种、育种,农业得以产生和发展,并取代了成果不稳定的采集而成为长期占据主导地位的生产方式。第一次社会大分工由此出现了,即畜牧业与农业实现了分工。

农业与畜牧业的分工打破了原始部落集各项经济事业于一身(如狩猎、捕鱼兼采集)的传统模式,出现了专业化生产的农业部落与畜牧业部落。于是出现了两大部落之间的商品交换,但这时的商品交换主要是剩余产品的交换,因此,这时商品交换并不占重要地位,自给自足的生活在部落中仍然占据主导地位。

(二)第二次社会大分工与商品交换的发展

随着原始人劳动经验的积累和农、牧业经济的发展,原始农业进入了一个新的发展时期。原始农业的发展使得农牧产品除了可以满足原始部落内部成员的消费之外,还有了更多的剩余产品,这为手工业的发展提供了物质条件。随着手工业的发展和独立化,第二次社会大分工出现了,即手工业从农业中分离出来。由于手工业的产品不能直接作为生存消费资料,手工业者要生存就必须将其生产出来的手工业品拿到市场上进行交换,换取自己所需要的消费品。因此,马克思说:"随着生产分为农业和手工业这两大主要部门,便出现了直接以交换为目的的生产,即商品生产。"[①]商品生产的发展使已存在的商品交换从偶然行为变成经常性的行为。

随着商品交换的发展,货币作为交换的媒介和等价物也出现了,从而为商品交换的扩大创造了必要的条件。这是因为:第一,货币的出现,把买卖分解为两个不同的过程,即卖(W—G)的阶段和买(G—W)的阶段。这样,卖不一定就要买,买不一定非要卖,从而给买卖双方以更大的灵活性、选择性,进而扩大了交换的时间范

① 马克思,恩格斯. 马克思恩格斯选集:4卷[M]. 北京:人民出版社,1972:159.

围。第二,买卖有了共同的等价物——货币,买卖双方就有了一个共同的衡量标准,这样就可以体现等价交换的原则,便于双方接受,使交换得以顺利进行。第三,由于货币的价值量可以分解,买卖可以分散进行,特别是换回货币后,购买商品的过程既可以集中进行,也可以分散进行,既可以在一地进行,也可以在多地进行,既可以购买某一种商品,也可以分散购买多种商品,这样就扩大了交换的空间范围。第四,可以通过货币的吞吐来调节市场的供求,解决了供求之间的矛盾,保证了商品生产和商品交换的正常进行。这样,就在时空上扩展了交换范围,促进了商品经济的发展。

总之,货币的出现,不仅使交换的形式发生了变化,交换的数量增加,而且使交换产生了质的飞跃,将其推进到一个新的阶段,从而为商业的产生创造了前提条件。

(三)第三次社会大分工与商业的产生

商品交换起初是由商品生产者自己承担的,农民、牧民、手工业者均自己负责产品的销售与必需品、原材料的购买。随着生产的发展,交换的任务越来越繁重,市场的扩张也使交换所需的人力、物力、时间不断增加,并且商品生产要以商品交换为前提,如手工业者一旦产品销售不畅,就不能购入原材料组织下一阶段的生产,甚至自身的消费都会成问题。在这种情况下,社会分工突破了生产的范畴,出现了第三次分工,即商业从产业部门中独立出来。于是,产生了一个专门从事商品交换的经济行业——商业,同时也创造了一个不从事生产而只从事商品交换的阶层——商人。

商业是商品交换的发达形式,它的产生是社会分工的重大进步。在此之前的两次社会分工都发生于物质生产部门,所调整的是人与自然之间的关系,第三次社会分工则造就了独立的交换部门,所调整的是人与人之间的关系,这种变化反映了经济活动进一步挣脱了自然的限制而日益转为人与人之间的关系。这样一来,商业的产生也使得经济关系复杂化了。从前那种单纯的商品供给者与需求者之间的关系,演变为生产者、经营者、消费者之间的多重的经济关系。因此,商业的产生,标志着商品交换关系发展到了一个新的阶段。商业的产生和发展,还推动了社会分工向深层次方向发展,具体表现为:它不仅使原有的生产部门获得了蓬勃发展,而且使新的生产部门不断出现,同时还使原本属于商业内部、为商品交换服务的经济部门,如金融、运输、保险等部门也相继从商业部门中分化出来,变成独立的部门。可见,商业的产生对人类社会的发展起到了巨大的推动作用。对此,马克思给予了很高的评价。他认为,商业的出现,将人类从野蛮时代带到了文明时代的门槛上。

综上所述,分工是交换的基础,没有分工便无从交换;交换又是分工之必需,没有交换,分工将失去意义。分工的深化要求交换的发展,交换的发展又促进了分工的进一步深化。分工与交换密切联系,彼此相互影响,它们之间的互动贯穿整个经济生活的历史与现实。

第二节　交换与商业

一、交换与交易

在经济学的发展史上,“交换”是比“交易”更为古老的概念。传统的交换概念起源于资本主义以前的市场和集市,侧重考察商品的物质实体的运动形式,因此,传统的交换是指商品的实际移交。后来,马克思对交换问题的研究深化了其内涵。马克思指出,交换双方为了让渡自己的商品,占有别人的商品,必须彼此承认对方是私有者。交换活动不仅仅是商品实体本身的运动,排他性的所有权是交换的前提,所有权的有偿让渡是交换的实质内容。因此,从表面上看,交换是商品实体的运动,而从实质上看,交换是商品所有权的让渡,或者说是建立在特定所有权制度基础之上的不同商品所有者之间的一种契约关系。在现代经济理论中,交换这一概念常常被冠以交易的名称。因此,从本质上说,交换与交易是同义语,但现代经济理论中对交易的内涵又有着不同的理解。

二、交易的两种主要理论解释

在现代经济理论中,对“交易”这种普遍存在的经济现象,理论界有着不同的认识。其中最具有代表性的观点有两种:一种是以康芒斯为代表的交易理论;一种是以科斯为代表的交易理论。

康芒斯认为,交易是在一定的秩序或集体行动的运行规则中发生的,是在利益彼此冲突的个人之间的所有权的转移。很显然, 这是一种广义上的交易。康芒斯将广义上的交易活动分为三类:一是买卖的交易,即法律上平等的、人们之间自愿的买卖关系,尤指以换取一定的代价为前提的法律上所有权的让与和取得,不包含实际物品的交易程序。买卖的交易的特点是:司法当局在法律上把买者和卖者作为平等的人看待,其一般原则是稀少性。二是管理的交易,这是一种以财富的生产为目的的交易,是一种在法律上和经济上的上级对下级的关系,其中,上级是由一个人或少数人组成的特权组织,下级则必须服从上级的命令。其一般原则是效率。三是限额的交易,是有权力的若干参加者之间达成协议的谈判,握有权力的若干人把联合企业的利益和负担分派给企业的各个成员。这也是一种上级对下级的关系,只不过这里的上级是一个集体的上级或者是它的正式代表。康芒斯进一步指出:“这三种活动单位包罗了经济学里的一切活动。买卖的交易,通过法律上平等的人们自愿的同意,转移财富的所有权。管理的交易用法律上的上级的命令创造财富。限额的交易,由法律上的上级指定,分派财富创造的负担和利益。”①由于买卖的交易必定是在市场上进行的,因此我们将其称为市场化交易;而管理的交易大

① 康芒斯.制度经济学.上册[M].北京:商务印书馆,1983:86.

多是非市场的企业内部交易，限额的交易主要是非市场的政府交易，因此，我们不妨都将其称为非市场化交易。这样，康芒斯所讲的三类交易，实质上可以分为市场化交易与非市场化交易两大类。

科斯关于交易的理论思想体现在他对企业的性质的研究当中。他认为，有可能通过建立组织（如企业）来避免市场交易。“在企业之外，价格变动决定生产，这是通过一系列市场交易来协调的。在企业之内，市场交易被取消，伴随着交易的复杂的市场结构被企业家所替代，企业家指挥生产。”[1]而在这些能够避免市场交易的组织中，“生产要素所有者之间的交易被取消了，资源的配置由企业内部的权威决定”[2]。于是，科斯指出，“可以假定企业的显著特征就是作为价格机制的替代物”[3]。

从这些论述中，我们可以看出，科斯所讲的“交易”一般是指“市场交易”，而且在他看来，市场交易是通过价格机制的作用在不同的生产要素所有者之间发生的资源配置过程。由此可见，科斯所讲的交易与康芒斯所讲的广义交易具有很大程度的不同。在科斯的交易理论当中，他不但对交易有自己的见解，而且还注意到了市场交易的前提。他认为，“权利的界定是市场交易的基本前提”[4]。“没有这种权利的初始界定，就不存在权利转让和重新组合的市场交易。”[5]因此，科斯认为，任何交易都是具体产权安排之下的交易。从这个意义上来讲，权利界定是交易的前提。与此相关，科斯又认为，产权的具体安排又会通过交易发生变化，因此，从这个意义上来讲，权利又表现为交易的结果。所以，他在有些场合又说：“在很多人看来，权利是假设前提，但在我看来权利是结果。如此安排权利就会获得如此的结果，所以要如此安排权利。”“通过交易的变化，也是产权的变化。”[6]

此外，在科斯的交易理论当中，他还提出了必须重视研究交易的制度背景。他说：“如果不对交易赖以进行的制度设置加以详细规定，经济学家关于交换过程的讨论就毫无意义，因为这影响到生产的动力和交易的费用。”[7]科斯的这一见解是非常正确的。因为在现实世界中，市场交易的背后的确有一系列法律、法规、规则及各种制度形态和各种组织形式。因此，要深入研究交易活动，还必须对其制度背景进行细致的考察和研究。

从上面的介绍来看，要正确地理解交易，并不是一件简单的事情。基于本书的研究需要，书中所讲的交易都是指狭义上的交易，即市场交易。

---

① 科斯. 论生产的制度结构［M］. 上海：上海三联书店，1994：3.

② 科斯. 论生产的制度结构［M］. 上海：上海三联书店，1994：2.

③ 科斯. 论生产的制度结构［M］. 上海：上海三联书店，1994：4.

④ 科斯. 论生产的制度结构［M］. 上海：上海三联书店，1994：73.

⑤ 科斯，阿尔钦，诺斯，等. 财产权利与制度变迁［M］. 上海：上海三联书店，1991：11.

⑥ 盛洪. 又读科斯［J］. 读书，1996（3）.

⑦ 科斯. 论生产的制度结构［M］. 上海：上海三联书店，1994：359.

三、商品交换

商品交换是一种买卖的交易，亦即平等主体之间自愿的交换，是一种典型的市场化交易。它有着自己内在的规定性。

（一）商品交换的内涵

商品交换的内涵或者说商品交换的内在的规定性主要表现在4个方面。

1. 商品交换的主体具有自主性。商品交换的主体即从事商品交换的当事人，不论其为自然人还是法人，必须是市场主体，具有自主性。也就是说，从事商品交换的主体是从自己的自由意志出发决定其经济行为的，而不受外部因素的操纵、控制，它自主地而不是被动地决定其经济行为，自愿地而不是被迫地从事商品交换。因此，商品交换只能存在于买卖的交易之中。科层组织体系中不存在商品交换，不论在企业内部各单位之间还是政府与企业之间，商品交换均无容身之地，它们之间的交易只能采取管理的交易或限额的交易方式。

2. 商品交换的主体地位平等。即从事商品交换的当事人之间是平等的关系，彼此不存在等级差别，也无行政隶属关系，这也是商品交换这种市场化交易与非市场化交易的一个重要区别。在非市场化交易中，如在企业内部的管理的交易中，交易活动由上级主持，以其组织等级上的权威性，可以任意调拨或配给下属各单位的产品；在限额的交易中，政府凭借其由法律赋予的权力参与交易，行政命令是其促成交易的主要手段。因此，在非市场化交易中，交易主体不可能存在平等关系。正因如此，为了规范政府行为，更好地发挥政府职能，必须做到政企分开。例如，我国为了改革粮食流通体制，由国家财政创设粮食储备基金，实行企业化经营，作为平等的市场主体吞吐粮食，调剂供求，平抑粮价，代替过去由粮食部门用行政手段干预粮食市场的办法，成效显著，受到各方好评，这种做法即体现了商品交换对市场主体平等性的内在要求。

3. 商品交换的主体拥有自己独立的利益。即商品交换的主体拥有自己独立的利益要求，而不屈从于自身之外的其他主体的利益要求，这也是商品交换的主体从事商品交换的动力所在。如果否定了商品交换主体的独立利益，将其视为实现某一外部利益或整体利益的工具，那么商品交换就会变质，商品交换就不能得到应有的发展。例如，在我国传统的计划经济体制下，企业的自身利益被忽视，财政实行统收统支，企业被要求从大局出发，大量承担了平抑物价、安排就业、保持稳定等任务，结果市场行为被严重扭曲，商品交换受到破坏，从而使国民经济得不到应有的发展。

4. 商品交换的主体自由竞争。即商品交换的主体为了自己利益的最大化而展开自由竞争，力争取得自己的竞争优势。在商品交换中，不仅买方与卖方之间存在着竞争，而且在买方与买方之间、卖方与卖方之间也存在着竞争关系，竞争的结果是供求趋于一种均衡状态，等价交换成为各方共同接受的原则。

（二）商品交换的形式

商品交换从产生之日起经历了简单的商品交换—简单商品流通—发达的商品流通即商业3个阶段。其中，简单的商品交换表现为直接的物物交换，即 W—W，这是商品交换的原始形态。商品流通是从总体上来看的商品交换，是连续不断的商品交换过程，它又分为简单商品流通（W—G—W）和发达商品流通（G—W—G′）两种形式。

1. 简单的商品交换。简单商品交换即物物交换，亦即买卖同时同地进行，买意味着卖，卖也就意味着买。这种商品交换形式要受到很多限制。第一，交换双方的需求必须相互适应。如果一方需要对方的产品而对方不需要他的产品，商品交换就不能发生。第二，交换双方必须同时需要对方的产品。如果时间不一致，交换也不能进行。第三，交换双方必须位于同一市场。第四，交换双方的产品数量也必须吻合。

可见，物物交换买卖合一的特点，要求交换双方在需求的商品、时间、空间和数量等方面要严格一致或相互适应，否则便无法成交，因此物物交换的成交率很低，它只是偶然地发生，交易范围狭小，历史上主要存在于生产力水平低下的时期。随着商品生产的发展和商品交换规模的扩大，物物交换的缺点日益显现出来，出现了新的商品交换形式来取代它。

2. 简单商品流通。简单商品流通即以货币为媒介的商品交换。如前所述，货币的出现，可以扩大交换的时间、空间、数量和商品种类等诸多方面，因此，可以突破物物交换的诸多限制。事实上，正是货币的出现，使物物交换变为以货币为媒介的商品交换，即由商品—商品（W—W）的交换变为商品—货币—商品（W—G—W）的流通。这种以货币为媒介的商品交换不同于商业，因为它是由生产者自己进行的流通，其交换的目的是获得新的使用价值。但与简单商品交换即物物交换相比，它却是质的飞跃。它不仅使交换的形式发生了变化，而且使交换的范围扩大，数量增加，交换的重要性与日俱增，最终导致了新的商品交换形式——商业的产生。

3. 发达的商品流通。发达的商品流通，即商业，是专门媒介商品交换的经济行业。商业的出现，标志着商品交换出现了又一次质的飞跃。发达的商品流通既不同于物物交换，也不同于以货币为媒介的简单商品流通，它是以商业资本运动为载体的商品流通形式。其流通公式为：货币—商品—增值了的货币（G—W—G′），即以货币投入为起点采购商品，再将商品销售出去，赚取投资利润，收回增值了的货币。

商业与简单的商品流通有许多共同之处。第一，两者都建立在社会分工和商品生产的基础之上；第二，两者都由买和卖两个独立的环节所构成；第三，两者都要以货币为媒介。但是，商业作为商品交换的发达形式，有着自身的特点，与简单商品流通在许多方面又存在着很大的区别，主要表现为以下几个方面。

第一，流通形式不同。具体表现为：①买卖的次序不同。简单商品流通是先卖后买，以卖为起点，以买为终点；商业则是先买后卖，以买为起点，以卖为终点。

②出发点和归宿不同。简单商品流通以商品为出发点,以货币为媒介,换取具有新的使用价值的商品;商业则以货币为出发点,以商品为媒介,求得货币增值。③换位的对象不同。简单商品流通是同一货币两次换位,没有发生质和量的变化,两次换位分属于不同的所有者;商业则是商品两次换位,经过一买一卖,货币仍属同一所有者,但已发生了量的变化,是一种增值了的资本。

第二,流通目的不同。在简单商品流通中,商品生产者进行商品交换的目的是得到自己所需要的商品,卖是为了买,先卖掉自己的商品,取得货币,再去购买自己所需的商品,交换的最终目的是获得新的使用价值;商业活动中商品交换的目的是使货币增值,买是为了以后再卖,通过一买一卖获得比投入流通中的货币更多的货币。

第三,体现的经济关系不同。简单商品流通中无论是卖还是买,均只反映商品的所有者与货币的所有者之间的关系,即生产者与生产者、生产者与消费者之间直接的经济关系;而商业则由于其中介地位,割断了生产者与生产者、生产者与消费者的直接关系,体现了生产者、经营者与消费者之间多重的经济关系。

四、贸易

(一)贸易的内涵

贸易是各种商品交换活动的统称。不论商品交换的主体是生产者、经营者还是消费者,不论商品交换的客体是消费品、生产资料还是生产要素,不论商品交换的范围是一地、一国还是全球,不论商品交换采取现货交易还是期货交易,不论商品交换有无固定场所,不论商品交换的环节是批发还是零售,不论商品交换活动是采购、销售还是转卖,这些商品交换行为都可以统称为贸易。

贸易既然是各种商品交换活动的统称,显然属于市场化交易的范畴,与市场相互联系,彼此依存。在自然经济条件下,市场是有限的、附属的和次要的,贸易的地位与作用也就相对微弱。随着商品经济的兴起,特别是市场经济体制建成之后,贸易的地位举足轻重,贸易的作用日益强大。在建立和完善我国社会主义市场经济体制的过程中,市场化交易将日益成为最主要的交易方式,贸易面临着巨大的发展契机。

(二)贸易的形式及其类型

贸易形式是贸易途径、贸易形态、贸易手段和结算方法的统称,作为买卖双方的联系手段与交易方式,其内容十分广泛。大致说来,我们可以把贸易形式分为以下类型。

1. 从贸易的范围来看,贸易形式包括:国内贸易与国际贸易;民族贸易与边境贸易;地方贸易与区域贸易;城市贸易、农村贸易与城乡贸易。

2. 从贸易的主体来看,贸易形式包括:直接贸易、间接贸易与转手贸易;双边贸易、三边贸易与多边贸易。

3. 从贸易的客体来看,贸易形式包括:有形商品贸易和无形商品贸易。无形商品贸易又包括劳务及服务产品贸易、技术贸易、信息贸易、知识产权贸易、证券贸易等。

4. 从贸易的手段来看，贸易形式包括：物物交换、现金交易、信用贸易、信托贸易、租赁贸易、易货贸易、“三来一补”贸易等。

5. 从贸易的时间来看，贸易形式包括：即期贸易、远期贸易与期货贸易；定期贸易（如在集市、庙会、交易会等中进行的贸易）与不定期贸易（如在各种不定期举办的交易会、订货会、供货会、展销会等中进行的贸易）；季节贸易与常年贸易；平时贸易与节日贸易；等等。

6. 从贸易的环节来看，贸易形式包括：批发贸易与零售贸易；产地贸易与销地贸易；进口贸易与出口贸易。

7. 从贸易的规模来看，贸易形式包括：大宗贸易与小额贸易；集中贸易与分散贸易；单项贸易与综合贸易；等等。

8. 从政府的干预程度来看，贸易形式包括：计划贸易与自由贸易（或统制贸易与开放贸易）等。

五、市场

（一）市场的含义

市场是经济学中使用最多的概念之一，但是在经济学著作中却很难找到关于市场的准确定义。之所以如此，是因为不同的研究思路对市场的理解存在着很大的差异。由于商业与市场具有密切的关系，因此，这里首先对市场的含义进行全面的分析。

1. 市场是指商品交换的场所。这是从商品交换的空间角度所理解的市场，即商品交换总是在一定的地域内进行，这个地域或场所就是市场。我们今天所讲的“城市”的“市”就是这个意义上的市场。据历史记载，最早的“城市”是“城中有市”的意思，即城中划出一定的街区作为商品交换的专用场地；后来的“城市”转变为“城等于市”，即城内各处都可以开展商品交换；现在的“城市”则“市大于城”，即不仅城内各处都可以开展商品交换，而且城的周围都可以进行商品交换，可以说“城”围于“市”之中。从商品交换空间角度所讲的市场，到目前为止，是市场存在的一种最广泛的形式。如当今商品交换最常见的商场、集市，都是从商品交换的空间角度所讲的市场。

2. 市场即交易。这是从市场的历史起点和市场存在的逻辑角度所理解的市场。构成市场的历史起点和市场存在逻辑是什么呢？这个起点就是交易。因为有交易发生就有市场存在；反之亦然。不管这种交易有无特定的空间位置，不管这种交易是有形的还是无形的，也不管这种交易是市场化交易还是非市场化交易，只要有交易，就必定存在市场。没有交易的市场和没有市场的交易都是不可思议的。可以说，这个定义包含市场最基本的含义。

3. 市场即流通领域。这是从流通的角度对市场所做的理解，也是马克思对市场的基本看法。在马克思的《资本论》中，市场与流通领域基本上是同义语。马克思通过对资本主义社会的市场现象和市场运行状况的分析发现，市场贯穿于整个流通领域，市场的本质就是商品所有者之间全部相互关系的总和。

4. 市场是指商品交换的组织形态。这是从市场组织的角度来理解的市场。如批发市场、贸易中心、商品交易所等市场组织，就是这种意义上的市场。这些市场有自身的特点，所交易的商品、交易的规则、交易的方式、交易的设施都有一定的要求。例如，批发市场一般以农副产品交易为主，交易制度比较自由、灵活，大多以即期的批发交易为主，交易设施相对简陋；而贸易中心一般以工业品交易为主，交易量巨大，交易者一般是大的买家和卖家，零售商和小批发商一般不能参与交易，交易方式以远期合同交易为主，交易设施一般比较现代化；商品交易所组织化程度更高，交易的商品只能是限定的商品，交易的主体必须是会员，交易的规则非常严格，交易的方式主要是期货交易，交易的设施非常现代化。这些"有组织的市场"是现代市场经济中市场的重要组成部分。著名的制度经济学家道格拉斯·诺思认为，"有组织的市场"具有这样几个方面的制度结构特征：①存在适宜的低费用的度量技术和度量衡标准；②集中大量的买者与卖者；③众多成员之间存在竞争；④交易主体拥有排他性的财产权利；⑤国家提供作为公共产品的有效法律；⑥人们拥有公平合法的交换观念。由此，"有组织的市场"的上述制度结构特征可以带来这样几个方面的好处：①度量费用的降低减少了交易费用；②交易者的集中降低了信息费用；③交易者之间的竞争约束了机会主义行为；④产权结构的有效界定和行使产权的有效性能够降低或完全消除不确定性；⑤非人格化的立法和执法机构减少了契约关系中的谈判和履行费用；⑥共同的行为规则带来了交易主体的自律性和交易双方认可的交换的合意性。正因如此，"有组织的市场"不仅自身能够发展壮大，而且对一国经济的发展有着非常重要的影响。

5. 市场是指对商品的有效需求。这是从企业市场营销的角度理解的市场。因此，这种意义上的市场是广大的企业经营者特别关心的市场。这种意义上的市场必须同时具备两个方面的条件：一是人们对商品有购买的欲望；二是购买者要有相应的货币支付能力。只有这样，才能构成对商品的有效需求，商品经营者才会有市场。

6. 市场是指一种制度安排。这是从制度的角度对市场所做的理解，这种观点是新制度主义理论对市场的基本看法。新制度主义理论认为，市场不是一种机制和工具，而是由具有人类社会行为性质的活动组成的交换过程，即社会成员之间自愿交易、自由协议的一种契约活动。在全部的复杂交换过程中，各种发挥作用的因素共同组成了一种规则——交换制度。对于市场本质的分析就是要遵循经济人—经济交换—交换过程—制度安排这样一种逻辑分析过程。因此，市场成为隐含于人类社会成员之间的复杂交换过程之中，并体现为由交换过程的结果所形成的规则和制度。简而言之，市场就是一种组织化、制度化的交换。

制度对于市场的确具有十分重要的意义。之所以如此，主要是因为它是维持一定的市场秩序所不可或缺的。常言道:没有规矩不成方圆。市场交易要保持一定的秩序,当然离不开一定的规则或制度。因此,在我国发展市场经济的过程中,要规范市场秩序,必须注重市场制度的建设。从市场经济发达国家的经验来看,规范市场的制度主要有产权制度、契约制度、货币制度、进出制度、竞争制度、产品责任制度,以及相应的市场道德制度。

(二)市场的功能

市场虽然具有不同的含义,但从总体上来讲,市场具有以下几个方面的功能。

1. 经济结合的功能。社会分工要求一定的交易方式,使专业化生产经营的各个主体彼此联系、配合、衔接和补充,这样,社会分工才有意义,社会经济才能正常运转。市场作为一种制度安排,以市场化交易方式将各部门、各地区、各国家的产品纳入商品交换的网络之中,保障社会经济正常运转,从而发挥经济结合的功能。

2. 资源配置的功能。资源配置有两种方式,一种是计划,即高层组织通过命令、指标、法规等方式实现资源的筹集、运用和分配;另一种是市场,即通过价格机制、供求机制、竞争机制等市场机制的综合作用,引导资源配置到效益较好的环节上,其实质是利益调节。市场配置资源符合经济活动的内在规律,因而成为世界各国普遍运用的资源配置方式。

3. 价值实现的功能。生产经营中所耗费的物化劳动与活劳动,在产品进入市场、顺利售出之前并不能获得社会的承认,只有当产品成为商品,实际完成商品交换之后,所耗费的劳动才被承认为社会劳动并得到补偿,商品的价值才得以实现。不经过市场,产品的价值便无从实现。

4. 经济核算的功能。各种产品、各项生产要素、各类劳动在进入市场之前,没有共同的尺度,无法相互比较。只有在市场上,在竞争中,产品的价值才能通过货币表现,各项生产要素的意义才能得到一致评价,复杂劳动才能换算为简单劳动。没有市场,各种经济因素就不能公平而自由地交换,就不能得出普遍适用的统一尺度。因此,市场具有很好的经济核算功能。

5. 调剂供求的功能。市场上有各种市场信号,有价值性的(如价格、工资、利率、汇率等),也有数量性的(如短缺、积压、长线、短线等),无论哪一种信号,都引导着生产者、经营者和消费者的行为选择,影响着生产、消费、运输、储存、流通、分配,从而促使供给与需求由不平衡趋向平衡。

6. 信息导向的功能。市场是各方信息汇聚之处,生产者在这里探询消费意向,经营者在这里寻找流通热点,消费者在这里获取产品信息、经营动态,无数信息被发布、接收、分析、反馈,构成了庞大复杂的信息流,从而为社会经济高效、有序、健康、稳定地运行创造条件。

(三)市场的类型

市场的种类多种多样,可以依据不同的标准进行划分。下面对此做些主要的归纳。

1. 按商品交换的主体不同,市场可以分为消费者市场与组织市场。消费者市场的购买者是个人消费者，他们购买的目的是满足生活消费需要；组织市场又分为产业市场、中间商市场和政府市场，其购买者是各类组织，它们购买不是为了个人消费，而是为了加工、转卖、租赁或执行政府职能。

2. 按商品交换的客体不同，市场可以分为商品市场和要素市场。商品市场上交换的对象为经济活动的产出，要素市场上交换的对象则为经济活动的投入。商品市场又包括消费品市场、生产资料市场和服务市场，要素市场则包括金融市场（含资本市场与货币市场）、劳动力市场、房地产市场、技术市场、信息市场等。

3. 按商品交换的时间界限和商品交割的程度不同，市场可以分为现货市场和期货市场。现货市场又分为即期现货市场和远期现货市场两部分。它们进行的都是现货交易。在即期现货市场，现货交易的规则是钱物两讫，基本上一手交钱、一手交货，即使不是即期的商品交割，也会在很短的时间内进行实物商品的交割。远期现货市场进行的是远期合同交易，交易规则是合同签订在先、商品交割在后。由于即期现货市场和远期现货市场上交易的最终目的是进行实物商品的交割，因此统称为现货市场。期货市场上进行的是期货交易，其交易规则较为复杂，本书后面将对此进行专门的介绍。期货交易的最终目的不是进行实物商品的交割，而是套期保值或投机牟利，绝大多数交易以对冲结束。因此，期货交易与现货交易具有质的不同。

4. 按商品交换的空间范围不同，市场可以分为地方市场、全国市场和国际市场。所谓地方市场，是指商品交易以特定的地方为活动空间的市场。这里的"地方"是指一个国家的某个局部范围。从城乡差别来看，地方市场又可以分为城市市场与农村市场两部分；从成因来看，地方市场又可以分为自然形成的地方市场和行政分割的地方市场两部分。所谓全国市场，是指商品交易以全国范围为活动空间的市场。全国市场的形成必须具备一定的条件：一是政治上要统一；二是经济上要在全国范围内形成以专业化分工协作为基础的天然联系；三是交易要在具有比较优势的基础上进行；四是要有发达的商品流通基础设施，形成广泛的信息和交通网络，能够突破地理上的障碍。当然，全国性市场的形成并不排斥地方市场的发展。相反，地方市场的发展有助于全国市场的形成和发展。地方市场和全国市场都是国内市场。所谓国际市场，是指商品交易跨越国界，以世界范围为活动空间的市场。国际市场是随着社会分工和社会化大生产的国际化而产生和发展起来的。国际市场又分为区域性的国际市场和统一的国际市场。所谓区域性的国际市场是指由某几个或某些国家联合为一体的跨国市场，如欧盟市场、北美自由贸易区市场。据统计，到目前为止，在国际贸易中，通过这种区域性国际市场完成的贸易额约占全球贸易额的一半。所谓统一的国际市场是指世界市场完全一体化的市场。随着世界经济的全球化和信息化的不断发展，统一的国际市场将逐步形成。

与国内市场相比，国际市场具有这样几个方面的特征：第一，形成国际市场的商品交易是国际贸易，是不同国家之间的商品交易，同时也是不同国家之间的经济主体发生的交易关系，因而它必然涉及国家之间的关系，从而也必然有各国政府直

接或间接的参与。第二,相对于国内市场而言,国际市场的容量更大,这就为社会化大生产以及规模经济的发展提供了更大的空间。第三,国际市场的参与者无论在数量上还是在实力上都是国内市场所不能比的,因而其竞争的激烈程度远远大于国内市场上的竞争。第四,在国际市场上进行交易,其影响因素更多、更复杂。各国的经济环境、政治环境、人文环境以及政府行为等,都会成为国际市场的影响因素。

5. 按商品交换的场所不同,市场可以分为有形市场与无形市场。有形市场是指商品交换有固定的场所,如传统的集市;无形市场是指商品交换并无固定的场所,各方当事人通过电话、计算机网络等接洽、成交。随着信息技术和网络技术的发展,无形市场的重要性将会大大提高。

6. 按商品交易的管制程度不同,市场可以分为自由交易的市场和限制性交易的市场。所谓自由交易的市场,是指商品自由交易、经营者自由出入、价格自由决定、信息公开透明的市场。所谓限制性交易的市场是指政府有限度地放开交易的市场,或者说政府对某些方面的交易采取禁止交易政策的市场。例如,政府规定,某一市场中,某些商品可以交易,某些商品不可以交易,某些人可以进场交易,某些人不可以进场交易,这样的市场就是限制性市场。违背政府的管制而进行交易的市场就是通常所讲的“黑市”。

六、商业

(一)商业的概念与特点

商业是商品交换的发达形式,是专门从事商品交换的行业,属于市场化交易的范畴,是贸易的一种特殊形态。

商业的运动形式是:货币(G)—商品(W)—增值了的货币(G′)。可见,商业由买(货币换取商品)和卖(商品换取货币)两个阶段组成。但商业与一般的商品交换活动不同,具有自己的特殊性,主要表现在以下几个方面。

1. 有买有卖。商业与采购或销售不同,采购只是单纯的买,销售只是单纯的卖,商业则集买、卖于一身。

2. 先买后卖。商业与简单的商品流通不同,简单的商品流通是先将商品换为货币,再用货币换取商品,表现为先卖后买;商业则遵循不同的买卖次序,即先以货币换取商品,再以商品换回货币,表现为先买后卖。

3. 为卖而买。商业与采购不同,商业购买的目的不是消费或再加工而取得商品,而是将其再转卖。

4. 贱买贵卖。商业总是力图以低价买进、高价卖出,从中赚取买卖差价。

5. 连续买卖。商业不以一次的买卖行为为目的,而是不断地买和卖,构成买卖的连续序列。

6. 快速买卖。商业总是要不断加快买卖的速度,尽量缩短买卖的时间,以争取完成更多次的买卖。

（二）商业的性质

商业的实质是商品交换，它有着自己内在的质的规定性，具体表现为以下几个方面。

1. 商业是市场化的交换。它以市场为载体，是一种市场化的交易，而不是非市场化的交易。也就是说，商业是商品交换而非产品调配，商业是商业主体的行为而非组织上下级之间的行为。因此，企业内部的调拨、配给以及计划经济体制下的流通、分配都不属于商业的范畴。

2. 商业是专业化的交换。第三次社会大分工使商业从产业部门中分离出来，成为专门从事商品交换的独立的经济行业，商业与生产者兼营的贸易不同。因此，商业主体成为独立于生产者及消费者之外的经营者。

3. 商业是交换的交换。在商业诞生之前，商品交换是生产者与生产者之间、生产者与消费者之间的行为，换言之是供求双方的直接交换。商业的出现则改变了这种直接联系，由商业充当中介，使供求双方的直接交换变为交换的交换。

4. 商业是货币化的交换。商业是商品交换的发达形式，发达的商品交换是以货币为媒介的商品交换，商业的存在以货币的存在为前提，没有货币，也就没有买卖的分离，商业活动也就不能产生和发展。因此，商业与货币密切相关，使得商品流通与货币流通息息相关。

5. 商业是趋利的交换。商业并非为了交换而交换，而是有着明确的经济目的，即赚取买卖差价，追逐商业利润，这是由商业的营利性所决定的。商业是由商业主体从事的独立的经济行业，盈利的动机是商业活动的内在动力，如果否认这一点，商业就难以生存和发展。

（三）商业与分工、交易、商品交换、贸易、市场诸范畴的关系

从前面的分析来看，商业作为一种专业化的商品交换和市场化的交易，与分工、交易、商品交换、贸易、市场等具有密切的关系。这里不妨对它们之间的关系做些简单的总结。

1. 商业与分工。商业本身就是社会分工的产物，社会分工越来越广泛、细密之后，交易变得越来越重要，也越来越繁杂。由于市场化交易的经济性，商品交换成为交易的主导方式，商品交换的专业化则进一步降低了交易费用，因而商业存在有其合理性和必要性。商业的出现标志着社会分工的重大发展，表明社会分工已由生产领域扩张到流通领域，从此生产者可以将更多的资源投入生产领域，从而使企业的内部分工得以深入发展；部门之间、地区之间、国家间的商品流通也由于商业的介入而更加顺畅。由此可见，商业的发展使部门分工得以深化，地区分工日趋合理，国际分工逐渐形成。总之，商业是分工的产物，商业又推动了分工的进一步发展。

2. 商业与交易。如前所述，交易可以归结为两种类型：即市场化交易与非市场化交易。商业则是市场化交易的一种特例，是商品交换自身的专业化。商业的出现一方面丰富了交易的内容，降低了交易费用；另一方面使交易关系复杂化，使交

易过程延长，由此也使交易链断裂的危险性增大。如商人囤积居奇，操纵生产者，剥削消费者，或者商业过度投机，制造虚假的供求信号，导致生产与消费的巨大波动，这些都不利于市场化交易的正常发展。因此，限额的交易（如政府完善市场体系、健全市场交易规章制度）、管理的交易（如一定程度的企业兼并、一体化经营）以及其他形式的市场化交易（如企业自销）的存在对于克服商业可能带来的消极影响极为必要。

3. 商业与商品交换。商业从事专业化的商品交换，商业的存在使商品交换的效率提高了，商品交换的范围扩大了，从而推动了商品交换由低级向高级不断发展。但如前所述，商业消极影响的一面又不利于商品交换的健康发展，因此商品交换的其他形式应积极参与商业竞争，在竞争过程中降低交易费用，实现社会资源的优化配置。这里关键是商品交换的原则必须得到贯彻，如等价交换、契约自由、公平交易等，以规范商业行为，遏制其负面因素的滋长，只有这样，包括商业在内的商品交换才能稳定有序地发展。

4. 商业与贸易。商业是贸易的一种特殊形态，也可以说是贸易的一种发达形式，但商业并不能完全取代贸易。贸易涉及经济生活的总体，涉及方方面面的复杂情形，在某些条件下，非商业的贸易形式可能会比商业性的交易费用更低。如飞机制造公司与航空公司之间的直销形式；又如集市贸易这种看似原始的贸易形式至今仍难以由商业完全取代；再如国际贸易当中的易货贸易，在特定的历史条件下亦有其存在的必要。因此，既要看到商业的先进性，又要因地制宜，因时制宜，发展各种贸易形式，不要将一切均束缚于商业。

5. 商业与市场。市场是商品交换的载体，也是商业活动的舞台，商业的实质是市场化交易，因而商业不可能离开市场。搞活商业首先要搞活市场。因此，传统计划经济体制下否定和取消市场的做法，必然造成商业的萎缩。同时，商业作为专门媒介商品交换的经济行业，通过满足市场需求、不断扩大市场的地理空间、逐步拓宽市场机制的作用范围，又对市场产生着重要的影响。

第三节　商业的作用与职能

商业的作用和职能是由商业在社会经济生活中的中介地位决定的。

一、商业的作用

从总体上来看，商业在社会再生产中的作用主要表现在以下几个方面。

（一）保障社会再生产的顺利进行

社会再生产过程是生产过程与流通过程的统一，流通过程决定着社会再生产所需的两个基本条件——价值补偿（即商品如何转化为货币）和实物补偿（即货币如何取得生产要素）的实现。商业由于其中介地位，在社会再生产过程中作为联结生产与生产、生产与消费的桥梁，对两类补偿的实现发挥着重要作用。首先，价值补偿在现实经济生活中很大部分是借助商业完成的。大多数的消费品,生产资料中的通用设备、标准件、原材料,都是通过售予商业部门而实现其价值的。其次,很大比重的实物补偿也是借助商业完成的,企业从商业部门购得机器设备、零部件、原材料以及技术、信息等生产要素,为社会再生产的进行奠定物质基础。此外,商业还通过不断开拓市场,为产品打开销路,扩大商品流通规模,从而推动了生产规模的扩大;同时,商业还通过加快商品交换速度、减少商品流通时间,加速了社会资本的周转。可见,商业不仅影响着社会再生产的实现,还制约着社会再生产的规模和速度。

(二)引导社会资源合理配置

首先,商业作为专门媒介商品交换的经济部门,体现了社会资源在流通领域的集中投入,取代了原来生产部门分散地投入流通领域的资源配置方式,既形成了流通领域中资源的集约化,又使原来生产部门用于流通的资源解放出来而用于生产,保证了生产领域的资源投入量,从而实现了全社会资源在生产领域和流通领域之间的合理配置。

其次,商业作为联系供求双方的中介环节,同时拥有供求两方面的信息,商业部门将供给方面的信息传递给需方,指导购买力的投向;将需求方面的信息反馈给供方,指导企业调整生产结构,生产适销对路的产品。商业通过对供求的双向调节,引导社会资源的合理配置。

(三)开拓市场,促进分工的深化,刺激技术进步

商业出于追逐利润的动机,将越来越多的产品、越来越广的领域、越来越大的地区纳入市场。商业在其产生之初,主要转卖奢侈品,后来扩大到生活必需品、必要产品,并力图将全部产品投入市场。商业开拓的市场起初囿于城市,后逐渐延伸到集镇、乡村;起初限于一地、一国,最终遍及全球。商业的发展冲破了自然经济的樊篱,日益将各地区、各部门、各行业纳入商品经济的范围,促使市场不断扩张。

市场范围的扩张又促进了分工的发展。分工的发展又是技术进步的基础。纵观人类社会的经济发展史,商业的发展、市场的扩张、分工的深化与技术进步总是密切结合在一起的。

(四)降低社会交易费用

如前所述,商业属于一种市场化交易。市场化交易由于其利益调节的特点,其经济性随着商品经济的发展而日益明显,逐渐占据主导地位。商业作为市场化交易的一种特例,是商品交换自身的专业化形式,它进一步降低了市场化交易的交易费用。由于商业在市场交易中占很大的比重,市场化交易又在社会总交易中占相当大的比重,因此商业对于降低全社会的交易费用起着很大的作用。

商业降低社会交易费用的作用是在竞争中表现出来的,而不是先天地、无条件地存在的。商业通过与其他贸易形式(如工业自销)和其他非市场交易(管理的交易与限额的交易)相互竞争,确定自己的规模、结构和发展方向,不断提高商品交换

的效率，从而造成社会交易费用的下降。

（五）满足和引导消费需求

在社会再生产过程中，商业处于中介地位，作为连接生产与消费的桥梁，在满足和引导消费方面也发挥着重要的作用。在商品经济或市场经济条件下，消费需求是否实现，能在多大程度上实现，主要取决于商业的发达程度。因为在商品经济或市场经济条件下，商品交换主要通过商业来完成。因此，消费需求的实现程度，主要取决于商业的发达程度和商业的服务水平。一般来讲，商业越发达，商品流通越快，消费需求就越能得到满足。

商业在满足消费者消费需求的基础上，还可以通过各种媒介和促销手段引导消费者的消费需求。

二、商业的职能

所谓商业的职能，是指商业为发挥其作用所需完成的活动与功能。商业的职能可以包括3个方面。

（一）联结供求职能

联结供求职能是指商业调节商品供给与商品需求之间的矛盾，使供给与需求相适应，最终完成商品交换。联结供求的核心是商品买卖。此外，联结供求职能还包含商品调整与信息沟通等方面的内容。联结供求职能是商业最原始、最本质和最主要的职能。

1. 商品购销。商品购销是商业职能的核心内容，如马克思所说：商人的职能是通过买和卖来交换商品。商品购销通过商品的两次交换完成商品从供给一方向需求一方的转移：第一次交换为商品购进，使供给一方的商品得以转化为货币，实现商品的价值；第二次交换为商品销售，使需求一方得以用货币购得所需的商品，获得商品的使用价值。商业就是通过连续不断的购销活动进行媒介商品交换，联结商品的供给与需求。商品购销又包含一系列商业业务活动，如洽谈生意、签订合同、结算货款、簿记入账等，商品购销正是通过这一系列业务活动而实现其联结供求的职能的。

2. 商品调整。商业购进的商品不一定就能适应市场需求，为此商业还需要进行商品调整。主要方式有：对于使用中间商品牌的商品加上自己的品牌名称和品牌标志；对统一购进的大宗散货（如农产品）分等、分级；对某些商品编配、分装（如批发商将购进的服装按不同型号、花色重新搭配、编组以适应零售商的需要）；对某些商品（如水果、蔬菜）重新包装以保护商品，促进销售。商品调整解决了供求之间在花色、品种、批量等方面的矛盾，为商业发挥联结供求职能、媒介商品交换所必需。

3. 信息沟通。商业一头连着供给，另一头连着需求，本身即是供求信息汇聚的枢纽。商业一方面要搜集、整理各类信息，分析其内涵、价值，为商业经营提供决策依据；另一方面又要将供给一方的信息传递给需求一方，将需求一方的信息反馈给供给一方，使供求双方信息沟通顺畅、及时，以此促进供求的协调、统一。商业的信息沟通主要通过市场调查和各种促销手段进行。市场调查重在收集、整理、分析、评价各类信息，为经营决策服务。各种促销手段则重在传播信息，主要以广告、公共关系、人员推销、销售促进等方式将供给一方的信息传递给需求一方，促进商品的销售。此外，还可以通过订货会等方式将需求一方的信息反馈给供给一方，指导生产方生产结构的调整，使供给适应需求。

（二）物流职能

商业不仅要完成商品所有权的转移，还要实现商品实体在时间和空间上的转移，这便是商业的物流职能，也称为实体分配职能。物流职能主要表现在两个方面。

1. 商品运输。商品运输是为了求得商品供给与商品需求在空间上的统一。供给方与需求方可能相距遥远，如国际贸易；也可能供给集中于某一地域，而需求却是分散的，如工业品交易；还可能供给是分散的，而需求却是集中的，如农产品交易。商品运输即通过组织商品的空间移动，解决商品供给与商品需求之间的空间矛盾，使商品实体由供给一方转入需求一方，最终完成商品交换。

2. 商品储存。商品储存是为了求得商品供给与商品需求在时间上的统一。供给与需求往往在时间上不一致，可能供给集中于某一段时间，而需求却是随时发生的，如粮食便是季节生产、全年消费的；也可能供给在时间上是持续进行的，而需求却集中发生于某一时间段，如棉衣、雨具等便是全年生产、季节消费的；另外，某些商品生产是大量、集中的，而消费则是少量的、零散的，这也使生产与消费在时间上出现间隔。如果没有商品储存，在以上这些情形下，商品供求就会发生混乱。商品储存即通过调整商品实体存在的时间，消除商品供给与商品需求的时间差异，使供求双方彼此适应，从而完成商品交换。

（三）辅助职能

商业辅助职能是在商业联结供求职能和物流职能的基础上派生出来的职能，因此也称为派生职能。商业的辅助职能主要有两个方面。

1. 资金融通的职能。资金融通的职能有两层含义：一是由商业的中介地位决定的。商业部门购进商品时，商品销售尚未发生，即商品尚未由供方转入需求方，此时供给方已经取得了商业部门的付款，实现了商品的价值，因此商业表现为替需求方向供给方垫付资金，实际上相当于商业的预付行为，这是商业本身具有的一种融资功能。二是指形形色色的商业信用，如商业汇票、期票或商业提供给消费者的分期付款条件等。

2. 风险承担的职能。商业风险是商品流通中普遍存在的经济现象，主要包括流通事故风险、价格波动风险、财务风险、信用风险和外汇风险等。商品在从生产领域向消费领域转移的过程中，由于时间和空间的距离，以及不确定性因素的影响，商业经营者经常蒙受损失或丧失所预期的利益。这种风险本应由生产者直接承担，但由于商业的介入，商品一进入流通领域，商业就承担了商品在运输、保管、销售过程中可能出现的各种风险。承担风险也因此成为商业的重要职能。商业承担风险的职能,既保护了生产者的利益,提高了他们生产的积极性,又保护了消费者的利益,使他们能够买到与其收益相一致的商品;同时也能鞭策商业经营者,增强其风险意识,提高其规避风险的能力,促使其搞好市场调查,提高经营和管理水平,最终提高商业经济效益。

资金融通与风险承担这两项职能虽然不直接参与商品所有权和商品实体的转移,却起到了保障这两种转移顺利进行的作用。

第四节　现代商业的发展与创新

商业的存在和发展经历了漫长的历史过程,但由于各国的历史条件和客观条件不同,因此,世界各国商业存在的时间长短不一,发达程度也不相同。然而,随着世界经济全球化与信息化的不断加快,尤其是受到不断发展的新经济和市场经济的影响,世界各国的商业必将大大向前发展,商业的现代化与智能化也必将大大提高。从一定意义上来讲,人类社会已经步入商业社会,即以市场为中心,以交换为手段,通过广泛的商业活动,促进地区之间、国家之间的交流,推动人类社会的进步和人们生活水平的不断提高,这将是支配未来世界发展的历史潮流。因此,有学者提出:改变未来世界格局的不是战争,而是商业。商业的发达程度将成为衡量一个国家国力的基本标志。为此,我们必须树立现代商业观念,把握现代商业发展趋势,充分发挥商业的作用,不断完善社会主义市场经济体制的建设。

一、现代商业的内涵与特征

(一)现代商业的内涵

现代商业作为国民经济的一个重要组成部分,表现为一个庞大的产业系统。在现代市场经济中,商业产业的发达程度已成为一国市场经济发达程度的重要标志。

现代商业作为一个庞大的产业系统,主要表现为以下几类。

第一,专门从事商品交换的商品部门早已发展成为社会经济有机体中的一个独立部门,并且成为整个商业产业系统中的重要组成部分。

第二,主要从事物质生产的生产部门纷纷设立起相对独立的购销组织,开展商业活动。购销业务和生产相对独立化已成为现代生产企业的基本组织制度。这些独立的购销组织构成现代商业产业的有机组成部分。

第三,从原有的商业部门中不断演化出新的产业部门。在商品经济不发达的时代,商业部门的活动集交易、运输、仓储、信息、结算等业务于一体,而在现代商业活动中,从这些业务演化或派生出许多独立的行业。大致说来,这些独立的行业主要有以下几个。

①原有的商业交易集仓储、运输业务于一体,后来仓储业、运输业从原有的商

业活动中独立分化出来，成为独立的物流业，构成现代商业的重要组成部分。

②原有的商业交易结算过程是在交易双方之间自行进行的，无须他人介入，后来出现了专门从事交易结算业务的银行业，如今银行业已成为现代商业的重要服务行业。

③在以前的商业活动中，商人自身在交易中了解和掌握信息，现代商业则出现了专门搜集、整理和提供市场信息的信息咨询业。

④原有的商业交易过程中，存在的风险完全由交易双方承担，而现代商业则出现了专门为商业活动服务的保险业。

⑤原有的商业交易是由交易双方直接进行的，后来出现了专门媒介交易而自己不介入商品所有权交易过程的经纪商、代理商和信托商，他们已成为现代商业的重要组成部分。

⑥原有商业活动中，商人自己进行广告宣传、开展促销活动，而现代商业则出现了专门从事广告策划、制作与宣传的广告业。

⑦原有的商业交易往往是一手交钱一手交货的，有多少钱交易多少货，而现代商业则出现了买者一次支付少额的租金就可以迅速得到大额租赁物的租赁业。

上述这些独立的行业，它们有的从原有的商业业务中分离出来，有的从原有的商业交易中派生出来，因此，都称得上是商业产业的组成部分。它们有的直接服务于商业活动，有的间接服务于商业活动。它们都有各自的运作方式，与专职的商业部门有很大的不同，但它们又与专职的商业部门有着不可分割的联系。在当代，专职的商业部门如果离开这些衍生或派生出来的行业就难以运转。同样，这些衍生或派生出来的行业如果离开专职的商业部门，也难以产生、存在和发展。

第四，直接关系人们日常生活的商业服务业，既是服务业的重要组成部分，也是现代商业这个庞大产业系统的一个重要组成部分。商业服务业分为两大类：一是通过营业设备或劳务技术为人们生活提供商业服务，主要有旅店业、理发业、美容业、洗浴业等；二是利用一些原材料，通过技术加工、制作和修理为人们生活提供商业服务，主要有照相业、洗染业、修理业等。商业服务业的发展，表明商业产业朝着多维化方向又前进了一步。

（二）现代商业的特征

现代商业的特征是由现代商品生产的特点所决定的。现代商品生产要求商品流通是一个多形式、多环节、多渠道、多结构的过程，这就决定了现代商业的社会性、动态性，以及现代商业管理的复杂性和系统性。

1. 现代商业的社会性。现代商业的社会性表现为：第一，商业活动过程的社会性。商业网点散布在社会各个角落，由各种经济形式和经营方式构成。商业管理作为商品流通全过程的调控手段，本身就具有广泛的社会性。第二，商业活动制约因素的社会性。商品流通的规模、结构、速度、形式和流通方向，要受到政治的、经济的、法律的、自然的等社会各种因素的制约，商业经营必须充分考虑这些社会因素，协调与社会各方面的经济关系和经济联系。第三，商业活动成果的社会性。商业活动直接关系社会的生产和消费，其成果首先是社会性的，它为社会提供有用的产品、有效的供给，以保持社会生产和生活的正常进行。因此，现代商业不仅是部门经济，而且是一种社会性的经济行业。

2. 现代商业的动态性。整个商业流通过程是一个“五流合一”的动态过程，即包含价值运动、商品实体（使用价值）运动、资金运动、消费需求运动和信息运动。它们既遵循着共同的轨迹运行，又有自己特定的运行模式和规律；它们既一致又分离，既结合又脱节，以各自不规则的曲线在不断变化中前进。现代商业的动态性，决定了商业管理不能采取静态的、封闭的、直接的管理，必须在动态中调控和制约。现代商业的动态性，要求现代商业经营必须按照市场的变化，不断调整自身的经营行为，包括经营形式、商品结构和服务方式等。

3. 现代商业管理的复杂性。由于管理对象的多重性，现代商业管理呈现出复杂性。这种复杂性表现为：第一，管理对象的复杂性。商业管理客体是由一个不同的经济形式、不同的商业行业、不同的流通环节和不同的商品所构成的复杂体。第二，管理过程的复杂性。商业管理过程受到多种因素的制约，既有正相关因素也有负相关因素，且是在动态中产生影响的。第三，成果的复杂性。这些成果既有企业成果也有社会成果，既有物质性收益也有信誉性收益，难以按同一标准评价和衡量。

4. 现代商业管理的系统性。管理对象的复杂性和现代商业的动态性，决定了现代商业的管理是一项系统工程，是一种综合管理。具体表现为：第一，要通过系统管理，才可能实现对社会商业的管理。第二，要综合各方面制约因素和可能产生的问题，进行系统决策，才能做好综合治理。第三，要系统运用各种调控手段，采取多种形式，因时、因地、因行业、因品种制宜，根据不同的供求态势，制定不同的经营方针，实施不同的管理办法，才能搞好管理工作。

从上述现代商业的内涵与特征来看，要发展我国的商业产业，必须树立现代商业的观念。所谓现代商业观念，就是指要以大市场、大流通、大商业的思想来组织和发展社会商业，以多种流通形式、多条流通渠道，最大容量地完成商品从生产领域向消费领域的转移过程。为此，第一，必须明确现代商业不只是单个商业主体的行为，而是所有商业主体组织商品流通的全过程。因此，现代商业的管理不能停留在对单个商业主体行为的控制上，而应该对社会整体商业加以组织和协调，发挥每一个商业主体经营的积极性和主动性，保证商品流通整个链条的有机运转。第二，必须明确现代商业不仅是部门经济行业的经济行为，而且涉及国民经济的整体发展，它关系到每一部门的经济利益和经济效益。因此，现代商业的管理不只是部门经济的管理，也是社会管理的重要内容。第三，必须明确现代商业不仅是一种交换的发达形式，也是整个社会商品生产、商品流通和人们日常生活的主要组织者。因此，在我国市场经济的发展过程中，必须把现代商业作为国民经济发展的主导产业和战略产业放在优先发展的位置上，使之真正成为国民经济的先导性产业和基础性产业。

二、现代商业的创新

现代商业作为国民经济的一个庞大产业系统，在国民经济中的作用日益增强，可以说，这本身就是一种伟大的创新。除此之外，现代商业的创新还表现在以下几个方面。

（一）商业主体营销观念的创新

纵观市场经济发展的历史，商业主体的营销观念（或营销管理指导思想、营销管理哲学）与生产主体的营销观念一样发生了一系列的重大变化，即由最初的生产观念发展到后来的产品观念、推销观念、市场营销观念和社会营销观念。商业主体营销观念的这一系列变化或创新，不但推动了商业产业自身的发展，而且推动了整个社会经济的发展。商业主体营销观念的变化过程大致经历了以下几个阶段。

1. 生产观念。它是一种“以购定销”的观念，认为消费者可以接受任何买得到和买得起的商品，因而商业主体把营销管理的重点放在抓货源上，而不去考虑如何扩大销售。这种传统的经营管理思想在20世纪20年代以前占支配地位。这是因为当时的市场基本上是一种“卖方市场”的态势，市场的主要问题是产品有无和贵贱问题，即人们能否买得到和是否买得起是主要矛盾。因此，这种市场态势决定了生产观念是与之相适应的。但随着科学技术和社会生产力的发展，市场供求形势发生了变化，生产观念的适用范围越来越小，这就在客观上使新的营销观念得以产生。

2. 产品观念。它是一种与生产观念类似的营销管理指导思想。但在这种营销思想指导下，商业主体在商业活动中开始把产品质量的提高放在主要位置上，并且认为，只要产品好，不怕卖不掉，只要产品有特色，顾客自然会上门。正如古谚所云：“酒好不怕巷子深”“一招鲜，吃遍天”。这种观念虽有一定道理，但从现代市场营销观念的角度来看，这是一种“营销近视症”。因为它过于重视产品本身，而忽视市场的真正需要。在这种观念指导下，商业主体开展商业经营不断面临市场竞争的威胁，于是开始寻找新的营销思想来指导经营活动。

3. 推销观念，即推销导向。它是在传统营销观念的基础上发展和延伸出来的。20世纪20年代末，西方国家市场形势发生了重大变化，大批产品供过于求，销售困难，竞争加剧，这时商业经营者担心的不是货源问题，而是销路问题。于是，推销技术受到商业经营者的特别重视，推销观念成了商业经营者主要的指导思想。推销观念认为，经营者若不大力刺激顾客的兴趣，顾客就不会买他的产品，或者只会少量地购买。因此，经营者必须加强推销，大力施展推销技术。可见，推销观念的重点是经营者要把经营的重点放在推销上面，通过开拓市场，扩大商品销售来获利。

从传统的生产观念转向推销观念，可以说是商业主体营销观念的一大进步。但是这一进步仍未脱离“以购定销”这一框框。因为推销观念仍只着眼于现有产品的推销，只考虑千方百计地把现有产品推销出去，至于商品销售出去之后顾客是否满意，以及如何满足顾客需要，使顾客完全满意，并没有给予足够的重视。因此，随着市场经济的进一步发展和市场竞争的加剧,这种观念就不能适应市场变化的需要了。

4. 市场营销观念,即市场营销导向。它是市场经济发展史上的一种全新的经营哲学。它是第二次世界大战后在美国首先形成的,然后相继盛行于日本以及西欧各国。市场营销观念是一种以顾客的需要和欲望为导向的经营哲学,它以整体营销为手段来取得顾客的满意,从而实现企业的长远利益。简言之,市场营销观念是以市场为中心的营销观念,发现顾客需要并设法去满足他们,而不是只购进商品并设法推销出去。因此,“顾客至上”“顾客是上帝”“顾客永远是正确的”“爱你的顾客而非产品”“顾客才是企业的真正主人”等口号,成了现代商家的座右铭。

市场营销观念作为商家经营思想上的一次根本性变革,主要表现在它以买方需要为中心,即以市场、以顾客为中心,市场需要什么,就销售什么,即“以销定购”。在产品销售出去后,还要了解顾客对产品有什么意见和要求,据以改进经营与管理;同时,还要为顾客提供各种售后服务,力求比竞争对手更有效、更充分地满足顾客的一切需要,以此来获取顾客的信任和自己的长远利益。按照这种观念,不是供给决定需求,而是需求引起供给。有市场,有需求,然后才有生产与供给。

市场营销观念的理论基础是“消费者主权论”,即决定生产与经营何种产品的主权不在于生产者与经营者,也不在于政府,而在于消费者。当然,这种观念的出现要以买方市场为前提,因为只有买方市场形成后,才会有消费者主权,而在卖方市场态势下,很难有真正的消费者主权。市场营销观念给现代商业主体和生产主体的生产与经营活动带来了巨大的影响,因而,有的西方学者将这一经营思想的变革与产业革命相提并论,称为“市场营销革命”,有人甚至还称其为企业经营思想方面的“哥白尼日心说”,可见其重要性与影响力。

但是,这种以“消费者主权论”为理论基础的市场营销观念,在20世纪60年代以后兴起的消费者权益保护运动的浪潮中遭到嘲讽。正如美国管理学权威彼得·德鲁克所说:消费者主义成为一种流行的社会运动,表明过去的市场营销观念并未真正地广泛实行,消费者主义的存在是市场营销的耻辱。因此,市场营销观念仍需补充和修正。于是,客观上要求一种更加完善的营销指导思想,这就是社会营销观念。

5. 社会营销观念,即不仅要满足消费者的需要和欲望并由此获得企业的利润,还要符合消费者自身和整个社会的长远利益,要正确处理消费者欲望、消费者利益和社会长远利益之间的矛盾。社会营销的任务,在于把上述几方面的利益协调起来,做到统筹兼顾。显然,这种观念有别于单纯的市场营销观念。它增加了两个方面的考虑:一是消费者的潜在需要;二是社会和个人的长远利益。

在上述营销观念转变中,现代商业取得了巨大的发展,并成为创造社会财富的重要产业部门之一。

(二)商业交易方式的不断创新

现代商业交易方式在不断的创新中,形成了一个庞大的多种多样、灵活方便的交易方式体系,从而大大地推动了现代商业规模和流通规模的扩大。现代商业交易方式的不断创新,主要表现在两个方面:一是在原有的交易方式基础上,出现了许多新的交易方式。如在即期现货交易的基础上出现了远期合同交易和期货交易;在现金交易的基础上出现了信用交易和票据交易;在经销交易的基础上出现了代理、信托、经纪、租赁等交易;在传统加工贸易的基础上出现了加工装配方式;在对等贸易中增加了协定记账贸易;在分包协作贸易中增加了分包合同贸易;在无形贸易中增加了咨询贸易;在许可证贸易中增加了专有技术许可证贸易;等等。二是在原有交易方式的具体做法上向纵深方向发展,出现了许多新的经营方式。例如,批发交易除了原有的专职批发交易之外,还出现了工业自销批发交易、连锁批发交易等新形式;零售交易形式的变化更是多种多样,例如,与原有的店式交易相对应,出现了许多无店铺交易形式,如邮寄、电话订购、自动机器售货、流动售货、直销网络零售等新形式;与原有的独立经营形式相对应,出现了连锁经营、合作经营等新形式;与原有的小规模交易相对应,出现了大型商业集团与超级市场等规模交易。

现代交易方式之所以多姿多彩,主要是由以下几个方面的因素造成的:①生产力的发展。这是导致商业交易方式不断创新的根本原因。②交易规模的扩大。这是引起商业交易方式不断创新的直接原因。③社会分工的加深。这是推动交易方式不断创新的强大动力。④国际经济交往的加强与国际贸易的拓展。这是促成交易方式不断创新的外部推动力。⑤旅游业等服务业的发展。这是带动贸易方式创新的重要力量。⑥现代商业技术的广泛应用。这是引爆商业交易方式不断创新的持久原因。

(三)商业竞争手段的不断创新

原有的商业经营往往依赖于价格竞争。价格竞争始终是市场经济条件下一种主要的竞争手段。但随着市场经济的发展,市场竞争的加剧,仅仅依赖于价格竞争已远远不能适应市场形势发展的需要,于是,各种非价格竞争手段纷纷出台,竞争手段呈现出一种立体的多维结构。广告、公关、服务、营销渠道、经营设施与经营环境等众多手段成了开展市场竞争的有力武器,从而使竞争的手段更加广泛。

(四)商业制度的创新

所谓制度,是指约束人们互相交往的一系列规则的总称。新制度经济学认为,制度能够制约人们的经济行为,降低合作的风险和不确定性,减少专业化与分工所导致的交易费用的增加,为经济组织的有效运行创造必备的条件。商业制度,就是指约束人与人之间在商品流通中相互关系、界定彼此权利与义务的一系列正式和非正式规则的总称。从世界各国现代商业的发展过程来看,商业制度创新是现代商业创新的重要内容。商业制度创新的内容主要有以下 3 个方面。

1. 商业企业制度的创新。即在原有单体商业组织的基础上,出现了大批发公司、百货公司、超级市场、综合商社、商业集团等各种形式的大规模商业企业。这些企业通过规模化与一体化经营,从多方面降低了交易费用。

2. 市场交易制度的创新。一是产权制度的创新;二是契约制度的创新。所谓产权制度创新,主要表现为:①在有形产权交易的基础上出现了无形产权的交易。

如商标、商号、品牌等无形资产成了交易的对象。②在物化产权交易的基础上出现了证券化产权交易。如提单、仓单等商品所有权凭证，成了可流转的对象，商流与物流也借此得以分离。所谓契约制度的创新，主要表现为自由资本主义时期那种契约自由的制度在进入现代社会之后，为了保护竞争、解决非对称性信息条件下交易者利益分配不均等现象，政府对契约自由的制度采取了一定程度的干预措施。市场交易制度的创新，不但扩大了商业活动的空间，而且降低了商业活动的不确定性风险，从而有效地节约了商业活动的签约费用与监督费用。

3. 政府商业管理制度的创新。在现代社会以前相当长的一段时期内，政府在商业活动中主要起保护交易顺利完成的作用。政府向商人收取各种税费，负责提供较为廉价的安全保证。而在现代社会中，政府对商业活动的管理已从一般性的契约关系的保护发展到制定专门的法律、法规约束商业主体的经济行为，同时制定相关的产业政策、建立相应的管理机构对商业活动进行管理和调控。例如，批发市场原是商人们自行确定交易规则进行交易的地方，后来集中交易的参加者越来越多，对社会和经济稳定的影响越来越大，促使一些国家的政府对批发交易进行专门的立法，并利用批发市场对商品流通进行宏观调控。政府现代商业管理制度的这方面创新，有效地保护了商业竞争，促进了现代商业的发展。

三、现代商业发展的主要趋势

现代商业发展的新趋势，主要由西方发达国家的商业引导。西方发达国家的商业主要在第二次世界大战之后得到了空前的发展，如今商业成了西方发达国家国民经济中的一个庞大部门。商业在其国内生产总值中所占的比重大多在10%以上，有些国家，如美国、日本等国，则高达20%左右。商业从业人数已经超过了整个物质生产部门的就业人数。

商业的高度发达，从业人员的大量增加，是物质生产部门劳动生产率空前提高的直接结果，这一结果表明西方发达国家社会经济结构发生了明显的变化。而且，随着新技术革命的深入发展、制造业劳动生产率的提高，以及商业产业的发展，社会经济结构还将进一步发生变化。与此同时，商业产业自身发生的一系列变化也将继续下去。纵观当今世界商业发生的巨大变化，现代商业大致呈现以下几方面的发展趋势。

（一）经营规模的大型化

经营规模的大型化具体表现在大型批发公司、大型百货商店、大型超级市场及大型连锁商店、商店集团的大量出现。科学技术的迅速发展及其在物质生产领域的广泛使用，使得商品生产达到了空前的规模，加之全社会消费水平的空前提高、城市化水平的增长等诸多因素的影响，引发了商业经营规模的大型化。简言之，它是适应经济发展的客观需要而产生的。这些大型商业企业的出现，为它们在市场上的竞争赢得了不少优势。如大型批发公司专事批发经营，与众多的供给者保持联系，货源广，经营品种多，商品流通渠道畅通，具有专门的商品技术知识和经营经验,信息灵通,便于控制主要批发环节。这些公司一方面为供应商提供信息和咨询服务,为他们做某类或某种商品的需求预测,对批发商品进行整理、分类,按时、适量地运送商品,从而受到主顾们的青睐;另一方面,大型批发公司参与供应商产品的广告宣传及扩大需求的规划工作,提供批发仓储,按期预订和采购商品,保证供应商的资金周转,从而又赢得了供应商的赞赏,而这些服务往往是小型批发公司难以做到的。在零售业中,进行规模经营的大型百货公司、超级市场和连锁商店占据着竞争优势,为数众多的小型商店,其经营销售额所占的比重相对较少。例如,截至 2023 年 12 月,目前世界上最大的零售业集团沃尔玛百货有限公司在美国本土和全球 20 个国家开设了 11 800 多家分店,员工总数超过 220 万人。2001 年沃尔玛首登《财富》500 强首位,自 2013 年至 2023 年更是连续十一年雄霸《财富》500 强企业之首。2023 年沃尔玛财经年度净销售金额高达 6 481 亿美元,其中美国本土销售总额达 5 321 亿美元,占美国当年全社会消费品零售总额的 6.6%。其营业额之大,是中小零售商店无法比拟的。可以预见,随着连锁经营的不断发展,大型商业企业的地位还将不断提高。

(二)经营空间的国际化

随着国际分工的深化及制造业公司的跨国扩张,以零售业为基础的、批零相结合的商业公司,也把自己的触角伸向了国际市场。商业的跨国扩张成为一种新的趋向。21 世纪,各大跨国零售商更是通过收购、兼并等方式不断进行渗透和重组,向新的市场延伸,国际化活动已经成为流通业司空见惯的行为。根据德勤公司发布的 Global Powers of Retailing 2023 所公布的"世界零售 250 强"数据,对全球零售企业的国际化状况进行统计分析发现,2021 财年"全球零售 250 强"分布在 42 个国家和地区,实现在两个或两个以上国家经营的企业达到了 154 家,国际化率达到了 62%,这一比例在 2003 年仅为 57.2%,如图 1-1 所示。随着世界经济全球化速度的加快,商业的国际化经营将会进一步扩大。

图 1-1 "全球零售 250 强"国际化率(2005—2021)

商业跨国公司以分销体系为基础，进行统一控制，集中采购与分散销售相结合。它一经产生，便显示出了强大的优势。商业跨国公司主要以分散设店、统一经营为特征的连锁店形式出现。因此，连锁店的发展，大大促进了商业跨国公司的发展。20 世纪 90 年代以来，随着我国商业领域对外开放的不断加快，目前，世界上著名的零售商业跨国企业纷纷登陆中国市场，开展跨国经营与竞争，这使得我国国内商业企业不但要面临国内市场的同行业竞争，还要面临国外跨国商业公司的国际竞争。可见，商业经营的国际化，将使未来的商业竞争更加激烈。

（三）经营方式的一体化

在激烈竞争的市场中，商业经营者为了求得生存与发展，纷纷走上一体化经营之路，以提升自己的竞争实力。商业经营方式的一体化主要表现在以下几点。

1. 以生产企业为主导的工商一体化。在这一形式中，生产企业掌握着商品流通渠道的主导权，它控制着批发和零售环节。例如，我国最大的能源化工企业中国石油化工股份有限公司（以下简称“中国石化”）就是一家以生产企业为主导的工商一体化企业，它集中了上中下游业务，主要从事石油与天然气勘探开发、开采、管道运输、销售，石油炼制、石油化工、化纤、化肥及其他化工生产与产品销售、储运，石油、天然气、石油产品、石油化工及其他化工产品和其他商品、技术的进出口、代理进出口业务，技术、信息的研究、开发、应用。为了加强成品油（主要是汽油、柴油、灯煤和航煤）销售，中国石化构建了五大成品油销售网络。一是中国石化的全资子公司——中国石化销售有限公司及其下属的主要市场内的 4 个大区分公司，承担着中国石化成品油资源的统一平衡、运输协调和直属销售企业以及专项用户的成品油供应任务；二是中国石化直属的 20 个省级石油分公司及其所属的 191 个区域公司；三是中国石化销售有限公司在东北、西北、川渝等地区的 37 个分公司；四是在澳门特别行政区的零售网络；五是中国石化在全国范围内与其他成品油经营单位合资组建以及采取特许加盟方式建立的销售网络。目前，中国石化在全国拥有加油站 29 062 座，其中特许经营加油站 657 座。以生产企业为主导的工商一体化，具体表现为生产厂家自己设立销售机构或销售办事处。这种情况在原材料、电器、机械设备、小汽车、农用机械等行业比较突出，这些行业的公司大多拥有自己的专业推销机构。这类机构经常向它们的主顾提供产品信息，直接与零售商店或消费者进行联系，使产销接近，从而大大降低了流通费用。一些厂家除了拥有自己网络化的专业批发与零售销售机构外，还在百货公司、商业中心租赁柜台，开设专业商品部。这种状况在耐用消费品市场十分普遍。另外，还有不少厂家有专门的代理商为其推销产品，利用代理商对本地区市场情况比较熟悉的优势进行商品销售，开拓新的市场。

2. 以大商业企业为主导的工商一体化。在这种形式中，大商业企业掌握着商品流通渠道的主导权，具体表现在大商业企业投资设厂或在有关厂家拥有股份，由这些厂家为其提供货源。如美国的西尔斯公司，占其销售额的 1/3 的货物是由该公司拥有 10%~100%股份的制造业公司提供的，其余部分由该公司的几十个采购站向国内外生产厂家进货。

3. 以签订合同的方式实行的经营一体化。具体又分为 3 种情况：一是由批发商发起，与若干独立的零售商签订合同，实行一体化经营。签订合同的零售商按照批发商的要求推销其商品，双方共同分担广告费，作为一个整体开展业务。二是由零售商发起，与批发商签订合同，采用统一名称等措施，联合开展业务。三是由厂家将其产品在一定地区的销售权通过合同的形式交给一定的零售机构，作为特约经销单位。一般来说，厂家对签约的零售店的店址选择，人员雇佣与培训，商品采购、管理、宣传等方面可以提出意见和提供帮助。

4. 以连锁经营的方式实行横向一体化。在这种一体化经营中，连锁店由总公司管辖下的许多分店组成，主要权力集中在总部，分店只负责销售业务和为顾客提供服务。连锁一体化经营不仅体现在进货环节，在销售环节中也得到体现。从发展趋势来看，以连锁经营方式实行的横向一体化经营将是商业经营渠道一体化的主要途径。

（四）经营手段的现代化

随着计算机和互联网技术的不断发展，引导现代商业新潮流的西方商业，在经营管理中普遍采用了电子货架监视系统、中心计算机存货控制与进货系统等现代先进技术，使售货、计价、结账、补充货物、发出进货指令等工作连续而自动地完成。同时，利用计算机获取、处理和运用各种有关商业信息、识别货物品种、检索商品价格、掌握市场行情、计算货款金额等。此外，随着自动化技术的推广和运用，原有的商业仓储、运输方式，逐渐被自动化仓库和自动运输系统所取代。各种自动化机器的运用越来越多地代替了手工劳动，如器皿洗涤机、食品残渣打碎机、搅拌机、包装机、打捆机等，使商业运行自动化程度大大提高。

商业经营手段的现代化，除了得益于技术进步以外，还得益于商业组织形式的大型化，如连锁商店、超级市场的发展，必须有现代化的商业经营手段与之相适应，否则，就会阻碍商业的规模经营。

商业经营手段的现代化，为现代商业的发展提供了重要的条件，它不仅可以提高商业经营的效益与管理的效率，还可以带动垂直协调系统的全面自动化。为推进商业经营手段现代化的进一步发展，一些西方国家还采取了下列措施：①建立全国商业行政咨询系统；②强化商业登记、公司查名的全面电脑化作业；③推进 VAN（加值网络）、POS（销售时点情报管理系统）、EDI（电子数据交换系统）的实施；④强化自动化人才的培育工作；⑤举办各项商业自动化座谈会。

（五）经营组织与经营形式的多样化

在现代市场竞争中，商业企业为了生存和发展，经常不断推出一些新的组织形式和经营形式，例如：批发商业，除了原有的独立批发商以外，还涌现出了共同批发商、连锁批发商、制造业批发商等多种批发商业形式；零售商业，除了传统的百货商店以外，还涌现出了超级市场、连锁店、便民店、折扣店、目录展示店、仓储商店、专业店、电视商场、网络商店等多种零售商业组织形式。此外还有跳蚤市场、拍卖市场、星期日市场、圣诞市场、水上市场等多种零售市场组织形式,成为零售业的有益补充。

（六）经营竞争偏好信息化

20 世纪 80 年代以来,信息革命的影响日益深入商业领域。尤其是 20 世纪 90 年代以来,网络技术的迅速发展,使信息在商业经营中的重要性进一步提高。一方面,在商业经营中获取与掌握最新信息已成为市场竞争的重要手段。无论是了解进货渠道、商品品种,还是确定销货方式、寻找销路,都需要及时、准确的信息,并在此基础上采取相应的措施。另一方面,由于商品琳琅满目,消费者眼花缭乱,以至于消费者在商品的海洋中,不知该购买何物。这就要求商业经营者必须及时地向顾客提供市场供给信息,包括商品的规格、性能、特点、使用方法等信息。因此,现代商业经营中,信息传递成为商业企业之间非价格竞争的重要内容。为此,现代商业经营必须重视市场调研与预测工作,同时要注重广告宣传的作用。

（七）经营品牌的独立化

在传统的商业经营中,商业经营者一般是经销生产厂家品牌的商品。20 世纪 80 年代以来,商业经营者为了提高自身的品牌形象和竞争力,出现了开发和经营自有品牌(private brand,PB)的现象。这种现象主要表现在零售业经营中。一些百货公司和超级市场在其销售的商品中开始增加一部分自己开发和经营的自有品牌商品。这些自有品牌商品是零售商自行组织生产或委托生产企业进行加工再贴上零售商品牌在本店销售的商品。进入 21 世纪以后,随着零售商规模的不断扩大和零售商地位的不断提高以及市场竞争的加剧,零售商自有品牌开始快速发展。例如,目前欧美许多国家的大型超市、连锁商店、百货商店几乎都出售标有自有品牌的商品。亚太地区、新兴市场和拉丁美洲地区近年自有品牌也得到了迅速的发展。又如,截至 2019 年 12 月,全球最大的零售商沃尔玛公司在全球已经推出 40 多个系列 20 多万种自有品牌商品,其自有品牌涵盖了其所经营的多类商品。据估计,目前沃尔玛公司 30%的销售额和 50%以上的利润来自它的自有品牌商品。再如日本的大荣公司,40%的商品销售来自其自有品牌。英国的马狮百货集团,从 1928 年便开始销售自有品牌“圣米高”牌商品,目前其供应商遍布世界,下属连锁店有 260 多家,全部销售其自有品牌商品。零售商店开发并经营自有品牌的好处主要有:第一,商店从厂家直接订货,省去了相当可观的中间费用。第二,厂商不必为商品品牌付出广告费,而零售商为自己的品牌所付出的广告费也很有限,因为大型商店、超级市场有良好的商誉,本身就是最好的广告。第三,商店自己销售自有品牌的商品,可以提高自身形象,同时由于是批量订货,拥有价格优势,能节约成本,提高市场竞争力。

当然,这要求商店有一批专业技术人才。英国马狮集团就有 350 多位专职技术人员,根据市场需求设计商品,监督商品生产的质量。

（八）经营追求特色化

现代商业经营之所以强调特色经营，是由商业产业的市场结构决定的。商业产业属于垄断竞争的市场结构，在这种市场结构中，经营者要想成功地开展经营活动，关键在于提供差异化的产品和服务。就商业企业而言，商业经营者要提供差异化的产品和服务，实质上就是要搞特色经营。因此，为了在激烈竞争的市场中赢得优势，现代商业经营者都十分强调特色化经营和服务。

（九）经营理念的伦理化

在当代，商业经营非常重视企业文化建设。企业文化是一种观念形态，其核心是价值观念以及企业精神、企业道德。它是企业立足当前、着眼未来的重大基本建设。许多企业强调经营管理与“德”有关，强调一种“理念”。例如，日本大荣公司在全公司提出一个口号，即“大荣，为提高社会生活质量做贡献”。又如美国纽约的梅西百货公司搞“以诚为本，以善为标”的促销活动，在店内设有咨询服务亭，顾客没能买到所需要的商品时，服务亭会告诉你到哪一家商店去买。这种做法按理是与常规商业竞争有悖的，但却能赢得顾客的好感和尊重。

现代商业经营之所以强调经营伦理化，其原因是：第一，现代企业重视无形资产的培育和增值，即把企业形象的塑造放在优先地位，从长远上、战略上来争夺市场、争夺顾客，着眼于企业长远发展的需要。第二，大型商业企业一般开设了众多的分店，为了群体效应、连锁效应，不能让一家商店的不良做法砸了自己的牌子，因此，一些大型商业企业不会为求得一时的利益而去做一些损害它的整体利益和长远利益的事情。强调经营的伦理化正是为了企业的整体和长远的利益。

（十）经营环境的法治化

为了保护和有效地开展竞争，以及维护消费者的权益等，世界各国都非常重视商业经营环境的创造，普遍颁布和实施了一系列的法律、法规来引导和维护商业企业的经营活动。建立法制化的商业经营环境，还有利于建立公平合理的市场经济秩序，把经济社会引向更健全、更合理的方向，扩大企业经营发展的空间，使各行各业都能在规范化的轨道上获得经营利益。以立法为例，西方国家各种法律条文多如牛毛。各国政府把制定商业法规当成管理商业的重要手段。以美国为例，涉及商业的立法主要有三类：一是调整和处理雇主和雇员关系的法规，如“劳资安全法”等。二是调整和处理企业之间关系的法规，如“联邦贸易法”等。三是保障社会利益的法规，如“消费者安全法”等。政府在制定法律后，通过一系列的措施确保法律、法规的实施和贯彻，设有专门的机构加以监督，并能定期调整这些法律中不合乎当前市场情况的部分。

在竞争激烈的市场条件下，商业企业间要做到公平竞争，唯有通过法律的形式，才能有效确立市场规则，并确保其贯彻下去。在商业经营中，各种复杂的合同、信用关系，唯有得到法律的确认，并成为一种受法律保护的契约关系，才能有效地实施。在商品买卖中，各个经济主体之间存在复杂的产权关系、交易关系，只有对这些复杂的关系加以法律规范,明晰各自的责、权、利,才能为商业运行提供前提条件。所以,商业经营的法治化是现代商业发展的重要趋势。

以上阐述了现代商业的十大发展趋势。随着社会经济和商业产业的进一步发展,现代商业还将在更广、更深的方向上迈进,呈现出更多的新特征。

思考题

1. 简述分工的客观必然性。
2. 阐述分工与交换的关系。
3. 简述康芒斯与科斯对交易的理解。
4. 简述商品交换的内涵与形式。
5. 简述商业与贸易的关系。
6. 简述市场的含义。
7. 简述市场的功能。
8. 简述市场的类型。
9. 简述商业的性质。
10. 简述商业的作用和职能。
11. 简述现代商业的内涵与特征。
12. 简述现代商业的创新。
13. 简述现代商业发展的主要趋势。

第二章

货币、信用与商业

商业自产生之日起就与货币紧密地联系在一起。货币的产生是商业存在的前提条件，货币的演变既是商业发展的结果，也是商业发展的重要推动力。因此，要学习商业，必须了解货币。随着信用货币的出现，商业又与信用结下了不解之缘。尤其在现代商业经营中，商业信用交易已成为商业交易方式的重要组成部分。如今，数字货币的产生和发展，必将对未来的商业发展产生深远的影响。本章首先阐述货币的演变及其与商业的关系，然后阐述信用与商业的关系，并重点对商业信用做了全面的分析。

第一节　货币与商业

人类社会虽有着漫长的发展演进史，但货币的出现却只是几千年前的事情。货币一出现，便与交换联系在一起。商业作为商品交换的发达形式，就是以货币为媒介连续不断地进行商品交换的活动，因此，商业与货币密不可分。

一、交换呼唤货币

前面提到，人类历史上的交换经历了两个阶段：先是物物交换，然后是通过媒介的交换。物物交换具有局限性，因此，人类在交换的不断发展过程中，逐渐摸索出了通过媒介的交换：即先把自己的物品换成作为媒介的物品，然后用所获得的媒介物品去交换自己所需要的物品。在历史上，作为媒介的物品很多。其中，牲畜是世界上很多地方都使用过的媒介物品。在我国历史上，最早的、比较定形的媒介物品是“贝”。关于货币的起源，在理论上虽有不同的说法，但到目前为止，马克思首先从交换的价值形式的演变过程中对货币问题进行系统的理论阐述，从而揭开了“货币之谜”。

二、货币的演变

货币的产生和发展有数千年的历史，从实物货币到贵金属货币，再到贵金属货币为本位制的纸币，再到去金属本位制的纯纸币（需要国家管制和法律保护，因此也称为“法定货币”），再到更多地转化为银行记账货币，即货币的无纸化、去现金化、电子化、数字化，该过程发生了极其深刻的变化。今天，货币渗透到经济社会运行的方方面面。值得指出的是，近年来，随着信息技术和区块链技术等的发展，除了央行发行的货币以外，还出现了私人部门发行的数字代币，如比特币、以太币等。

总的来讲，在几千年的岁月中，货币的形态经历了由低级到高级的不断演变的过程。

（一）古代的货币

据历史记载及考古发现，我国最早使用的货币是贝。它出现的时间大约在公元前 2000 年，退出流通领域的时间大约在金属铸币广泛流通的春秋时期之后。作为货币的贝，其单位是朋，一朋十贝。由于长期以来，贝是我国古代商品交换的媒介，因此，我国很多与财富相关的文字，其偏旁部首都为贝，如财、货、贩、购、贷、贸、贾、资、赊、账、赌、赎、赔、赚等。在世界其他地方，如东亚的日本、美洲和非洲等地历史上也曾用贝作为货币。当然，除了贝以外，在古代，世界上被用作货币的还有牲畜、烟草、可可豆等。

（二）币材

一般说来，作为货币的商品要同时具备四个方面的条件：一是价值比较高。这样可用较少的媒介物完成较大的交易。二是易于分割。商品分割之后不会减少其价值，以便同价值高低不等的商品交换。三是易于保存。商品在保存过程中不会损失价值，无须支付费用等。四是便于携带。这样可以在广大的地区之间进行交易。我国古代最早使用的货币“贝”，在很大程度上就同时具备这几方面的条件。它产于南方的海里，是当时夏、商、周等中原王朝使用的货币，作为外来品，其价值较高，作为计量单位不需分割，易于保存，也便于携带。而牲畜等物，就没有那么理想。随着交换的发展，人们对货币的要求越来越高，使得金属日益成为货币商品。金属充当货币的优点非常突出。它可以多次分割和按不同的比例任意分割，且分割后还可以冶炼还原。同时，金属还易于保存，尤其是金、银、铜都不易被腐蚀。因此，历史上比较发达的地区都先后将金属作为货币，充当货币的金属主要有金、银、铜等。在我国，最早的货币金属是铜和金。自周以来至 20 世纪 30 年代，铜一直作为货币金属使用，是我国流通时间最长的币材。东汉以前，黄金也曾作为货币，但后来很快就失去了货币的地位。白银在西汉时就开始成为币材，但直到宋代才逐渐成为广泛使用的币材。此后，白银与铜并行流通，成为我国最主要的币材之一。19 世纪以来，在西方，很多国家都曾经实行过金本位的货币制度，而我国实行的却是银本位的货币制度。从币材的发展史来看，正如马克思所言：“金银天然不是货币，但货币天然是金银。”

（三）铸币

金属货币最初是以块状流通的，交易起来很不方便，因为每笔交易都需要称量重量，鉴定成色，有时还要按交易额的大小把金属块进行分割。随着商品生产与交换的发展，一些富裕的、有名望的商人开始在货币金属块上打上印记，标明重量和成色，以方便交易。而当交换的空间突破地方市场的限制时，就要求金属货币的印记更具有权威性，以确保交易方便、安全地进行。而最能让交易者放心的印记当然是国家所印的印记，于是便出现了由国家所作印记来证明金属重量和成色的金属块，这就是铸币。最初的铸币有各种各样的形状，但后来都逐步过渡到圆形，因为圆形最便于携带且不易磨损。

中国最古老的金属铸币是铜铸币，主要有三种形制：一是“布”，是铲形农具的缩影；二是“刀”，是刀的缩影；三是铜币。铜币在我国流通了 2 000 多年，由于流通时间最长，因此，人们长期把铜和货币等同起来。在西方，银圆是最主要的金属铸币，圆形、无孔、铸有统治者的头像是其主要特点。在历史上，无论我国还是西方国家，铸造劣质货币是流通中反复发生的事情，因而都出现了劣币驱逐良币的现象，严重地扰乱了流通秩序。

（四）银行券与纸币

进入资本主义社会以后，随着商品交换和资本主义银行业的发展，在欧洲最先出现了由商业银行发行的用纸印制的货币，即银行券。最初，一般商业银行都可发行银行券，发行银行券的银行保证随时可按面额兑付金币、银币。到 19 世纪，各工业化国家的政府都先后禁止商业银行发行银行券，并把银行券的发行权集中于中央银行。19 世纪末至 20 世纪初，在银行券广泛流通的同时，贵金属铸币的流通数量日益减少，此时已经表现出纸币流通将要取代铸币流通的趋势。

在银行券流通的同时，还出现了一种由国家发行并强制流通的纸制货币，这就是通常所讲的“纸币”。在这两种货币流通工具同时流通的过程中，两者的分工和区别在于：银行券多是大面额的钞票，而纸币则多是小面额的。银行券和纸币的出现是商品交换发展的结果，反过来又极大地促进了商品交换的发展。

（五）信用货币

信用货币是信用关系下的产物。

1. 信用货币是商品交换的一种“信物”。商品交换过程是当事人双方权利和义务的消长过程：购买商品的一方取得支配商品的权利，同时承担着偿付等价物的义务；让渡（或销售）商品的一方有取得等价物的权利，同时承担转移商品的义务。如果把这种权利和义务的关系建立在信用的基础上，就会产生享受权利与应尽义务的时间分离。例如，卖者把商品赊销给别人，买者已取得了享受商品的权利，但还没有履行支付等价物的义务，而卖者已经履行了转移商品的义务，还没有取得拥有等价物的权利。在享受权利与应尽义务存在着时间分离的情况下，就发生了债权债务关系，即让渡商品的一方拥有债权，而购买商品的一方承担债务。这种债权债务关系无论是有形的(如通过契约、票据)还是无形的(如达成口头协议),都需要以信用做担保,即债务人保证债权人在一定的时间内能够得到补偿。在以信用为媒介的商品交换条件下,这种补偿是以债务人的"承诺"来实现的。这种"承诺"如通过"契约"来进行,即表现为一定的凭证。信用货币也就是债务人开出的保证债权人能够得到补偿的凭证。如这种凭证由债务人直接开出,则是商业信用货币;如这种凭证由债务人请求银行开出,则是银行信用货币。前面提到的银行券就属于这一种。总之,信用货币是商品交换存在着时间隔离的情况下的"信物",起着"担保品"的作用。

2. 信用货币的流通以价值物为基础。信用货币是一种价值符号,本身不具有多少价值,凭什么能被人们接受而用于流通呢?这是因为它以价值物作为基础。这种价值表现为创造信用货币的银行机构的准备金。设置准备金的意义之一就在于保证信用货币的购买力稳定,使它能在流通中正常地发挥货币的各种职能。资本主义银行曾经建立并实行过银行券兑现制度,即允许银行券持有者向银行兑换金银。这里,信用货币的流通是以价值物的兑现为条件的。为了满足兑现,需要多少准备金(即价值物)呢?历史上发生过两派观点之争。"货币流通派"认为,银行券的发行必须有十足的贵金属作保证,银行拥有的贵金属增加,银行券的发行量就可以增加;反之,银行券的发行量就应减少。只有这样,才能保证银行券的"兑现"。"银行派"则认为,银行券的发行不需要十足的贵金属作保证,只要有一部分黄金作担保就足够了。如果要十足的贵金属作保证,就会把银行券的发行量限制在贵金属储备的框框里,从而阻碍商品流通。争论虽以"货币流通派"的胜利而结束,但实践中却以其失败而告终。对此,马克思认为,"银行派"比"货币流通派"要高明一些。其高明之处在于,"银行派"懂得信用货币与金属货币之间是有差别的。银行券的发行之所以不需要十足的贵金属作保证,是因为:第一,作为信用货币的银行券在流通中不过是交换手段,人们利用它是为了交换商品,而主要不是用它来保存价值。第二,流通中需要的银行券,在正常情况下是不会向银行兑现的。也就是说,银行发行的银行券总有一定的数量存在于流通中。第三,银行券的持有者即使向银行兑现,他们也不会同时拿来向银行兑现,而是陆续地拿来向银行兑现。第四,允许银行券的持有者向银行兑换金银,其目的是稳定币值,而一旦币值得到了稳定,实际上就不需要兑现了。因此,银行券的发行量不需要十足的贵金属作保证。银行券的发行量需要设置多少准备金,完全由客观经济条件来决定。

3. 信用货币与纸币。在经济学中,纸币是一个特定的概念,它不是泛指纸制的货币,而是指由国家发行并强制流通的纸制货币,是不能保证"兑现"的价值符号。因此,纸币的价值高低与国家的强弱和社会的稳定与否密切相关。一旦国民对政府的信任发生动摇,纸币就会贬值。如果发行纸币的政府不能再统治国家,纸币便可能成为废纸。可以说,纸币是一种回流缺乏保证的货币。正因如此,它的流通有别于信用货币的流通。信用货币流通的特点是:信用货币从一个中心(一般是中央银行)辐射到周围各点,再由周围各点回到这个中心,因为信用货币的发行条件包含着它的回笼条件。纸币的流通则表现为一个分散的运动,因为纸币的发行条件不包含回笼条件。纸币只能在社会成员之间不断地转手运动,是一种分散的运动。

(六)无纸化货币

随着电子技术和网络技术的迅速发展,当今的货币形态出现了巨大的变化,那就是货币的无纸化。这主要表现在两个方面:一方面,电子计算机广泛运用于银行的经营业务,使得各种银行卡取代现金和支票,日益成为社会广泛运用的支付工具。另一方面,由于网络技术的迅速发展,网络银行已经出现,电子货币已经成为货币结算的一种工具,而且很有可能成为未来货币的主要形态。货币结算的无纸化,极大地促进了现代市场经济和商品交换的发展,这种趋势已经引起了社会各界的广泛注意。

三、货币与商业

前面已经提到,货币的产生是商业得以产生和发展的前提条件。从货币的演变来看,货币的形态不断变革是商业和商品交换发展的结果;而货币形态的变革,反过来又极大地促进了商业和商品交换的发展。因此,从历史的角度和相互的作用来看,两者具有双向因果关系。

从流通的角度来看,商业与货币的关系可以表现为商品流通与货币流通的关系。简单地讲,这种关系表现为:商品流通直接赋予货币的运动形式,就是货币不断地离开起点,从一个商品所有者手里转到另一个商品所有者手里。具体地讲,主要表现在以下四个方面。

第一,商品流通是货币流通的前提,货币流通是商品流通的表现。当商品从卖者手中转移到买者手中时,货币则从买者手中转移到卖者手中。如果没有商品所有者出卖的要求,或者说没有商品流通,就不会引起货币的转手或货币的流通。因此,货币流通是由商品流通引起的,并为商品流通服务。

第二,商品流通的数量、规模和速度制约着货币流通的数量、规模和速度。一般来说,商品流通数量增加,规模扩大,流转速度加快,货币流通的数量和规模也随之扩大,流通速度随之加快;反之,商品流通数量与规模缩小,流通速度减缓,货币流通的数量与规模也会缩小,流通速度就会减缓。如果商品流通的数量、规模和速度与货币流通的数量、规模与速度不相适应,那么,在市场上就会造成商品积压、市场疲软、通货紧缩或通货膨胀等不良后果。

第三,商品流通的发展,带动着货币流通形式的不断创新。如前所述,在商品流通的低级阶段,货币形态也比较低级。随着商品流通的发展,货币的形态也不断地由低级形态向高级形态演变。这种演变主要表现为货币形态日益朝着轻便化方向发展。

第四,在某些情况下,商品流通与货币流通并不同步进行,而会出现不相一致的现象。这主要表现在商品投机交易与期货交易当中。在这些情况下,货币可能已经过多次的转手位移,而商品并未发生位移。在现代市场经济条件下,这种现象经常发生。因此,对这些交易要客观地进行分析,不应过分地加以指责。

第二节 信用与商业

信用和货币一样,是一个很古老的经济范畴。信用的原意是"相信""信任""声誉"。在中国的传统概念中,与之相对应的是借贷或债等。因此,在经济学上,信用指的是一种借贷行为。这种经济行为的特点是以收回为条件的付出,或者是以归还为义务的取得。商业信用是历史上最早出现的信用,早在奴隶制和封建制时期,在简单商品生产条件下,商品生产者和经营者之间就发生了相互赊欠,商业信用就已出现了。商业信用是信用制度的基础,是各种信用得以发展的源泉。为了深入了解信用与商业活动的关系,下面不妨先介绍一下信用的基本理论。

一、信用概述

(一)信用的含义

经济学中的信用与一般社会关系上所谓的信用不同。经济学中的信用要从社会再生产过程即人们的经济活动去考察,从这个角度考察,信用是社会产品分配和交换的特定形式。而一般社会关系上所谓的信用则要从道德标准和心理因素方面去考察。从道德标准方面考察,信用具有诚实和信誉的意义,从心理因素方面考察,信用具有信任和信心的意义。在《资本论》中,马克思把信用定义为价值运动的特殊形式。这一定义是对借贷货币资本运动的概括。在商品经济条件下,货币是价值的表现形式,把货币的借贷规范为价值运动,表明信用是与商品经济相联系的范畴。同时,把货币的借贷规范为价值运动的特殊形式,表明信用这种价值运动有别于再生产过程中的其他价值运动。社会再生产过程中的价值运动包括价值积累、价值创造、价值实现、价值分配、价值补偿等形式,这些价值运动在社会再生产过程中是一个相互连续的循环过程。从当事者的行为看,这些价值运动只是价值在货币形式上的一重支出和一重归还。而货币的借贷是价值在货币形式上的二重支出和二重归还。这二重支出和二重归还反映出,信用这种价值运动既要以商品生产过程中价值的创造和实现为基础,又不表现为价值的创造和实现;它只转移价值的使用权,而不转移价值的所有权。

在当代,货币借贷只是信用的一种形式,除了货币借贷以外,还有商品的赊销、货款的预付、实物的租赁等。这样就难以用价值在货币形式上的二重支出和二重归还来说明信用是价值运动的特殊形式。因此,要给出经济学中信用的定义,还需要剖析信用的特征。从经济行为上看,无论是货币的借贷还是商品的赊销、货款的预付、实物的租赁等,都是两个或两个以上当事人资产的相对转移,这种转移与商品交换不同的地方在于,资产的转移不是同时进行的,而有一定的时间间隔。为了保障在一定的时间间隔中,当事人能够享受权利和履行义务,当事人双方必须达成协议或缔结契约。因而,我们可以把当代的信用定义为:以协议或契约为保障的不同时间间隔下的经济交易行为。

(二)信用的要素

信用作为特定的经济交易行为,必定有交易行为的主体,即当事者双方。一般把转移资产的一方称为授信者,而把接受资产转移的一方称为受信者。授信方要取得一定的权利,受信方要承担一定的义务,因此,具有一定的权利和义务是信用得以存在的要素之一。

在信用的交易行为中,双方的权利和义务的关系需要通过一定的载体表现出来。这种载体就是信用工具,信用工具是信用关系的载体。没有载体,信用关系就无所依附,因此,信用工具是信用得以存在的要素之二。

信用作为特定的经济交易行为,就应当有交易的客体(或交易的对象)。这种交易的客体就是授信方的资产,它既可以以货币的形式存在,也可以以商品的形式存在。没有交易的客体,就不会产生交易行为,因此,交易的客体——授信方的资产,是信用得以存在的要素之三。

由于信用的交易行为是在一定的时间间隔下进行的,没有时间间隔,信用行为就没有栖身之地,因此,时间间隔是信用得以存在的要素之四。

不难看出,只有同时具备上述四个方面的要素,信用行为才有可能发生。

(三)信用产生的条件

1. 从宏观的角度来看,信用的产生是商品流通的需要。因为商品流通需要货币,货币通常是由权威机构创造和供给的,由于货币的供给数量有多有少,供给时间有早有迟,因而难以适应广大社会成员各种形式的商品流通的需要。特别是在商品生产得到了巨大发展、商品流通大批量进行的情况下,更需要借助信用去代替货币流通,以实现大批量的商品交换。因此,在批发商业中,信用交易极为必要。

2. 从微观的角度来看,信用的产生是各个经济主体融通资金的需要。通信用可以使闲置的货币资金与商品资金流转起来,调剂资金的余缺,发挥资金应有的作用。如果不能把闲置的资金动用起来,就是损失,因为闲置的资金是不可能增值的。

当然,上述两个方面的条件只是信用得以产生的必要条件,而非充分条件。事实上,信用的产生还需要具备一定的客观经济条件。这些客观经济条件主要有:生产力要有较大的发展;企业要有比较充裕的商品资金和货币资金;企业间的商品交换关系比较密切;权利和义务关系有比较健全的法规约束。没有这些条件,信用就难以存在。例如,信用卡的产生就需要具备这些客观经济条件:人们的消费水平和构成要有很大变化;商品交换与货币收支的网络已经建立且关系比较密切;保密和保险的技术有足够的保障。没有这些条件,信用卡交易就难以产生。

总之,信用产生的条件是必要性与可能性的统一。客观经济条件不具备,即使有必要性,也没有可能性。必要性与可能性相结合,才是信用产生的现实性。

(四)信用行为

信用行为是指信用主体所进行的交易活动。这些交易活动概括起来主要有信用媒介、信用变形、信用替换、信用转让、信用创造、信用强化与信用抵销。

1. 信用媒介。信用媒介是指一方面接受别人的信用,另一方面又授予他人信用。这种行为最典型的表现形式就是银行吸收存款和发放贷款。此外,商业信用中的赊销赊购也属于信用媒介。信用媒介的特征是,一方面承担债务,另一方面获得债权。它以负债去换取债权。

2. 信用变形。信用变形是指将同一种信用形式的流通工具变换成另一种信用流通工具。这种行为最典型的表现是以支票形式从银行提取存款,然后把现金存入银行。支票和现金都是银行信用的流通工具,但它们的流动性、营利性和安全性是有差别的。在我国,它们的流通范围和服务领域也有所不同。因此,同一种信用形式的流通工具进行变形,是为了适应不同的需要。这种信用变形的特征是,它不涉及债权债务关系的消长,而把一种负债变成另一种负债,或者把一种资产变成另一种资产。

3. 信用替换。信用替换是指以一种信用形式去替换另一种信用形式。这种行为最典型的表现是以商业票据向银行贴现。贴现实际上是银行信用替换商业信用,这样的替换改变了债权人与债务人。贴现以前,商业票据反映的是企业之间的债权债务关系,贴现以后,商业票据反映的是企业与银行之间的债权债务关系。因此,信用替换的特征是把债权转移给别人。

4. 信用转让。信用转让是指将同一种信用流通工具转让给别人。这种行为最典型的表现是票据转让。票据是债权所有的书面证明,将票据转让给别人,也就是转移债权。与信用替换不同的是,这种转移是在不改变信用形式的条件下进行的。

5. 信用创造。信用创造是指创造一种信用流通工具,对别人提供信用。这种行为最典型的表现是商业银行在吸收原始存款的基础上所进行的派生存款。原始存款形成商业银行的准备金,是中央银行创造的信用流通工具,商业银行以中央银行提供的信用流通工具为基础,另外创造一种流通工具供顾客使用,这种创造是通过它的资金业务,即发放贷款和购买有价证券来实现的。银行贷款和购买有价证券是获得债权,但用于贷款和购买的是自己创造的信用流通工具。创造的信用流通工具能够被借款者和出卖有价证券的人接受,意味着银行同时对他们负了债。因此,信用创造也以负债去取得债权。但与信用媒介不同,信用创造是以对同一人的负债去取得对同一人的债权,而信用媒介是以对这一人的负债去取得对另一人的债权。另外,从时间顺序上来说,信用创造是先取得债权后承担负债,信用媒介是先承担负债后取得债权。

6. 信用强化。信用强化是指利用别人的信用加强自己的信用。这种行为最典型的表现是承兑和背书。承兑表明承担付款的责任,无论是商业承兑票据还是银行承兑票据,一经企业或银行承兑,都表明承兑者有保证票据到期如数付款的责任。经过承兑的票据,债权人才能接受,而且银行承兑票据的接受性又优于商业承兑票据的接受性。这表明出票人借助于另外的企业或银行强化票据的信用。背书,或者是转让被背书票据的所有权,或者是转让被背书票据的使用权,经过背书人背书也表明承担付款责任。票据经过背书才能转让,也表明强化票据的信用。因此,信用强化是表明共同承担债务以增强信用工具的流通性和可接受性。

7. 信用抵销。信用抵销是指以债权去抵销债务。这通常发生在相互提供信用中。这种行为最典型的表现是企业之间的相互赊购赊销。赊购者欠了赊销者的债,赊销者反过来向赊购者赊购,这样债权者又成为债务者。在相互既是债权者又是债务者的情况下,债权债务关系就可以抵销。因此,信用抵销是创造债权去清偿债务或者减少债务去获得债权的行为。

(五)信用的类型

信用的类型可以从以下不同的角度划分。

1. 根据信用主体(授信者)的不同,可将信用分为商业信用、银行信用、财政信用、股份信用等。商业信用的授信者是从事商品生产经营的企业;银行信用的授信者是从事货币资金经营的银行;财政信用的授信者是具有管理国家职能的政府;股份信用的授信者是具有社会资本性质的股份公司。

2. 根据信用客体用途的不同,可将信用分为生产信用、流通信用、消费信用等。生产信用、流通信用和消费信用的客体,既可以是商品,也可以是货币。商品可以用于生产消费和生活消费,货币可以用于购买。如果生产信用的客体是商品,则直接形成固定资产和流动资产,即现实的生产要素;如果生产信用的客体是货币,则增加生产者的货币资本,货币资本是可能的生产要素。如果流通信用的客体是商品,则直接形成商品资产,即现实的流通要素;如果流通信用的客体是货币,则增加流通企业的货币资本,即可能的流通要素。如果消费信用的客体是商品,则直接形成消费者生活消费的财产;如果消费信用的客体是货币,则增加消费者的货币收入,货币收入是可能的消费要素。

3. 根据信用期限的不同,可将信用分为长期信用、中期信用、短期信用和不定期信用。按惯例,一年期以内的信用属于短期信用,三年期以内的信用属于中期信用,三年期(不含三年)以上的信用属于长期信用,不定期信用则期限不定。从理论上说,信用期限的长短取决于再生产的周期,因为信用活动是从属于物质产品再生产的。因此,按期限长短划分信用,有利于考察信用服务于再生产过程的情况。

4. 根据债权债务关系性质的不同,可将信用分为公对公、公对私、私对私以及私对公的信用。在我国现阶段,公对公的信用有国有商业银行对公有制企业提供的信用,以及公有制企业之间相互提供的信用;公对私的信用有国有商业银行对私人经济、个体经济提供的信用;私对私的信用有私人经济、个体经济相互之间提供的信用;私对公的信用有私人经济、个体经济对公有制企业提供的信用。

5. 根据信用关系载体的不同,可将信用分为口头信用、书面信用和挂账信用。口头信用反映在相互的承诺之中,一般是无形的;书面信用反映在凭证上,是有形的;挂账信用反映在账簿上,也是有形的。口头信用的授受信用双方要以信实、信誉、信任、信心为条件,很显然,这种信用明显地包含道德和心理的因素。书面信用和挂账信用的授受信用双方虽然也需要信实、信誉、信任和信心,但因有文字记载,这两种信用不明显地包含道德和心理因素,而更多地包含着法律因素。

(六)信用的效应

信用的效应,既可以从各种类型的信用去评价,也可以从信用制度方面进行分析。所谓信用制度,就是指有关人们信用关系的理论、道德、政策、行动的规范。这些规范在人们经济生活中产生着重要的影响。这里主要从信用制度方面对信用的效应进行分析。

从积极方面来看,信用制度的效应有:①代替货币流通,实现商品价值;②节约流通费用,提高结算效率;③为社会提供金融资产,便于人们选择保存价值;④分配社会产品,为发展市场经济积累资金;⑤在利润平均化运动中起到中介作用;⑥为股份公司的成立创造条件。

从消极方面来看,信用制度的效应有:①在生产领域,会导致生产过剩和过多地占用资金;②在流通领域,会导致商业的过度投机和虚假购买力的产生,从而发生支付危机和债务锁链;③在分配领域,容易导致国民收入的超分配;④在消费领域,容易导致超前消费和高消费。

因此,在发展信用的过程中,一方面要充分发挥信用的积极作用,另一方面要抑制信用的消极作用。

二、商业信用

(一)商业信用的含义

所谓商业信用,就是指企业之间在商品交易中自发产生的一种直接信用,是一种直接的融资方式。从这一定义中不难看出,商业信用必须同时具备两个方面的条件:一是商业信用必定发生在企业之间,企业是商业信用的主体;二是商业信用必须与商品交易直接相联系,或者说与企业的商品再生产过程紧密结合在一起。这一方面的条件也正是商业信用不同于其他信用的一个重要特点。正因如此,企业之间的货币借贷虽然也以企业为信用主体,但由于它与商品交易并不直接发生联系,离开了企业再生产总资金循环的周转过程,是闲置的货币资金的借贷,所以,它不属于商业信用,只属于货币信用,并且是一种真正的货币信用。

(二)商业信用的形式

在各种信用形式中,商业信用是一种最古老的信用形式,但在社会经济不断向前发展的过程中,商业信用的具体形式也在不断地发展变化。由于多种因素的影响,商业信用并不都是自愿的和规范化的。因此,从自愿和规范化程度来讲,我们可以把商业信用形式分为正常的商业信用形式与非正常的商业信用形式两大类。所谓正常的商业信用形式,是指建立在信用关系双方自愿的基础上的、符合金融制度规范的、有利于经济发展的商业信用形式,主要有赊销商品、预付货款、分期付款、延期付款、经销、代销、汇付贸易、托收贸易、补偿贸易等具体形式。所谓非正常的商业信用形式,是指不是建立在信用关系双方自愿的基础上的、不符合金融制度规范的、不利于经济发展的商业信用形式,主要表现为拖欠货款。这种非正常的商业信用又被称为“强制商业信用”。很显然,这种“强制商业信用”违背了市场经济条件下交换与借贷的基本原则——平等与自愿,构成了拖欠方对被拖欠方财产的侵犯,因此,它不是真正的信用。这种非正常商业信用形式的存在,意味着工商企业在开展商业信用时,必须注意防范和化解信用风险。这里主要对正常商业信用的具体形式进行介绍。

1. 赊销商品。赊销商品是典型的商业信用形式。信用的授体是赊销者,信用的受体是赊购者,信用的客体是商品,这是一种由赊销者以商品形式授予赊购者的信用。将商品赊销给赊购者,既是借贷,也是买卖,也就是赊销者借信用关系把商品出卖给赊购者。按商品交换原则,赊购者应按商品价格支付货款,但是现在赊购者应付未付,这意味着赊销者将应收的货款贷给赊购者。所以,虽然信用的对象是商品,但仍然是以货币计量的。以这种形式授予信用,利息通常包含在商品价格中,不再额外计付利息。因此,以赊销方式购买商品的价格一般要高于以现金交易方式购买商品的价格。

2. 预付货款。预付货款是常见的商业信用形式。信用的授体是预付货款者,信用的受体是接受预付货款者,信用的客体是货币资金,因而这是一种由预付货款者以货币形式授予接受预付货款者的信用。将货币资金预付给接受预付货款者,既是借贷,也是买卖,也就是预付货款者借信用关系去订购接受预付货款者的商品。按商品交换原则,预付货款者应按订购的商品计价付款,但是,现在商品还未生产出来,只能以预付货款的形式交纳预购定金。预购定金具有提前支付货款的性质,在已交纳预购定金的情况下,销货方必须优先保证购货方的需要。由于多了这一层信用关系,所以预付货款不只是单纯地提前付款,而具有商业信用的性质。预付货款是要承担利息的,这种利息也反映在价格中。如果预购商品的价格看涨,而预购商品的价格是按预付货款时的物价水平确定的,则销货方承担利息;如果预购商品的价格看跌,而预购商品的价格是按预付货款时的物价水平确定的,则购货方承担利息。这表明,商业信用的利息负担会随着物价水平的变动而转移。

3. 分期付款。分期付款是在商品交易的条件下发生的,一般按交货批量分期付款。信用的授体是商品供给者,信用的受体是分期付款者,信用的客体是商品,它是商品供给者以商品的形式授予分期付款者的信用。这种信用形式类似于赊销商品,但以赊销商品形式存在的商业信用,通常是在商品的使用价值已全部转移到赊购者手里的情况下发生的,而以分期付款形式存在的商业信用,通常是在商品的使用价值未形成或未全部转移到分期付款者手中的情况下发生的。

4. 延期付款。延期付款与分期付款相同,都是在商品交易的条件下发生的,只不过延期付款不存在按交货批量分期付款的情况,而通常在商品全部发运以后。

延期付款的时间比较长,有的可长达若干年,因而它不同于赊销。延期付款的利息一般由延期付款者承担。在国际贸易中,延期付款的利息一般由进口方负担。

5. 经销、代销。从商品销售的角度来讲,经销、代销都是代卖方推销产品,但两者有质的区别。经销是自行购销、自负盈亏,而代销则是接受他人委托销售商品,收取佣金。经销是买卖关系,代销不是买卖关系,而是委托代理关系。但从信用关系上来说,二者都具有商业信用的性质。在经销方式中,卖方给予了经销商独家经营的权利,以及价格、折扣和货款支付等方面的优惠权利,因而经销实际上提供了一种权利信用,信用授体是卖方,信用受体是经销商,信用的客体是独家经营权和其他方面的优惠权利。在代销方式中,卖方(或称委托方)给予了代销商(或称被委托方)代理销售商品的权利,实质上提供了一种商品信用。信用授体是卖方,信用受体是代销商,信用的客体是委托代销的商品。代销与赊销商品也有所不同,代销没有转移商品的所有权,商品的所有权仍然属于委托代销者,代销商也不承担支付货款的义务。因此,代销不是买卖关系,而是委托代理关系,是一种信用关系。在这种信用关系中,代销商虽不承担商品销售的风险,但要承担代销的义务,而且要负责代销商品的安全无损,并享有获取佣金的权利。从这个意义上说,代销也是债权债务关系。

6. 汇付贸易。汇付贸易是国际贸易中进口方与出口方运用商业信用、采取汇付作为支付手段的一种贸易方式。汇付贸易有两种基本做法:一是先付款后交货,如预付货款、随订单付现等;二是先交货后付款,如交货付现、记账交易等。汇付贸易中买卖双方直接承担付款与交货的责任,且交货与付款是分开进行的,银行只起着服务性的作用,因此,它属于商业信用交易形式。在国际贸易中,由于汇付风险比较大,因此不是普遍使用的货币形式,一般只用于小额交易。

7. 托收贸易。托收贸易是国际贸易中出口方发运货物后委托银行向进口方收取货款的一种贸易方式。托收贸易也有两种基本做法:一是付款交单;二是承兑交单。托收贸易中买卖双方能否按合同规定交款收款,是买卖双方本身应承担的责任,银行只起代理代办的作用,不承担付款的责任,也不承担核查货运单据是否齐备、正确的义务。因此,它属于商业信用范畴,而不属于银行信用范畴。

8. 补偿贸易。补偿贸易是指贸易一方向另一方提供机器、设备等产品和技术、服务等项目,而另一方则按照对等的金额提供商定的产品或劳务给予补偿的一种贸易方式。补偿贸易虽然有时也发生在国内贸易中,但通常用在国际贸易中。补偿贸易有多种形式,但从偿还的方式来看,主要有三种:一是直接补偿贸易,又称为"返销",是指进口方用引进的技术设备等生产出来的直接产品补偿给出口方;二是间接补偿贸易,又称为"互购",是指进口方不用所进的技术设备等生产出来的直接产品,而是用双方商定的其他产品补偿给出口方;三是综合补偿贸易,是指进口方用一部分产品、一部分外汇,或者用一部分直接产品、一部分间接产品,综合起来补偿给出口方。无论哪种形式,补偿贸易都具有二重性,即既存在借贷关系,又存在买卖关系。这是补偿贸易中存在的商业信用的特点。补偿贸易可大可小,但大型的补偿贸易，由于金额大、时间长，因此，为了解决资金来源问题，往往有银行参与，即银行提供卖方信贷或买方信贷。这又是补偿贸易的一个特点。

（三）商业信用的性质与特点

商业信用虽然形式多样，但总的来说，商业信用都属于直接融资。直接融资是资金盈余者与资金短缺者不通过金融媒介而直接发生关系、调剂资金余缺的一种金融活动。商业信用的直接融资与通过买卖股票、债券等进行的直接融资相比，有以下几个方面的特点。

1. 它是从事再生产的企业之间进行的直接融资活动。因此，它一般不通过金融市场或交易所进行。

2. 由于这种融资活动一般不经过金融市场或交易所，因而是否要收付利息（或报酬）完全由当事人双方协商确定，不直接受金融市场上货币资金价格的影响。

3. 它与社会再生产过程的资金活动有直接的联系，即它的产生要以再生产过程中商品资金的余缺、货币资金的余缺为条件，因此，它会导致一些企业资金占用的增加和另一些企业资金占用的减少；而通过买卖股票、债券的方式进行直接融资，可以与社会再生产过程中的资金活动不发生直接联系。

4. 它能够把多个债权债务关系联结起来，形成债权债务关系链，赊销商品、预付货款通常都是相互的，拖欠货款中的"三角债""线性债"更是如此；而买卖股票、债券一般不会出现这种情况。

5. 商业信用的建立和消除完全取决于信用双方的意志，不经过有关部门的审批，不需要公布财务状况和评定信用等级；而买卖股票、债券要经过主管部门审批，要按规定公布财务状况和评定信用等级。

6. 在某些情况下，商业信用可以不需要流通工具，如挂账的商业信用；而通过股票、债券进行直接融资，必须有流通工具。

7. 以商业信用直接融资，除可转化为银行信用外，一般不会更换当事人，即商业信用关系的建立和消除一般由相同的当事人履行；而由于股票、债券可以流通转让，因此，通过股票、债券进行直接融资，当事人可以经常发生变化。

（四）商业信用存在和发展的原因

商业信用是一种古老而又常新的信用形式。从历史上看，通过票据使商业信用规范化是从西方国家开始的。据记载，12 世纪时，商业票据在意大利的商业城市中便已相当广泛地使用了。在我国历史上，工商企业之间开展的商业信用，习惯上不使用定规形式的票据，而是采取"挂账"的方法，即在账簿上记载债权债务关系。这是由我国长期以来商品货币关系不发达决定的。1929 年，国民党政府颁布了票据法，明确规定商业票据是法定的票据之一，此举对我国商业信用的发展起到了一定的推动作用。中华人民共和国成立后至改革开放之前，在中央计划管理体制下，1949—1956 年，对商业信用实行的是"利用与限制"政策，1957—1979 年，对商业信用实行的是"禁止与取消"政策。但实际上，在对商业信用实行"禁止与取消"政策期间，商业信用并没有被完全禁止和消除，而始终存在着。20 世纪 80 年代以来，随着改革开放的不断向前发展，商业信用开始不断地运用于商品交易当中。但到20世纪90年代初，我国的商业信用仍然很不规范，这在很大程度上阻碍了商业信用的进一步发展。1995年5月10日，《中华人民共和国票据法》（以下简称《票据法》）颁布，明确规定了在商业票据开出与使用过程中各当事人的权利和义务，规定了商业票据中必须记录的条款。新票据法的实施，对我国商业信用的规范化发展起到了非常重要的作用。

为什么古今中外商业信用会存在并得到发展呢？从宏观方面来讲，主要原因如下。

第一，企业在社会再生产过程中的相互联系为商业信用的存在提供了经济基础。在社会再生产过程中，各个企业的生产与经营活动都是相互联系的。就生产企业而言，一些企业的产品是另一些企业的原材料；就流通企业而言，生产企业的产成品就是流通企业的商品。它们在生产技术上相互补充，在供产销活动中相互衔接，在市场信息上相互提供，在为消费者服务上目标一致。可见，各个企业都需要在相互联系中求生存求发展，从而为商业信用的存在提供了条件。

第二，企业资金在循环、周转过程中的余缺是商业信用存在的直接原因。在市场经济条件下，企业作为一个独立的商品生产者和经营者，其资金的循环和周转包括从货币资金转化为商品资金，从商品资金转化为生产资金，从生产资金转化为商品资金，再从商品资金转化为货币资金的过程。整个社会再生产过程是由若干个企业的生产经营活动组成的，每个企业的资金运动都密切联系，互为条件，只有当每个企业的资金循环和周转都能顺利进行时，社会再生产才能顺利进行。可是，影响企业资金循环和周转的因素很多，生产规模的大小、生产周期的长短、自有资金和借入资金的比例、市场供求的变动、价格的涨落、运输条件的变化、生产技术水平的改变等，都会使资金不能顺利回流。这样，就必然会使一些企业的商品资金不能转化为货币资金，也必然会使一些企业的货币资金不能转化为商品资金；同时，也会出现一些企业货币资金或商品资金闲置的情况。这种资金运动的不平衡性，除了可以借助银行信用来解决以外，还可以借助商业信用来协调。

从微观方面来看，商业信用得以存在和发展主要原因如下。

第一，通过商业信用，可以提高企业的竞争力。市场经济离不开竞争，企业要靠竞争去开拓市场，占领市场，提高自己的声誉，从而获得较好的效益。就企业内部而言，要提高企业的竞争力，主要靠加强企业管理、适应市场需要、改进生产技术、改变产品构成、提高产品质量等措施。而从企业外部的关系来看，要提高企业的竞争力，主要靠及时捕捉市场信息，而要及时捕捉市场信息，就必须建立健全商业网络，善于与各种机构和人员打交道。而商业信用正是建立健全商业网络的手段、联系各种机构和人员的重要渠道。

第二，通过商业信用，可以融通资金，开拓市场。一般来说，商业信用具有二重性，即一方面是借贷，另一方面又是买卖。就受信企业来说，它既是买者，又是债务人，它通过商业信用，既买到了商品，又解决了货币资金暂时不足的困难，保证了生产和流通的继续进行；就授信企业来说，它既是卖者，又是债权人，它通过商业信用，既推销了商品，又融通了货币资金，为扩大再生产创造了条件。

需要指出的是，由于信用既具有积极效应又具有消极效应，因此，在运用商业信用时，必须控制商业信用的规模和范围。

例如，从赊销商品来说，一个企业有多少商品能够以赊销的形式出售，必须考虑这样一些因素：①企业自有资金的多少。企业自有资金多，提供赊销的商品资金就可以多一些，反之，就应该少一些。②企业经济效益的高低。企业经济效益高，追加资金的能力一般比较强，提供赊销的商品资金就可以多一些，反之，就应该少一些。③借入资金的难易。企业借入资金容易，贷出的商品资金就可以多一些，反之，就应该少一些。④资金周转的快慢。资金周转的速度快，把商品赊销给别人后，很短的时间内便能回流资金，就能够提供较多的商业信用，相反，就只能提供较少的商业信用。⑤商品资金的品种构成。一般来说，企业商品品种繁多，就可以提供较多的商业信用，反之，就应该少一些。⑥商品的使用寿命。商品的使用寿命较短，就可以较多地提供商业信用，反之，就应较少地提供商业信用。

总之，一个企业有多少商品能够以赊销的形式出售，必须综合自身情况和各种因素加以考虑。

三、商业信用与银行信用的关系

商业信用与银行信用的关系可概括为：商业信用是银行信用的基础；银行信用需要引导商业信用；商业信用与银行信用可以相互转化。

（一）商业信用是银行信用的基础

1. 商业信用关系的建立和发展，为银行信用关系的建立和发展奠定了基础。如前所述，商业信用是与社会再生产过程紧密联系的，直接服务于社会再生产过程。商业信用的扩大，意味着进入生产流通领域的要素增加，从而为扩大再生产创造了条件，而社会再生产扩大，社会产品增加，往往会增加对银行的贷款。可见，商业信用可以带动银行信用。

2. 商业信用票据的产生和流通，是银行信用票据产生和流通的基础。商业信用产生了商业票据，即期票和汇票。期票和汇票按《票据法》的规定，通过"背书"可转让给第三者。但商业票据的流通受商业信用的局限，使得它的流通对象、流通范围、流通时间，都受到商业信用关系的制约。为了克服商业票据流通的局限性，票据的持有者可以将商业票据贴现或以它作为抵押取得银行贷款。将商业票据转换为银行票据（钞票或存款），能够克服商业票据的局限性，因为银行票据具有良好的担保性、很高的权威性和广泛的流通性。但不难看出，银行票据是由于商业票据流通的局限性而产生的。

3. 商业信用关系的确立表明信用关系双方有一定的资本，为银行授受信用提供了起码的条件。一个人要取得信用必须先拥有一定的资本，或社会公众承认他拥有一定的资本，否则就不能取得信用。同样，银行对企业进行贷款，也要求企业

必须拥有一定的自有资金,否则便不符合贷款要求。怎样考察企业是否实际拥有一定的自有资金呢?通过有关部门的信用评估、征信考察自然是必要的,但是企业是否存在商业信用也是很重要的证明。因为一个企业如果能够取得商业信用,表明它在社会公众中有实力、有信誉,或者说,社会公众认为它拥有一定的资本。因此,银行可否对该企业提供银行信用,可以以企业的商业信用为基础。

4. 商业信用关系的普遍化和经常化,要求信用关系制度化,而信用关系制度化又为银行信用的建立和发展创造了条件。商业信用的发展客观上要求信用关系制度化。信用关系制度化有利于规范人们在流通中的信用活动范围,有利于促进人们遵守信用活动准则,从而有利于商品流通的发展。同时,也为银行信用的建立和发展创造了条件。

(二)银行信用要引导商业信用

如前所述,商业信用有一定的消极效应,为了有效地发挥商业信用的作用,一方面,企业要主动地控制商业信用的规模和范围;另一方面,银行信用要发挥其引导作用。一般来讲,银行引导商业信用的方式主要如下。

1. 依据《票据法》,确保商业票据规范化,保障债权债务关系正常化。票据是管理和引导商业信用的工具,在不同的国家、不同当事人之间,商业信用体现着不同的经济关系,但票据作为一种商业信用的流通工具,有其共同的管理技术。银行在处理商业票据的过程中,要将其置于自己的服务和监督之下,合理地引导商业信用的使用。

2. 制定正确的贴现政策,开展贴现业务。商业信用的规模和范围,在一定程度上取决于是否能够向银行进行贴现。银行对商业票据贴现的态度和贴现率的高低,对商业信用的产生和发展有一定的影响。如果银行对贴现掌握过严,且贴现率过高,就会抑制贴现,相反,则会激励贴现。因此,在保障审查票据的真实性、规范性和合法性的基础上,要制定适当的贴现率,以使商业信用保持适当的规模。

3. 开放金融市场,搞活票据流通,引导商业信用进行合理的流动,同时改变人们金融资金的构成。商业票据一般不能作为有价证券买卖,但能够“背书”转让、转移或抵消债权债务关系,还能够作为抵押品取得商品或货币。在国外,商业票据还可转让为其他有价证券,如股票、债券。因此,开放金融市场,允许票据流通,也是银行信用引导商业信用的一种方式。

(三)商业信用与银行信用相互转化

商业信用转化为银行信用,主要途径是将商业票据拿到银行进行贴现。此外,补偿贸易中银行提供卖方信贷也是商业信用转化为银行信用的一种形式。同样,银行信用也可转化为商业信用,如向银行贷款、预付货款、补偿贸易中的买方信贷等。这表明商业信用与银行信用间的相互转化,既可以正常进行,也可以隐蔽地、迂回地转化,因为这种转化有时相互交织,难以分清,有时往往有第三者、第四者插手其间。

思考题

1. 简述货币的演变。
2. 简述商品流通与货币流通的关系。
3. 何为信用？信用的要素有哪些？
4. 简述信用行为的类型。
5. 简述信用的类型。
6. 何为信用制度？何为商业信用？商业信用的类型主要有哪些？
7. 简述商业信用的特点。
8. 简述商业信用存在和发展的原因。
9. 简述商业信用与银行信用的关系。

第三章

消费与商业

随着现代市场经济的发展,在社会再生产的4个环节中,商业与消费的关系比以往任何一个时期都更加密切,消费对商业的影响和制约作用,也比以往任何一个时期都更加重要。同时,商业对消费的影响也比以往任何一个时期更大。尤其对于中国这样的大国来讲,搞活商业,促进消费,扩大内需显得非常重要。因此,单独分析消费与商业的关系在现代商业经济中十分必要。为此,本章首先介绍消费与商业的一般关系;然后分析消费发展的一般趋势及其对商业的影响;接着分析商业与保护消费者权益的关系;最后分析商业与消费引导的关系。

第一节　消费与商业的关系

消费是人类社会存在的前提条件,也是人类社会发展的一个永恒主题,人类社会不可能停止生产,同样,也不可能停止消费。在社会再生产过程中,生产是起点,消费是终点,交换表现为中间环节。生产决定分配、交换和消费,分配、交换和消费对生产又具有反作用。同时,分配、交换、消费各环节之间也相互影响,相互制约。商业作为商品交换的发达形式,自然与消费密不可分。它不仅通过生产、分配影响着消费,而且商业自身的行为也会直接影响到消费。当然,反过来,消费对商业也具有很大的影响作用。

在市场经济条件下,商业与消费的关系是多层次和多方面的。满足消费是商业存在的前提条件和最终目的,以消费为中心是商业发展的永恒主题,因此,商业的发展受到消费的制约。同时,消费只有通过商业活动才能得到实现和满足,商业又从多方面制约着消费水平的提高。二者之间互相依赖、互相制约、互为条件。

一、消费对商业的影响

一般来讲,消费对商业的影响和制约作用主要表现在以下几个方面。

（一）消费是商业存在和发展的前提条件

消费直接引起交换。生产资料的交换是由生产过程中生产资料的消费需要引起的；生活资料的交换是由人们生活消费的需要而产生的。很显然，没有消费，就没有交换，当然也就不会有商业；没有消费的发展，已经引起的交换就不可能继续进行下去，商业也就不可能存在和发展。因此，消费为交换提供了现实的需求，为商业的存在和发展提供了前提条件。

（二）消费是商业活动的目的，也是商业活动的动力

任何社会经济形态下，消费都是生产的目的。商业作为生产和消费的纽带，它的任务就是把商品从生产领域带入消费领域，从生产者那里送到消费者手中，商品只有进入消费，生产的目的才能最终实现，商业的任务才算最终完成。可见，消费也是商业活动的目的。马克思说："商品交换的目的是直接占有已交换的商品，是消费这种商品（不论这种消费是把商品当作产品来直接满足需要，还是把商品本身当作生产工具）。"①又说："商品交换归根到底是满足质上不同的需求。"②为了及时把商品送到消费者手中，商业在组织商品流通的过程中，要尽量减少其在流通过程中的滞留时间。这样，不仅可以保证社会再生产的顺利进行，而且还可以取得自身较好的经济效益。这又为商业的发展提供了动力。当然，要做到这一点，前提条件是以消费需求为出发点来组织商品流通。

（三）消费的规模、水平、结构制约着商业的发展

消费的规模、水平、结构制约着商业的规模、水平和结构。同时，消费的速度制约着商业组织商品流通的速度。

商业的发展受到供给和需求两方面的制约。在供给一定的条件下，消费的水平、发展速度决定着交换的深度和广度，决定着交换的总量、结构和发展速度。消费的水平越高，交换规模就越大。因为随着消费水平的提高，不但现有的商品性消费部分的消费水平会提高，规模会更大，而且自给性消费部分也会逐渐向商品性消费过渡，这样，更多的消费内容就被卷入商品流通当中，交换规模就会相应扩大。消费增长越快，交换的发展也就越快。同样，消费的结构决定着交换的结构和物质内容。交换的结构必须适应消费结构的变化，才能满足不同地区、不同民族、不同职业、不同收入水平的人们具体的消费需要。消费结构是社会中一定时期内人们消费状况的重要标志，它包括生产资料消费和生活资料消费的种类和构成。其中，生活消费资料又包含着商品消费和服务消费的种类和构成。这些都构成了交换的物质内容，直接影响和决定交换的规模和结构。当然，也就影响和制约着商业的规模、水平和结构。

（四）消费需求的变化要求商业业态的变革和发展

随着社会生产力的不断向前发展和消费水平的不断提高，消费需求经常会发

---

① 马克思，恩格斯．马克思恩格斯全集：46 卷（上）[M]．北京：人民出版社，1972：94.

② 马克思，恩格斯．马克思恩格斯全集：46 卷（上）[M]．北京：人民出版社，1972：150.

生一系列的变化,主要表现为消费需求的多样性和差异化、选择性的增强、消费的科学性及消费方式的文明程度不断提高等。这些变化必然要求商业的发展与之相适应,其中最主要的就是要求原有的商业业态进行变革和出现新的商业业态。例如,随着大量消费时代的出现,便出现与之相适应的百货商店;随着消费者需求个性化的增加,便出现了各种类型的专业店;近年随着休闲消费的发展,在一些大城市又出现了集购物、休闲、娱乐为一体的购物中心等。

(五)消费方式和消费行为影响着商业经营方式的变化

消费方式是指在一定社会形态下消费者所采取的消费方法和消费形式。也就是说,消费者采取社会消费还是家庭消费,集团消费还是个体消费。消费行为是指个人或家庭为满足生活消费需要而购买商品的心理、习惯和方法的统称。正如马克思所说:“消费者花费自己收入的方式以及收入多少,会使经济过程,特别是资本的流通和再生产过程发生极大的变化。”①这就意味着,不同的消费方式和消费行为往往要求不同的交换形式和交换内容,从而要求有不同的商业经营方式与之相适应。

(六)消费还会通过对生产和分配的作用间接影响商业产业的发展

在不同的市场条件下,消费对商业的影响会有所不同。这主要是因为在不同市场条件下,供求双方的力量对比状况不同,消费者在市场上的地位不同,因而受重视程度也就不同。在卖方市场条件下,产品短缺,供不应求,产品生产出来不愁销路,因而消费者在市场上处于被动地位。连接生产与消费的商业部门往往处于有利地位,因为在这种情况下,商业经营者往往采购什么,就能销售什么,没有多大的竞争。但必须指出,消费仍是生产和商业活动的最终目的。或者说,从本质上来讲,产品的生产和流通仍然以消费需求为前提。只不过在这种市场条件下,生产者和商业经营者没有必要过多地考虑消费需求问题。而在买方市场条件下,由于产品供过于求,卖方之间的竞争激烈,因而生产者和商业经营者往往处于不利地位,而消费者则占据有利地位,有了更大的消费选择权。这样,消费对商业的影响和制约作用就更加显现出来了。由此可见,在买方市场条件下,消费对商业的影响更明显,作用也更大。

二、商业对消费的影响

商业作为商品流通的发达形式和独立的产业,其自身的运动对消费也产生着巨大的影响。一般情况下,商业对消费的影响主要表现如下。

(一)商业是实现消费的条件

在任何社会中,消费需求得以满足的根本途径是发展生产。但在商品货币关系的条件下,商品性的消费要得以满足,必须通过交换才能实现。这是因为,只有

---

① 马克思,恩格斯．马克思恩格斯全集:26卷[M].北京:人民出版社,1972:562.

通过商品交换,劳动者所得的货币收入才能转化为其所需要的各种消费品,才能使他们的消费需求变为现实。可见,在商品经济条件下,消费需求是否实现,能在多大程度上实现,取决于商品交换的发达程度。在商品经济社会中,商品交换主要通过商业来完成。因此,消费的实现程度,主要取决于商业的发达程度和商业的服务水平。一般来讲,商业越发达,商品流通越快,消费需求就越能得到满足。因此,要提高人们的消费水平,必须大力发展商业。

(二)商业的规模和结构制约着消费的规模和结构

消费的规模和结构要受多种因素的制约,其中生产与交换的规模和结构是两个最重要的因素。在商品经济条件下,交换的规模和结构主要表现为商业的规模和结构。一般来讲,商业的规模越大,消费的规模也就越大,消费需求的实现也就越快。同样地,商业结构合理,消费结构也就容易合理。因为,合理的商业结构可以满足不同层次的消费需要。商业结构具有多方面的内容,主要包括商业的主体结构、客体结构、组织结构、规模结构、行业结构、地区结构和所有制结构。可以说,如果能够有效地建立和发展这些不同层次的商业结构,各种内容、各种层次与各种形式的消费需要都能够得到必要的满足。

(三)商业引导消费方式的形成与发展

商业对消费方式的引导作用主要表现如下。

第一,商业经营者通过各种媒介和促销手段,向消费者传递商品知识,介绍消费方法,引导他们进行合理的购买和消费,改变不合理的消费习惯,提高消费者的消费能力和消费素质。在引导消费者正确合理地使用新产品方面,商业的引导作用表现得尤为明显。

第二,商业为消费水平的提高和消费的现代化提供实现的手段。例如,通过商业活动为消费者提供新式的炊事用具和设备,能够加速全社会厨房现代化的步伐。

(四)商业影响着消费效益

消费效益包括经济效益和时间效益,它要受到商业活动的制约。商业对消费效益的影响表现如下。

第一,提高消费的时间效益。商业活动可以使消费者及时、适时和用尽可能少的时间购买到所需要的商品,提高消费的时间效益,增加消费者的闲暇时间。

第二,节约消费的劳动耗费。商业活动可以提供节时、省能、高效的产品,可以节省消费领域的劳动耗费,为社会节约财富。

第三,降低消费成本。商业活动可以提供价廉物美、经久耐用的商品,可以节省消费支出、延长使用时间,降低消费成本。

第四,增加商品消费寿命。商业活动通过向消费者传授商品知识和使用办法,进行售后服务,可以指导消费者进行科学消费,提高消费质量,增加商品的使用寿命。

应当指出,消费与商业的相互作用是在动态中实现的。因此,要发展商业,有效地开展商业活动,必须研究消费的发展变化趋势,研究消费的发展变化对商业活动的影响。

三、现代商业活动中如何处理好消费与商业的关系

从消费与商业的一般关系来看，现代商业活动中，必须以消费需求为导向，以保护消费者的利益为核心，树立现代消费观念。同时，要充分发挥商业对消费的引导作用。原因如下。

（一）消费对商业的影响决定了商业经营者必须了解市场需求

消费与商业的关系表明，消费是商业存在和发展的前提条件，是商业活动的目的和动力。实践经验也表明，能否及时掌握消费需求的变化、组织适销对路的商品，不仅关系到商业经营者的微观经济效益，而且关系到商业经营者的长远利益。因此，现代商业活动，必须以市场消费需求为导向，掌握市场需求情况，研究消费变化的趋势和不同时期、不同地区消费的特点，及时组织适销对路的商品以满足消费者的需要。

（二）商业与消费关系的核心是维护消费者的权益

消费与商业的关系表明，消费是商业活动的目的。这就决定了商业与消费关系的核心是维护消费者的权益。在现代社会中，消费者为了保护自己的权益，不断掀起保护消费者权益的运动，各国政府为了保护消费者的利益，也制定了一系列的法律和法规。因此，在现代商业活动中，维护消费者的权益不仅是商业经营者自身发展的需要，也是全社会的要求。为此，商业经营者应当做到以下几点：第一，尽量提供丰富多彩、物美价廉的商品，满足广大消费者不断增长的生活需要；第二，提供优质服务、改善服务态度、提高服务质量，不断开拓新的服务领域，使广大消费者愉快地、尽快地获得需要的商品；第三，防止假冒伪劣商品进入流通领域，严禁坑害消费者的行为，处处为消费者着想，提高消费的社会效益。

（三）商业与消费关系的职责就是指导消费、引导消费

消费与商业的关系表明，商业的职责就是发挥商业联系面广、信息灵通、接触生产、了解全局的优势，通过多种形式、多种途径指导、引导和影响消费。具体来讲：一是促进消费观念不断更新，使消费者接受新品种、新的消费方式和消费手段，不断丰富和充实消费内容，提高消费质量；二是指导购买力投向，鼓励合理消费，抑制不合理消费，调节市场商品的供求平衡；三是树立正确的消费观念，克服和防止非理性和超现实的消费，制止抢购行为，促进消费行为合理化和科学化；四是宣传商品知识，指导具体商品的消费和使用，提高消费的经济效益，保障消费者的安全。

第二节　消费发展的一般趋势及其对商业的影响

一、消费水平的提高及其对商业的影响

一般来说，一个国家或地区居民的消费水平，会随着经济的发展得到相应的提

高,而不断提高的消费水平又会对商业发展起到促进作用。

消费水平可以用人均国民收入、人均消费收入等价值形式来表示,也可以通过人均实物消费量、人均寿命等生活质量指标来反映。消费水平的提高从低层次到高层次依次表现为:自给性消费向商品性消费转化;满足基本生活必需品的消费规模不断扩大;需求的领域不断扩大,需求的层次不断提高;需求的结构不断发生变化;消费的社会化水平不断提高,服务消费、发展需要与享受需要的消费比重大大提高。消费水平的基础不同,消费水平的提高程度也会表现不一,从而对商业影响也会不同。消费水平在较低的起点上得到提高,对商业的影响主要表现在量上,即主要要求商业从业人员的数量、经营机构、运输能力、仓储能力等方面在量上得到发展,以适应消费水平提高的需要;而消费水平在较高的起点上得到提高,对商业的影响主要表现在质上,即要求商业从业人员的素质、经营观念、经营策略、经营方法等方面发生较大的变化。

从发达国家经济发展的经验来看,消费水平的提高对商业产生较大的影响主要在这样两个时期:一是以耐用消费品的普及为主要特征的消费水平提高时期;二是以服务消费比重迅速上升为主要特征的消费水平提高时期。有人将这两个时期的变化称为消费革命,而将其相应带动的商业和流通业的深刻变化称为流通革命。多数国家耐用消费品的普及是在人均国民收入为 1 000 美元左右时实现的,而服务消费比重的迅速上升则是在人均国民收入为 2 000~3 000 美元甚至更高时实现的。由于各国经济体制不同,市场发育程度不同,人均国民收入指标不一定能反映真实的消费水平,消费革命也不一定在相同的人均国民收入水平上发生。但是,随着经济的发展,消费必将发生革命性的变化,而消费革命也将带来商业和流通业的深刻变化,这一点则具有普遍的规律性。

二、消费结构的变化趋势及其对商业的影响

(一)消费结构的变化趋势

消费水平的提高必然会引起消费结构的变化,而且从国际上的经验来看,消费结构的变化一般遵循恩格尔定律,但这并不意味着随着收入水平的提高,恩格尔系数会直线下降。就消费结构的变化而言,恩格尔定律是指一种长期趋势,它并不排除在长期趋势中恩格尔系数会偶尔或规律性地上升。现有的研究成果表明,在消费水平从贫困型向温饱型和从温饱型向小康型转变的过渡时期,恩格尔系数呈现出规律性的回复上升,出现与长期趋势相背离的现象。

消费结构之所以会出现这种不规则的变化,除了受一些特殊的因素如特殊的价格体系、福利政策、社会生活方式和生活习惯等影响外,主要是由人们需要的基本发展规律决定的。

人的需要是多层次的,既有生理的需要又有心理的需要,既有物质的需要又有精神的需要,并且由低层次向高层次方向发展。其中,生理需要是人最基本的需要,它包括衣、食、住、行等方面,这些是人首先要考虑的需要。随着生活水平的提

高，在生理需要基本得到满足以后，人们就会把注意力投向更高层次的需要。需要的这种发展规律表现在消费结构的变化上，就是食品等生活必需品支出的比重会逐渐下降，而文化、娱乐、旅游、服务等费用的支出比重会逐渐上升，从而与恩格尔定律相吻合；而在需要由低层次向高层次发展的同时，不同需要层次的内部也在不断发生变化。如生理需要中的食物需要，会从单纯满足吃饱向讲究卫生、讲究营养、讲究风味方向发展；衣、住也会越来越由单纯用来蔽体保暖向审美、舒适等高层次方向发展。需要的深度和广度这两种发展趋势结合在一起，反映在消费结构的变化上，就是长期趋势与阶段性变化交织在一起。从经验统计来看，这种现象往往出现在消费水平较低的发展阶段，如由贫困型向温饱型或由温饱型向小康型转变的过渡时期。这个时期，由于生产力水平还没有达到高度发展水平，人们消费需求的较高层次的满足往往要受到收入水平的较大限制，而且这两个时期人们的食物消费水平还处于相当低的阶段。因此，消费水平的提高表现在需要向较高层次发展的同时，更主要地表现在低层次需要的深度发展上，特别是食品消费水平的较大提高上，因而也就出现了食品支出比重变化与长期趋势的阶段性背离现象。而当消费水平发展到较高阶段后，生产力的高度发展和生活水平的极大提高，一方面使消费受收入水平的限制减少，消费需要可以更主要地向高层次发展；另一方面，人们的食物消费水平达到较高程度后就不会有更大发展，这种阶段性背离现象也就随之消失了。

（二）消费结构的变化对商业的影响

消费结构的变化对商业的影响主要表现在以下几个方面。

1. 消费结构的变化会引起商品结构发生相应的变化。国际经验表明，当人均 GDP 在 300~1 000 美元，特别是接近 1 000 美元时，消费结构会出现由生活必需品向非生活必需品、选择性较强的商品的大幅度转变。消费结构的这种变化，首先要求制造业内部的产品结构具有高变换率，从而要求商业经营的商品结构具有高变换率。当人均 GDP 达到 2 000~3 000 美元以后，经济处于平缓增长阶段，消费进入高额消费阶段，高档耐用消费品、服务产品成为主要消费商品，这时商业经营者就必须以此为重点开展商品经营活动。

2. 消费结构的变化会引起商业组织和商业经营方式发生相应的变化。例如，20 世纪 60 年代以来，随着世界经济的不断发展，消费水平和消费结构出现了巨大的变化，与之相适应，商业组织与商业经营方式也发生了巨大的变化，主要表现为已有的零售业态不断发展，新的零售业态不断涌现，如超级市场、专业店、折扣店、仓储商场、方便店、连锁商店、邮购店、电视商场等不断发展起来，以满足消费需求多样性与个性化的需要。

3. 消费结构的变化导致商业活动进一步细化以及相关产业的发展。随着消费水平的不断提高，消费结构中低附加值的产品大大减少，而高附加值的产品大大增加。这样，就要求商品流通过程中的加工、包装、编配、分类等附加劳动大大增加，同时带动相关产业如运输业、仓储业、包装业等物流业的发展。

三、消费社会化及其对商业的影响

(一)消费社会化的内容

消费社会化即消费服务的社会化,也就是消费领域中的服务不是由消费者自己来完成的,而是由社会来提供的。消费社会化是消费水平达到更高阶段后的一种必然趋势。它是随着消费者自我发展、自我完善意识的增强,在收入达到相当高的水平后出现的。

消费社会化主要包括两个方面的内容:一是家务劳动的社会化;二是社会公共消费的比重增加。实现家务劳动的社会化,是缩短家务劳动时间、增加自由支配时间的重要途径。家务劳动时间的缩短,可以通过家务劳动的机械化与家务劳动的社会化两条途径来实现。而后一种途径相对于前一种途径而言,对于节约社会劳动、节约资源具有更大的意义,并且有利于促进消费方式向更科学、更合理的方向发展。社会公共消费是指通过各种公用设施、文化娱乐场所、教育科学文化服务等实现的消费。在消费水平较低的阶段,居民消费中个人消费占绝对比重,消费的主要部分都是在家庭内部实现的。随着消费水平的提高,虽然个人消费仍然是主要的消费方式,但社会公共消费比重将逐渐上升。某些需求在家庭内部、靠消费者个人往往是难以满足的,比如高级娱乐、艺术欣赏、旅游、接受教育等,因而就必须通过社会公共消费的形式来实现。因此,随着消费水平的提高,相应增加社会消费基金、发展社会公共消费事业是必然的要求。

(二)消费社会化对商业的影响

消费社会化对商业的影响,主要表现在它对商业发展的促进作用上。因为消费社会化必然导致第三产业的发展,特别是它对各种消费服务行业的发展提出了更高的要求,从而会促进商业的发展,进而导致在社会商品流通中,有形商品流通的比重下降,服务商品流通的比重上升。

第三节　商业与维护消费者权益

如前所述,商业与消费关系的核心就是维护消费者的权益。因此,了解消费者的权益、维护消费者的权益就成为现代商业经营的重要内容。

一、消费者权益的含义

消费者权益是指消费者在生活消费过程中,购买、使用商品或接受服务时所应当享有的权利。

每一个社会成员都是消费者。但从广义上来讲,消费者不仅包括消费者个人,也包括消费者群体。他们都享有平等的权利。消费者的权力和利益既互相联系,又相互区别。权力是利益的保证,利益是权力保护的目标,利益只有在权力有了充分保障的前提下,才能切实得到体现。因此,消费者的权益,也就是消费者依法享有的权力及该权力受到保护下应得的利益，其核心是消费者的权力。消费者的权力和利益反映着一定的社会经济关系，表明在一定社会经济条件下，消费者与生产者、经营者之间的关系，同时，也体现了消费者与消费者之间的关系。

二、消费者基本权利的提出与内容

从人类社会发展的历史考察，最早提出消费者权利的国家是美国。1962 年 3 月 15 日，美国总统肯尼迪在向国会提交的《关于保护消费者利益的总统特别国情咨文》中，概括地提出了著名的 4 项消费者权利，即：消费者有获得安全保障的权利；消费者有了解真实情况的权利；消费者有自由选择的权利；消费者有提出消费意见的权利。该咨文首次论述了消费者权利的思想。美国是消费者运动兴起最早的国家，是最早运用法律手段保护消费者权益的国家，也是最早成立消费者组织的国家。继美国之后，英、日、澳等国先后颁布了保护消费者权益的法规。1983 年，国际消费者联盟（IOCU）确定每年的 3 月 15 日为“国际消费者权益日”。1985 年 4 月 9 日，联合国通过了《保护消费者准则》，这是唯一的一部对世界各国特别是对发展中国家具有指导性意义的保护消费者权益的国际规范。在该准则中，国际消费者联盟将消费者权利概括为 8 项权利，即：消费者有权得到必要的物品和服务得以生存；消费者有权得到公平的价格和选择权；消费者有得到安全的权利；消费者有获得充足的资料的权利；消费者有寻求咨询的权利；消费者有得到公平的赔偿和法律援助的权利；消费者有得到教育的权利；消费者有获得和享受一个健康的环境的权利。

1984 年 12 月 26 日，中国消费者协会在其章程中提出了消费者应当享有的 6 项权利。1993 年 10 月 31 日，第八届全国人民代表大会常务委员会第四次会议表决通过了《中华人民共和国消费者权益保护法》（以下简称《消费者权益保护法》），该法自 1994 年 1 月 1 日正式实施，其规定了我国消费者享有 9 项基本权利。2009 年 8 月 27 日，第十一届全国人民代表大会常务委员会第十次会议对《消费者权益保护法》进行了第一次修正。2013 年 10 月 25 日，第十二届全国人大常委会第 5 次会议《消费者权益保护法》进行了第二次修正。2014 年 3 月 15 日，由全国人民代表大会修订的新版《消费者权益保护法》正式实施。新版的《消费者权益保护法》规定我国的消费者享有九项基本权利，分别如下。

第一，人身财产安全权，是指消费者在购买、使用商品和接受服务时享有人身、财产安全不受损害的权利。消费者有权要求经营者提供的商品和服务，符合保障人身、财产安全的要求。它是消费者最基本的权利。由于消费者取得商品和服务是用于生活消费的，因此，商品和服务必须绝对安全可靠，必须保证商品和服务的质量不会损害消费者的生命与健康。

第二，知悉真实情况权，是指消费者享有知悉其购买、使用的商品或者接受的服务的真实情况的权利。依据该法规定，消费者有权根据商品或者服务的不同情况，要求经营者提供商品的价格、产地、生产者、用途、性能、规格、等级、主要成分、生产日期、有效期限、检验合格证明、使用方法说明书、售后服务,或者服务的内容、规格、费用等有关情况。

第三,自主选择权,是指消费者享有的自主选择商品或者服务的权利,包括以下几个方面:消费者有权自主选择提供商品或者服务的经营者,自主选择商品品种或者服务方式,自主决定购买或者不购买任何一种商品、接受或者不接受任何一项服务。消费者在自主选择商品或者服务时,有权进行比较、鉴别和挑选。

第四,公平交易权,是指消费者在购买商品或者接受服务时,有权获得质量保障、价格合理、计量正确等公平交易条件,有权拒绝经营者的强制交易行为。

关于商品和服务的质量,消费者有权要求其符合国家规定的标准或者与生产经营者约定的标准,不致因质量低劣而妨碍消费。如果经营者提供的商品或者服务不符合规定的质量要求,消费者有权要求修理、更换、退货、降价等。

关于商品和服务的价格,消费者有权要求生产经营者执行国家的价格政策、法规或按质论价,商品价格或服务费用合理,不因乱涨价或乱收费而受到经济利益损失。

关于商品和服务的计量, 消费者有权要求生产经营者计量准确、足量,不致因短尺少秤而遭受经济利益损害。生产经营者更应自觉守法,遵守职业道德,不在计量上弄虚作假。对于工厂包装的产品,消费者有权要求其注明净重量或容量,并与实际相符;交易时计量的商品,消费者有权查明度量、衡器是否准确,有权看秤、复秤,对不足分量者有权要求退货或退回多收的价款。

第五,依法求偿权,是指消费者在购买、使用商品或接受服务时受到人身、财产损害时,依法享有的要求获得赔偿的权利。依法求偿权是弥补消费者所受损害的一种救济性权利。

第六,依法结社权,是指消费者享有依法成立维护自身合法权益的社会团体的权利。消费者的依法结社权十分重要,它使得消费者能够从分散、弱小走向集中和强大,并通过集体的力量来改变自己的弱者地位。政府在制定有关消费方面的政策和法律时,应向消费者团体征求意见,以求更好地保护消费者的权利。

第七,获得知识权,是指消费者享有获得有关消费和消费者权益保护方面的知识的权利。它是从知悉实情权中引申出来的一项消费者权利。保障这一权利的目的是使消费者更好地掌握所需商品或者服务的知识和使用技能,以使其正确使用商品,提高自我保护意识。

第八,受尊重权,是指消费者在购买、使用商品和接受服务时,享有人格尊严、民族风俗习惯得到尊重的权利,享有个人信息依法得到保护的权利。

第九,监督批评权,是指消费者享有对商品和服务以及保护消费者权益工作进行监督的权利。消费者有权检举、控告侵害消费者权益的行为和国家机关及其工作人员在保护消费者权益工作中的违法失职行为,有权对保护消费者权益工作提出批评和建议。

上述九项消费者权利是《消费者权益保护法》的主要保护对象内容。为了保障消费者权利的实现，经营者、国家和社会都要履行相应的义务，否则就要承担相应的法律责任。依据我国《消费者权益保护法》第3章的规定，在保护消费者权益方面，经营者有以下义务。

第一，经营者向消费者提供商品或者服务，应当依照法律、法规的规定履行义务。经营者和消费者有约定的，应当按照约定履行义务，但双方的约定不得违背法律、法规的规定。经营者向消费者提供商品或者服务，应当恪守社会公德，诚信经营，保障消费者的合法权益；不得设定不公平、不合理的交易条件，不得强制交易。

第二，经营者应当听取消费者对其提供的商品或者服务的意见，接受消费者的监督。

第三，经营者应当保证其提供的商品或者服务符合保障人身、财产安全的要求。对可能危及人身、财产安全的商品和服务，应当向消费者做出真实的说明和明确的警示，并说明和标明正确使用商品或者接受服务的方法，以及防止危害发生的方法。宾馆、商场、餐馆、银行、机场、车站、港口、影剧院等经营场所的经营者，应当对消费者尽到安全保障义务。

第四，经营者发现其提供的商品或者服务存在缺陷，有危及人身、财产安全危险的，应当立即向有关行政部门报告和告知消费者，并采取停止销售、警示、召回、无害化处理、销毁、停止生产或者服务等措施。采取召回措施的，经营者应当承担消费者因商品被召回支出的必要费用。

第五，经营者向消费者提供有关商品或者服务的质量、性能、用途、有效期限等信息，应当真实、全面，不得做虚假或者引人误解的宣传。经营者对消费者就其提供的商品或者服务的质量和使用方法等问题提出的询问，应当做出真实、明确的答复；经营者提供商品或者服务应当明码标价。

第六，经营者应当标明其真实名称和标记。租赁他人柜台或者场地的经营者，也应当标明其真实名称和标记。

第七，经营者提供商品或者服务，应当按照国家有关规定或者商业惯例向消费者出具发票等购货凭证或者服务单据；消费者索要发票等购货凭证或者服务单据的，经营者必须出具。

第八，经营者应当保证在正常使用商品或者接受服务的情况下，其提供的商品或者服务应当具有的质量、性能、用途和有效期限；但消费者在购买该商品或者接受该服务前已经知道其存在瑕疵，且存在该瑕疵不违反法律强制性规定的除外。经营者以广告、产品说明、实物样品或者其他方式表明商品或者服务的质量状况的，应当保证其提供的商品或者服务的实际质量与表明的质量状况相符。经营者提供的机动车、计算机、电视机、电冰箱、空调器、洗衣机等耐用商品或者装饰装修等服务，消费者自接受商品或者服务之日起六个月内发现瑕疵，发生争议的，由经营者承担有关瑕疵的举证责任。

第九，经营者提供的商品或者服务不符合质量要求的，消费者可以依照国家规定、当事人约定退货，或者要求经营者履行更换、修理等义务。没有国家规定和当事人约定的，消费者可以自收到商品之日起七日内退货；七日后符合法定解除合同条件的，消费者可以及时退货，不符合法定解除合同条件的，可以要求经营者履行更换、修理等义务。依照规定进行退货、更换、修理的，经营者应当承担运输等必要费用。

第十，经营者采用网络、电视、电话、邮购等方式销售商品，消费者有权自收到商品之日起七日内退货，且无须说明理由，但下列商品除外：①消费者定做的；②鲜活易腐的；③在线下载或者消费者拆封的音像制品、计算机软件等数字化商品；④交付的报纸、期刊。经营者应当自收到退回商品之日起七日内返还消费者支付的商品价款。退回商品的运费由消费者承担；经营者和消费者另有约定的，按照约定。

第十一，经营者在经营活动中使用格式条款的，应当以显著方式提请消费者注意商品或者服务的数量和质量、价款或者费用、履行期限和方式、安全注意事项和风险警示、售后服务、民事责任等与消费者有重大利害关系的内容，并按照消费者的要求予以说明。经营者不得以格式条款、通知、声明、店堂告示等方式，做出排除或者限制消费者权利、减轻或者免除经营者责任、加重消费者责任等对消费者不公平、不合理的规定，不得利用格式条款并借助技术手段强制交易。

第十二，经营者不得对消费者进行侮辱、诽谤，不得搜查消费者的身体及其携带的物品，不得侵犯消费者的人身自由。

第十三，采用网络、电视、电话、邮购等方式提供商品或者服务的经营者，应当向消费者提供经营地址、联系方式、商品或者服务的数量和质量、价款或者费用、履行期限和方式、安全注意事项和风险警示、售后服务、民事责任等信息。

第十四，经营者收集、使用消费者个人信息，应当遵循合法、正当、必要的原则，明示收集、使用信息的目的、方式和范围，并经消费者同意。经营者收集、使用消费者个人信息，应当公开其收集、使用规则，不得违反法律、法规的规定和双方的约定收集、使用信息。经营者及其工作人员对收集的消费者个人信息必须严格保密，不得泄露、出售或者非法向他人提供。经营者应当采取技术措施和其他必要措施，确保信息安全，防止消费者个人信息泄露、丢失。在发生或者可能发生信息泄露、丢失的情况时，应当立即采取补救措施。经营者未经消费者同意或者请求，或者消费者明确表示拒绝的，不得向其发送商业性信息。

三、消费者权益受损的主要表现与原因

（一）消费者权益受损的主要表现

在我国市场经济建设过程中，保护消费者权益的呼声日益高涨，但现实经济生活中，损害消费者权益的现象却屡屡发生，主要表现在以下几个方面。

1. 产品质量与效用失实。产品质量包括物质产品质量和精神文化产品质量。从物质产品来看，一些生产者只图自身的经济利益，而置消费者利益于不顾，不能严格执行国家有关产品质量的规定标准，偷工减料、粗制滥造、以次充好，生产不合

格的产品,这些产品进入流通领域后,伤及消费者人身和财产的安全,使消费者遭受物质上和精神上的损失;从精神文化产品来看,生产者生产非法、劣质出版物,然后流入市场,对消费者特别是青少年消费者的身心健康造成了极其恶劣的影响。

2. 产品价格与计量欺诈。虽然政府一再禁止生产者、经营者的欺诈行为,但仍然有不少生产者与经营者变相涨价、乱收费、缺斤少两,从中牟取暴利,使消费者蒙受不应有的经济损失。

3. 假冒伪劣产品横行。由于多种原因,消费者不能防范和辨别假、冒、伪、劣产品,从而使消费者人身、财产的安全受到侵害。这主要是由于一些不法生产者和经营者为了达到攫取暴利的目的,不惜以牺牲消费者的生命和健康为代价,生产和经营假冒伪劣产品。这种现象在我国市场极为普遍,消费者由此经常遭受损失。

4. 产品广告虚假宣传。一些生产者与经营者为推销自己的产品和服务,采用制作虚假广告的手段,蒙骗消费者。通常的做法是在产品说明书中不介绍产品的真实性能、主要成分、使用和养护方法,对必须明确说明的部分则闪烁其词或随意夸大功效,使消费者上当受骗,造成不应有的损失。

5. 服务质量低劣。消费者购买商品的过程,也是经营者提供服务的过程。现实中,一些生产者和经营者忽视其应当提供的相应服务,以致消费者权益受损。一些生产者与经营者将"三包"这样的服务措施仅仅当作推销产品的宣传手段,而一旦真正出现其服务范围内的问题,则推诿责任,甚至刁难消费者。在商业服务业中,有的从业人员业务技能水平较差,服务质量低,服务态度蛮横,根本无视消费者应当享有的权利。

(二)消费者权益受损的原因

消费者权益受损的原因是多方面的,归纳起来,主要有以下几个方面。

1. 市场发育不完善与市场秩序混乱。良好的市场环境是消费者主权得以实现的基础。但我国现阶段市场发育水平低、流通秩序比较混乱,市场机制尚不能充分发挥作用,因而容易出现损害消费者权益的现象。进一步讲,一方面,商品经济不发达和市场体系不完善,商品和服务的质量、品种等仍不能充分满足消费者的需要,消费者自主选择的权利不能得到充分保证,加之生产技术水平和检测手段不高,使得商品、服务中危害消费者健康安全的因素难以得到遏制,从而使消费者权益受损;另一方面,国内统一市场还没有真正形成,地方保护主义大量存在,出现了为了所谓地方的局部利益而偏袒和保护不法生产、经营活动的现象,从而加剧了不正当竞争的无序状况,使一些生产者与经营者无视消费者的权益,经常侵害消费者的权益。

2. 生产者与经营者市场意识不足,职业道德低下。市场经济条件下,企业追求自身经济利益的最大化本是无可厚非的,但当生产经营者与消费者之间产生矛盾和利益冲突的时候,有的生产者、经营者便不顾消费者的利益,只图自身经济利益的最大化。在金钱的诱惑下,有的生产者、经营者缺乏自律意识,不注重经营管理,忽视职业道德,大搞各种欺诈行为,甚至横行霸道,野蛮经营,不择手段,唯利是图,致使消费者权益严重受损。

3. 相关的法律、法规不健全,执法力度不够。改革开放几十年来,为保护消费者的权益,我国制定了一系列法律、法规,但是,与市场经济发达国家相比,我国在维护消费者合法权益方面还缺乏一个良好的法治环境,主要表现为:第一,立法跟不上市场经济发展的需要。在一些生产、经营领域还缺乏相应的法律、法规,使得众多的市场问题无法可依。比如近年来发展迅猛的美容业、保险业、邮电通信业、房地产业、金融业等,由于没有相应的法律、法规或法律、法规不健全,结果侵害消费者人身财产安全的事件不断出现。第二,现行法律制度中的某些条款对损害消费者权益的生产者与经营者处罚过轻,而且有的法律、法规弹性有余,刚性不足。例如,对生产和销售假冒伪劣商品的生产者与经营者,我国法律规定的处罚力度远没有国外严厉,可以说,这也是导致少数不法生产者与经营者屡罚屡犯的原因。第三,消费者的正当权益受到侵害后,消费者诉讼成本过高,执法部门办事效率低下。我国现行诉讼制度一般规定由原告预付诉讼费用,消费者权益一旦受到侵害,不仅要承受身体、心理上的巨大痛苦,还要预先承担巨额的追偿费用,加之损害赔偿的审限并没有特殊规定,经过旷日持久的一审、二审,足以使一般消费者在时间、金钱、精力上均不堪重负。一些消费者只好忍气吞声,或者只在消费诉讼涉及标的过大或精神损失严重时才选择起诉的办法来为自己讨回公道,这就为消费者主权的实现设置了障碍。

4. 消费者在市场上处于弱势地位。消费者在市场上处于弱势地位是消费者权益受损的根本原因。消费者在市场上之所以处于弱势地位,是因为:第一,相对于市场上其他主体(企业、政府)而言,消费者的力量过于分散,因此无法得到公平的地位。第二,市场经营中的信息非对称性,使得消费者经常上当受骗。消费者虽然具有自主选择商品的权力,但无论从信息的获得还是信息的处理能力来说,与生产者和经营者相比,消费者始终处于不利地位。一方面,生产者与经营者掌握着商品经营信息,为了使自己处于有利的地位,有时还会有意歪曲或封锁要传递给消费者的信息。另一方面,他们拥有完备的市场信息收集和处理系统,而消费者只有依据大众传媒等极少数渠道才能获得有限的信息。因此,消费者在市场上始终处于弱势地位。这样,消费者的权益自然易于遭到破坏。

5. 消费者的自我保护意识与能力薄弱。消费者的自我保护意识与能力薄弱是造成消费者权益受损的重要原因,因此,提高消费者的素质是实现消费者权益的重要途径。由于历史和现实的原因,我国消费者的自我保护意识和保护能力比较薄弱。传统上,我国的消费者在遇到麻烦时往往采取“息事宁人”或“自认倒霉”的态度。这种观念在市场上的表现就是,当消费者权益受到侵害后,他们常常不采取抗争的方式去保护自己的正当权益,更不愿意诉诸法庭,而是一味忍让。可以说,这是助长不法生产者与经营者敢于侵害消费者权益的重要原因。从现实方面来看,由于现代科技水平迅速发展,一些消费者缺少与之相应的教育,在一些科技含量高的商品面前,缺少必要的认识、选择和鉴别的能力。甚至当自己的正当权益受到侵害时,一些消费者还意识不到这种侵害。这也助长了不法生产者与经营者的非法行为。

四、保护消费者权益的途径

为了更好地促进我国市场经济的发展,建立良好的市场流通秩序,必须重视消费者权益的保护。作为商品流通的主要组织者与经营者,商业部门应该率先起到表率作用。从总体上来看,结合我国的国情,主要应采取以下措施来保护消费者的权益。

(一)大力发展市场经济,加快全国统一大市场的建设

如前所述,市场发育不健全、流通秩序混乱是我国消费者权益受损的主要原因,因此,必须大力发展我国的市场经济,生产出更加丰富多彩的消费品。这是保护消费者权益的物质基础,因为只有消费品和服务的供给数量充足,品种多样,质量有保证,才能满足消费者多样化的需求,才能使消费者有一个充分自由选择的空间,才能使其有较为平等的机会享有正当的权益。同时,要加快全国统一大市场的建设,彻底打破地方保护主义,建立良好的市场流通秩序,充分发挥市场机制的作用,使生产者与经营者能够自觉维护消费者的权益。

(二)树立正确的市场意识,加强职业道德建设

随着我国市场经济的发展和消费者权益保护意识的增强,国内的生产者与经营者必须树立正确的市场意识,其中之一就是要树立消费者至上的思想,开展生产与经营活动要以消费者为中心。同时,要加强职业道德的建设,树立良好的企业形象,不做损害消费者权益的事情。实践证明,只有以消费者为中心,将消费者真正视为"上帝",真正为消费者服务,才能在市场竞争中立于不败之地。

(三)建立健全法律、法规体系,加大执法力度,切实保护消费者权益

从某种程度上来讲,市场经济就是法治经济。任何一种经济行为都离不开法律、法规的保护和监督。同样,要保护消费者的权益,也必须借助相应的法律、法规。从我国目前的情况来看,要注意做好以下几点:第一,要加快法律、法规的建设,尤其是要对一些已经颁布实施的法律、法规制定相应的配套实施细则。第二,有关部门要加强法制宣传,支持消费者协会开展工作,建立投诉服务机制以及调解、仲裁机构,为消费者权益的保护提供便利。第三,健全司法制度,加强对消费者的法律保护;健全民事赔偿制度,方便消费者诉讼;健全刑事责任追究制度,追究生产者、经营者及直接责任人的刑事责任,这是保护消费者权益的重要手段。第四,建立健全执法责任制,防止以罚代刑,徇私舞弊,坚决查处有法不依、执法不严、违法不究以及滥用职权的现象,加大执法力度,对违法者进行严厉的惩罚和制裁。

(四)建立健全行政保护,加强社会舆论监督

行政机关是立法机关的执行机构,依据法律、法规完成国家规定事务的组织管

理工作,其中,工商、物价、技术监督、商检、卫生、环保等行政管理机构与消费者的关系最为密切。因此,必须加强这些职能部门的建设,使其各司其职、各负其责,这样才能对生产者与经营者形成强有力的约束,使其合法生产与经营。同时,还要建立健全消费者的社会保护体系,加强社会监督,主要包括发挥社会组织、新闻舆论和广大消费者的监督作用。在社会组织方面,主要发挥消费者协会的社会监督作用;在新闻舆论方面,主要发挥电视、广播、报纸等传媒对不法生产者与经营者的监督作用;就消费者自身而言,每一个消费者都应主动拿起法律武器,借助社会力量,自觉地、积极地保护自身的权益。

(五)加强教育,提高消费者素质

如前所述,消费者权益受到侵害,一个很重要的原因是消费者自身素质不高。随着社会经济的发展,消费水平在不断提高,为了切实保护消费者的权益,必须大力提高消费者自身的素质。为此,必须加强教育,尤其是消费教育。当今世界上许多国家,尤其是发达国家,其消费教育已经形成了制度。消费教育是一个系统工程,应该引起政府部门、工商行政部门、工商企业、消费者组织、教育机构等各方面的重视,也应该由各个方面来齐抓共管。政府部门要通过制定政策推动消费教育活动的开展,也可以设立一些专门机构负责这一方面的工作;工商行政部门要加强对市场的管理,定期发布商品信息,同时加强对市场上商品的监管,发布监管信息,让消费者尽可能快、尽可能多地了解有关信息;工商企业要通过广告媒体、产品说明书等,向消费者提供真实的商品信息、消费方法、注意事项等,有效地引导消费;消费者协会要努力宣传消费者权益保护的各种政策、法规。当然,要提高消费者素质,学校教育的作用不容忽视。有条件的学校,可以开设消费知识、消费经济方面的课程,培养国民树立正确的消费观念,养成科学合理的消费习惯,增强保护消费者权益的意识,以推动我国市场经济的发展。

第四节　商业与消费引导

商业与消费的关系表明,商业的一大责任就是合理引导消费,做到这一点就成为现代商业经营的重要内容。

一、消费引导的含义与必要性

(一)消费引导的含义

消费引导是指政府、经营者以及其他社会组织采用经济、行政、舆论和法律的手段,对消费者进行消费教育,对其消费行为加以科学指导,使其消费行为合理化与科学化,以实现预期的消费目标。从消费引导的主体来看,消费引导主要包括3个方面的内容:一是政府从宏观上有计划地调控消费者的消费行为,影响消费者的消费观念;二是生产者生产和销售有关商品和服务时,要对消费者的消费内容和消费观念进行引导;三是商业经营者通过组织商品流通对消费者的消费观念和消费行为进行引导。

（二）消费引导的必要性

之所以要对消费者的消费观念和消费行为进行引导，主要有以下两个方面的原因。

1. 社会上存在着很多不合理的消费观念和不当的消费行为。不合理的消费观念主要表现为盲目攀比、及时行乐等。不当的消费行为是指与消费者个人收入不相称、与社会道德规范和科学消费相违背的不合理、不科学、不文明的消费行为。这些消费行为主要如下。

(1)盲目消费行为。这集中反映在抢购消费行为和情绪化消费行为上。抢购消费行为是由消费者担心所需商品购买困难而引发的一种失去消费计划的盲目购物行为。这种消费行为主要在商品供给短缺时发生，主要表现为涨价抢购、节日抢购和凑热闹抢购。情绪化消费行为是由于一时冲动做出缺乏理性的购买商品行为。这种消费行为既可能源于消费者个人的情绪冲动，也可能源于外在广告宣传的诱惑、商品本身的吸引力或者富有感染力的商品促销等。

(2)无序消费行为。著名心理学家马斯洛在总结人们的消费行为后得出，人们正常的消费行为是一个由低到高的渐进过程，即由满足生理需要向满足安全、归属、尊重、认识和审美、自我实现等的需要演进。但在现实生活中，由于有的消费者缺乏健康的消费心理，在基本消费尚未满足的情况下就盲目攀比或追求高消费，从而出现无序消费行为。主要表现为：一是攀比消费行为。这是一种由好胜心理引发的无序消费行为。有的消费者好胜，别人有的，自己一定得有，甚至别人没有的，也想拥有。于是无视自身收入状况，也不论自己是否需要，盲目攀比购买。二是追求高消费。这是一种不顾经济条件而盲目购买高档消费品的消费行为。一些消费者为享受高档消费，超出个人支付能力、盲目地购买高档消费品，从而带来生活消费的无序状态。

(3)畸形消费行为。这是指由于缺乏科学知识和文明意识而出现的一种消费行为。封建迷信、求神算卦以及吸毒、赌博等行为就属于这一类。因此，有必要加强消费引导，使全社会的消费走上一条科学、合理、健康的轨道。

2. 消费者因某种需要产生了购买愿望，有时能够顺利地实现购买行为，有时却不能实现预期的购买行为，甚至会出现拒绝行为。为了促使消费者的购买愿望变为购买行为，或者让消费者的拒绝行为变为接受行为，有必要对其加以引导。

二、商业经营中消费引导的原则与方法

商业经营中，为了加强对消费的引导，应遵守下列两大原则。

（一）促进消费效果改善的原则

消费效果的改善意味着消费者消费方式的进步和消费结构的日趋合理，可以使消费者在等量消费实物和享受服务后实际获得更好的满足。为了促进消费者的消费效果，首先，要引导人们改进消费方式。充分利用科学、合理的消费方式，争取

在最小的消费投入上获得最大的消费效果，提高对消费品的利用程度。其次，引导人们调整消费结构，使其消费结构趋向合理化。

（二）促进文明、健康、科学消费的原则

文明、健康、科学的消费行为，是人们消费质量提高的重要体现，是社会进步的重要标志。文明消费反映的是人们物质生活与精神生活的协调发展，具有较强的现代消费特性；健康消费反映的是人们在正确人生观、价值观指导下所进行的积极向上的生活方式；科学消费反映的是在科学知识指导下所进行的对消费资料具有较高利用程度的生活方式。一方面，人们的消费方式受一定的消费观念的支配，消费者的人生观、价值观又直接影响着消费者的消费观念，进而影响着消费者的消费偏好，以及对消费对象的不同追求；另一方面，消费者的文化水平、技术水平也在影响着消费者的消费行为，决定着消费者的消费能力和消费层次。一般情况下，文化水平较高的消费者具有较强的消费能力，在消费实物商品和享受服务时，能表现出较高的文化修养，对低级、愚昧、不讲科学的消费方式具有较强的抵制、防御能力。为了促进文明、健康、科学的消费，首先，要引导人们更新消费观念，要用科学的价值观指导消费者；其次，要加强对人们消费行为的引导，向消费者普及科学知识，引导消费者掌握科学的消费方法，增强消费能力；最后，要合理地组织货源，使消费者能够购买到自己所需要的商品。

思考题

1. 简述消费对商业的影响。
2. 简述商业对消费的影响。
3. 简述消费结构的变化对商业的影响。
4. 简述消费者权益的含义与内容。
5. 简述消费者权益受损的原因与保护途径。
6. 简述消费引导的必要性。
7. 简述商业引导消费的原则与方法。

第四章

商业活动的特点与商品流通规律

商业作为专门从事商品交换的行业，在其经营活动中有着自己的特点。同时，商品流通也有着自己的运动规律。对于商业经营者而言，了解商业活动的特点和商品流通的规律，对于搞好商业经营活动具有十分重要的指导意义。因此，本章首先阐述了商业活动的特点。在介绍商业活动的特点之前，对商业活动的基本要求做了分析。之后，从信息经济学的角度对商业经营中消费者常常受骗上当的原因进行了分析，并从合约经济学的角度，对商业经营中为什么往往只能签订不完全合约做了说明。最后，阐述了商品流通的主要规律，即等价交换规律、自愿让渡规律、供求规律、竞争规律和货币流通规律。

第一节　商业活动的特点

一、商业活动的基本要求

商业活动是现代经济生活中的重要组成部分，是商业产业发挥作用的具体体现，它主要通过商业经营者的买卖行为来实现。在市场经济中，为了保证商业活动的正常进行，必须遵循商业活动的基本要求。商业活动的基本要求，也是一切市场交易活动应该遵循的基本要求。这些要求概括起来，主要有四个方面。

（一）交易的自愿性

所谓自愿性，就是指商业活动必须建立在交易双方意志自由的基础上。为了保证交易的自由进行，必须否定各种形式的超经济强制行为。为此，第一，要排除依仗非经济的强制力量（如以政府为后盾）所进行的强买强卖；第二，政府、行会组织、经济共同体（国家和地区）组织，对市场交易行为不能采取不应有的干预、限制、封锁、禁止、行政垄断等措施。

（二）交易的互利性

所谓互利性，就是指通过交易，买卖双方都能从中得到益处。可以说，互利性是交易自愿性的基础。这是因为，交易双方如果不能从交易中得到好处，就不会有任何交易，当然就更谈不上进行自愿交易了。因此，遵循交易的互利性，是从事一切交易活动的基点。为了保证交易的互利性，一方面，应该使交易建立在等价交换的基础上。为此，市场上存在的片面抬价、商业欺诈、坑害消费者的行为都是应该受到谴责和摒弃的。另一方面，交易者必须进行交易成本与交易利益的比较，然后做出交易的决定。

（三）交易的契约性

所谓契约性，就是指在交易当中，买卖双方对交易的具体内容（如交易的品种、数量、质量、交货的时间和地点等）事先要做出具体的规定。这种规定，可以是口头上达成的协议，也可以是书面上达成的契约。但口头上达成的协议必须建立在双方信用的基础上，否则，一旦出现纠纷，就难以用法律的手段来解决争端。书面达成的契约具有法律效力，一旦出现纠纷，有法律作为保障。

（四）交易的非人格性

所谓非人格性，就是指市场交易不能依赖于人格作担保。这是市场交易不同于社会交往最突出的地方。在社会交往中，我们很注重人际关系和交往者的人品，因此，一般来讲，人际关系好、人品好的同志，大家都愿意与他打交道、结为朋友，而人际关系差、人品坏的同志，就没有人愿意与他来往。然而，在市场交易当中，我们不能以人格的好坏作为交易的条件，因为在市场交易面前，人格的力量是非常有限的。在现代市场经济中，各种关系非常复杂，不确定性因素越来越多，在这样的环境下，谁也不能保证交易活动按照自己的预期方向发展。而一旦出现事与愿违的情况，人格的力量是发挥不了多大作用的。为此，我们必须提防有些人利用所谓人格作担保而从事一些有损人格的交易。正因为如此，我们强调现代市场交易应该以订立契约为原则。

二、商业活动的特点

商业作为专门从事商品交换的行业，是国民经济的重要产业部门，与其他产业相比，它有着自己独特的运动形式、运行轨迹、运动特点和内在要求。这主要表现在以下几个方面。

（一）商业活动是商流、物流、信息流与资金流的统一

商业的基本职能是媒介商品交换，组织商品流通。在媒介商品交换和组织商品流通的过程中，必然要发生价值形态的变化、商品实体的运动、商业信息的传递与反馈，以及商品资金的运动。通常，人们把商品流通过程中价值形态的变化即所有权的变动过程称为“商流”，把商品实体的运动过程称为“物流”，把“商流”与“物流”运动过程中所发生的信息传递与反馈过程称为“信息流”，把“商流”过程中必

然伴随着的货币流通过程称为“资金流”或“货币流”。其中,“商流”是商品流通的本质内容。因为在商品的交换过程中,如果没有商品的所有者向商品的需求者转让商品的所有权,没有商品的需求者向商品的所有者转让货币的所有权以实现商品交换,商业活动就不可能存在。

但在实际交换过程中,人们不可能为买卖而买卖,交换的最终目的是消费。因此,在商业活动中,商业经营者就应该想方设法使商品到达消费者的手中,满足消费者的需要。这就必然要有商品实体的运动,即“物流”。在物流当中,首先是运输。马克思把它称为“物体的流通”。但商品实体的运动并不仅限于此。要让商品最终满足消费者需要,在商品到达消费者手中以前,为了减少商品使用价值的损失,尽量保住商品使用价值,还需要增加那些在生产领域没有完成而需要在流通领域延续的活动,如商品的装卸、包装、组装、分装、拆装、养护、分类、编配、整理、养护、修理、检验、保管等活动,这些活动都是物流的具体内容。

在商品流通中,无论“商流”还是“物流”,又必然不断地产生信息,并且其随着商品的流通而传递、发散、聚集和反馈。在现代市场经济条件下,信息作为商业活动的要素居于举足轻重的地位,没有信息的传递和反馈,商业活动的顺利进行是不可想象的。在商业活动中,“商流”必然伴随着“资金流”或“货币流”,因为在商业活动中,商品和货币的两重运动是互相依赖、互相制约和互相转化的。一方面,它们相互依赖、相互制约。商品运动是货币运动的物质基础,商品运动决定着货币运动的方向和数量。商品运动每改变一次所有者,都必须以货币返回为条件,通过货币的反向运动实现商品所有权的转移。另一方面,它们又是相互转化的。在商品运动中,以货币为媒介,由商品形态转化为货币形态,再由货币形态转化为商品形态,使买卖连续不断地进行下去;在货币运动中,又以商品为中介,由货币形态转化为商品形态,再由商品形态转化为货币形态,通过资金的运动带来货币的增值,以推动商品运动不断进行。总之,商业活动是商流、物流、信息流与资金流的统一。

(二)商业活动必须以市场为中心

商业作为市场化交易的一种形式,自产生之时起,就与市场紧密联系在一起,因为商业活动必须通过市场来进行。因此,市场是商业活动的载体,是商业活动的舞台。没有市场就没有商业活动。一般来讲,市场从三个方面制约着商业活动的发展。一是市场上生产者和消费者的数量、结构和行为,直接制约着商业行为,决定着商业活动的内容、形式和发展规模;二是市场上商品和货币的数量,以及它们之间的比例变化,制约着商业运动的形式、范围和内容;三是市场的空间和时间,制约着商业运动的范围和方向。这就要求商业活动必须以市场为中心,以市场为依托,从市场需要出发开展商业活动。

(三)商业活动有着自身的运动形式

自第三次社会大分工产生商业以来,商业就按照它自身固有的规律进行运动。商业运动的特点表现为:第一,从运动的目的来看,是为卖而买。商业经营者买进商品的目的,不是满足自己的消费,而是将它卖出去,获取差价,使投资增值,然后开始新的买卖。因此,在商业活动中,卖是关键,卖的状况直接决定着商业经营者的发展规模和速度。第二,从运动的程序来看,是先买(G—W)后卖(W—G′)。买是商业运动的起点,是卖的基础,只有先买,才能为卖创造物质前提。因此,它完全不同于先卖后买的简单商品流通。第三,从运动的过程来看,是连续买卖。这种连续买卖包含着时间上的连续性和空间上的连续性,商业经营者总是希望以尽可能多的时间和尽可能大的空间保持同广大生产者和消费者的联系,以确保生产、流通和消费不间断地进行下去。第四,从运动的形态来看,是快买快卖。因为只有快买快卖,缩短商品流通过程,加快资金周转速度,才能提高商业经营者的经济效益和社会效益。因此,勤进快销,减少积压,成为商业活动的基本准则。第五,从运动的结果来看,是贱买贵卖。因为只有贱买贵卖,才能从中盈利,从而推动商业的不断向前发展。

(四)商业活动是一种复杂劳动

商业活动不单纯是一种简单的商品买卖行为,而包含着丰富的经济内容和复杂的流通过程。主要表现为:第一,商业活动与社会各个方面的接触是多层次、多角度、多方位的。它是生产领域与消费领域的衔接点,是各个地区、各个部门的结合点,是国民经济运行的中间环节,是国内外市场的对接点。第二,商业运动过程是多环节的。它包括收购、加工、调运、保管和销售等多个环节,需要整体协调,密切配合,缺少其中任何一个环节,都可能导致流通中断和商业行为的扭曲。第三,商业活动的构成要素是多方面的。它包括人员、资金、设备、信息和经营管理等多种要素,并且需要将这些要素有机配置、综合筹划、协调配套,才能保证商业活动的有效性和科学性。如今,商业活动要素的数字化和智能化日益突出,对商业活动的影响越来越深。

(五)商业活动是有效劳动与无效劳动的统一

商业劳动与生产劳动不同,在营业期间,它不仅受从业人员主观能动性的影响,还要受到外部客观条件的制约,尤其是购买者购买时间的制约,从而使商业人员的劳动可能在一段时间内没有直接的劳动成果,成为无效劳动,而在另外一段时间内又可能购买者不断,商业人员忙都忙不过来,有效劳动表现得非常突出。但是,商业人员的无效劳动仍是必要的,因为它一般不是由商业人员自身造成的,而是由客观因素导致的。此外,这种必要的无效劳动还可以为有效劳动提供条件。这种现象,在商品销售的淡季和旺季表现得非常明显。通常情况下,在商品销售的淡季,无效劳动比较多,有效劳动比较少;而在商品销售的旺季,无效劳动比较少,有效劳动比较多。商业活动中,这种有效劳动与无效劳动相统一的特点,要求我们在组织和安排商业人员劳动的过程中必须注意进行恰当的配置。

(六)商业活动具有很强的服务性

商业劳动与生产劳动不同,它不仅直接接触商品实体本身,而且还要接触广大的消费者,与消费者打交道,要为消费者提供咨询、演示、导购、售后服务等服务。

而且,服务水平的好坏直接关系到商业劳动的成果。因此,商业活动具有很强的服务性。这就要求我们从事商业活动时,必须树立良好的服务意识。

(七)商业活动具有很强的主观能动性

如前所述,商业活动在人与人之间打交道,因此,商业劳动者的知识水平、文化素质、道德修养、敬业精神等主观因素对商业劳动的成果影响非常大,往往可以决定是否能够实现潜在的交换。为此,开展商业活动,必须调动商业人员的积极性。

(八)商业活动以特色经营为立足之本和成功之道

商业活动之所以要以特色经营为立足之本和成功之道,是由商业产业的市场结构决定的。商业产业的市场结构是一种垄断竞争的市场结构。所谓垄断竞争的市场结构,简单来讲,就是指存在着垄断和竞争因素相结合特点的市场情况。这种市场结构一般具备这样几个方面的特征:一是市场上的买者和卖者众多;二是经营者可以自由进出市场;三是交易者可以得到充分的信息;四是经营者提供的产品和服务存在着一定的差异。从这几个方面的特征可以看出,在垄断竞争的市场结构当中,经营者要想成功地开展经营活动,关键在于提供差异化的产品和服务,打造自己的品牌。这实质上就是要求我们的商家必须搞特色经营,同时,也提醒我们的商家,在商业竞争中,价格竞争虽是很重要的竞争手段,但非价格竞争和品牌竞争才是市场竞争取胜的根本之道。

三、商业活动与非对称信息

按理来讲,在商业活动中,买卖双方是平等交易、互惠互利的。但实际上,消费者在市场交易当中,经常处于被动的状况。商家经常叫喊消费者是上帝,但消费者受骗上当的事情却在不断发生。出现这种情况的原因自然是多方面的,但从经济学上讲,最根本的原因是非对称信息。

所谓非对称信息,就是指在交易当中一方所持有而另一方却不知道的信息或知识,尤其是对方无法验证的信息或知识。因此,这种信息也称为“私人信息”。这里所说的“无法验证”,还包括验证成本昂贵而使验证在经济上不现实或不合算的情况。一般来讲,非对称信息可以分为两类。

一类是知识的非对称信息。即在交易之前,卖者知道,而买者并不知道有关信息的情况。如在交易之前,这个产品的质量是高还是低,卖者知道,而买者可能并不知道。这就是俗话讲的“买的不如卖的精”。这类信息非对称一般发生在交易行为之前,因此又称为事前非对称信息。事前非对称信息一般会造成逆向选择(adverse selection)的结果。所谓逆向选择是指在非对称信息的条件下,交易当事人的一方可能隐瞒自己的私有信息,并借助于提供不真实的信息来追求自己的效用最大化,而这种行为却会伤害另一方的利益。由于时间、精力的限制和知识的局限性,面对成千上万种商品,消费者不可能对各种商品的知识和价格信息等都有充分的了解。相比较而言,商业经营者对商品的知识和价格信息等方面要比消费者了解得多一些，于是，在商业活动中，就会经常出现消费者吃亏上当的事情。尤其是一些商家利用这种非对称性信息，经营一些假冒伪劣商品，坑害消费者。而且，越是品牌好的商品，假冒伪劣的就越多；越是科技含量比较高的商品，假冒伪劣的越多。这当然是很不公平的事情，需要严厉打击。

另一类是行为的非对称信息。即在交易之后，由于买者对经营者的行为具有不可完全监督性，而对经营者的行为不能完全了解。如投资者买了企业的股票之后，企业的经理干了什么事，是否偷懒，经理自己知道，而股东可能就不知道。这类信息非对称一般发生在交易行为之后，因此又称为事后非对称信息。事后非对称信息一般会造成道德风险（moral hazard）或道德祸因的结果。所谓道德风险或道德祸因，是指在非对称信息的情况下，当事人双方在交易之后，由于买者对卖者的行为具有不可完全监督性，而造成卖方浑水摸鱼和买方利益受损的情况。

相对而言，在商品市场上，知识的非对称信息问题比较突出，而行为的非对称信息问题一般不那么严重。也就是说，在商品市场上，商家欺骗消费者的言行主要发生在商品介绍或推销之中，而在商品销售之后，商家的经营情况一般不太容易对消费者的利益造成多大的影响。这是因为在商品市场上，商家与消费者的交易大多是即期的现货交易，即钱物两讫，因此，消费者购买商品之后，商家的经营情况如何与消费者的利益一般没有多大的关系。当然，如果商家向消费者提供保修、退换之类的承诺的话，商家的经营情况也会对消费者的利益有所影响。例如，消费者买了商品之后，商家承诺保修，但当商品真的出现问题或故障时，商家却不愿进行保修，从而损害消费者的利益。这类情况在商品市场上并不多见。一般来讲，行为的非对称信息所造成的影响主要表现在资本市场上。

很显然，在非对称信息的情况下，市场机制是不能有效地发挥作用的。因为非对称信息的存在，正是造成市场失灵（失效或缺陷）的一个重要原因。要弥补市场机制这方面的缺陷，就必须有其他非市场机制的手段来替代。国内外的理论与实践经验表明，其中最重要的机制有两种：一种是声誉机制，另一种是法律机制。声誉机制就是要让商家主动地为消费者服务，翔实地介绍商品的性能，降低对消费者利益的侵害；法律机制就是要用法律手段强制地要求商家诚实经营，确保消费者的利益不受侵害。

在商业活动中，声誉机制是维持交易关系的一种不可或缺的重要机制。所谓声誉，就是拥有私人信息的交易一方向没有私人信息的交易一方所做出的一种承诺。在商业活动中，声誉就是商家对消费者做出的不卖假冒伪劣商品的承诺。这种承诺通常不具有法律上的可执行性，也就是说，一般不通过交易关系之外的第三方（如法院）来强制执行。那么消费者为何还要相信这种承诺呢？这是因为，如果商家不履行这种承诺，就会失去消费者的信赖，消费者不再购买该商家的商品。从这个意义上来讲，一个企业的声誉越好，就意味着其说假话、欺骗的代价越大。在竞争日益激烈的今天，商业经营者必须学会树立、维持或提升企业的声誉。那么，在什么样的制度环境下，商业经营者才会有积极性去建立一个良好的声誉呢？信息经济学与博弈理论认为,只有当商业经营者出于对企业长远利益的考虑时,他们才有积极性去建立一个良好的声誉,而要使商业经营者重视企业的长远利益,一是博弈必须重复足够长的时间,或者说,交易不是一锤子买卖;二是商业经营者要有足够的耐心。那么什么因素会影响商业经营者的耐心呢?商业经营者的个人性格当然是一个影响因素,但最重要的还是制度环境。一个社会的环境若不稳定,人们就难有耐心。理论与实践经验表明,产权制度可能是决定人们有无耐心的最重要的因素。道理很简单,因为产权制度决定声誉的收益权。如果声誉的收益权归他人所有,一个人是不会为了别人的未来收益而牺牲自己的眼前利益的。正如先哲孟子所言:"无恒产者无恒心。"当然,除了产权制度之外,公司的治理结构也是非常重要的制度环境。

虽然声誉机制对解决信息非对称性问题很重要,但是仅仅依靠声誉机制是不能消除商品市场上的欺诈行为的。因为声誉机制毕竟不是一种强制机制。为此,建立良好的法律机制,才是保护消费者利益的最重要手段。事实上,声誉机制的作用常常也要依赖于法律机制。正因如此,世界各国都制定和实施了一系列保护消费者权益和维护正当竞争的法律和法规。

在非对称信息的条件下,保护消费者利益,除了上面提到的两种外部机制以外,作为消费者自身来讲,为了防止上当受骗,一是购物时要货比三家;二是要不断提高自己的知识水平。

四、商业活动与合约

如前所述,在现代市场经济中,由于商业活动的复杂性和不确定性增加,为保证商业活动的正常进行,商业活动应以契约性为原则。但在实践当中,我们不难发现,即便买卖双方签订了契约(合约或合同),也不能保证契约就一定能够如约履行,经常出现的合同纠纷就是很好的证明。对于为什么会出现合同纠纷,或者说为什么在商业活动中,买卖双方不能签订完全合约,而只能签订不完全的合约,长期以来,经济理论界很少进行分析。近几十年来,建立在博弈论、信息经济学和交易费用经济学基础上的合约经济学对此做了比较深入的分析。下面就相关的几个问题做些介绍。

(一)合约的界定

现代合约经济学认为,合约就是指当事人(两人以上)在地位平等、意志自由的前提下,各方同时为改进自己的经济状况(至少是理性预期)而在交易过程中确立的一种权利流转关系。

(二)合约的原则

1. 社会性原则。合约达成必须至少在两方之间进行,合约的当事人至少应有两人。这就意味着合约为一种人与人之间的社会关系和人际交往。不仅合约本身构成不同的社会关系,而且合约内在于社会之中,离开了社会的合约是没有意义的。但是,合约的社会性原则是以平等、自由、理性的合约当事人个体为前提的,否则就谈不上达成合约协议,建立合约关系。

2. 平等性原则。合约的平等性强调的是合约当事人的交易活动是在地位对等情况下进行的。尽管合约当事人原有的权利禀赋可能存在非均衡性,但是就合约活动本身而言,当事人之间的地位是对等的,并且这种对等性得到了互相认可。也就是说,只有合约当事人在相互尊重、相互认可的情况下,他们之间才能在某种程度上达成一致意见或合意,产生共识。这样,当事人才能对自己的行为负责。只有在这样的基础上建立起来的关系,才能对所有的当事人都有约束力,合约才能有效。

3. 自由原则。自由原则是指合约是当事人不受干预和胁迫地自由选择的结果,它包括签约与否的自由、选择签订合约方的自由、决定合约内容的自由和选择合约方式的自由。任何第三者,包括作为立法者和司法者的国家,都应尊重当事人的自由合意。也就是说,合约当事人在某种局限条件下有选择做什么和不做什么的自由,同时也要认识到自己的选择所要负的责任。正是合约的平等原则与自由原则构成了合约关系的内在要求,这是区别于以命令、服从为特征的行政管理的重要标志。

4. 理性原则。合约的理性原则是指当事人能够根据自己所掌握的信息或约束条件对合约的选择方案进行比较和权衡,发现能以最小的成本使需要得到最大限度满足的合约。即理性的合约当事人能够按照偏好次序排列结果,在约束条件下追求自己的偏好,从而尽量达到自己的效用最大化。

5. 互利性原则。互利性原则是指进入交易领域的任何人都能通过对方实现对自己利益的追求,并且只能在双方都接受的平衡点上才能达成合约。从这个意义上讲,任何合约行为对当事人来说都是一种预期正值交易。所谓预期正值交易是指当事人根据自己所掌握的信息,预期到他们的合约行为通过交易会增加其利益。换言之,达成的合约是一种帕累托改进,即这种交易至少会使一方的利益有所改善。这是合约发生的前提条件。如果当事人预期到签订合约不能增加利益,那么合约行为就不会发生。当然,这种“对双方有利”只是存在于交易前双方的理性预期中,而不一定是交易的实际后果。因此,在现实生活中,完全有可能出现这样的情况,即签订合约后,双方的预期被后来的现实所打破,致使合约一方无利可图或利益受损,甚至双方的利益都受到损失。但是,即使这样,也不会改变合约发生时的上述基本原则。

6. 过程性原则。过程性原则是指合约关系不仅包括合约的一个个不连续的点,更为重要的是包括整个合约动态的发展过程。在这一过程中,既包括时间和空间上的拓展,也包括当事人之间的互摄互动。这就是说,现代经济中的合约关系,完全改变了传统合约关系中把焦点集中于陌生人之间瞬间点交易的合约关系,而结成了复杂的、现实的、相互依存的合约关系网络。这样,任何交易当事人之间的关系都可以用某种合约关系来描述和分析。

(三)合约的类型

1. 完全合约。所谓完全合约,就是指在合约条款中,详细载明了在与合约行为相应的未来不可预测事件出现时，合约当事人在不同情况下的权利、义务与风险分享情况，合约强制履行的方式以及合约所要达到的最终结果。

很显然，交易者如果能够签订这样的完全合约，一般是不会出现合约纠纷的。因为在这样的完全合约中，交易者对各种可能出现的情况和相应的责、权、利以及应对措施都做了详细的规定。但现代合约经济学认为，交易者要想签订这样的完全合约，至少必须同时具备下列几个方面的条件：第一，当事人能够预见到合约过程中一切可能发生的重要事件，以及这些事件发生时所要修改的合约行为与支付；第二，合约当事人对每一个可能出现的事件必须愿意和能够做出决定，并同意采取有效的行动，并为这些行动做出支付；第三，合约当事人一旦签订合约，就必须自愿地遵守合约条款。然而，由于人的有限理性的存在，以及不完全竞争的客观市场条件等因素的影响，在现实生活中，人们往往只能签订不完全的合约，而不能签订完全合约。

2. 不完全合约。所谓不完全合约，就是指在合约条款中，不能详细载明在与合约行为相应的未来不可预测事件出现时，合约当事人在不同的情况下的权利、义务与风险分担的情况，合约强制履行的方式以及合约所要达到的最终结果。

为什么在现实生活中，往往只能签订不完全合约呢？主要原因如下。

第一，人的有限理性的限制。在完全合约的模型中，个人理性被假设为是完全的。合约当事人不仅完全了解自己与对方的选择范围，而且对将来的可能性选择也很清楚。这样，当事人就可以把所有这些信息综合在单一的效用函数中得出最优合约的结果。可是在实际的经济生活中，人的理性选择不是完全的，是有限的。由于人的生理方面的局限性和外部事物的不确定性与复杂性，从事经济活动的当事人在愿望上是追求理性的，但在实际中只能有限地做到某一点。由于人的有限理性的限制，因而人们既不能在事前把与合约相关的全部信息写入合约的条款当中，也无法预测到将来可能出现的各种不同的偶然事件，更无法在合约中为各种偶然事件确定相应的对策以及计算出合约事后的效用结果。因此，人的有限理性的限制是合约不完全性的重要原因。

第二，交易成本的存在。交易费用经济学认为，在零交易成本的假设条件下，即合约信息的收集、合约的谈判、合约的签订与合约的履行等都是不需要花成本的条件下，合约当事人可以把所有的意外情况都详细地写入合约的条款中，并对相应事项规定得完美无缺，这样也就不会发生任何事后利益分配上的纷争。但是在现实的经济生活中，不仅交易费用是无所不在、无时不有的，而且有时是十分昂贵的。过高的交易费用往往使许多有关合约条款无法成文，因为在这样的条件下，如果签订合约，肯定会使他们陷入成本大于可能获得的收益的困境。因此，在交易费用存在的情况下，合约总是不完全的。

第三，非对称信息的存在。"非对称信息"是 20 世纪 70 年代兴起的信息经济学中的一个核心概念。由于非对称信息的存在，对不可观察的行为与无法验证的信息，虽然可以设计较好的合约来减少信息的非对称性，但是要完全消除信息的非对称性是不可能的。事实上,具有机会主义倾向的合约当事人还会利用这种信息的非对称性尽量地逃避风险,把合约行为的成本归结到他方身上。因此,在非对称信息的情况下,合约总是不完全的。

第四,语言使用的模糊性。语言的使用也会导致合约的不完全性。这是因为,任何签订合约的自然语言本身是不完全和不精确的。语言本身只能对事件、状况进行大致的描述,而不能对它们进行完全精确的描述。这就意味着语言对任何复杂事件的陈述都可能是模糊的。由于语言使用的模糊性,在合约中增加许多更为详细的条款可能会导致合约履行的更多争议。可见,语言使用的模糊性也会造成合约不完全性。

总之,人的有限理性的限制、交易费用的存在、信息的非对称性和语言使用的模糊性都是合约不完全性的重要原因。

第二节　商品流通规律

多年来的实践经验表明,搞经济工作必须按经济规律办事。经济规律是经济现象和经济过程中内在的、本质的、必然的联系,它支配着经济活动的全过程,体现着经济过程的必然的发展趋势。因此,违背经济规律,就会走很多的弯路,造成很大的损失。搞商业工作,组织商品流通,当然也要按经济规律办事,尤其要按商品流通的规律办事。因为,商品流通是一个相对独立的客观经济过程,有着自身特殊的运动规律。正如恩格斯所言:“产品贸易一旦离开生产本身而独立起来,它就会循着本身的运动方向运行,这一运动总的说来是受生产运动支配的,但是在单个的情况下和在这个总的隶属关系内,它毕竟还是循着这个新因素的本性所固有的规律运行的,这个运动有自己的阶段,并且也反过来对生产运动起作用。”①那么,商品流通有哪些运动规律呢?从目前的研究成果来看,主要有以下一些规律。

一、等价交换规律

等价交换规律,就是指商品按照价值量相等的原则进行交换,亦即商品按照符合商品价值量的价格进行交换。这一规律是价值规律在流通过程中的体现。

商品交换,归根到底是商品生产者相互之间的产品交换。商品生产者的产品经过交换过程,都要求从销售价格中实现等量的价值补偿。在交换过程中,生产者不仅要收回商品价值中的C+V部分,以补偿生产的消耗,还必须得到m部分,以扩大生产规模,增加个人消费和提供社会集体消费。如果商品按照低于价值量的价格销售,就难以实现扩大再生产,甚至连简单再生产也不能维持。所以,等价交换规律是商品流通活动中必须遵循的一项基本规律。

不过,由于劳动生产率的不断变化、市场商品竞争的存在和商品供求态势的不

---

① 马克思,恩格斯. 马克思恩格斯选集:4卷[M]. 北京:人民出版社,1972:481.

断转化,价值量完全相等的实际交换是极其偶然的;等价交换只是一种总的趋势,是在亿万次价格与价值相背离的交换中贯彻着的基本要求。正如马克思所说:“在商品交换中,等价物的交换只存在于平均数中,并不是存在于每个个别场合。”①

在商业活动中,商品是在两次或两次以上的相继销售中完成其流通过程的。那么怎样才能贯彻等价交换的原则呢?要明白这个问题,首先必须明确,只有最终销售的价格即最终价格,才是符合商品价值量的价格,在此之前的各次销售活动中的销售价格都是中间价格。显然,这些中间价格都应当适当低于最终价格,即商品的价值量。这就要求商业经营者的收购价格即生产者的销售价格,应当在高于成本价格的前提下适当低于商品的价值量,亦即包括 C+V 和 m 的一部分;m 的剩余部分则要体现在最终价格中,以补偿商业经营者的纯粹流通费用和形成商业利润。只有根据这样的道理来制定流通过程中各次买卖行为的价格,才真正体现等价交换的要求,既能保证商品生产在扩大的规模上进行,又有利于商品流通实现货畅其流,使商品生产者、经营者和消费者三方面的利益都能兼顾。那么,商品的最终价格或价值量究竟如何确定呢?理论与实践表明,只有通过竞争的波动,通过商品价格的波动来实现。这就意味着,要按等价交换的规律办事,就必须创造公平竞争的市场环境。

二、自愿让渡规律

(一)自愿让渡规律的基本内容

自愿让渡规律就是指在商品流通中,买卖双方在意志自由和互惠互利的条件下完成商品交换的必然现象。

商品是使用价值与价值的统一体。从实现商品价值方面看,在通常情况下,商品所有者只能在接近于商品价值的条件下才会出售商品,否则就要蚀本。如果亏本过多,不用说扩大生产经营,就连简单再生产或在原有规模上的经营也难以维持。从取得商品使用价值方面看,商品购买者只有在商品使用价值符合自身需要的条件下才会购买。购买者自己是自身利益的最好看护者,因此,商品交换必然要按自愿成交的客观要求进行,买卖双方各自的经济利益才能得到维护和增进。如果违背自愿原则,在强制下成交,商品的使用价值可能不为购买者所需,商品价值的实现也会因脱离实际需要而成为虚假的实现。这不仅造成社会生产的浪费,并进一步妨碍再生产的正常进行,还会扰乱流通秩序,最终损害交换双方的根本利益。由此可见,在市场经济中,商品的自愿交换,必须建立在交换的价值量相等和使用价值符合对方需要等基础和条件之上。

(二)自愿让渡规律实现的基础和条件

1. 以不同的所有者为基础。商品与货币相交换是以不同所有者为前提的,因而它也是商品自愿成交的基础。在市场经济中,商品内在的使用价值与价值的矛

---

① 马克思,恩格斯. 马克思恩格斯选集:3 卷[M]. 北京:人民出版社,1972:11.

盾,表现为市场上商品出卖者与商品购买者的外在矛盾,即商品的出卖者要想实现商品的价值,只有让渡商品的使用价值,而商品的购买者要想取得商品的使用价值,只有让渡商品的价值。总之,两者必居其一,而不能兼而有之。这是由不同的所有者这一属性决定的。产品只有采取商品交换这一形式,才能实现生产与消费、供给与需求的经济联系。不同所有者只有自愿成交,各自的经济利益才能得到实现。

2. 以平等互利为条件。平等互利是指商品的买者和卖者之间地位平等,表现为商品的卖者有权自由决定商品的出售条件,商品的买者有权决定商品的购买条件,双方交换的商品在价值量上要相等,在使用价值上必须满足买方的需要。平等互利是将出发点和目的不同的买卖双方衔接和协调在一起而为买卖双方共同接受的基本准则。

3. 以经济利益为核心。自愿让渡的核心是通过公平买卖实现交换双方各自的经济利益。凡是用超经济的强制手段进行的交换行为,必然使交换的一方受到经济利益上的损害,从而最终损害交换双方的经济利益。从实质上看,唯有自愿让渡,商品生产者、经营者和消费者的利益才能切实得到维护。

(三)自愿让渡规律的作用

1. 有利于提高劳动生产率和商品质量。商品自愿让渡表明,没有对使用价值的需要,价值就不能实现。因此,买者在自愿成交中起决定性作用。购买者在购买商品时一定会选择那些既物美价廉又符合自己需要的商品。这就客观上对商品的质量提出了要求。同样的商品,购买者一定会选择那些质量好、价格又合理的商品,自然地,那些质次价高的商品就会出现积压或滞销,甚至无法实现销售,这样,这些生产者和经营者的利益就将受到损失。因此,对于生产者和经营者而言,只有不断提高劳动效率,降低单位商品价格,同时不断改进技术,加强管理,提高商品质量,才能确保自己的商品在自愿成交过程中被消费者所选择,从而实现自身的经济利益。如果忽视了这一要求,生产者盲目生产,粗制滥造,商品在市场上就会无人问津,生产者最终会自尝恶果。

2. 有利于商品合理流通。商品的合理流通是建立在商品自由流通的基础上的,没有自由的商品流通就无法寻找和发现商品的合理流通,而商品自由流通又是以商品自愿让渡为前提的。因此,可以说商品自愿让渡有利于商品合理流通。

3. 有利于市场竞争。在市场经济条件下,市场竞争是通过商品的自愿让渡得以实现的。因为,没有自愿成交,商品交换关系就只能是扭曲的、不平等的,就必然存在着经济利益受到损害的一方。在此基础上的竞争就会因缺乏公平性而具有极大的副作用,或者说它就难以成为真正意义上的竞争。如果自愿让渡原则能够被贯彻和遵循,商品交换关系就能真正成为联系生产与消费、供给与需求的纽带,交换就会使交换双方各得其所,其各自的经济利益就会得到维护和实现。在此基础上的竞争因公正合理,会极大地发挥出推动经济发展的积极作用。

4. 有利于协调各种经济关系。自愿让渡是商品所有者的权利、意志的反映,在商品交换过程中,它实现商品等价交换的客观要求,因而通过自愿让渡所建立起来的商品交换关系就是顺畅、协调的。商品流通领域是各种经济关系的汇聚之地,在交换过程中奉行自愿让渡的原则,必然使流通领域中诸多经济关系得以协调。这不仅有利于商品流通井然有序、顺畅地进行,同时也有利于生产和消费的健康发展。

总之,在商品流通中,遵循自愿让渡规律的客观要求,对于维护和实现经济主体的利益,对于国民经济的协调发展,都具有极其重要的作用。

三、供求规律

(一)供求规律的基本内容与表现形式

1. 供求规律的基本内容。供求规律是指商品供给和商品需求之间必然要相互适应,总是向供求平衡方向发展的一种必然趋势。供求规律的基本要求是供给决定需求,同时又必须不断地适应需求。也就是说,供给与需求双方是互为条件的,即供给决定着需求的物质对象,需求又支配着供给的目的和方向。因为,生产提供商品的供给,生产是满足需求的物质手段。如果生产不能提供某种商品的供给,则消费就难以在此条件下产生现实的需求,或者说,只有生产什么,才能消费什么。但是,满足消费需求是任何生产的最终目的。特别是在市场经济中,商品价值的实现必须以商品使用价值能够满足消费需求为物质条件。也就是说,商品的供给一定要同消费需求相适应。由此可见,供给与需求互为条件,相互依存,构成一种对立统一的关系。

商品供给与需求趋向于平衡,并不表明供求关系每时每刻始终都处于平衡状态。所谓供求趋向于平衡,实际上意味着供求平衡只是在供求失衡状态下的一种客观必然的运动趋势和归宿。这是由供求矛盾关系决定的。因为在市场经济中,社会再生产过程既是使用价值的生产过程,又是价值的形成过程;既是商品实体的运动过程,又是以货币所表现的价值运动过程。货币运动最终取决于商品实体运动,但又相对独立于商品实体运动,有其自身的运动规律,这使得货币运动有可能与商品实体运动相脱节,从而导致供求失衡。但是,消费是生产的目的,生产必须满足消费需求才能顺利发展,这又决定了供求必然要在失衡的运动过程中最终趋于平衡。在供求矛盾的运动过程中,供求平衡是其运动的轴心,围绕这一轴心,供求矛盾不断从不平衡向平衡方向发展,并且随着这种平衡关系被生产和消费的现实变化所打破,又再次从不平衡向再次平衡的方向发展。由此可见,供求平衡正是通过供求的失衡或波动加以实现的。

2. 供求规律的表现形式。商品供求规律在运动过程中存在着两种形态和三种表现形式。

第一,供求平衡形态。与此相对应的表现形式是在既定价格水平上,商品供给量和需求量相一致,即供求达到均衡状态。

第二,供求不平衡形态。它通过供过于求与供不应求两种形式表现出来。在供过于求的条件下，商品价格将沿着下降的方向运动；在供不应求的条件下，商品价格将沿着上升的方向运动。这两种形式，通过价格的调节，又都会恢复到供求均衡的状态。

与供求不平衡的两种表现形式相对应，有两种市场态势。

一是买方市场，又称“买主市场”，是指市场上的商品普遍处于供过于求的状态，因而买方处于相对有利地位时的市场态势。从市场选择权方面看，消费者集团在市场选择中占据优势，因而在买方市场中形成“消费者主权”。

二是卖方市场，又称“卖主市场”，是指市场上的商品普遍处于供不应求的状态，因而卖方处于相对有利地位时的市场态势。从市场选择权方面看，生产者集团在市场选择中占据优势，因而在卖方市场中形成“生产者主权”。

商品供求矛盾所表现出的不平衡，在市场上又具体地表现为以下几个方面。

第一，交换空间上的差异，即商品在流通过程中出现生产与消费在地域上的不一致，需要商品进行空间上的转移，才能消除供求在空间上的差异。如果市场信息不完全或者商品流通不顺畅，则商品供求在这方面的矛盾就难以消除。

第二，交换时间上的差异，即在商品交换过程中，买卖双方的交换行为常常不能在同一时间发生，即有些商品是常年生产的，而消费是季节性的；有些商品是季节生产的，但消费是常年进行的。商品交换在时间上的差距，必然会带来商品供求之间的矛盾。通常，商品储存是协调供求在时间上差异的主要手段。

第三，供求数量上的差异，商品供给与需求是两个变量，受许多客观因素的影响而经常难以保持供求在数量上的一致，从而带来供求之间的矛盾。解决这一矛盾，一方面要充分发挥市场价格对供求数量的调节作用；另一方面，要求生产不断适应市场需求的变化。

第四，供求结构上的差异，商品供求构成受到供给结构和需求结构的制约，尤其是需求结构直接受消费者收入及购买心理、习惯、爱好等方面变化的影响。因而，只有不断调整供给结构以适应需求结构的变化，才能消除供求在结构上的差异，否则就会出现供求结构上的矛盾。

（二）供求规律的作用

供求规律是商品流通中的重要经济规律。它的作用主要表现在以下几个方面。

1. 支配着商品价格的变化。商品价格虽然取决于商品价值，但是在市场上价格与价值却又经常发生背离。这主要取决于市场的供给和需求的关系，受到供求规律的支配。当市场上商品的供给大于商品的需求时，就会引起价格下降，价格背离价值呈向下的运动趋势；当市场上商品的供给小于商品的需求时，就会引起价格上升，价格背离价值呈向上的运动趋势；当商品供给与商品需求一致时，价格稳定，价格与价值趋于一致。供求规律正是通过形成商品价格，并反过来调节供求的具体关系来趋向于供求平衡的。在现实中，这对于促进资源优化配置，促进国民经济协调发展，具有极其重要的作用。

2. 支配着商品流通的数量和构成。商品流通的数量和构成是商品流通的主要物质内容，它取决于市场供求的具体状况。商品生产以实现商品价值为目的。为此，流通中的商品数量和构成必须满足于消费需求的具体要求。只有供求趋于一致，生产、交换与消费各环节的关系才能协调，社会经济才能正常发展。

3. 支配着商品流通的方向和时间。商品总是从生产领域流向流通领域，然后从流通领域流向消费领域。但不管向哪个方向流动，商品总是向有需求的方向流动；什么时候有需求，什么时候就会有供给与之衔接起来。因此，商品流通的方向和时间总是受到供求关系的制约。

4. 支配着生产和消费。供求规律在流通领域作用的结果必然会影响到生产领域和消费领域，使每一个生产者和消费者相应调整其生产行为和消费行为。因此，供求规律不仅作用于流通领域，还作用于生产领域和消费领域。

四、竞争规律

（一）竞争规律的基本内容

竞争规律是指在市场经济中，不同经济主体之间为了最大限度地实现自身经济利益而进行竞争的客观必然性。商品交换自产生以来，就具有利益上的排他性。这是因为，任何一次交换，总是在具体的时间和地点、具体的买卖双方之间展开的。这样，其他的交易者就被排除在这次交换行为之外。这就表明只有参与并完成交换的交易者才能实现商品价值，让渡商品使用价值，从而实现自身的物质利益；而那些未参与或未完成交换的交易者则无法实现自身的物质利益。同样，对于消费者而言，只有完成交换的消费者才能消费商品，求得满足，否则便被排除在消费的行列之外。因此，不同的经济主体之间势必为争取有利于自身的交易条件，以便顺利和最大限度实现自身的经济利益而进行竞争。因此，竞争是商品交换的客观要求，竞争规律是市场经济所固有的规律，同时，也是商品流通领域中的重要规律。

（二）竞争规律在流通领域中的作用

商品流通领域是实现不同所有者经济利益的领域，因此是竞争规律发挥作用的重要领域。竞争规律在流通领域的作用主要表现如下。

1. 促使商业经营者提高经营素质。实现自身经济利益是经营主体的目的所在。经济利益实现上的排他性特征，要求商业经营者必须大力开拓市场，占领市场，不断拓宽自身的生存和发展空间。因为，经营者之间的交易行为及竞争行为，在客观上构成彼此之间的市场风险与压力，并且市场其他方面的变化也会影响、改变经营者的生存条件。对此，商业经营者只有适应市场的变化，而其适应市场的能力最终体现在经营者经营素质的高低上。经营者要生存和发展，就必须不断在竞争中提高自身的经营素质。

2. 促使市场活跃与繁荣。适应市场变化，满足市场需要，寻求有利时机开发潜在市场，是商业经营者在竞争中取胜的基本要求。具体讲，商业经营者只有不断地加强管理，扩大服务领域，经营新产品，开辟新市场，诱导新需求，从价廉、质优、服务周到等诸多方面满足消费需求，才能在市场竞争中处于不败之地。这样，在客观上必然使市场繁荣并充满活力，这又为国民经济的快速发展和良性循环创造了有利条件。

3. 优胜劣汰，推动经济发展。市场竞争的结果必然是优胜劣汰。那些在市场竞争中适应市场需求变化的经营者，通过竞争，实力不断增强，规模不断壮大，而那些经营管理不善、经济效益低下、对市场环境不能适应、经营素质差的经营者将在市场竞争中被淘汰。这种优胜劣汰的结果有利于社会经济资源的合理配置，有利于推动社会经济向前发展。

（三）竞争规律作用的特点

竞争规律的作用主要有以下 6 个方面的特点。

1. 强制性。在市场经济中，买卖双方都自觉或不自觉地受到竞争的支配和制约。竞争以不同形式在强加给对方的同时，也强加给自己。正是由于竞争的强制性要求，买卖双方不得不接受挑战，只有锐意进取才能向前发展。

2. 排他性。竞争是建立在利害或损益关系上的。经济利益实现上的这种此消彼长的关系，是竞争者具有内在动力的关键所在。

3. 自发性。竞争主体大力争取和实现的是自己的经济利益。为此，竞争者必然根据自身对市场状况的了解，自主、自发地选择生产什么或经营什么，实行以自我利益为中心的决策。这种自发性表现为单纯的利益动机和局部利益，有时可能导致盲目行为，侵犯他人和社会的正当利益。

4. 不确定性。竞争是一种前向行为。市场情况变化无常，受到多种因素的制约和影响，从而使竞争充满不确定性。主要表现为：一是竞争环境的不确定性，即难以把握市场供求和价格走势，无法确定竞争的激烈程度和发展趋势；二是竞争对手的不确定性，即竞争对手多种多样，不仅有国内的，还有国外的，不仅有同种产品的，还有来自替代品的，竞争对手及数量的变化难以科学准确地预知；三是竞争手段的不确定性，即竞争形式多种多样，竞争手段推陈出新，并且不断改变着竞争的策略和方法；四是竞争结果的不确定性，即上述原因的存在致使竞争的结局难以预料。

5. 激励性。竞争会激励生产者和经营者在市场上奋力拼搏，唤起他们的进取意识、危机感和主观能动性。

6. 风险性。竞争是经营实力的对比和较量。优胜劣汰本身就意味着机会与风险同在，成功和失败的两种可能性并存。因此，竞争的风险性一方面要求竞争者抓住机会大胆决策，另一方面又迫使竞争者谨慎行事，力求稳妥。

（四）竞争规律发挥作用的条件

1. 公正平等。所谓公正平等，是指竞争的规则要以公平为基础。主要表现为：各个竞争者在市场交易活动中地位要平等，任何人都有参与竞争的权利，也都有保护自己正当利益的权利。为了确保公平竞争，必须反对各种不正当的竞争行为。为此,必须加强有关经济立法和执法的力度,对市场上的各种竞争行为加以规范。只有在公平的基础上展开竞争,竞争所起的优胜劣汰作用才能充分发挥出来。

2. 独立自主。所谓独立自主,是指竞争主体要有独立的经济利益、独立的自主权,他们能为实现和扩张利益自主地参与竞争。否则,竞争主体就会失去求生存、求发展的动力,竞争推动社会经济进步的作用就难以发挥出来。

3. 经营自由。所谓经营自由,是指经营者对于经营方向、经营的产品、流通渠道、经营方式,以及人、财、物的合理配置等有选择的自由。如果没有选择自由作为保障,竞争者就无法依据经济合理性原则去追求经济效益的不断提高。

4. 效益优先。所谓效益优先,是指竞争者在市场竞争中,以提高经济效益来实现自己最大的经济利益。这是竞争的动力,也是竞争者的经营目的。只有这样,在市场竞争中,竞争者才会以提高经济效益为中心,不断创新和改进各方面的工作,使经营活动中的各要素充分发挥效能,以提高效率,降低成本与费用。当然,在市场经济条件下,效益优先必须是经济效益与社会效益的统一,否则竞争者就难以在社会上立足,从而难以谋求自身的长远发展。

总之,只有创造这样的市场竞争环境,市场竞争才会秩序井然,竞争规律才能充分地发挥应有的作用。

(五)市场竞争的手段

随着市场经济的不断向前发展,市场竞争的手段越来越多种多样。但从本质上讲,可分为价格竞争与非价格竞争两个方面。其中价格竞争是最基本的竞争手段。

1. 价格竞争。价格竞争是指竞争者通过一定的定价方法和定价策略来赢得竞争优势的一种竞争手段。这是一种见效快、容易被消费者接受的竞争手段。其目的就是尽可能地推销商品、扩大市场占有率,战胜竞争对手,取得好的经济效益。

由于竞争的目的和竞争对手的不同,价格竞争的具体目标也不一样。价格竞争的目标一般可分为:第一,争取最大化利润的定价目标;第二,实现投资效益的定价目标;第三,占领市场的定价目标;第四,进行价格领导的定价目标;第五,针对竞争对手的定价目标;第六,针对产品性质的定价目标。很显然,竞争者应该根据价格竞争的不同目标,采取不同的定价策略和定价方法。

2. 非价格竞争。非价格竞争就是指通过各种有形的和无形的竞争策略来赢得竞争优势的一种竞争手段。这是一种综合性的竞争手段,主要包括产品策略的竞争、推销策略的竞争、广告策略的竞争、销售渠道策略的竞争、商标和包装策略的竞争、服务策略的竞争和声誉的竞争等。非价格竞争集中体现在品牌竞争上。

由于价格竞争通常会导致削价竞销,其后果往往是竞争各方血本亏蚀,元气大伤,并最终会对生产者、经营者和消费者都不利,因此,现代市场竞争中,非价格竞争已成为竞争者采取的主要手段。

五、货币流通规律

（一）货币流通规律的基本内容

货币流通是由商品流通引起的货币的独立运动。一定时期内商品流通中需要多少货币是由货币流通规律决定的。马克思把货币流通规律表述为："流通手段量决定于流通商品的价格总额和货币流通的平均速度。"①

货币是商品生产和商品交换发展到一定阶段后，从普通商品中分离出来，专门在商品交换中起媒介作用的特殊商品。它表现一切商品的价值，是衡量每一个商品价值量大小的尺度。货币在商品流通中的这种媒介作用，使它具有自己的特殊运动规律。

货币流通的独特之处主要表现在：第一，货币作为商品流通的媒介物，它完成一次"媒介"作用之后并不退出流通过程。相反，除了被当作贮藏手段而退出流通过程之外，它总是继续处于流通过程中，不断地在商品交换中起媒介作用。第二，货币运动的方向总是同商品的运动方向相反，即商品从甲方转让到乙方，货币则从乙方转让到甲方。

（二）影响货币需求量的因素

商品流通过程中所需要的货币量取决于以下三个基本因素。

第一，参加流通的商品数量。进入流通的商品数量越多，流通的货币量就越多。

第二，商品的价格水平。流通中商品的价格上升，流通货币量就需要增加；反之，就需要减少。商品数量与价格水平的乘积，就是商品价格总额。

第三，货币的流通速度。货币的流通速度实际上是商品流通速度的反映。当货币流通速度不变时，流通中所需要的货币数量同商品价格总额成正比，即商品价格总额越大，流通中所需要的货币量就越多；反之，则越少。但是，如果每一单位货币在一定时期里不只是流通一次，而是流通多次，则可以实现多倍的商品价格。例如，1 元的货币，流通 10 次便可以实现 10 元的商品价格。因此，当商品价格总额不变时，流通中的货币数量同货币流通速度成反比，即货币的流通速度越快，流通中所需要的货币量就越少；反之，则越多。

以上这三方面的因素不是一成不变的，而是在时刻变动着。正如马克思在分析决定货币量三个因素的相互关系时指出的：这三个因素按不同方向和不同比例变动，可以有多种多样的组合，除了个别时期的特殊情况外，流通中所需要的货币数量的平均水平一般是相对稳定的，即比人们根据表面现象所预料的变动要小得多。

在金属货币流通的情况下，流通中的货币量与商品价格总额、货币流通速度之间的关系，可以用公式表示如下：

---

① 马克思. 资本论：1 卷［M］. 北京：人民出版社，1975：142.

$$\text{流通中所需要的货币量}=\frac{\text{商品价格总额}}{\text{同一单位货币的平均流通次数}}$$

后来金属货币作为流通手段的职能被纸币所代替，纸币是由国家发行的强制使用的价值符号，它不是按其本身价值，而是按照它所代替的金或银的价值执行流通手段的职能。因此，纸币流通规律是以金属货币流通规律为基础的，正如马克思所言："纸币的发行限于它象征地代表的金(或银)的实际流通的数量"。[①] 如果纸币发行量相当于金属货币的需要量，它就可以完全代表金属货币，具有金属货币的同等购买力。如果纸币发行量超过了流通中所需要的金属货币量，则全部纸币仍然只能代表流通中所需要的金属货币量，因而单位纸币所代表的金属货币量就相应减少，纸币就会贬值，物价就会上涨，这种情况被称为通货膨胀。与此相反，如果纸币发行量低于流通中所需要的金属货币量，则单位纸币所代表的金属货币量就相应增加，纸币就会升值，物价就会下降，这种情况被称为通货紧缩。

因此，纸币出现之后，货币流通的规律可以表示为：货币流通量的多少同流通中的商品量、商品价格水平成正比，同货币流通速度、货币的价值成反比。

货币的支付手段职能产生后，一定时期内流通中所需的货币量会发生变化。因为，在本期内用延期支付方式赊购的商品无须支付货币；前一期用延期支付方式赊购，而在本期内到期的货款需要支付货币，但交易双方互相赊购的商品则可以彼此抵消。

因此，货币流通规律的内容就要有以下改变：

$$\begin{matrix}\text{一定时期内流通中}\\\text{所需要的货币量}\end{matrix}=\frac{\begin{matrix}\text{全部商品}\\\text{价格总额}\end{matrix}-\begin{matrix}\text{赊售商品}\\\text{价格总额}\end{matrix}+\begin{matrix}\text{到期支}\\\text{付总额}\end{matrix}-\begin{matrix}\text{互相抵消的}\\\text{支付总额}\end{matrix}}{\text{同一单位货币的流通速度(次数)}}$$

由此可见，货币支付手段职能的产生和发展，可以大大减少流通中的货币需求量。

纸币是当今货币流通的普遍形式，因此纸币流通规律在一切使用纸币的国家中都是适用的，违反这一规律就会造成通货紧缩或通货膨胀。在我国市场经济条件下，为了保证商品流通的正常进行、国民经济的协调发展和人民生活水平的逐步提高，以及保持人民币币值的基本稳定，必须遵循货币流通规律，使流通中的实际货币量与客观需要的货币量相一致。

思考题

1. 简述商业活动的基本要求。
2. 简述商业活动的特点。
3. 简述商业活动与信息非对称性的关系。

---

① 马克思. 资本论：1 卷[M]. 北京：人民出版社，1975：147.

4. 为什么科技含量较高的商品在商业活动中消费者投诉较多？
5. 何为合约？合约的原则有哪些？
6. 为何在现实经济生活中交易者往往只能签订不完全合约？
7. 何为等价交换规律？
8. 何为商品自愿让渡规律？
9. 何为供求规律？供求规律的作用有哪些？
10. 何为竞争规律？竞争规律作用的特点有哪些？
11. 简述货币流通规律的基本内容。

第五章

商业运行环境与运行机制

任何商业活动总是在一定的环境条件下进行的，因此，从事商业活动，必须了解商业运行的环境。当然，商业活动对商业运行环境也会有一定的反作用。为了保证商业活动在商业运行环境下正常合理地运行，需要一定的机制来发挥作用，这就是商业运行机制。因此，开展商业活动，必须了解商业运行机制。本章首先介绍商业活动的两大运行环境，即经济环境和非经济环境，然后介绍商业运行的四大机制，即动力机制、决策机制、调节机制和约束机制。

第一节　商业运行环境

商业运行是指商业主体组织商品流通过程中所发生的各种经济行为的总称，它包括商品采购、运输、储存、加工、销售等各个环节的经济活动。商业运行是商业主体有目的的系统行为，商业主体通过这些行为组织商品流通，创造时间效应和地点效应，实现商品的价值与使用价值。任何经济活动都是在一定的环境下进行的，商业运行也不例外。

一、商业运行环境的内涵

商业运行环境是指商业经营活动的外部因素与条件。它包括经济环境和非经济环境两个方面。其中，非经济环境又包括自然环境、人口环境、政治环境、法律环境、文化环境和科技环境等。这些环境因素往往相互影响、互为因果，从多方面、多角度对商业活动产生影响。

经济环境不仅从根本上制约着商业的发展，例如，不同的经济发展阶段，往往要求有不同的商业规模、商业结构和商业经营形式与之相适应，而且还直接地影响着商业的发展，例如，一定时期内的商业活动，要由供给和需求状况来决定。非经济环境对商业运行的影响虽然不是根本性的，但其影响却很复杂，它既可以促进商业的发展,也可能抑制和阻碍商业的发展。在商业运行环境中,有些因素对商业活动的影响是长期性的,如自然资源状况、文化因素、人口因素等;有些因素对商业活动的影响是相对短期的,如政治因素、法律因素等;有些因素在商业活动中具有一定的可控性,如人口政策、法律制度、邮电通信设施等;有些因素在商业活动中具有不可控性,如自然条件、文化习俗、科技创新等。

需要指出的是,商业运行环境对商业运行虽然具有很强的制约作用,但商业活动对商业运行环境也会产生促进作用,特别是在经济发展由低级向高级阶段的过渡时期(例如,在经济发展由自然经济向商品经济的过渡时期),商业活动对商业运行环境的影响作用便非常明显。因此,商业活动与商业运行环境是互为因果、互相影响的。

二、商业运行的经济环境

商业运行的经济环境是指影响商业运行的经济因素与经济条件。这些因素与条件非常广泛,主要如下。

(一)生产方面的因素与条件

生产方面的因素与条件主要包括生产资料所有制性质与结构、生产力的发展水平、国民经济的发展状况、社会分工的深度与广度、产业结构和产品结构等。其中,产业结构对商业运行的影响最直接。产业结构状况,既是经济发展的结果,也是经济发展阶段的标志,它对商业运行产生着一定的影响。在经济发展的不同阶段,三大产业所占的比重不同,各个不同阶段的商业无论从形式到内容,从深度到广度,从组织到结构,都有着很大的差异。历史上,在经济发展的初级阶段,农业人口占绝对优势,整个经济以农业为主,农业生产以自给半自给性为主,商品率较低,基本上属小商品生产。这种情况决定了商业规模不大,经营的商品以初级产品为主,经营的范围也很狭窄,基本上以当地市场为主。进入工业化阶段之后,第二产业比重大幅度上升,第三产业也相应有所发展。随着小生产的分化瓦解,商品经济席卷全国,全国统一大市场逐渐形成,商品流通在更大的地域范围内进行,商品流通的规模空前扩大,商品流通的内容、结构也发生了深刻的变化,工业品比重大大增加,而且随着科学技术的突飞猛进,高科技产品的比重也大大提高。工业化之后,产业结构的不断调整和升级,对商业运行产生了更为深刻的影响。第一,商业经营的内容发生了重大的变化。传统商业经过一定发展后,在商业总体中所占的比重基本稳定,而随着生活水平的提高,无形商品所占的比重大大增加。第二,原来主要为商业服务的某些行业迅速发展,并逐渐成为经济发展的支柱产业,如金融业、保险业、交通运输业、信息服务业、咨询服务业等。第三,商业经营的方式与策略都发生了重大的变化。例如 20 世纪 30 年代以来,西方国家的零售商业业态日趋多样化,既出现了超级市场、连锁商店、购物中心等大规模的店式零售商业业态,又有流动售货亭、邮购商店、电视商场、电话购物等无店式零售商业业态,以满足销售不同类型商品的需要。

（二）分配方面的因素与条件

分配方面的因素与条件主要包括产品的分配方式、分配政策等。

（三）消费方面的因素与条件

消费方面的因素与条件主要包括社会购买力水平、消费结构、消费方式、人口总数与构成、家庭结构等。

（四）市场方面的因素与条件

市场方面的因素与条件主要包括全国统一大市场的形成状况、市场的发达程度、市场体系的完善状况、市场规则的健全状况等。

（五）货币方面的因素与条件

货币方面的因素与条件主要包括货币发行量（流通中的货币量）和货币流通速度两个方面。由于商业以货币为媒介进行商品交换，因此，货币因素或货币流通情况对商业运行起着非常重要的影响。如果货币发行量超过商品流通对货币的需要量，就会引起货币贬值、商品价格上升，从而影响商品的流通速度，严重时还可能引起消费者的恐慌，造成抢购，从而对市场形势及流通秩序等产生更为严重的影响。货币流通速度一方面通过影响货币量来影响商品流通和商业运行，货币流通速度快，流通对货币的需要量就小；货币流通速度慢，流通对货币的需要量就大，货币在流通的各个环节发生沉淀，容易引发超经济发行。另一方面，货币流通速度快，商品流通速度也快，流通规模大，商业发展快；相反，货币流通速度慢，商品流通速度也慢，流通的规模小，商业发展就要受到限制。

（六）金融方面的因素和条件

金融方面的因素和条件主要包括金融业、银行业和信用制度等。一般来讲，金融业、银行业及信用制度越发达，商品流通的发展就越快越好，从而对商业发展就越有利。

（七）商业物质技术设施方面的因素和条件

商业物质技术设施方面的因素和条件主要包括交通运输、邮电通信、仓储设施等。交通运输业是否发达，能否满足经济发展的需要，直接影响着商品实体运动的速度和地域范围及商品的完好程度等，从而影响流通业和商业。随着流通业的发展，信息沟通在商品流通中越来越重要。邮电通信的发展状况直接影响商情信息传递的速度及其完整、准确、及时程度，从而也对流通业和商业有着重要的影响。仓储设施更是商业运行必不可少的物质条件，其发展状况对商业运行有直接的影响。

（八）其他方面的因素与条件

除上述七个方面的因素和条件外，还包括经济体制、经济政策等方面。

上述因素与条件是经济环境的主要组成部分，它们共同影响和制约着商业运行。

三、商业运行的自然环境

商业运行的自然环境是指影响商业运行的自然地理环境和自然物质环境，主要包括地理位置、气候条件、自然资源状况等因素。

从历史上看，商业的出现一般始于自然环境比较优越的地区。商业发达的地区，往往也是自然环境比较优越的地区。究其原因，自然环境优越的地区，气候条件良好，自然资源丰富，适宜人类生存，同时，也易于创造出更多的财富、产品用于交换，从而为商业活动提供了天然条件。另外，自然环境优越的地区，往往交通便利，水陆运输发达，这又为商业物流运动提供了方便。因此，历史上自然环境好的地区，尤其是水陆交通枢纽之地，往往商贾云集，生意兴隆。在现代社会中，商业的布局也同样再现了自然环境的影响。只是由于现代社会赋予自然环境以经济的含义，因此，自然环境对商业的影响，往往表现为经济发达的地区，商业同时发达；经济落后的地区，商业相对落后；交通闭塞的地区，商业难以起飞。但从总体上来看，自然环境不是制约商业发展的主要因素。值得一提的是，随着全球工业化、城市化进程的进一步发展，自然资源的大规模开发，自然资源日益短缺，自然环境日益恶化，各国政府不得不加大对自然环境保护的力度。自然环境的这种变化，必将对商业产生新的影响。

四、商业运行的人口环境

商业运行的人口环境是指影响商业运行的人口因素及其变动情况。人口环境对商业运行的影响是多方面的。

（一）人口规模及其年龄构成对商业运行的影响

1. 人口规模对商业运行的影响。人口规模是构成一定时期内市场总需求的基本变量之一，它对商业运行的影响，首先表现在它影响商业经营中基本生活必需品的流通规模。一般情况下，人口规模小，对基本生活必需品的需求量小，这部分商品的流通规模就小；反之，人口规模大，对基本生活必需品的需求量大，这部分商品的流通规模就大。从经济增长与人口增长的关系来看，人口增长与经济增长相适应，有利于商业的发展和商品流通规模的扩大；如果人口的增长超过经济增长所能承受的能力，人口过度膨胀，就会出现人均购买力下降、资源过度消耗、生态环境破坏等情况，这样，就会抑制和阻碍商业的发展和商品流通规模的扩大，甚至连基本生活必需品的流通规模都可能会萎缩。当然，当经济增长达到一定的水平之后，即经济增长的动力主要来自非必需品的增长之后，人口规模对商业运行和商品流通的影响会有所减小。

2. 人口的年龄构成对商业运行的影响。一个国家或一个地区人口的年龄构成是指不同年龄的人口在总人口中所占的比重。人口的年龄结构，一般划分为 3 种类型：一是年轻人口型，指少年人口（0～15 岁）占总人口的比重在 40%以上，老年人口（65 岁以上）在 5%以下，抚养指数①在 1 左右；二是老年人口型，指少年人口在 30%以下，老年人口在 10%以上，抚养指数在 0.6 左右；三是成年人口型，是指介于

① 抚养指数=（少年人口+老年人口）/劳动适龄人口。

这两者之间的类型。

从人口的年龄构成来看，人们的年龄不同，往往在消费需求的内容、消费的方式等方面会存在着明显的差异。因此，人口的年龄构成对商业运行产生直接的影响，这种影响主要表现如下。

（1）人口年龄构成决定着消费需求的结构，从而要求有相应的商业结构与之相适应。比如在老龄化的国家，老年人用品的需求较大，营养食品、保健用品、药品等的市场会日渐兴旺，这样经营老年用品就有市场；而年轻人口型的国家，儿童用品的需求则较大，儿童食品、儿童玩具、儿童服装等需求旺盛，这样经营儿童用品就有市场。此外，人口年龄构成对商业运行的影响，不仅仅指现有的人口年龄构成对商业运行的影响，还包括未来人口年龄构成的变化对商业运行的影响。比如，在一段时期内人口的年龄构成如果过轻（少年人口比重过大），那么未来一定时期，进入婚育年龄的人口就会激增。如果为了达到控制人口总水平的目的而采取严厉的控制人口政策，那么在人口规模减小以后就会出现严重的人口老龄化，不但影响商业经营结构，而且还会带来一系列严重的社会问题。如果采取较宽松的人口政策，这种庞大的人口高峰段，20 多年就会周期性地重复一次，从而对商业运行造成周期性的影响。

（2）人口的年龄构成还通过直接影响就业、劳动生产率及国民收入的增加等来影响商业运行。例如，如果少年人口比重增加，抚养指数上升，在劳动生产率不变的条件下，人均国民收入就有可能下降，市场需求规模就难以较快地增长，从而影响商业的发展和商品经营结构。

以我国为例，中华人民共和国成立以来相当长的一段时期，人口生育政策非常宽松，造成人口的过度增长，从而出现了特殊的人口年龄结构，即 20 世纪 60 年代与 70 年代由于高出生率，造成庞大的人口高峰，使我国的人口年龄结构在 20 世纪 80 年代前后呈现出明显的年轻人口型特征。这种年龄结构对 20 世纪 90 年代前后商业经营的商品结构产生了重大的影响。由于此时六七十年代出生的高峰人口已先后进入婚育期，每年新增人口 1 500 多万，因而在商业经营中，儿童、少年人口的用品、食品、玩具等所占的比重呈上升趋势。后来由于实行独生子女政策，我国的老年人口数量迅速增加，到 20 世纪末，老年人口在我国总人口中的比重已超过 10%。国家统计局发布的最新数据显示，2023 年末，我国 60 周岁及以上人口已有 2.97 亿人，老年人口在我国总人口中的比重已达到 21.1%。专家预计这一数字在 2035 年前后将突破 4 亿，到 21 世纪中叶将达到 5 亿。发展银发经济是解决人口老龄化问题的关键举措。目前我国银发经济规模在 7 万亿元左右，到 2035 年有望达到 30 万亿元左右，潜力巨大。因此近年来，老年用品、食品的需求大大增加，从而出现了专门经营老年人用品的商店和相关的服务机构。2024 年中央经济工作会议明确提出要大力发展银发经济。

（二）人口的地区构成对商品流通的影响

人口的地区构成是指一国或一地区的人口在不同地域的分布状况。这种分布状况在很大程度上反映一国或一个地区的经济发展水平。

一般来说,人口的地区构成规定和影响着商品的流向和商品的经营结构。任何国家或地区,其经济发展都存在着不平衡性,都有发达地区和不发达地区之分。一般而言,经济发达的地区,人口密度大,经济不发达的地区,人口密度小。发展中国家或地区,由于多方面的原因,这种不平衡性表现得更加明显。人口地区分布的这种一般特性,对商品流通的影响表现为:经济发达地区对不发达地区的商品流通往往以高附加值的产品输出为主,不发达地区对发达地区的商品流通往往以低附加值的产品输出为主。

人口地区构成的差别,最典型的就是城乡人口构成的差别。城市化水平是衡量一个国家经济发展和富裕程度的重要标志。一般来讲,城市人口比重越高,人均国民生产总值也就越高;反之,就越低。人口的城乡构成主要受经济发展水平的制约,反过来又对经济发展水平从而对商业运行产生影响。首先,人口的城乡构成规定着商品的流通总量。例如,农村人口比重大,劳动生产率及商品率低,能提供到市场上进行交换的商品总量规模就小。其次,人口的城乡构成还规定着流通的结构和方向。例如,农村人口比重大,农村生活水平相对低于城市,因此城市流向农村的商品以基本生活必需的工业品为主,农村流向城市的商品则以初级和低度加工的农产品为主。最后,人口的城乡构成还规定着商品流通的深度、广度及其组织、制度等一系列深层次的内容。

从我国人口的地区构成来看,自然的、经济的、社会的和历史的原因使得人口分布极不平衡,东部经济发达地区人口稠密,西部落后地区人口稀少。相应地,东部地区商品流通较发达,不但流通的规模大,流通的商品中高附加值的商品占的比重较大,而且流通的组织形式和交易手段较多,流通组织较完善,人们的商品经济意识较强,商品流通在经济和人民生活中占有较重要的地位。西部地区商品流通相对较落后,流通规模小,流通范围狭小,以地区小市场为主,流通组织不够健全,初级产品在流通中占相当大的比重,简单商品流通也还占有一定的比重,许多地区还以自然经济为主,商品经济程度较低。因而,在地区间的商品流通中,东部地区对西部地区的流通以制成品为主,西部地区流向东部地区的商品则以原材料和初级产品为主。这种地区间发展的不平衡对流通的影响短期内还难以改变。

人口的城乡构成在很大程度上与人口的职业构成相关,在经济发展的初级阶段更加明显。例如,我国人口的城乡结构与人口职业结构密切相关,农村人口占绝大比重。但改革开放以来,随着乡镇企业的发展,过去单纯的工业品下乡、农产品进城的流通状况有所改变,农村也不断地参与城市商品生产的社会分工,除了提供农副产品以外,也向城市提供部分零件、半成品及工业制成品。这些变化使城乡间的商品流通呈现出多向流通的特点,大大带动了城乡商业的共同发展。

(三)人口流动趋势对商业运行的影响

从世界范围来看,发达国家在工业化和城市化的过程中已经完成了人口的大规模流动,即由第一产业向第二、第三产业流动及与此同步的人口由农村向城市流动。因此,发达国家大规模的人口流动已不存在。现阶段,随着“大城市病”的日益严重,大城市的交通、住房、物价、安全、污染等问题越来越突出,大城市的居民开始向中小城市和城市郊区流动,这对商品流通的流向和商业布局等产生了一定的影响。目前,引起世人普遍关注的是发展中国家的人口流动趋势。由于大多数发展中国家尚未完成工业化,因此,国内经济处于二元或多元结构状态,城乡差异巨大,不同地区间的差别也很大。由于多数发展中国家人口普遍过多,因此,农村人口大规模向城市流动就成为一种不可遏制的趋势,这对于一国的商品流通和商业运行势必产生重要的影响。

就我国而言,改革开放以前,除两次以非经济手段促成较大规模的人口流动以外,人口流动性很小。改革开放以后,由于限制人口流动的经济因素(主要是口粮)减少,制度因素(主要是户籍)有所松动,产业结构不断调整,人口流动遂成为一股不可阻挡的洪流。在这股洪流中,人口流动主要有三大趋势:一是人口由农村大规模向城市流动;二是人口在经济落后地区与经济发达地区之间互相移动;三是人口由第一产业向第二、第三产业流动和第二产业人口向第三产业流动。这三大趋势既是二元经济结构作用的必然结果,又是改革开放以来市场经济发展和产业结构调整的必然反映。这种流动趋势对商业运行产生了积极与消极两方面的影响。从积极的方面来看:第一,人口从农村落后地区流向城市发达地区,从第一产业流向第二、第三产业,有利于我国市场经济的发展;第二,人口在经济落后地区与经济发达地区之间互相移动,搞活了商品流通,尤其是发达地区的人员走向落后地区,向落后地区推销商品,不仅推动了商品流通范围的扩大,而且对落后地区观念的更新、商品经济意识的增强均起到了促进作用;第三,人口的流动,不仅带动了商品流通规模的扩大,而且促进了商业人员素质的提高。从消极方面来看,主要表现为:城市对农村劳动力的吸纳能力有限,人口大规模的流动,一旦管理跟不上,就会造成一些地区商业经营秩序混乱,并带来一系列社会问题。但总的来讲,我国人口的流动,为商业发展提供了良好的发展机会。

五、商业运行的政治环境

商业运行的政治环境是指影响和制约商业运行的政治因素与条件。政治环境属于上层建筑的一部分,商业运行属于经济基础的一部分,因此,政治环境对商业运行的影响,实质上体现了上层建筑对经济基础的反作用。商业运行的政治环境主要包括国体、政体、国内的政治局势、政治事件、政治生活、国家政策及国际政治态势与政治事件等。这些因素对商业运行起着非常重要的影响和制约作用,有时甚至起着决定性的作用。

通常地,一个国家的国体与政体决定着该国的根本性质,从而规定着商业运行的性质。国家政局的稳定与否是商业能否顺利发展的前提条件,稳定的政治局势与良好的政治生活,能够促进商业的发展与繁荣,动荡的政治局势和扭曲的政治生活,则会阻碍商业的发展。重大的政治事件会给商业运行带来意想不到的结果,国家的政策会对商业运行产生直接的影响。因此,在商业经营活动中,不能忽视政治环境对商业运行这样或那样的影响。

六、商业运行的法律环境

商业运行的法律环境是指影响和制约商业运行的法律因素与条件。主要包括两个方面:法制的健全程度和与商业运行有关的具体法律条款。健全、完善的法律体系,严格公正的司法和执法,以及公民较强的法治观念,是维持商品流通秩序和保证商业正常发展的前提条件。特别在转轨时期,在商业的发展过程中,往往会出现市场秩序或流通秩序混乱的情况,这就更需要加强法制建设。总的来讲,在现代市场经济条件下,商业运行的法律环境对商业运行所起的影响和制约作用更加突出。这是因为:现代市场经济,从一定意义上来讲,就是一种法制化的经济。社会各种行为准则都是由法律来规范的,社会的各种利益关系都需要通过相应的法律形式来确定和调整。商业运行作为社会经济活动的一部分,涉及各方面的物质利益关系,更时时处处离不开法律。商业活动的正常化与合理化,必须以法律的规范化为前提。在建立和发展我国市场经济的过程中,必须加强法治建设,以推动我国商业产业的发展。

商业运行的法律环境对商业运行的影响和制约作用,主要体现在以下几个方面:①保证商业行为的规范化。这是由法律的规范化、稳定性、权威性与强制性等特点决定的。②保证和维护商业企业主体的权利。在市场经济条件下,商业企业是具有独立法人地位的商业运行的主体,为保护商业企业主体应有的基本权利,要有一系列的法律作为保证。如制定企业法,规定企业拥有足够的经营自主权、经营方式的选择权、劳动用工权、价格定价权、利润与收入的支配权等。③保证商业运行客体的自由交换。商业运行的客体即商品。在市场经济条件下,自愿让渡与等价交换,是商业运行客体的基本要求,而要使这一基本要求得以实现,除其他条件之外,就是要创造一个良好的法律环境,使商业主体处于平等的竞争地位,使商品能够在各部门、各地区之间自由流通,而不受其他超法律行为的影响。④保证商业运行的秩序。商业运行的秩序实质上就是指商业运行的有序性。商业运行有秩序,可以防止各种非正常因素的干扰和破坏,使商业稳定发展。然而,商业运行的有序性是不能自发形成的,需借助于一定的行为规范。在市场经济条件下,这种行为规范主要体现为法律规范。通过法律的力量,确保商业运行活而不乱地向前发展。因此,为保证商业正常有序地运行,各国都制定了相应的法律和法规,使商业运行有法可依,有规可循。

七、商业运行的文化环境

商业运行的文化环境是指影响和制约商业运行的文化因素和条件。文化是指人类社会历史实践过程中所创造的物质财富和精神财富的总和。它分为两个层次：一是物质文化，如茶文化、酒文化等；二是精神文化，主要指人们的各种价值观念和思维方式、风俗习惯等，如价值观、审美观、文化教育、艺术、宗教信仰等。一般来说，物质文化决定了商业活动的空间范围、经营的内容、方式、水平等；精神文化决定了商业的道德水平、发展水平、社会对商业活动的价值观念等。文化环境不像其他环境那样显而易见，但它对商业运行的影响却是巨大而深刻的。文化环境不但通过价值观念、伦理观念、思维方式、行为方式、生活方式等来影响商业运行的决策者、组织者，从而在一定程度上决定商品经营的规模和方向，而且风俗习惯、民族传统在相当程度上制约着商品经营的结构。文化环境对商业运行的影响还常常间接地通过影响消费者的购买心理和购买行为来实现。随着文化因素对经济发展所起的作用日益增大和人们对它的认识日益加深，在我国商业产业的发展中，商业经营者也开始注重文化环境对商业运行的影响和制约作用。如经营者强调重视企业文化建设，促进商业行为合理化；增强市场经济意识，造就新一代商人队伍；确立消费者地位，完善商业职业道德等。

八、商业运行的科技环境

商业运行的科技环境是指影响和制约商业运行的科技因素和条件，主要包括生产领域的科技进步与流通领域的科技进步两个方面的变化对商业运行的影响。科技环境长期以来影响着商业运行，但 20 世纪以来，随着科学技术的突飞猛进，其对现代商业运行所产生的影响更加巨大。

科技环境对商业运行所产生的影响主要表现在：①生产领域的科技进步通过改造传统产业与发展新兴产业影响产业结构和产品结构，与以前相比，商业企业能为市场提供更多、更好的商品，从而影响商品流通的规模、结构。②科技进步使产品更新换代的速度加快，大多数产品的生命周期有明显缩短的趋势，从而增加了商业竞争的激烈程度。③科技进步使商业的经营地域范围更大，先进的交通运输工具和通信手段使现代商业日益超越地域的限制，可以在更大的空间内活动。④科技进步使商业经营的组织形式不断发生变革，经营方式日趋多样化，管理手段日益现代化。⑤科技进步对商业从业人员的素质提出了更高的要求。

总之，科技含量在现代商业经营中的分量明显提高，在某些情况下，它还是商业经营方式能否产生的决定性条件。例如，没有储存技术和条形码技术的存在和发展，就不可能产生超级市场；没有计算机和网络技术的发展，就不可能有电子商务的出现。当前物联网、人工智能、大数据、云计算、区块链、无人控制技术、量子信息技术、虚拟现实技术等全新技术革命的出现，必将推动智能制造业与智能商业的发展。因此，在现代商业经营中，必须注重科技环境对商业运行的影响。

九、改善环境，促进我国商业的发展

由于商业运行环境对商业经营具有重要的影响，因此，为了发展我国的商业，

在现阶段必须注重改善商业运行的环境。从目前我国的实际情况来看,由于城乡间存在着很大的差别,因而改善城乡商业运行环境的重点也应有所不同。

就城市地区而言,改善城市商业运行的环境,主要应从以下几个方面着手:①改善商业运行的市场环境。当务之急主要是加快市场流通秩序的建立和发展。②改善商业运行的法律环境。建立健全商品流通过程中的法律法规,严格司法、执法,使经营者守法经营、合法经营,使消费者的利益得到切实的保护。③改善商业运行的体制环境,继续深化商品流通体制改革。④改善商业运行的文化环境,通过教育培训提高商业经营者的素质,使其文明经商。

就农村地区而言,改善农村商业运行的环境,主要从三个方面入手:①改善商业运行的基础设施,大力发展交通运输业和邮电通信业。②提高商业经营者的竞争意识和经营能力。要让他们了解市场、分析市场,根据市场的变化,有目的地开展商业经营活动。③充分发挥现有商业组织的作用,不断培育新的商业组织。供销合作社长期以来在农村商品流通中发挥着重要作用,但目前普遍经营困难,需要从政策上和体制上对其进行扶持,使其发挥系统优势;同时要大力支持由农民自发形成的多功能、多类型的为生产和流通服务的商业组织,使之成为分散的农户与市场之间连接的纽带,促进我国农村地区市场经济的发展。

十、商业运行对商业运行环境的反作用

商业运行环境对商业运行起着非常重要的影响和制约作用,但商业运行对商业运行环境也具有反作用。

(一)商业运行对经济环境的反作用

经济的发展带动了商业的发展,同时商业反过来也促进了经济的发展。人类历史上第三次社会大分工产生了一个专门从事商品经营而不进行商品生产的商业部门,大大节约了商品生产者为出售商品而付出的劳动时间,增加了生产时间,并促进了生产的专业化发展。随着市场经济的发展,商品能否销售出去,成了再生产能否顺利进行的关键一环,而商品能否销售出去,又主要取决于商业部门的发展状况。因此,在市场经济社会中,商业的地位日益显著,它作为再生产的决定因素越来越被人们所认识。商业不仅促进了生产的专业化发展,还将市场需求信息及时传达给生产企业,推动了生产企业及时调整产品结构,以适应市场需求的变化,从而使社会再生产能够顺利进行。

商业活动对社会商品的供求平衡关系也具有重要的调节作用。商业通过正当的经营手段,可以在不同程度上缓解市场上的供求矛盾。商业活动对消费环节也具有重大的反作用,如商业的发展状况影响消费者的需求状况等。商业对市场环境的影响更直接。市场是商业活动的舞台,商业的发展水平直接反映市场的发展水平,商业的发展直接推动着市场的发展,如商品的自由流通便可以促进和发展统一大市场;商业的公平竞争,便可以确保市场的稳定。可见,商业运行对经济环境有着重大的推动作用。

（二）商业运行对非经济环境的反作用

由于自然环境往往具有不可控性，因此，商业运行对其所起的反作用一般较小，但其对于商业运行的人口环境、政治环境、法律环境、文化环境、科技环境等具有明显的反作用。

1. 商业运行对人口环境的反作用。主要表现为：第一，可以提高人们的消费水平和消费质量，延长人们的寿命；第二，可以增强人口的流动性，扩大人们的视野。

2. 商业运行对政治环境的反作用。主要表现为：第一，商业的健康运行，有助于政治环境的安定；第二，商业的公平竞争，商品的自由交换，有助于创造出平等、自由的政治气氛；第三，商业的互通有无，可以改善民族、国家之间的政治关系。

3. 商业运行对法律环境的反作用。主要表现为：第一，要求法律体系健全，使合法经营得到保护，非法经营得到制裁，从而为公平竞争创造一个宽松的外部环境；第二，要求法律实施有力、有效，按照法律面前人人平等的基本原则，处理各种经济关系。

4. 商业运行对文化环境的反作用。在现代社会中，商业运行对文化环境的反作用表现得日益突出。主要表现为：第一，商业是文化的载体之一。在商业运行过程中，尽管人们首先看到和想到的是商品的实体和商店的陈设，这是一种物质文化，但是当消费者接触到众多的商品之后，就会比较，就会明显地感知到商品本身和商品后面的商业独立的精神文化形态的存在。第二，商业是文化的传播媒介。商业是专门组织商品流通的经济行业，在商品流通中，包含着商流、物流和信息流的内容。从现代信息论的角度来看，信息流就是一种文化的传播。因此，在组织商品流通中，商业不自觉地充当了文化传播的媒介。第三，商业是促进人类文明向前发展的强大推动力。马克思曾经高度评价商业的产生，认为商业的产生将人类从野蛮时代带到了文明时代的门槛上。随着商业的进一步发展，在人类文明的进程中，商业的推动作用将更加重要。

5. 商业运行对科技环境的反作用。主要表现为：第一，使科技成果在市场上得以实现，变为现实的生产力；第二，使科技成果广泛应用于商业经营活动之中；第三，促进科技进一步向前发展。

第二节 商业运行机制

从上面的分析来看，商业运行是商业主体在一定的运行环境下有目的的、系统的经济行为。这些经济行为是相互影响和相互制约的。为了保证这些经济行为正常合理地运行，需要一定的机制来发挥作用，这个机制就是商业运行机制。

一、商业运行机制的内涵

商业运行机制就是指商业活动中各要素之间相互联系、相互作用的制约关系及其活动功能。商业主体是商业运行的组织者和决定力量,因此,商业运行机制,也可以说是商业主体的经营机制。一个完善的商业主体经营机制应包括动力机制、决策机制、调节机制和约束机制四部分。

(一)动力机制

商品本身是不会自然流通的。正如马克思所说:“商品不能自觉到市场去,不能自觉去交换,因此,我们必须寻找它的监护人,商品的所有者。”①那么,为什么商业主体愿意成为它的监护人呢?这就是动力机制作用的结果。商业运行的动力机制是推动商业主体的启动力量,是商业运行的原动力。这种启动力量就是经济利益。没有经济利益,商业运行就没有启动力量。马克思指出:“利益把市民社会的成员彼此连接起来。”②客观的经济利益是使各个经济主体联结成经济关系的动力源。就商业主体而言,经济利益体现在经济效益(或利润)和社会效益(如商誉)上。

按照动力的来源,动力可以分为原动力、后发力、系统外引力三种。原动力就是商业主体为追求最大的经济利益而产生的激励力量。换言之,就是追求利润最大化而产生的内在驱动力。商业运行作为系统的经济行为,其原动力主要来自商业主体对经济利益的追求。后发力是系统内部各主体之间面临外部环境的变化,特别是面对激烈的竞争环境而体现出来的激发力或激励力,这既是一种压力,也是一种推进力。由于它是主体进入市场后产生的,因此我们称它为后发力。系统外引力是指在宏观调控的条件下,通过对系统经济利益关系的合理调整,诱使经济主体做出有利于宏观经济目标的决策。换言之,外引力是一种游离于系统之外,但又要在系统内实现的力量,它包括法律法规、政策、信息等的规范、指导和引导而产生的力量。

从动力机制的来源来看,可以将动力机制分为内动力机制和外动力机制。内动力机制是指原动力机制,外动力机制则包括后发力机制和外引力机制。外动力机制中的这两种机制是有区别的。后发力机制是商业运行中所产生的客观压力,是客观自发力量,其作用是逆向的。外引力机制是一种引诱力机制,是一种人为的自觉的力量,这种力量的作用,既可以是正向的,也可以是逆向的。

在动力机制中,原动力机制包括激励、利益、分配等机制。原动力机制涉及经济行为的根本利益,亦即经济利益的分配问题。动力机制决定着经济主体行为的基本方向,从而间接地决定经济利益的大小。

(二)决策机制

决策机制包括决策点、决策权力的分配、授予等内容。所谓决策点是指实际决策者所处的位置。例如,在传统体制下,我国国有商业企业的决策点分布在企业内外或主体内外,存在多元决策点。正因为如此,引起了企业内外决策权力的分配与

---

① 马克思,恩格斯. 马克思恩格斯全集:23 卷[M]. 北京:人民出版社,1972:120.

② 马克思,恩格斯. 马克思恩格斯全集:2 卷[M]. 北京:人民出版社,1972:154.

授予。如战略性的决策即发展方向、人事决策(高层企业领导干部的任免)、财务开支标准等在企业的领导机关或行政部门,而一般经营性决策则在企业内部。

商业决策机制的启动与实际行动是由动力机制决定的。动力机制决定了决策的总方向,而决策机制则是由商业的经营决策特点决定的。商业经营决策的特点有:一是时效性高。由于市场竞争激烈,机会瞬息即逝,必须当机立断。决策过于复杂,时间耗费过久,就会丧失市场机遇。二是短期决策比重大。可以说,绝大部分经营决策属于短期决策。因为商品经营活动不同于生产企业的长期投资决策,市场形势千变万化,商品经营者要随时跟着市场跑,把握其变化,所以,绝大部分经营决策不能时间过长,更不能议而不决,决而不行。三是风险小。因为商品种类千千万万,一个商店经营的商品品种多种多样,每一个决策者就某个商品的经营决策而言,对企业整体的影响不是很大。一种决策失误,给企业造成的压力或损失,有可能由其他商品经营决策正确的受益来弥补。四是不确定性大。因为市场千变万化,一个商品经营者不可能时时处处完全把握市场态势,始终做出正确判断。因此,商业经营决策往往不是在十拿九稳的情况下做出的。五是反馈周期短。因为商品经营者主要从事商品买卖业务,没有占用生产过程时间;同时,商业经营也要求决策时效性高,短期决策多,因此决策的反馈周期短,这样可以针对市场变化,马上做出反应,及时调整经营战略。

(三)调节机制

商业调节机制是以动力机制和决策机制为基础的。从主体角度而言,调节机制是一种主体内部无处不在的机制,也是主体的执行机制,或者说是经营过程的机制,因为它贯穿于整个经营过程的始终。主体调节机制如下。

1. 外部调节机制。外部调节包括两个方面:一是市场机制自发的调节。这主要是通过市场上商品供求关系的变化,以及由供求而引起的价格变化来调节商业主体的经营活动。二是自觉的调节,主要是国家或政府运用各种经济、法律的手段以及必要的行政干预来调节商业主体的经营活动,规范商业主体的市场行为。

2. 内部调节机制。这是指商业主体在既定的外部力量作用下,自动地保持对外部环境信号做出反应的灵敏性,以及保持主体内部的运转协调和平衡。这种内部调节机制的效果反映主体内在的活力和运行效率上。

(四)约束机制

约束机制是指商业主体按商品流通的客观规律以及国家有关方针、政策、法规和道德准则的要求来规范和约束自己的行为。商业主体行为包括商业自然人行为和商业企业行为,其中主要是商业企业行为。企业行为是指企业在一定的市场环境条件下,经营者对种种经济活动所产生的理性反映,或者说,是企业在一定的目标函数驱动下,对外部环境的变化做出有规律的或合乎理性的反应。商业主体经营行为目标是多元的或复合的,一般来说,它不会自动地同社会经济运行目标完全重合或吻合。因此,除了需要调节机制加以调控外,还需要一定的约束机制加以约束。商业运行的约束机制主要如下。

1. 市场约束。商业经营活动是为实现商品价值而展开的,即为卖而买,先买后卖,连续买卖,并且要快卖快买,使投资增值。因此,市场约束实质是实现商品价值条件的约束。简言之,市场约束即市场实现条件的约束。商业主体行为目标最重要的就是追求利润最大化,而这是同市场条件密切相关的,特别是与市场竞争、市场风险等结合在一起的。商业主体行为的利润目标能否实现,最关键的一环就是商品销售,商品能否顺利卖出去,关系到商业主体的命运。如果商品价值不能顺利实现,这种损失就要由商业主体自己来承担。这就使得商业主体行为必须以市场为依据,以市场为中心。在市场约束下,商业主体行为不能随心所欲,而要自觉地服从于市场所发出的信号,根据市场变化,确定自己的经营规模、经营方向和经营方式等。由于商业主体行为要受市场约束,因此,国家对其控制和调节主要可通过市场来进行。

2. 预算约束。所谓预算约束是指以预期的收入控制支出。这种收入对支出的约束,不是事后的结算,而是事前的行为约束。在这种约束条件下,商业主体在经营的过程中,就会权衡哪些商品该经营,哪些商品不宜经营;是扩大经营规模还是维持现状或缩小经营规模;资金是否需要借贷,借贷多少;利润该如何分配等问题。由此便形成了对经营者的自我约束或自我控制机制。

3. 法律约束。在现代市场经济条件下,商业经营日益受到法律的约束。这是社会进步的要求,也是社会进步的体现。通过法律约束,可以保证商业活动的有序进行,可以合理地维护消费者的利益和社会共同利益。

二、商业运行机制发挥作用的条件

从上面的分析来看,商业运行需要一定的机制来推动、执行、约束和保障,而要使商业运行机制充分地发挥作用,必须具备一定的条件。这些条件主要如下。

其一,商业主体必须是独立自主、自主经营和自负盈亏的经济主体,否则,商业运行就会缺乏应有的动力、应有的决策、应有的调节和应有的约束。

其二,商业主体必须拥有完善而简便的决策机制。因为市场关系错综复杂,情况多变,商业主体处于各种信息的包围之中,如果没有完善而快捷的决策机制,就不能迅速做出反应,及时调整决策,以适应市场不断变化的需要。

其三,商业主体必须具有良好的外部联系机制。商业主体的基本职能是在媒介商品交换活动即商品买卖中取得利润。它们在组织商品流通的过程中,经常需要进行跨部门、跨行业、跨地区的联合;同时,也要求信息渠道通畅,以便及时、准确地反映市场供求和价格状况。这些都决定了商业主体对外联系的广泛性和联合行为的重要性。因此,良好的外部联系机制可以确保商业运行机制有效地发挥作用。

思考题

1. 简述商业运行环境的内涵。
2. 简述商业运行经济环境的主要内容。
3. 简述商业运行自然环境对商业运行的影响。
4. 简述商业运行人口环境对商业运行的影响。
5. 简述商业运行法律环境对商业运行的影响。
6. 简述商业运行文化环境对商业运行的影响。
7. 简述商业运行科技环境对商业运行的影响。
8. 简述商业运行对商业经营环境的反作用。
9. 简述商业运行机制的主要内容。
10. 简述商业运行机制发挥作用的条件。

第六章

商业主体、客体及其运行

任何商业活动都是商业主体的行为,因为商品本身不能自己到市场上去,不能自己去交换。因此,商业主体在商业活动中起主导性作用。商业客体只是商业主体活动的对象。当然,商业客体也会影响商业主体的行为,并有自身的运行目标和要求。本章首先介绍了商业主体及其运行情况,主要包括商业主体的内涵与运行要素、商业主体组织类型与现代商业主体组织的创新,以及商业主体运行的目标和要求;然后介绍了商业客体及其运行情况,主要包括商业客体的含义与分类、商业客体的运行过程与原则、商业客体的流通渠道与主要商品的流通特点。

第一节　商业主体及其运行

一、商业主体的内涵与运行要素

(一)商业主体的内涵

所谓商业主体,是指商业活动的行为主体,即商业经营者,一般简称为经营者,常常与生产者、消费者相对称。商业主体在组织形式上可以是个体商人,也可以是商业企业,还可以是商业企业集团;在规模上,既可以指单个的商业经营者,也可以指整个社会的全部商业经营者。

商业主体在商业活动中的作用是充当商品监护人和商品流通组织者的角色。因为"商品不能自己到市场去,不能自己去交换。因此,我们必须找寻它的监护人"①。商业出现之后,充当商品监护人的主要是商业主体即经营者,而不是生产者。商业主体的作用是通过其在组织商品流通过程中所履行的职能而表现出来的。商业主体职能分为基本职能和派生职能,其基本职能就是媒介商品交换,组织

① 马克思,恩格斯.马克思恩格斯全集:23卷[M].北京:人民出版社,1972:120.

商品流通,并通过其购买与销售等活动加以实现。

(二)商业主体的运行要素

商业主体的运行要素是指构成商业主体运行的物质的与非物质的、有形的与无形的各种因素,主要包括商业人员、商业资本、商业物质技术设备、商情信息、商业人员教育培训、商业经营管理等要素。根据商业主体运行要素特征与功能的不同,可分为三种要素。

1. 实体性要素。主要包括商业人员、商业资本与商业物质技术设备。

商业人员是实体性要素中的主导力量。这是因为:第一,商业人员支配与控制商业资本与商业物质技术设备;第二,商业运行中的具体商业活动,如商品的采购、运输、储存、分类、编配、销售、管理等,都是由商业人员来完成的;第三,商业的发展主要由商业人员来推动。

商业资本是指商业劳动资料与劳动对象的价值形态,可以将其区分为固定资本与流动资本两部分。商业资本的特点是:①流动资本比重占绝对优势,一般为80%左右;②流动资本中商品资本又占绝对优势,一般也为80%左右。根据商业资本来源的不同,可以将商业资本分为自有资本与信贷资本两部分,而商业资本大部分是信贷资本,因此,商业资本经营成本较高,利息支出是一个相当大的负担,这就要求商业主体具有较高的财务管理能力,同时还要不断提高商品资本的周转速度和使用效益。

商业物质技术设备主要是指商业活动中的经营设施与经营手段,包括建筑物、营业用具、运输工具、储藏设施、技术装备等,它们是商业活动中必需的劳动资料,商业经营者正是通过物质技术设备开展商业经营活动的。商业物质技术设备具有两个特点:①有机构成低。商业专业化地媒介商品交换,自身不从事生产,而是为社会实现商品价值服务,主要表现为服务于人与人之间的交易,不涉及人与自然之间的物质变换关系,因此活劳动比重大,物质技术设备居于辅助地位。②发展变化缓慢。商业活动具有相当的分散性与复杂性,与生产部门相比,不易采用高度复杂的、定型化的物质技术设备,而那些相对简单、适应性强的物质技术设备则被长期、广泛地运用。不过,随着经济与科技的发展与进步,商业物质技术设备水平也在不断地提高。

2. 非实体性要素。主要包括商情信息、商业人员教育培训等。其中商情信息是最重要的非实体性要素。这是因为,随着商品经济的发展,市场范围迅速扩大,消费需求复杂多变,于是商情信息的重要性大大提高。因此,商业主体开展商业活动,必须注意商情信息的收集、整理、分析与利用。

商情信息,即市场信息,它是对市场商品供求状况与商品经营状况变动的客观描述,一般表现为市场上能够被传递、接收、理解和评价的各种有用的新消息、数据、情报、信号和指令等。商情信息内容丰富,但对于商业主体运行而言,主要应掌握和了解以下几个方面的信息。

(1)商品需求信息。这是商业主体应特别了解的信息。因为商业活动要以消费者为中心,也就是要以市场需求为中心来开展经营活动。因此,应把了解市场上商品的需求信息放在各类信息之首。商品需求信息主要包括:消费者数量、结构与分布;消费需求变化;商品购买力大小与投向;单项商品需求总量及饱和点;消费者对价格的反映;消费者对售前售后服务的要求与评价;消费者购买动机和行为;潜在的需求量大小及投向等。

(2)商品供给信息。商品供给信息也是商业主体应掌握的重要信息,了解它之后,可以采购更合理的商品和符合市场需求的商品。商品供给信息主要包括:商品生产状况;商品供应渠道;商品供应方式;商品供应价格;商品在当前市场上所处的生命周期和经济周期阶段;新产品的开发状况等。

(3)市场竞争信息。竞争,是商品经济普遍存在的现象。任何商业主体都不可能回避竞争的现实,尤其当今市场处于垄断竞争的阶段,竞争更加激烈。因此,对于商业主体而言,了解竞争对手的情况,以便及时地采取相应的市场营销策略,获得相应的市场份额,便显得非常重要。竞争信息主要包括:同类商业主体的数量与规模;同类商业主体的经营能力与管理水平;同类商业主体的各自市场占有率;未来竞争的主要动向等。

(4) 宏观导向信息。作为商业主体而言,还应了解宏观经济的发展趋势,以便抓住机遇,扩大经营或调整经营结构。宏观导向信息主要包括:目前经济发展所处的阶段;未来经济的发展趋势;国民经济的增长态势;居民收入水平的增长速度;物价指数的变动状况;货币供应量变化;通货膨胀预期率等。

(5) 宏观控制信息。宏观外部环境历来是制约商业主体进行商业活动的重要因素,而且还具有不可控、动态而复杂等特征,因此,商业主体对宏观外部环境不可忽视。就宏观控制信息而言,商业主体主要应了解国家新近颁布的有关方针、政策、法律、法规文件等。这些能直接影响商业主体正常的经营活动。

(6)商业主体内部信息。对于商业主体而言,除需了解上述各种外部信息外,还要清楚了解企业内部的各种信息,以便做到将市场机会变成企业机会,以及达到知己知彼的目的,从而更好地开展商业活动。商业主体的内部信息主要包括:企业现有的经营水平与经营条件;从业人员的数量与素质;拥有与控制的所有资产规模;流动资金的周转速度;商品购、销、运、存各环节的衔接状况等。

值得指出的是,由于商情信息非常繁杂,因此,一方面要注意商情信息的分类,以便合理地加以利用;另一方面要注意辨别商情信息的真伪,以免上当受骗。

如今人类社会已经进入大数据驱动的智能经济时代,信息数字化越来越普遍。商业主体除了可以通过传统手段收集商情信息以外,还可以通过物联网、传感器等多种新方法收集商情信息,发挥其在商业运行中的重大作用。

商业人员的教育培训也是商业主体运行非实体要素中的重要组成部分。科学技术的发展不仅使生产日新月异、商品千姿百态、消费复杂多变,而且对商业主体也提出了新的要求。①要求商业主体熟悉科学技术的最新进展,把握生产和消费的动态,更好地履行其中介职能,发挥引导生产、传播知识、指导消费的作用。②还要将先进的科学技术运用到商业主体的商业活动中去，不断提高商业活动的效率，使之与飞速发展的生产和消费相适应，在此基础上不断提高商业主体的经济效益。科学技术的获取与运用不是凭空发生的，教育是其中的重要环节。只有通过广泛、深入的教育，商业主体才可能掌握并运用先进的科学技术，从而为商品流通服务。当然，教育的内容不仅包括科学技术，还包括经济知识、商业知识、经营策略、管理科学、商业道德、企业文化等。通过上述各个方面的教育与学习，商业主体才能够不断提高自身素质，增强竞争实力，为高效组织商品流通奠定基础。

3. 运行性要素。运行性要素主要指经营管理。其中经营主要协调商业主体与外部环境之间的关系，实现商业主体的外部均衡；管理主要协调商业主体内部各要素之间的关系，实现商业主体的内部均衡。商业主体通过运行性要素将实体性要素与非实体性要素有机地结合起来，使之成为一个整体，产生整体效应，从而形成商业主体的运行活力，实现商业主体所承担的各项职能。显然，这要求商业主体具有较高的经营管理水平。如果经营管理水平不高，那么各项实体性要素与非实体性要素就很难有效地配合，很难形成整体的合力，商业主体也就难以保持生机与活力。

二、商业组织

（一）商业组织的内涵

组织是人类社会所特有的社会现象。人类只要有集体活动的存在，就会出现组织。组织有实体性组织和过程性组织两重含义。所谓实体性组织是指根据一定的目标、按照一定的原则建立的，具有一定的环境改造能力、一定的规范和秩序的群体，如家庭、机关、团体、企业等。所谓过程性组织，是针对管理而言的，是指组织管理中的一项重要职能，即组织职能，指围绕一定的目标，在一定时间和空间内合理配置各种资源，从而提高生产率和工作效率。

从商学的角度来讲，商业组织即商业主体组织，是指以商品经营活动为内容，以市场交易方式为基础，以实现交换并获得利润为目的，以一定的经营要素的聚合为形式的实体性经济组织。它是商流、物流、信息流与资金流运动的具体承担者，也是将商品从生产领域带入消费领域的社会载体。

（二）商业组织的产生与发展

商业组织是商品经济发展的产物。它的存在与发展，不仅受制于商业所承担的社会职能，而且受制于整个经济环境。在商品经济不发达的状态下，个体或家庭的商业经营组织（即夫妻店）占大多数，其商品交换数量有限，范围狭小。随着商品经济的发展，那种原来分散、零星与规模较小的个体商人活动，已不适应市场不断扩大的趋势，不能满足大批量、多品种、远距离的商品流通发展的需要，从而产生了组织化和社会化程度较高的商业组织。随着社会经济的发展与市场环境的改变，商业组织将进一步发展。由于不同的商业组织具有不同的特点和功能，因此，新的商业组织的出现，并没有完全取代原有的商业组织，而是共同为组织商品流通服务。正因为如此，在现代商业活动中，个体商业这种规模小、存在历史最长的商业组织仍有生存的空间。

任何一种商业组织的产生和发展，必须同时满足这样几方面的条件：一是有利于促进生产力的发展；二是有利于扩大商品流通；三是有利于社会分工协作和专业化程度的提高；四是有利于方便消费者购买；五是有利于降低交易费用，提高经济效益。

（三）商业组织的类型

通常地，依组织化、体系化与社会化程度的不同，商业组织可分为商人、商业企业、商业企业集团和综合商社等形式。

1. 商人。商人是最原始、最简单的一种商业主体，具有以下几个特征。

（1）商人仅以自己的名义从事商业活动，无其他可以识别的主体标志，不具有法人资格。因此，从严格意义上来讲，商人称不上是一种商业组织。

（2）商人没有一定的社会规模和明确的组织体系，往往以家庭或作坊为单位，血缘关系、师徒关系与雇佣关系区分模糊。

（3）商人的所有权与经营管理权高度统一，没有发生分离。在自然经济占统治地位时期，商人是典型的商业主体形式，在现代经济生活中，商人的数量与作用大大萎缩，个体商贩成为典型的商人。

由商人的基本特征可以看出，商人的组织化、体系化、社会化程度极低，这有两方面的原因：一方面，商人的资金、信誉、管理等均受商人个人因素限制，故其规模、能力、活动范围、发展前景均相当有限；另一方面，商人的资本规模与人员素质的要求宽松，经营管理灵活而有效，适应能力强。由于商业活动的复杂性与分散性，商人这种商业主体形式如果能够扬长避短，还是可以获得生存空间的。

2. 商业企业。商业企业是社会生产力提高与商品经济发展的产物，是现代经济生活中最重要的一种商业主体组织形式，其组织化、体系化、社会化程度相当高。一般而言，商业企业具有这样几个方面的基本特征：第一，商业企业是专门媒介商品交换、组织商品流通的经济组织，其直接目的是追求商业利润；第二，商业企业有一定的社会规模，即商业企业中各项主体要素如人员、资本、物质技术设备、信息、经营管理等均达到一定的数量或水平，可以获得规模效益，具有较强的活动能力；第三，商业企业有比较完善的组织体系，对组织章程、机构设置、人员配备、管理权限、自我约束的要求较高，是一定环境中的自我适应系统，能够自觉追求、实现并保护自己的利益，能够适应环境的变化，抵抗外部因素的干扰。

由以上特征可以看出，商业企业这种商业组织权责明确、组织规范、规模经济、运行有序，是组织商品流通的基本力量。

商业企业根据其规模、组织化、规范化程度的不同，又可分为自然人（个人）商业企业、合伙制商业企业与公司制商业企业三种形式。

（1）自然人（个人）商业企业，是指个人出资兴办、完全归个人所有和控制的商业组织，属于自然人企业，不具有法人资格。个人企业开设、转让与关闭的手续简单,仅缴纳个人所得税,经营灵活,指挥统一,企业主个人成就感强,这是其优点;而企业主要对企业的全部债务负无限责任,风险很大,企业的规模有限,难以扩展,企业寿命受企业主个人因素的严重制约,这又是其不可避免的缺陷。商业活动的复杂性与分散性决定了流通生产力的多层次与不均衡,因此个人企业这种简单、小型、灵活的商业主体组织在现实经济生活中还是大量存在的。

(2)合伙制商业企业,是指由两个以上企业主共同出资,共同经营,并归两个以上企业主共同所有的商业组织。合伙企业以合伙经营合同为基础,不同类型的合伙人承担不同的责任,享有不同的权益。合伙企业也是自然人企业,不具有法人资格。合伙企业较个人企业而言,扩大了资金来源和信用能力,可以集中合伙人的才智与经验,提高企业的经营管理水平,增加了企业扩大与发展的可能性;但合伙企业产权转让困难,合伙人对企业债务承担无限责任且彼此之间还负有连带责任,风险很大,合伙人之间关系不易协调,企业规模仍有局限性,企业发展与合伙人个人因素关系密切等,又构成了其主要缺点。这种组织形式主要存在于零售行业中。

(3)公司制企业。公司的特征是由许多人集资创办并组织的营利性社团法人企业。公司是法人,在法律上具有独立人格,具有民事权利能力与民事行为能力,以自己的名义享有民事权利,独立承担民事责任;而个人企业与合伙企业都不具有法人资格。一般而言,公司筹资能力强,产权转移方便,寿命较长,管理效率高,若是有限公司,股东对公司债务只负有限责任,风险较小。当然,公司也有一些不利之处,如承担公司所得税与个人所得税双重税负、组建费用高、受政府限制多等。但总的来看,公司制企业促进了生产社会化、资本社会化与管理社会化的实现,适应了现代市场经济的内在要求,具有旺盛的生命力,是现代企业制度的基本形式,也是现实经济生活中最重要的企业形式。公司主要有无限责任公司、有限责任公司、两合公司、股份有限公司等类型。我国公司法主要针对的对象是有限责任公司与股份有限公司,故以下只简要介绍一下这两种公司的特点。

有限责任公司是指由两个以上股东共同出资,每个股东按其所认缴的出资额对公司承担有限责任,公司以其全部资产对其债务承担责任的企业法人。有限责任公司不公开订购股份,不公开发行股票,不允许股份上市交易,股东凭公司出具的书面股份证书享有所有者权益,股东有权直接参与公司经营管理。股份有限公司是指注册资本由等额股份构成并通过发行股票筹集资本,股东以其所认购股份对公司承担有限责任,公司以其全部资产对公司债务承担责任的企业法人。股份有限公司的全体股东均承担有限责任,与个人财产无关;股份证券化,可以自由买卖,凭股票可以享有公司经营管理的参与权与资本收益分配权;股份有限公司运行体制完善,设有股东大会、董事会、监事会和执行机构,公司账目公开。有限责任公司与股份有限公司均属于股份制企业,但二者各有优缺点。有限责任公司股东责任有限,风险较小,筹资容易,公司设立程序也比较简单,但不能公开发行股票,股权转让较为困难,其筹资范围和规模受到限制,故一般适用于中小企业。股份有限公司可以筹集大量资本,便于开展较大规模的经营事业,所有权与经营权分离,经营管理趋于社会化,有利于公司的持久发展。但由于股份有限公司股票上市之后,容易产生行为的信息非对称,经营管理者支配着公司,而广大股民并不了解公司的实际运作情况,因此,股民一旦发现投资失误之后,就会抛售公司的股票。股份有限公司作为一种完善的企业法人制度,是商业企业发展壮大的重要组织形式。

3. 商业企业集团。

(1)商业企业集团的含义与特征。商业企业集团是指以组织商品流通为基本职能,以大型商业企业为核心,由不同经济部门和行业的若干法人企业,按控股、参股或契约关系结合而成的一种具有多层次组织结构、多种经营功能、大型而又稳定的企业联合体。

世界经济发展的历史进程表明,许多国家经历了资本和生产的集中化阶段。这种资本与生产的集中对于企业组织的影响反映在两个方面:一是企业规模的不断扩大;二是企业间联合的加强。许多大企业以自身为核心,联合一批企业,以期共同发展。通过企业联合体控制产品的生产和销售,减少中间环节,降低经营成本,使各企业相互得利,以减少竞争压力,产生协同效益。这些都无疑是形成本国企业集团乃至国际性企业集团的必由之路。

商业企业集团作为企业集团的一种类型,具有企业集团的一般规定性,具体如下。

第一,成员构成的群体性。企业集团由一大批独立企业组成,是企业法人的集合体。它与以单体企业为特征的总公司不同,总公司本身是独立核算的企业法人,而企业集团则是若干独立核算企业的复合组织,其本身并无企业法人资格。企业集团又不同于一般的多边经济联合体,其内部关系不是企业间单纯的生产协作和加工结算关系,而是同经济效益相联系的利益与风险共享和共担的整体关系。

第二,结构的多层次性。依据经济联系的紧密程度,集团成员可以分为以下层次:①核心层,由具有法人地位和雄厚经济实力的大中型企业构成。②紧密层,由集团公司的控股子公司构成。③半紧密层,由集团公司及子公司参股或实行产、供、销统一管理的企业构成。④松散层,由承认企业集团章程,与集团公司有互连性和稳定性协作关系的关联企业构成。

第三,集团核心的实体性。企业集团的核心是集团公司,集团公司是具有企业法人地位的经济实体,是集投资中心、利润中心和成本中心为一体的企业。

第四,组织的稳定性。企业集团按照一定的法律程序和规范化的要求,以股份制或具有法律效力的契约形式来实现联合体的稳定、持久。核心企业实行资产经营一体化,其与紧密层、半紧密层企业的联结纽带是资产,通过控股或参股来实现。在经营上共担风险,在利益上共负盈亏,使企业集团具有可靠的稳定性。核心企业与松散层企业的联结纽带主要是契约。这种联结方式在合同和协议规定的期限内具有稳定性。

第五,经营的多角性。企业集团实行跨地区、跨行业、跨部门的多角化经营,有利于分散企业的经营风险，完善综合配套体系，强化群体优势和集团效应。

商业企业集团除了具备以上企业集团的一般性特征外，还具有一些个别特征：第一，以商业企业为核心企业。在我国，集团的核心层由专门从事商品流通的一个或数个大中型批发企业或零售企业组成。在以商业企业为主体的前提下，生产、金融、外贸、科研等诸多领域的企业参加，形成多角化经营的企业联合体。在集团成员中，各种类型的商业企业占有相当大的比例，除资产关系外，商品购销关系也是一条成员之间联结的纽带。第二，以商品购销为主要功能。商业企业集团具有商品购销、物资流通、金融投资、信息交流、技术开发等多种功能，但以商品购销功能为主。第三，以流通网络为经济依托。即商业企业集团大都以商业中心城市为依托，利用经济环境优势，按经济区域和流通网络的状态构造自己的组织系统。

(2)商业企业集团的类型。商业企业集团的类型主要如下。

第一，按股权组织结构的形态和集团内部支配方式的不同，可分为金字塔形商业企业集团和环形商业企业集团两种类型。所谓金字塔形商业企业集团，是指商业企业集团有一个处于顶峰或核心地位、具有雄厚实力的大型控股公司，它以母公司身份控制着为数众多的子公司、孙公司。在这些公司外围还有与核心企业以及紧密层企业有中长期优惠协作关系的企事业单位，形成了金字塔形垂直支配状的结构。所谓环形商业企业集团，是指由若干大型商业企业、金融机构相互持股构成企业集团核心层，股权呈环状(即找不到最终股东)。股票的互持成为强化集团整体性最基本的手段。出于一定结盟需要，核心层企业又通过收购其他企业的股票，将其置于自己的控制之下。

第二，按集团内部核心企业的多少以及组织结构的不同，可分为单元辐射型商业企业集团和多元复合型商业企业集团两种。所谓单元辐射型企业集团，是指以一个大型骨干企业为依托，以该企业所具有的可供辐射的商品加工、购销和服务为“龙头”，联合其他专业化协作企业，形成多层次的配套网络系统。这种企业类型的优势在于：集团成员可以围绕有雄厚资金、名牌店名、名牌产品或独到经营技巧和特色的大型骨干企业按流通环节分工协作，经营关系较密切，有利于扩大经营商品的市场覆盖率。例如，连锁集团经营便是其中的一种形式。所谓多元复合型企业集团，是指其内部拥有若干核心企业，其协调、办事与服务机构一般由核心企业协商产生，主要从事集团决策、开发和服务工作。这些核心企业按结合的方式又可分为两种，一是水平发展式，即形成集团核心层的各企业同属于一个经营事业领域，这些企业组合在一起，一般是为了提高整体竞争能力，加强对市场的控制；二是垂直发展式，即形成集团核心层的各企业属于不同的经营事业领域，这些企业组合起来，一般是为了满足多种市场需求，实现全方位经营，使经营向纵深发展。

第三，按核心企业行为归属和集团成员的主要功能范围不同，可分为主导经营型商业企业集团和综合经营型商业企业集团两种。所谓主导经营型商业企业集团，是指以大中型批发企业或零售企业为核心，主业经营范围十分突出的一种商业企业集团形式；所谓综合经营型商业企业集团，是指集团成员经营范围十分广泛，主业经营范围并不十分突出的一种商业企业集团形式。

(3)商业企业集团的作用。商业企业集团的作用表现如下。

第一,有利于强化商业网络体系的功能和提高市场的组织化程度。因为,商业企业集团以大型商业企业为核心,把优势互补的中小企业联合在一起,改变了商业企业小型分散、结构不佳的状况,通过实行跨地区、跨部门、跨行业的经营,打破了阻碍商品流通中的条块分割和地区封锁,并以资产纽带巩固购销关系,从而强化了商业网络体系功能。把商业企业与工业企业联成一体,使产销衔接,有利于减少流通环节,有利于企业之间进行合理的资本、技术、人才等流动,从而利于形成多层次、全方位、大跨度、横向与纵向联系、立体交叉的市场体系。

第二,有利于构造市场经济下的商业微观基础,提高企业的规模效益和综合效益。

第三,有利于加强宏观调控,促进经济结构的调整。企业集团对加强宏观调控所起的作用,主要有两个方面:一是国家可以通过与若干大型企业集团进行对话,直接影响集团成员的企业行为;二是国家可以通过各种经济杠杆对若干个大型企业集团进行调控,间接影响一大批集团成员的企业行为。特别是通过对集团的投资行为的引导和控制,制止重复投资,重复建设,使总供给与总需求达到基本平衡,使经济结构合理化。

第四,有利于发展外向型经济,参与国际市场竞争。

4.综合商社。

(1)综合商社的含义与特征。综合商社是在日本首创的。它是指以商业职能为主导,兼具金融、信息、服务、组织等功能为一体的国际化、实业化、多元化、集团化的综合性商业组织。

综合商社具有以下特征。

第一,以贸易为主导,经营综合化。综合商社在与其紧密联系的企业集团中,以媒介集团内各成员之间的交易为基本任务,承担了大量的商品流通业务,同时还打破集团界限与集团外的企业发展商业关系,并积极开展第三国的贸易。综合商社的其他业务领域有商业信用、仓储服务、组织对外投资等,开展这些业务的主要目的是获得各种贸易的中介权,以增加其经营额。因此,综合商社被人们认为是以贸易为主导的跨国公司。其经营综合化,首先是经营产品综合化,涉足钢铁、有色金属、机械产品、石油化工产品、通信产品以及食品、农产品原料等,用日本人的语言形容则是“从方便面到导弹”无所不包;其次是经营地区综合化,即综合商社的触角延伸到世界各个国家和地区,在各地设置办事处、事务所或分店等分支机构;再次是经营活动综合化,即经营活动触及第一产业、第二产业、第三产业的所有领域,而且对新兴的产业领域往往也捷足先登;最后是功能综合化,即不仅从事中介活动,而且从事金融、物流、咨询、建筑以及组织协调等多项业务,并将各种业务职能有机结合起来。

第二,内外贸相结合,业务规模巨大。综合商社实行内外贸相结合,以内贸作为外贸的后盾,以外贸作为内贸的补充。其国内业务是国外业务发展的基础,也是国外业务在国内的延伸,二者相得益彰,从而有效地利用国内和国际两个市场、两种资源,因而其业务规模巨大。在世界排名前 500 家最大公司中,许多综合商社不仅榜上有名,而且名列前茅,成为国际上的特大型企业。

第三,以综合商社为中心形成企业集团,并与企业集团紧密依托。以日本的综合商社为例,综合商社在财团中占据着核心位置,它通过与财团中金融机构的紧密联系,获得大量的资本支持,并以融通资金和提供企业之间的信用为开端,通过派遣经营者及管理人员或与厂商共同承包工程项目等多种途径,使对方企业的产品在生产过程和流通过程中增大对其的依赖程度。与此同时,综合商社还与财团集团中的中小企业存在广泛的贸易代理关系,负责组织协调财团集团中各方面之间的关系,因而综合商社在日本被称为财团的枢纽。此外,在综合商社的周围还有一个凝集商业资本、金融资本、产业资本的企业集团。所以,综合商社在发展中不仅形成以自己为中心的企业集团,而且紧密依托企业集团。可以这样说,综合商社在发展过程中是依靠大企业集团和大银行的支持逐步发展起来的。综合商社一方面要按照大企业集团的要求,承担向企业集团所属企业提供原材料和销售其产品的任务;另一方面又要按照大银行的要求,代银行向企业提供信贷和担保,为银行承担风险,是在海外资源开发投资上要承担更大的风险。

第四,综合商社作为政府实施内外经济政策的重要工具而与政府关系密切。在当代,无论是日本的综合商社还是韩国的综合商社,其生存与发展都离不开政府的扶持或支持。政府把扶持综合商社作为实施产业政策的首要因素予以考虑,把商社作为其推行内外经济政策的重要工具。

(2)综合商社的功能。综合商社主要具有以下几项功能。

第一,贸易功能。这是综合商社最基本的功能。它决定了综合商社以贸易为主体的特征,也是综合商社中“言商”的体现。贸易功能实则是使综合商社充当贸易中介商的角色。

第二,金融与投资功能。以日本为例,各大综合商社被人们称为“准银行家”。其金融与投资功能主要体现在:一是商品的赊购与赊销,票据的支付与收取的信用活动;二是通过金融机构和金融市场筹集资金,然后向企业提供信贷或承担保证业务;三是利用自己的资产开展全资或参股企业的投资活动和从事租赁业务。

第三,信息功能。在当代,信息成为一种战略资源,也是一种“无形财富”。人类社会发展到今天,信息资源基数庞大并正以几何级数的方式迅速增加。为了适应当代信息竞争,各国都在花大力气发展信息搜集系统,而日本的综合商社就是这方面的佼佼者。综合商社一般设有巨大的贸易情报网络,广泛地搜集与分析各方面的信息,起着“国际天线”的作用。

第四,组织协调功能。这是指综合商社以协调人的身份,调整那些跨部门、跨行业的企业之间的协作关系,并筛选合作伙伴,同它们一起参与规模巨大的国际性贸易与大型投资项目。这种功能通过以下两种类型体现出来:一是下游经营者型,又称“变换者型”。这是指为扩大经营范围,综合商社不仅为广大中小生产企业提供商业代理服务,而且按生产各个环节,从事采购原材料、产品设计和市场营销以及签订合同引进技术等各项工作。有了这种功能,综合商社可以与广大中小企业生产厂家结成良好的合作关系或工商关系。同时,为中小企业转换生产结构,不断适应市场需要发挥了重要作用。二是上游经营者型,又称“开拓者型”。综合商社在国内与一些大工业集团和联合体开展协作,参与这些集团或联合体的部分企业建设和管理工作,从而取得或拥有这些企业产品的独卖权。

第五,开发功能。主要指市场开发、资源开发、技术开发、产品开发、新事业的开发等。综合商社的开发功能是其各种功能的综合表现。以综合商社在海外投资和向发展中国家出口成套设备为例,首先,综合商社利用全球信息网络搜集到的情报,明确与投资有关的法律政策、投资环境,进行市场调研,为企业提供完整的投资信息,并加以决策;其次,在大型项目确定后,向企业招商,并筹集资金,协助企业的经营管理;再次,负责采购和运输所需原材料与设备等;最后,项目投产后,再利用其全球销售网络推销产品,开拓国内外市场。

第六,服务功能。综合商社还为企业和社会提供各种仓储、运输、咨询、房地产等多种服务。例如,综合商社与世界各国、各地区的运输组织有着广泛的联系与密切关系,同时自己投资物流设施,为子公司或客户提供物流服务。

所以,综合商社的功能是多样化、全方位的。在日本,没有哪一个企业或组织拥有像综合商社这样多样化的功能,这正是综合商社生命力旺盛之源。

由于综合商社功能多样与齐全,具有竞争优势,即有集团优势、综合经营优势、规模经营优势、信息优势、人才优势、资金雄厚优势等,所以,它能够在国际竞争中保持强大生命力,并成为一些国家或地区移植与研究借鉴的重要对象。

(四)现代商业组织创新

1. 商业组织创新。创新理论最早是由美籍奥地利经济学家约瑟夫·熊彼特提出来的。他认为,“创新”就是建立一种新的生产函数,也就是说,把一种从来没有过的关于生产要素和生产条件的“新组合”引入生产体系。这个“新组合”,即他所说的“创新”,主要包括以下五种情况:①引进新产品;②引进新技术,即新的生产方法;③开辟新市场;④控制原材料或半制成品的新的供应来源;⑤实现企业的新组织。

由此可见,约瑟夫·熊彼特所说的“创新”,内容十分广泛,组织创新就是其中之一。商业组织创新是指为适应社会经济的发展与社会的进步,以及市场环境和宏观经济的变化而出现的商业组织的新组合。具体来讲,通过商业组织的创造、集中、分散、融合与协作等途径,改变商业组织的形态,提高商业组织的运行效率。

商业组织创新是现代商业发展的重要原因。它不仅推动现代商业的发展,而且对整个国民经济和社会发展都具有十分重要的影响。就我国现阶段的商业产业而言,商业组织创新的意义在于:第一,商业组织创新有利于建立现代企业制度。因为,商业组织创新有利于深化商业企业产权制度的改革,有利于政企分开,从而有利于建立以“产权明晰、权责分明、政企分开、管理科学”为特征的现代企业制度。第二,商业组织创新有利于商业企业组织结构的优化,从而有利于企业从粗放式经营转变为集约式经营。通过组织创新,优化企业组织结构,可以提高企业的组织化程度和规模经营能力,使其转换经营机制,节约交易成本和流通费用,取得规模经济效益。第三,商业组织创新有利于培育商品市场主渠道。发展现代市场经济,需要现代化的商业主体组织,需要培育经营规模大、实力雄厚的骨干企业,以稳定市场,提高经济运行效率和取得规模经济效益。这种要求对我国来讲更为迫切。第四,商业组织创新有利于我国内外贸一体化经营。通过商业组织创新,开展全方位经营,促使内外贸企业交叉经营和融合,冲破内外贸分割的局面,使内外贸企业经营一体化。

2. 现代商业组织创新的若干特征。

(1)现代商业组织中大公司占支配地位。随着市场经济的发展,生产和资本出现了不断集中的趋势。所谓生产集中,是指在追逐利润的竞争中,使生产资料、劳动力和产品由为数众多的企业分散掌握而逐步聚集到少数大企业的一种自发的过程。所谓资本集中,是指通过合并与兼并来扩大资本数额,大量的资本越来越为少数大资本所支配。资本集中是生产集中的重要条件之一,两者往往相伴而行。生产集中和资本集中发展到相当高的程度,就必然导致垄断。居于垄断地位的巨型企业和企业联合体,形成一种垄断组织。其组织形式多种多样,在当代,如大公司、跨国公司、综合商社等就是其中的重要表现形式;其存在领域也十分广泛,商业领域就是其存在的领域之一。

必须指出,在现代商业组织中,就数量而言,中、小型商业企业仍占多数,尤其是小型企业占绝大多数。就中小企业而言,它们有着自身的优势,即“船小好掉头”,能够适应当今激烈的市场竞争潮流。为此,还有人预言,未来企业组织与经营,将可能盛行“夫妻店”的方式,有一种返璞归真的可能性。目前,商业企业中,中小企业占多数,在发达国家也是如此。以日本为例,中小企业占全国企业数目的99.1%,职工人数占职工总数的81.4%,产值占工业总产值的52%,批发额占商业总批发额的62%,零售额占零售总额的79%。全体日本人“衣”的80%,“食”的90%,“住”的30%,都是中小企业提供的。中小企业已成为日本经济的支柱之一。日本专家认为,新事业的开发不在于企业规模的大小,而在于企业拥有独立创意和踏实的服务。

(2)商业领域中跨国公司组织迅速崛起。随着经济全球化的不断发展,社会分工逐渐越出一国的范围,现有的国际分工已经从原来的垂直分工迅速地向水平分工和产业内部分工扩展。国际分工的这种发展,使世界资源得到了更合理的分配和利用,从而对世界经济的发展起到了很大的推动作用。其突出表现在两个方面:一是国际贸易有了巨大的增长。第二次世界大战后,世界进出口贸易额仅有500多亿美元,而经过几十年的发展,进出口贸易额增长了80多倍;二是跨国公司不断发展壮大。目前,全球4万多家跨国公司贡献了世界生产总值的一半,控制着世界贸易总额的50%左右。其中,在商业领域也产生了一批大型跨国公司,它们对世界商业的发展起到了巨大的推动作用。

(3)随着信息技术、网络技术和电子商务的发展,一方面产生了虚拟企业这类新的商业组织形式,另一方面又加快了原有商业组织结构的变化,促进了网络式组织结构的产生。20世纪90年代以来,世界经济的最大变化就是,随着信息技术和网络技术的发展,电子商务得以产生并在世界范围内迅速传播。与此相适应,企业组织形式也发生了巨大变化,其中最明显的表现形式就是虚拟企业不断产生。与此同时,信息技术和网络技术的发展加快了企业组织结构的转化,促进了一些新的网络式结构的出现。例如,美国的沃尔玛、凯玛特、西尔斯等大型商业企业,与供应商之间形成了巨大的网络,从而使市场、服务、制造紧密地连为一体。这就打破了行业界限,大大提高了整个社会的生产效率和流通效率。

(4)混合经营的商业企业成为发展主流。随着工商、农商和农工商一体化进程的发展,在市场经济发达的国家,纯零售或纯批发的商业企业有所减少,混合经营的商业企业不断增多。这一特征在我国商业组织发展过程中也已显现出来。

三、商业主体运行

商业主体运行就是指商业主体的经营活动。它既受主体内部因素的制约,又受主体外部因素的制约。商业主体在内外部因素的作用下,按照自己的运行轨迹运行。

(一)商业主体运行的目标与基本特征

1. 商业主体运行目标。商业主体运行目标包括两个方面的内容:一是利润目标,这是商业主体运行的自身要求,表现为追求自身的经济效益;二是满足消费需求的目标,这是社会对商业主体运行的客观要求,表现为追求相应的社会效益。

商业主体运行目标的两重性是由商品流通的两重性决定的。商品流通是商品价值流通与使用价值流通的统一。对于商业主体而言,关注的是商品的价值流通,即通过商品交换不但要收回投入的资本,而且要取得增值即商业利润,这是商业主体开展经营活动的原动力。然而,商品的价值流通又受到商品使用价值流通的制约。对于商品的需求者或消费者而言,首先关注的是商品的使用价值。如果商品的使用价值不适合其消费需要,那么商品价值量的大小对他也就没有意义,即不论价格高低,需求者对商品都不会问津。在商品流通过程中,价值的实现与使用价值的实现表现于具体的商品交换行为中,即商业主体让渡商品的使用价值,获得商品的价值,而需求者或者消费者让渡商品的价值,获得商品的使用价值。在这一过程中,商业主体获得商业利润,而需求者或消费者满足消费需要,这两个方面互为前提、互为条件,体现了商业主体运行目标的统一。

2. 商业主体运行的基本特征。商业主体运行的基本特征就是自主经营,这是由商业主体运行的目标所决定的。从商业主体运行的利润目标来看,自主经营反映了商业主体运行的本质规定。商业主体是从预付资本开始,经过商品交换获取商业利润的，其全过程都体现了商业主体的意志，无论在哪个环节否定了自主性，商业主体运行就将中断或者变质，利润目标就难以实现。从商业主体运行满足消费需求的目标来看，要使商品适销对路，最大限度地满足消费需求，实现消费者或需求者效用的最大化，不能以非市场的方式强制进行，而只能在健全市场体系、规范交易行为的基础上，充分发挥市场机制的调节作用，将消费需求信息传导给商业主体，并通过市场竞争将满足消费需求内化为商业主体的运行目标。换言之，只有在自主经营的前提卜，商业主体才能够发挥积极性、主动性、创造性，才能够按照消费需求组织商品流通。

（二）商业主体运行的客观要求

商业主体要发挥自己的职能和实现自己的运行目标，需要具备一定的客观条件。从商业主体运行的内部条件来看，商业主体必须是自主经营的市场主体，同时必须是具有竞争活力的市场主体。从商业主体运行的外部条件来看，主要如下。

1. 经济运行必须实行市场经济。因为只有在市场经济条件下，商业主体才能正常地发挥自己的职能，商业主体的运行目标才能真正地得以实现。在自然经济条件下，由于商品交换是有限的、狭窄的、偶然的，因此，有些商人经常在信息非对称的条件下以欺骗、诈骗等手段损害需求者或消费者的利益。这就意味着，在自然经济条件下，由于商品流通不发达、不规范，市场主体不成熟、不健全，难以实现平等自愿的互利交换，从而使商业主体运行目标难以真正实现。同样地，在传统的计划经济条件下，由于商业主体不具备市场主体资格，没有经营的自主性，当然就不可能产生追求利润目标的动机；而消费需求与生产、流通一样，被纳入国家计划的统一控制之下，受各种政策、规定、票证的约束，表现出强烈的行政性、分配性、封闭性，商业主体运行满足消费者需求的目标也不可能得以实现。理论与实践经验表明，只有在市场经济条件下，商业主体与生产者、消费者作为平等的市场主体，才能正常地开展商品交换活动，确保商业主体职能的发挥和运行目标的实现。

2. 市场环境竞争有序，市场态势相对均衡。因为只有市场竞争有序，交易规则明确，市场供求态势相对均衡，商业主体运行才能正常地发挥其作用和职能；反之，如果不具备这些条件，垄断、特权、不正当竞争、场外交易等充斥市场，或者长期的结构性甚至总量性的供求矛盾存在，就会使商业主体运行无序，主体行为扭曲、变异，从而影响商品流通的顺畅进行。

3. 购销关系相对稳定。所谓相对稳定的购销关系，是指商品生产者与经营者之间、经营者相互之间以及经营者与消费者之间的交换关系应该保持某种稳定性。这种相对稳定的商品购销关系是现代商业活动运转的一种客观要求。那种偶然性或者不规则的随机性的交易是与简单商品经济或不发达的、原始的商业相适应的。在社会化大生产的条件下，社会化的大批量的商品生产要求有稳定的销售渠道，否则，其不断扩大的再生产就无法进行。在市场经济发达的国家中，绝大部分产品一般按既定的订货合同生产，即所谓“按单排产”，只有少量的试制品或新产品无事先固定的顾主。这表明相对稳定的购销关系是社会化大生产的要求，也是商业主体运行的基本保证和商业主体运行的前提条件。购销关系的变动表现为商品的购销量、品种、交易方式、成交条件、成交对象等方面的变化。这些变化要求商业经营者采取相应的措施，调整资金、人员、设备和管理方式等。这些方面的调整，往往会使商业主体运行过程出现某种停顿或停滞。因此，购销关系相对稳定有利于商业主体高效运行，购销关系的频繁变动会对商业主体运行产生不利的影响。当然，购销关系的相对稳定，并不是要购销关系固定不变乃至僵化。只要合理地进行调整，在购销关系不稳定的条件下同样可以实现商业主体的高效运行。

4. 商业主体与客体运行比例协调。也就是说，商业主体的经营能力、经营规模、经营范围与商品流通规模、流通时空差异、流通服务水平等能够相适应，二者之间能够保持适当的比例关系。

第二节　商业客体及其运行

一、商业客体的含义与分类

（一）商业客体的含义

所谓客体，是相对于主体而言的，是指主体活动的对象或受体。动态地看，客体就是在主体作用下的运行物。商业客体即商业活动的客体，是指在生产领域与消费领域之间由商业主体组织流通的商品。

商业客体具有两个方面的内涵：一是商业客体只能是商品而非产品。商品与产品的区别可以从两方面来认识：从社会经济形式来看，商品是用来交换的劳动产品，是价值和使用价值的统一，是与商品经济相联系的范畴；而产品仅是人类劳动的成果，并不涉及交换范畴，是与自然经济或产品经济相联系的范畴。从交易活动类型来看，商品依托于市场，是与市场化交易相联系的范畴，是在平等主体之间自愿、公平地让渡价值与使用价值的前提下存在的；而产品依托于组织，是与组织化交易相联系的范畴，是在上级与下级、政府与公民之间单向地、指令式地转移与分配货物或劳务的前提下存在的。二是商业客体只能是有形商品而非无形商品。无形商品虽然也有价值与使用价值，也是用来交换的劳动产品，但是无法储存与转卖，其生产和消费是同时进行的，边生产边消费，难以区分出独立的流通过程，因此不能成为商业客体，只能成为服务业客体。当然，在商业活动中服务不仅存在，而且某些情况下还是商业活动的重要内容，但是商业活动中的服务是附加于有形商品之上的，是为促成和便利有形商品的流通而发生的，并不是脱离有形商品而独立进行的服务。

成为商业客体必须同时具备三个方面的条件。一是必须具备效用性。所谓效用性，是指商业客体必须能够满足消费者的某种需求欲望。二是必须具备稀缺性。

所谓稀缺性，是指商业客体的供给是有限的。三是必须具备流通性。所谓流通性，是指商业客体在交易过程中当事人的关系是不确定的。

（二）商业客体的分类

商业客体的分类即商品的分类。商品有广义和狭义之分。广义上的商品泛指一切可供买卖的经济物品，包括农产品、工业品、不动产、信息、有价证券、劳务等。狭义上的商品则是指经过生产，具有满足消费者需求的使用价值，并能在市场上进行交换的有形经济物品。简言之，就是指用来交换的劳动产品。商学中所指的商品，一般是指狭义上的商品。下面就此进行分类。

1. 根据商品用途的不同，可将商品分为消费资料和生产资料。

（1）消费资料。消费资料是指最终消费者为满足自己的需求，直接购买的商品，又称生活用品或消费品。消费资料又可以进行多种分类，但通常是根据 1923 年科普兰（M. T. Copeland）发表的分类标准，即按照消费者购买商品的特点不同进行分类。根据消费者购买商品的特点不同，可将消费品分为日用消费品、选购消费品和特殊消费品。后来人们又划分出了非渴望品这一类。

①日用消费品。这是指日常生活的必需品，消费者经常购买且用最小的购买努力就能购买到，如食品、日用杂货等。对这类商品，消费者的购买特点是：购买次数频繁且不受时间影响；属于习惯性购买，一般不多做挑选；喜欢就近购买等。因此，商业经营者在经营这类商品时，在店址选择上要接近居民生活区，在商店规模上可以小一些，在商店数目上可以多一些。

②选购消费品。这是指消费者在选择和购买的过程中，经过反复比较、挑选之后才购买的商品，如服装、化妆品等。消费者购买这类商品的特点是：购买频率较低；有固定的消费习惯；喜欢挑剔，往往要在同一商店或不同商店之间对商品的适合性、价格、品质、花色、型号等方面进行比较、研究，然后才决定是否购买。因此，商业经营者在经营这类商品时应该备货充足，价格合理，让广大消费者挑选购买。在店址选择上，商店应设在繁华的商业街或购物中心。

③特殊消费品。这是指那些价格高、耐用、商标具有特别魅力的商品。消费者对这类商品的购买特点是：购买频率低；对特定商标的商品有强烈的消费偏好；喜欢付出特别的购买努力，即宁可花时间，也要买好、买到。因此，商业经营者经营这类商品的商店数目不宜过多。在组织流通过程中，为防止损失，应尽可能短渠道流通。

④非渴求品。这是指消费者不知道的商品，或者虽然知道也没有兴趣购买的商品，如刚上市的新产品。非渴求品的性质决定了经营者在经营该类商品时必须加强广告推行工作，使消费者对其产生兴趣，然后进行购买。

此外，对消费资料进行分类时，还常根据消费品耐用程度的不同，将其分为耐用消费品和非耐用消费品两大类。

其一，耐用消费品。一般是指价格较高、能够长期与反复使用的商品，也称硬商品。耐用消费品的更换需求易受经济景气变动的影响，具有较大的需求弹性。

其二,非耐用消费品。非耐用消费品又称之为快消品,一般指一次或短期使用后就丧失其效用的商品,也称软商品。由于这类商品使用寿命较短,要求不断得到补充。因此,经营这类商品就要不断增加货源供给,以满足供应,占领更大的销售市场。

(2)生产资料。生产资料是指为了进行生产或经营其他事业而购买的商品,又称生产用品或工业品。生产资料可分为以下几类。

①设备,这是指在生产产品中使用的设备、机器、辅助设备等。虽然它们不构成产品的一部分,但会因使用、磨损而渐渐损耗。设备又分为主要设备和辅助设备两类。

主要设备是在工厂固定的、生产过程中使用的主机,包括机器设备和各部门专用或通用的设备,如大型机器、电子计算机系统等。其特点是价格高、技术性强、使用寿命较长。其购销特点是谈判时间长,需要签订合同,购买次数少,属于集中购买,售后服务要求高。

辅助设备是指对主要设备起辅助作用,但又能单独使用的设备,如工具、模具、小型机械等。这类产品一般售价低,使用寿命短,多数已标准化、通用化。主要由商业部门集中经营。

②原材料,包括原料和材料。人们常将在生产加工过程中发生化学变化的生产资料称为原料,如农产品,矿产品等;将在生产加工过程中发生物理变化的生产资料称为材料,如生铁、钢材、棉纱等。原材料生产者众多,因此,商业经营者经营此类商品,应了解各类货源情况,以便确定自己的市场营销策略。

③零部件,指装配整机使用的零件和部件,一般不用制造加工,买来即可构成产品的一部分。由于零部件用户多,需求量较大,因此,商业经营者经营这类商品时,应备货充足。

必须指出,一种商品属于消费资料还是属于生产资料,不取决于商品本身的属性,而取决于人们购买这种商品的用途。由于用途不同,同一商品的流通过程可能是截然不同的。

2. 根据商品生产的来源不同,可将商品分为农产品和工业品。

3. 根据交易时消费者是否可以体验商品,可将商品分为前验商品和后验商品。

二、商业客体运行过程

商业客体运行是指商业客体在商业主体的推动下,由生产领域向消费领域转移、实现商品的价值并替换商品的使用价值的活动,也就是商业流通。商业客体运行过程即为商业流通过程,在实践上也往往将其扩大到商品流通过程,以利于指导社会贸易活动。

商业客体运行过程是一个复杂的社会经济过程,是商品价值流通过程、商品实体流通过程、货币(资金)流通过程和信息流通过程的统一。这些流通过程并非孤立、分离地发生,往往彼此交织、纠结在一起,使商业客体运行过程呈现出复杂的面貌。

商品价值流通过程也简称为“商流”，是商品所有权的转换或让渡过程。商品是用来交换的劳动产品，在商品交换过程中，如果没有商品所有者向商品需求者转让商品的所有权以实现商品的交换，商业就不可能存在。因此，商流是商业客体运行过程的本质方面，没有商流也就无所谓商业客体运行过程。商品价值流通过程在现实经济生活中表现为商品与货币相交换，商品只有顺利售出，取得了相应的货币，其价值才能实现，因而商品价值流通过程必然伴随着货币流通过程，也简称为“货币流”或“资金流”。在商业客体运行过程中，货币流是由商流引起的，商流决定货币流。然而货币流对商流也有反作用，特别是在经济货币化、信用化的条件下，货币流通过程直接影响着商品流通过程。在商品交换过程中，卖方追求的是商品的价值，而为了实现商品的价值，卖方不得不让渡商品的使用价值；买方追求的是商品的使用价值，而为了获得商品的使用价值，买方不得不支付货币。因此，在商业客体运行过程中，货币流是由买方到卖方，而与之方向相反的则是由卖方到买方的商品实体的流通过程，也简称为“物流”。物流往往是与商流相伴发生的，但是也有例外，如不动产交易或期货交易，商品实体或者没有发生物理运动，或者被置于商流之外，实际发生运动的是商品所有权证书。在商品交换过程中，与商流、物流、货币流同时发生的还有信息流通过程，简称“信息流”，即关于商品的性质、用途、规格、功能、价格、使用方法等方面信息的流动。商业客体运行过程中的信息流不同于商业主体运行过程中的信息沟通与传播活动，后者发生于商业主体之间，以促销或实际完成交易为目的；而前者则是关于商业客体自身的信息的运动过程，是商业客体运行过程的有机组成部分。

三、商业客体运行原则

商业是专业化地媒介商品交换的经济部门，其基本职能是组织商品流通。商业的性质和职能决定了商业客体的运行目标：以最少的劳动消耗和最短的时间，高效率地完成商品从生产领域到消费领域的转移。商业客体运行目标在一定的环境下，需遵循一定的运行原则才能实现。因此，所谓商业客体运行原则实际上是商业客体运行目标在一定环境约束下的体现。商业客体不仅具有自然属性，而且具有经济属性与社会属性，因而环境约束也就相应地表现在这三个方面。依环境约束的不同方面，我们将商业客体运行原则归纳如下。

（一）自然约束性原则

自然约束性原则是由商品使用价值的流通引起的，它要求商业客体的运行遵循商品物理、化学或生物变化等方面的自然规律，在商品从生产领域到消费领域的转移过程中最大限度地保存使用价值。具体地说，自然约束性原则表现在以下四个具体方面中。

1. 使用价值中心原则。商业客体运行以其使用价值运行为载体，如果使用价值受损，那么商品交换就会发生困难，就难以满足消费者的消费需求，生产者也就难以实现价值补偿。因此,使用价值是商业客体运行的中心。商品的使用价值必须适应消费需求,这就要求商品在从生产领域到消费领域的全部运行过程中,一切活动必须以保存和顺利实现使用价值为前提。

2. 生产—消费趋近原则。商业客体运行过程是商品从生产领域不断趋近消费领域的过程,也是不断克服生产与消费之间的时间矛盾与空间矛盾的过程。因此,商业客体运行一方面要通过商品储存,使生产与消费的时间差距缩短;另一方面要通过商品运输,消除生产与消费的空间距离。在商品储存与运输过程中,要根据商品的自然属性,确定合理的储存方式,选择适当的运输手段,以提高商业客体运行效率,有效地联结生产与消费。

3. 合理流向原则。商品在从生产领域到消费领域的转移过程中,每一步骤都应该是生产不断趋近消费的运动,而不应有迂回或倒流。这就要求商业客体运行必须坚持正确的流向。当然,商业客体运行不是一个纯粹的自然过程,商品流向受流通体制、流通环节、交易方式等因素的影响,往往复杂多变,这就要求商业客体运行充分利用市场信息,实施一定程度的商流与物流相分离,尽量减少不合理流向,不断提高流通效率。

4. 路线最短原则。商业客体运行流向只是调节性、指导性的,在具体的运行路线中才能体现出来。商业客体的运行路线不仅与商品流通环节有关,而且与运输状况、仓储条件等技术性因素密切联系。商业客体运行要在既定的商品流通环节下,选择最佳的运输路线与仓储地点,使商品实体快捷、高效地从生产领域向消费领域转移,避免积压、停滞或迂回,尽量保存商品的使用价值。

(二)经济约束性原则

经济约束性原则是由商品价值流通引起的,要求商业客体运行遵循价值规律,在商品从生产领域到消费领域的转移过程中,尽量节约劳动耗费,提高流通效益。具体地说,经济约束性原则表现在以下几个方面中。

1. 价值主体原则。商业客体运行过程既然是商品价值流通过程,就要遵循价值规律的要求,在从生产领域到消费领域的流通全过程中始终按价值量进行交换,在等价交换的基础上实现商品所有权的变换。价值主体原则的实现是靠市场机制的调节作用完成的,要使市场机制充分发挥作用而不扭曲、变形,就必须健全市场体系,规范市场行为,保护公平竞争,完善交易秩序,保障商品流通高效、有序、开放、顺畅地进行。

2. 时间节约原则。社会再生产过程是生产过程和流通过程的统一,流通时间对社会再生产的速度和效益有重要影响,流通时间越短,生产与消费的衔接就越紧密,经济运行的效率就越高。时间节约原则要求商业客体运行在每一个区间内均只耗费必要运行时间,避免积压或停滞,在不断提高流通效率的基础上保障社会经济的持续、稳定发展,避免资源的闲置浪费。

3. 最大利润原则。商业客体运行是由商业主体推动的,主体目标必然制约着客体运行。商业主体运行以获取最大限度的商业利润为直接目标,这就要求商业客体运行在从生产向消费的转移过程中贯彻主体利益，即一方面节约运行成本，提高单位流量的经济效益；一方面缩短运行时间，提高单位时间的流量。只有如此，在商业客体运行过程中商业主体才能实现利润最大化。

4. 环节适度原则。商业客体运行过程中要经过一次以上的买卖行为，也就是说商品的价值形态要经过若干次变换，每次买卖或变换称为一个流通环节。流通环节多少对商业客体运行至关重要，如果环节过多，流通费用增加，流通效益就会下降。如果环节过少，一方面，违背了专业化分工的客观要求，难以提高流通效益，不能扩大商品流通范围；另一方面，流通职能并不因流通环节的减少而减少，每个环节分担了过多的流通职能，劳动耗费将会增加，运行时间反而会延长。因此，确定适度的运行环节必须综合考虑上述因素，统筹安排，以取得最佳经济效益。

5. 成本最小原则。商业客体运行需要耗费和占用一定数量的物质资料和社会劳动，其价值形态构成商业客体运行成本。商业客体运行必须减少成本，提高流通效益，节约社会总劳动。这就要求首先确定适当的运行环节，然后在每一环节上降低耗费。成本最小原则是商品价值流通的客观需要，它规定着商业主体的微观和宏观效益，也关系到社会经济运行的总体效益，因此是商业客体运行的基本原则之一。

（三）社会约束性原则

商业客体运行不仅是商品实体的自然转移与商品价值变换的经济流通运动，而且还是其所涉及的各环节、各方面的社会关系的调整活动过程。

1. 商业客体运行要以维护社会稳定、促进社会进步为基本原则。商业客体运行需要社会良性运行与协调发展作为其运行环境，而商业客体运行的过程与结果也要有利于社会良性运行与协调发展。因此，商业客体运行首先要维护社会稳定，避免引起社会动荡，具体表现为网络布局合理、商品供应充足、商品价格适中、质量可靠、防止囤积或抢购、杜绝黑市等；其次要传播商品知识，指导消费行为，倡导健康的生活方式，不断提高整个社会的文明程度，促进社会的繁荣进步。

2. 商业客体运行要有利于协调生产者、经营者、消费者三方的关系。对于生产者来说，商业客体运行应当贯彻保护生产者利益的原则，尽快实现商品的价值，完成“惊险的一跃”。同时做到等价交换，以使生产过程能在价值补偿的基础上顺利进行。对于经营者来说，商业客体运行一方面要有利于保存商品的使用价值，以便完成潜在交换，满足消费需求；另一方面要尽量节省运行时间，减少运行成本，以便提高流通效益，实现利润最大化。对于消费者来说，商业客体运行既要满足自身的消费需要，获取适用的使用价值，又要等价交换，防止自身受到欺诈和盘剥。生产者、经营者、消费者三方的利益要求均有其合理性，其实现是在商业客体的运行过程中各方力量博弈的结果，前提则是商业客体运行必须同时贯彻生产者主权、消费者主权与经营者主权。

3. 商业客体运行要有利于国家实施宏观调控。国家作为社会利益的代表，一方面要维护市场机制的平稳运转，提高社会经济运行的效率；另一方面又要弥补市场机制的不足之处，促进社会公平程度的提高。反映在商业客体运行过程中，国家一方面要健全市场体系，规范市场行为，促进公平竞争，以不断提高商业客体运行的效率；另一方面又要反对垄断行为，制定保护价格，平抑市场物价，以保护市场机制作用下相对弱者的权益，提高社会公平程度。

四、商品流通渠道

近年来，随着流通地位的不断提高，尤其是分销商力量的日益增长，流通渠道的重要性日益突出，因此，要搞好商品流通，必须了解商品流通渠道的有关内容。

（一）商品流通渠道的含义

商品流通渠道，即商业客体运行渠道，是指商品从生产领域向消费领域转移过程中所经过的流转线路和经济组织。

（二）商品流通渠道的分类

商品流通渠道的类型有多种分类方法。从商业主体所承担的不同职能来看，商品流通渠道具体如下。

1. 产销合一渠道，即生产者把商品直接销售给消费者，不需要中间商的介入，生产者承担商品流通所需的全部职能，如集市贸易。

2. 产销结合渠道，即生产者与中间商先后有序地共同组织商品流通过程，生产者以其推销或销售机构分担一部分流通职能，然后由中间商分担其他流通职能。如生产者经营产地批发，中间商经营中转地批发、销地批发及零售等。

3. 产销分离渠道，即中间商组织商品流通的全过程。中间商通过批发与零售环节，承担了运输、仓储、加工、编配、信息、融资、交易、风险承担等全部流通职能。如大部分日用消费品的流通就是如此。

（三）影响商品流通渠道的因素

商品流通渠道不是天然形成的，也不是一成不变的，而是受生产、消费、市场等众多因素的影响，经常处于变动、调整之中。一般而言，影响商品流通渠道的因素主要如下。

1. 商品因素。这主要包括商品的体积与重量、易腐性、单位价值、标准化程度、技术性和非技术性，以及崭新度等。

（1）体积与重量。一般来说，体积大且分量重的商品其装卸和运输费用较高，为了降低相应的流通费用，往往需要大批量的运输方式来实现。同时，要求商品流通环节减少，流通渠道结构通常越精简越好。

（2）易腐性。商品品质容易变质和过期的产品属于易腐产品。像这类商品，流通渠道就应该很短。

（3）单位价值。一般来说，产品的单位价值越低，其所需的渠道就越长，这是因为单位价值低的商品所能提供的分销费用也较低。日常便利商品就是如此。

（4）标准化程度。一般来说，产品的标准化程度越高，其对应的渠道就越长，所需的中间商也越多;反之,所对应的渠道就越短,所需的中间商就越少。例如,日常用品一般高度标准化,通常由多个中间商组织商品流通。而完全定制的产品,如工业机械,通常由制造商直接提供给用户。

如果用横轴代表标准化程度,其范围表示从定制产品到完全标准化的产品,纵轴代表渠道长度,其范围表示从无中间商到拥有多个中间商,则标准化程度与渠道长度的关系可以用图 6-1 来表示。

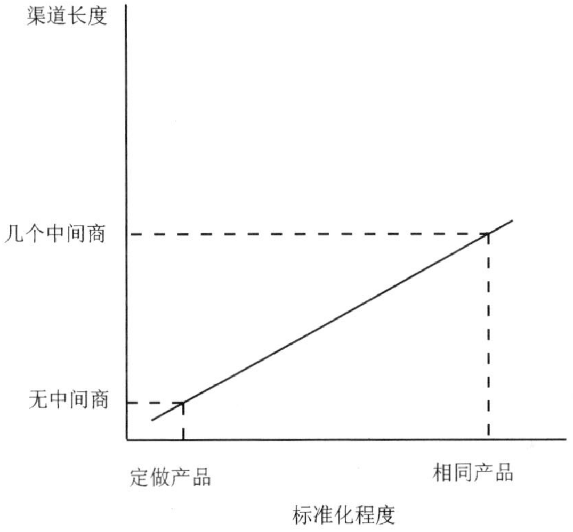

图 6-1　标准化与渠道长度的关系

(5)技术性和非技术性。一般来说,在工业品市场中,高技术性的产品通常采用直接分销的方式。这主要是因为制造商需要将其产品的技术性介绍给潜在客户,并能在产品出售以后,继续提供联系、建议和服务的销售服务人员。同样,在消费品市场中,一些相对技术含量较高的产品,如个人电脑等,也采用短渠道的方式进行分销。而技术含量低的产品,则可以多渠道进行流通。

(6)崭新度。无论是消费品市场还是工业品市场,许多新产品需在上市初期采用大规模、强有力的促销活动,以初步建立市场需求。通常情况下,渠道越长,越难通过所有的渠道成员达到此促销目标。因此,在初上市阶段,短渠道常常能使产品更好地为市场所接受。

2. 市场因素。它主要包括市场区域、市场规模、市场密度和市场行为等。

(1)市场区域。市场区域指市场的地理规模,包括生产厂家之间、厂家与商家之间、商家与消费者之间的距离。一般来说,市场区域越大,流通渠道越长、越宽,中间商就越多;反之,市场区域越小,流通渠道就越短、越窄,中间商就越少。

(2)市场规模。市场规模指顾客的数量。一般说来,顾客数量越多,市场规模就越大,流通渠道就越长、越宽,中间商就越多;反之,市场规模越小,流通渠道就越短、越窄,中间商就越少。

(3)市场密度。市场密度指每一单位区域内购买者(消费者或用户)的数量。一般说来,市场密度越低,流通渠道越长,使用中间商的可能性就越大;反之,市场密度越高,流通渠道越短,使用中间商的可能性就越小。

(4)市场行为。市场行为指顾客的购买行为,包括顾客如何购买、何时购买、何处购买和由谁购买四个方面。

关于市场行为对流通渠道的影响,可以用表 6-1 加以列示。

表 6-1 市场行为与流通渠道的关系

市场行为	相对应的流通渠道选择
如何购买 例如,客户通常只是少量购买	使用长渠道(或通过多层次的中间商)来达到目标市场
何时购买 例如,购买受季节影响较大	在渠道中添加中间商,以担负起存货职责,由此可减少生产过程中的高峰与低谷现象
何处购买 例如,消费者们越来越喜欢在家购物	取消批发商和零售商,采用直销
谁购买 例如,消费品市场:夫妻双方共同参与购物 工业品市场:许多个人影响着采购决策的制定	采用服务于夫妻双方的零售商分销方式 为更好地控制销售,采用对采购决策的各方成功实施直接分销的方式

3. 厂商因素。厂商因素包括厂商的规模、经济实力、管理能力和市场的目标与策略。

(1)厂商的规模。总的来说,企业规模的大小决定了它对渠道结构的选择范围。大企业对渠道能进行有力的管理,也使它们在选择渠道结构时比小企业有更多的余地,而且一般会比小企业做得更好。

(2)经济实力。一般来说,公司的资本越雄厚,它对中间商的依赖性就越小。为了能直接向最终消费者或工业用户销售产品,企业通常拥有自己的销售队伍和各项支持性服务。

(3)管理能力。管理能力弱的厂商,对中间商的依赖性大,流通渠道结构层次就多;反之,对中间商的依赖性小,流通渠道结构层次就少。

(4)市场的整体目标与策略。如果厂商试图高度控制产品和服务,就可能会限制中间商的使用,流通渠道结构的层次就少;反之,流通渠道结构的层次就多。

4. 中间商因素。中间商因素包括中间商的可得性、使用中间商的成本、中间商所能提供的服务以及中间商的规模和实力。

(1)中间商的可得性,即能否得到适宜的中间商,使其将商品送达顾客手中。有时可能找不到适宜的中间商,需要新的流通渠道。

（2）使用中间商的成本。使用中间商所需的成本是选择流通渠道必须考虑的一项重要内容。如果为提供一定的商品或服务而使用中间商所需的成本过高，就要减少使用中间商。

（3）中间商所能提供的服务。如果中间商能够提供多方面的服务，中间商在流通渠道中的作用就大，流通渠道中使用中间商的机会就多。

（4）中间商的规模和能力。如果中间商规模大，实力强，就可以形成产销分离的流通渠道，承担全部流通职能；反之，则易于形成产销结合的流通渠道，分担一部分流通职能。

5. 其他因素。例如：交通运输与仓储技术的发达，使原来只能直接销售的鲜活易腐商品也可能经过较长的渠道；在经济不景气情况下，为减少流通费用，倾向于采用较短的渠道；政府为了反垄断，禁止独家分销渠道；市场竞争激烈，避免采用传统渠道而独出心裁，也可能形成新的渠道。凡此种种，不一而足。

（四）商品流通渠道的主导权

1. 商品流通渠道主导权的含义。商品流通渠道主导权，是指控制商品流通渠道，并使该流通渠道上的构成者为自己的市场销售策略效力。行使这种权利的生产者或商业者，一般被称为流通渠道的主导权者。

2. 商品流通渠道主导权产生的原因。商品流通渠道主导权的产生，从根本上来讲，是由商业产业的市场结构决定的。在自由竞争的市场结构中，各流通主体一般不会考虑只让自己的产品而不让别人的产品在市场上流通。因此，一般各流通主体间有着平稳的合作关系，不会发生由谁来掌握商品流通主导权的问题。

但是，在垄断竞争的条件下，由于生产者和商业经营者都希望确保自己的竞争地位，以产品的差别化和促进销售为核心展开竞争，商品流通便迅速地得以推进，各主体普遍注重开发更好的、更适合消费者需要的商品，设计、确定自己的商标，订立各种营销策略，以便更好地将商品转移到消费者手中。这时，流通领域中的各个主体，就开始要求流通渠道上的各个构成者采取与自己的市场营销策略相配合的方式来为之效力。这样，流通渠道中的主体地位和利益就大不相同了。于是，各流通主体便开始了流通主导权的追逐和争夺。

3. 商品流通渠道主导权的类型。在现代市场经济条件下，流通渠道主导权主要有三种类型。

（1）生产者主导型。这是指生产者掌握流通主导权的类型。具体表现为四种流通形式：①生产者控制批发商的形式；②生产者控制批发商、零售商的形式；③生产者控制零售商的形式；④生产者直接销售形式。生产者主导型常见于生产资料的流通，尤其是技术性强、服务要求高的大型机器设备的流通中。

（2）批发商主导型。这是指批发商掌握流通主导权的类型。一般有三种表现形式：①批发商控制生产者进行销售的形式；②批发商控制生产者、零售商进行销售的形式；③批发商控制零售商进行销售的形式。消费品流通中，在由批发商主宰的自由连锁店中常可看到这一类型。

(3)零售商主导型。这是指零售商掌握流通主导权的类型。通常也有三种形式:①零售商控制生产者与批发商的形式;②零售商控制批发商的形式;③零售商控制生产者的形式。消费品流通中,在大型零售商店,特别是在各类大型连锁商店中可看到这种类型。

此外,还存在着消费者主导型。这是指由消费者组织的商业企业控制流通主导权的类型。其形式有两种:①消费者控制批发商的形式;②消费者控制生产者的形式。这种流通渠道主导权类型一般不多见,主要出现在消费者合作社的经营形式当中。

在上述流通渠道主导权类型中,在过去生产者主导型占主流,近来随着流通现代化的发展、流通组织化程度的提高,大规模连锁商店、超级市场的出现,批发商与零售商主导型大大增加。因此,在商品流通渠道主导权的争夺中呈现出纷繁多样的局面。西方商业理论认为,流通主导权的争夺,会促使各流通主体在经营上、管理上更加积极和细致地开展工作,使其开拓出更多更有效的市场销售策略,促进更加公平有效的竞争,从而极大地提高流通效率。

4. 取得流通主导权的方法。流通主导权者为了支配流通渠道,掌握流通渠道的主导权,主要采取垂直联合法和流通系列法两类方法。

(1)垂直联合法。这是指流通主体为了使自己的市场营销战略更容易、更有效地发挥作用,而让流通渠道上的各个环节联合起来。广义上讲,各环节联合是一种不涉及资金、主要靠职能上联合起来进行的合作;狭义上讲,是指某一流通主体出资50%以上,将其他主体置于自己的管辖之下的联合。按垂直联合法形成手段的不同,又可以分为企业系统、合同系统与管理系统三类。

所谓企业系统,是指将生产和流通各个环节联合起来,由某一企业管理的系统。具体有两种表现形式:一是大工业企业拥有和统一管理若干生产单位和商业经营企业,采取工商一体化的经营方式;二是大型零售企业拥有和统一管理若干批发机构、工厂等,采取工商一体化的经营方式,综合经营零售、批发、加工生产业务。

所谓合同系统,是指位于流通渠道各环节上的生产者和经营者,为了实现其单独经营所不能及的经济性,基于某项合同而实行的联合体。

所谓管理系统,是指不利用所有权统治和合同约束的办法,而是利用与某些企业协商达成一致意见的办法形成的垂直联合。这主要指一些厂商与零售商协作,利用协作关系来促进自己的产品销售。

利用垂直联合法控制商品流通渠道主导权,要花费一定的交易成本,也就是说,垂直联合法存在着使资本固定化、丧失经营弹性的隐患。

(2)流通系列化。这是指流通主体选择与自己特别合作的生产者或经营者,构成自己的流通渠道的方法,也称为有目的垂直联合法。这种方法主要是生产者在推销其产品时采用。其手段有两种:一是利用合同,二是利用投资。利用合同手法,是生产者选择销售自己产品的批发商或零售商,使他们成为自己的销售网络,并从各方面给予其积极的援助。通过缔结合同,让他们优先努力地销售自己的产品。如共同设立销售机构、指定代理商、成立由厂商或批发商主宰的连锁店等多种形式。利用投资手法,是生产者向批发商或零售商直接投资,使其成为自己销售网络的一员。一般投资多集中在批发环节。在投资形式上,不少生产者采取让批发商拥有自己企业的一部分股票的方法,以获得批发商的特别合作与支持。生产者在资产较少的情况下,可以采取这一方法。

5. 流通渠道主导权理论的指导意义。流通渠道主导权理论是西方商业理论的一部分,对指导我国商业体制改革具有一定的现实意义。

经过几十年的改革,我国的市场经济得到了长足的发展,工业品与消费品市场已基本形成了垄断竞争的市场格局,从而客观上产生了对流通主导权的追逐。如工业自销、批发兼零售、零售兼批发等现象,就是厂商、批发商与零售商追逐流通主导权的表现。

在现代市场经济条件下,流通主导权的产生具有客观必然性,而且已出现多元化的趋势。这种现象在国内外已经得到充分的体现。在流通渠道主导权的争夺中,必须明确其实质是对头道批发权的争夺。因此,在我国商业体制改革中出现的批发主体多元化现象,尤其是工业自销大量涌现、与大型批发公司相抗衡的现象,值得认真对待,冷静分析。不应只用“商业从产业中独立出来是社会分工的进步,反之,便是历史的倒退”这种观念来剪裁现实,而要承认工业自销有其存在的客观必然性。在承认现实的基础上,商业批发企业要转换经营机制,扩大服务职能,重塑运转高效的新型批发商业体制。

(五)商品流通渠道行为

商品流通渠道行为主要表现为渠道成员之间的竞争、冲突与合作。其中,渠道成员之间的竞争是最普遍的渠道行为,渠道成员之间的冲突是时有发生而必须化解的渠道行为,渠道成员之间的合作是新型的具有战略眼光的渠道行为。这里主要介绍渠道成员之间的冲突和合作行为。

1. 渠道成员之间的冲突。

(1)渠道成员之间冲突的含义。渠道成员之间的冲突是一种直接的、受个人情感因素影响的、以对手为中心的行为。它与渠道成员之间的竞争有所不同,二者之间最大的区别在于是否有干预对方的活动。

现以食品市场上的竞争和冲突为例加以说明。例如,零售超市销售自己的自有品牌,厂商销售自己的公众品牌,这就是一种竞争关系,而非矛盾冲突。因为它们都在努力扩大各自品牌的接受度,双方并未直接干预对方,并妨碍对方实现其增加顾客接受度的目标。消费者对零售商的自有品牌和对厂商的公众品牌的接受程度完全取决于消费者的偏好。但是,零售超市与厂商为了扩大销售,共同搞促销活动,给消费者发放零售折扣券,零售超市为了吸引消费者经常光顾,不管消费者购买何种产品都可以接受折扣券,数量也不限,对此,厂商认为,零售超市的做法是对其当初使用折扣券的目的进行愚弄。结果,厂商要求赎回一定的折扣券,这样,零售超市与厂商之间就产生了激烈的冲突,这就是渠道冲突行为。因此,渠道成员之间的竞争与冲突最大的区别就在于是否有干预对方的活动。

(2)渠道成员之间冲突产生的原因。从根本上来讲,由于流通渠道是一个社会体系,因而就难免会存在一切社会体系中所固有的基本行为——冲突行为。因此,渠道成员之间的冲突是很正常的事情。

渠道成员之间冲突的原因主要有七个方面。它们分别是:角色对立、资源稀缺、感知差异、期望差异、决策分歧、目标不一致和沟通障碍。

①角色对立。这里所讲的角色是指对某一流通环节的成员的行为所作出的一整套规定。例如,特许权授权者应该向特许加盟方提供广泛的经营协助以及促销支持,而特许加盟方也应该严格按照特许授权者的标准经营程序来经营。如果有一方偏离其既定角色,例如,特许加盟方决定制定一些自己的政策,渠道冲突就会产生。

②资源稀缺。有时渠道成员为实现其各自的目标,在一些重要资源的分配问题上容易产生分歧,从而出现冲突。例如,如何在制造商和批发商之间分配零售商就容易发生冲突。因为无论是制造商还是批发商,都将零售商看作其各自实现分销目标的重要资源。制造商常常要求保留一批销售业绩较好的零售商作为其直销客户,批发商就会提出反对意见,认为这种对零售商资源的分配对自己不利,于是双方之间的分歧就会引起冲突。

又如,在任一给定的市场上,如果特许授权者在该市场上又建立起一个新的特许加盟方,这就会使新的特许加盟方从现有的特许加盟方那儿抢走部分市场。在市场资源既定的条件下,现有的特许加盟方与特许授权者之间就会产生冲突。因此,在美国,一些特许加盟方要求特许授权者停止在它认为是自己的市场上建立新的特许加盟方。

③感知差异。感知是指人们对外部刺激进行选择和解释的过程。通常地,感知的方式与客观现实有显著的差异。在流通渠道中,不同的成员感知同一种刺激,可能会做出大相径庭的解释。例如,关于现场促销(point-of-purchase,POP),制造商认为现场促销是一种有效的促销方式,可以提高零售销量。而零售商却认为现场促销作用不是很大。于是,制造商印制精美的宣传册以展示其产品,发放给光顾商店的顾客,向其展示产品的质量、美观度及使用范围,而零售商却不把这些册子当回事,反倒将大部分册子当作废纸,用于装退货用的纸盒包装材料。制造商一旦发现,冲突就会产生。

④期望差异。不同的渠道成员会预期其他成员的行为。有时预测的结果是不确切的,而进行预测的渠道成员却往往根据预期结果采取行动。例如,美国一家汽车维修公司,其特许加盟方预测随着汽车制造商提供的维修保证越来越多,它们今后的业务会越来越难做。于是,它们要求特许授权者将特许使用费下降,同时扩大其经营区域。而特许授权者认为,既然预期未来维修业务将会下降,公司更需要提高特许权费用以便做更多的广告宣传。于是,期望差异引发的冲突出现了。

⑤决策有分歧。不管是以明确的方式还是以含蓄的方式,渠道成员都希望为自己争得一定的独享决策权。在松散的渠道关系中,渠道决策权的争夺一般比较激烈。

例如,许多零售商认为价格决策权应该属于他们,而有的制造商则认为自己才有权定价。于是,制造商有时巧妙或不巧妙地告知零售商:如果他们不接受自己的定价建议,就会失去货物的供应。那些在激烈竞争的市场中需要灵活定价的零售商时常感到制造商试图通过操纵定价侵入其领域,于是双方之间就会出现激烈冲突。

⑥目标不一致。渠道成员均有各自的目标,当这些目标不一致时,就会产生冲突。例如,一家百货店的服装部同时销售三种品牌的衬衫,该部门的目标是增加销售量,提高利润,为总店节省日常开支,增加收益。对于部门经理和商店主管来讲,只要能达到这样的目标,卖哪个品牌的衬衫都无所谓。而对于制造商来讲,其特定品牌产品的销量和市场占有率决定其生死存亡。其品牌销售观与零售商有着天壤之别。若三个品牌的厂商有某家感到零售商无视其品牌,零售商的行为就会被视为对其所定目标的阻碍,于是由于双方目标不一致所造成的冲突就出现了。

⑦沟通障碍。如果渠道成员之间不能有效沟通,合作就可能变成冲突。例如,在连锁经营中,很多特许加盟方抱怨特许授权方对其缺乏支持,而特许授权方则认为特许加盟方经常不能提供全面的信息。于是,由于沟通不到位,双方之间的冲突就产生了。

(3)渠道冲突和渠道效率。不难看出,渠道冲突的存在,肯定会对渠道成员之间的关系产生一定的影响。这种影响的好坏关键要看它是否影响了渠道的效率。

所谓渠道效率,是指为实现分销目标所需资本投入的最优回报率。在实现分销目标的过程中,投入的最优化程度越高,效率就越高;反之,效率就越低。投入包括任何实现分销目标所需之物。

经验表明,渠道冲突和渠道效率之间的关系有以下三种情况。

①负面影响——降低效率。图 6-2 展示了有关冲突如何降低渠道效率的情况。随着冲突水平的上升,渠道效率在下降,二者之间成反比关系。

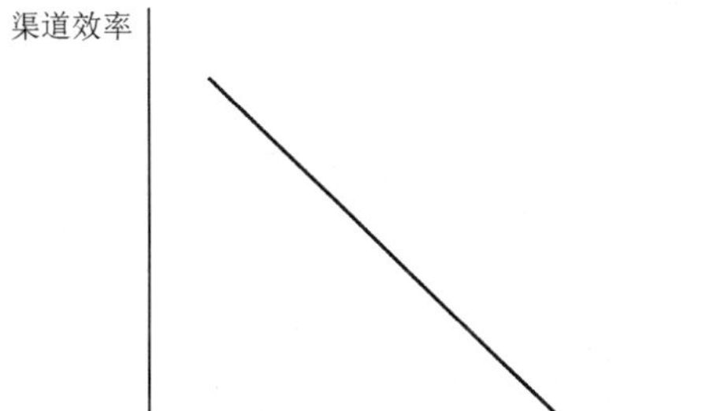

图 6-2　渠道冲突与渠道效率——负面影响

②无影响——效率不变。图 6-3 展示了有关冲突对渠道效率无影响的情况。在此种情况中，冲突对实现分销目标所需投入的影响不大。

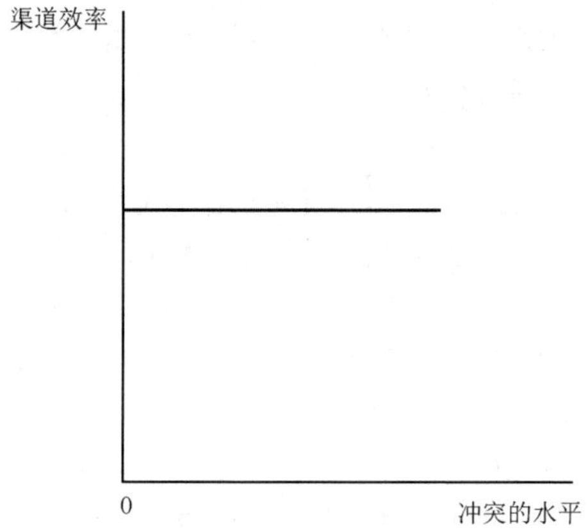

图 6-3　渠道冲突与渠道效率——无影响

这种情况存在于成员间依赖性强、忠诚度高的渠道关系之中。换言之，尽管存在冲突，但双方有意识或下意识地觉察到彼此关系的重要性，他们感到为了实现各自的目标，确实需要对方，那些冲突不会对其渠道效率产生多少影响。这使得渠道成员学会了在冲突中求生存，即便面对的是敌意，渠道效率也不会受到影响。

③正面影响——效率提高。图 6-4 展示了有关冲突如何提高渠道效率的情况。

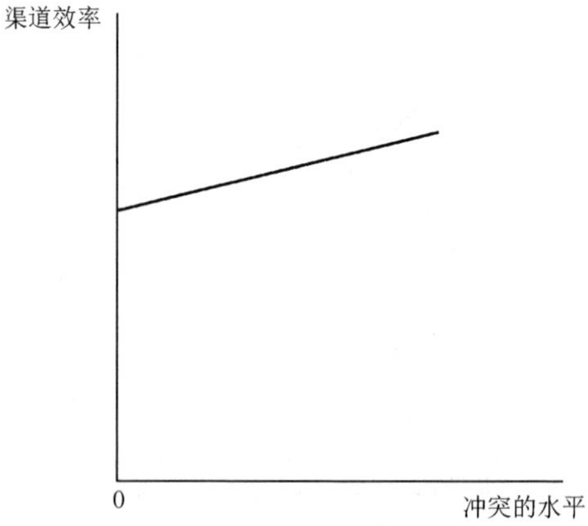

图 6-4　渠道冲突与渠道效率——正面影响

例如，某批发商发现某制造商决定绕过自己将某产品直接卖给零售商，而此前该批发商一直从这个制造商那里获利丰厚。批发商起初对制造商的做法愤怒不已，冲突由此而生，给双方的渠道效率带来负面影响。然而，这种冲突也使得双方重新审视各自的决策。比如，批发商消除怒气，专注于自己的业绩，分析自身的不足，立志把自己的工作做得更好。制造商也可能会重新审视其决策并发现对批发商支持得不够，然后决定提供更多的帮助以确保批发商对自己的长期支持。在这种想法下，渠道冲突发生后，可能会提高渠道效率。

(4)渠道冲突的解决。如前所述，渠道冲突难以避免。冲突出现之后，就必须想办法妥善加以解决。从国内外的经验来看，渠道冲突的解决主要有四种途径：一是设立专门的管理机构，分析和评估引发出来的冲突；二是通过协商来解决；三是通过仲裁机构来解决；四是通过法律手段来解决。

2.渠道成员之间的合作。20 世纪 90 年代以来，随着经济全球化进程不断加快，市场竞争日趋加剧，越来越多的企业开始认识到，市场的竞争力，绝不是由一个企业自身的能力来决定的，而是由产品的供应链来决定的。于是，越来越多的企业开始重视渠道成员之间的合作，并且有的渠道成员之间已经形成战略伙伴型渠道关系。人们把这种渠道成员之间形成的战略伙伴型渠道关系称为流通渠道的变革。这是一个重要的发展方向，下面加以介绍。

(1)伙伴型渠道关系的内涵。伙伴型渠道关系就是渠道系统内的成员在相互信任和存在共同长远目标的基础上，致力于建立共同发展的长期、紧密的合作关系。这种渠道关系本质上是渠道成员之间的一种合作或联盟，这种关系虽没有达到一体化程度的长期联合，但制造商却无须花太大的成本，就可获得如同一体化一样的渠道优势。

(2)伙伴型渠道关系的构成要素。这主要包括以下几项。

①共同的远景目标。作为长期的合作关系，伙伴型渠道关系需要一个有吸引力、为渠道成员所追求的共同目标，使渠道成员均着眼于未来和大局，竭诚合作，为实现共同的目标而努力。一般而言，短期的目标很难具有一致性，因为并非每个渠道成员都对其有所期望。而长期目标则能分散大家的短期利益纷争，使目标趋向一致。

②相互信任。合作伙伴之间的相互信任是发展长期稳定合作的基础，它既是合作关系发生的前提，又是合作成功的重要推动力。合作失败的原因往往就是缺乏信任。美国宝洁和沃尔玛公司之间虽然没有产权关系，但其关系却能够得到长期稳定的维系，究其原因就是双方的高度信任。沃尔玛充分信任宝洁，让宝洁分享销售和价格信息，并将一部分订单处理和存货管理的控制权授予宝洁；而宝洁也充分信任沃尔玛，认同其天天低价的经营哲学，并投资于专门的信息网络，时刻关注沃尔玛的订货量，想方设法寻找提高产品在沃尔玛的销售业绩的途径，使双方的利润最大化。

③行动上互相配合。渠道成员间的合作不同于企业内部的分工协作，后者可

以依据企业内部的管理机制来展开协作，而前者由于没有权威的调整系统，合作依据的是信息、契约等平台以及良好的信任、理解，其企业行为的调整是主动的。因此，这需要双方在共同目标实现过程中相互配合，整体行动。

④信息与利益的共享。伙伴型渠道关系要达到彼此行动上的完美配合，必须做到信息共享，这一点非常关键。例如，沃尔玛与其分销商之间的合作，完全建立在信息共享的基础上。只有实现了信息及时、准确的双向流动，才能使双方的配合协调、高效率。同时，拥有共同远景目标的渠道成员，在行动上的相互配合，其分配模式也必然是利益共享。为了不断激励合作伙伴为共同的目标而努力，这种共享最好是阶段性的共享。

(3)伙伴型渠道关系的作用。在伙伴型渠道关系中，以往的客户和交易对象变为合作伙伴，通过一定的纽带将渠道成员结成一个利益共同体，共同致力于长期发展。这种伙伴型渠道关系具有如下几方面的作用。

①节约渠道成本，降低渠道风险。渠道成本主要来自两个方面：一是渠道建设和运用成本；二是渠道维护成本。伙伴型渠道关系不同于企业自建营销渠道，是与独立的分销商密切合作进行分销，因而可以为企业节省大量的渠道建设和运营成本。伙伴型渠道区别于传统分销渠道的最大特点是，它改变了传统渠道中厂商之间“零和博弈”的关系，而通过厂商之间的战略性合作，将厂商与分销商变成一个利益整体，在共同发展的基础上实现“双赢”，从而有效降低了企业渠道运作中的风险。

②改善渠道物流、资金流和信息流。伙伴型营销渠道是个有着明确分工并能密切配合的“超组织”，渠道的信息共享机制使企业的信息流、物流和资金流得到明显改善，这可使整个渠道系统实现更大的价值。

③良好的渠道控制。在传统渠道关系中，渠道控制权取决于各成员渠道实力的大小，实力相对较强的一方将能够获得对整个渠道的控制，而处于被控制的一方又会千方百计地增强自身的渠道权力来与之抗衡。由于厂商之间渠道权力分布不均，所以渠道的控制与反控制永不会停止。伙伴型渠道关系将厂商由一个利益矛盾体变成了一个利益统一体，促使渠道权力在厂商之间均衡分布，由这个统一体共同实现对渠道的良好控制。

④减少或消除渠道冲突。在传统渠道关系中，渠道成员对各自最大利益的追求往往导致无处不在的渠道冲突，伙伴型渠道关系使各渠道成员的根本利益趋向一致，可以从根本上防止渠道冲突的产生。战略上的合作和长期目标的一致性，有效降低了渠道冲突的频率。渠道系统明确的分工和紧密的合作使各个渠道成员角色明确，高效、及时的信息共享机制也有效地减少了渠道冲突产生的可能性。

五、主要商品的流通特点

（一）日用工业品的流通特点

日用工业品流通特点是由日用工业品的生产和消费特点决定的。日用工业品具有品种繁多、规格复杂、档次不一、生产稳定、相对集中、消费分散、可替代性强等特点,决定了日用工业品的流通有着自身的运动特点。

1. 日用工业品流通的多向性。日用工业品是工业产品,布局集中,主要集中在大中城市生产,而消费则遍布城乡角落。这就决定了日用工业品的流通是从集中到分散、从城市到广大城乡角落的,呈多扇面向外辐射。每一类(种)产品一般有特定的流通区划和流转环节,并且这种区划会随着生产力布局的变动和产业结构的调整而改变。

2. 日用工业品流通的相关性。这是由需求的相关性决定的。不少商品的消费是互相配套的,必须形成合理结构,才能充分发挥商品的使用价值,满足多层次的消费需求。如整机配零件、主机配附件、主产品配副产品(如录像机与录像带、收录机与磁带、电筒与电池)等。加之供应中要求品种、规格、花色、档次齐全,这决定了日用工业品流通从收购、运输、销售、服务必须做到结构合理化、系列化、配套化。

3. 日用工业品流通的购销差异性。这是采购的稳定性与消费的多变性矛盾的反映。由于工业生产能力的形成有一定的周期,并进行规模生产,一旦形成生产能力就具有相对的稳定性,批量生产,周期均匀。因此,商品采购比较稳定。而消费则受到各种因素的影响,制约性较大,选择性强,弹性较大。在组织其流通中应注意产需衔接,调节供求平衡。

4. 日用工业品流通的替代性。由于日用工业品品种繁多,新旧产品不断交替更迭,一物多能,不少商品具有同一或相近的使用价值,如钢笔与圆珠笔、毛笔、铅笔,布鞋与皮鞋,洗衣粉与肥皂,化纤织品与棉毛丝织品,它们之间既具有替代性,又具有互补性,既有同向发展的可能,也有逆向发展的因素。要利用这些特点,深入分析消费需求发展变化的趋势,安排和组织好替代商品的经营。

应当指出,在日用工业品中,小商品亦是不可忽视的组成部分。所谓小商品主要是指一些品种众多、零星分散但关系到千家万户日常生活的日用工业品,它们是人民生活中的必需品,如发卡、奶嘴、针、线等。经营这些商品利小面广,产品花色、品种、规格、数量经常变化,容易被人忽视,从而造成断档脱销,给消费者的生活带来不便。因此,搞好小商品经营,是组织日用工业品流通中一个不可忽视的内容。

(二)农产品流通的特点

农产品流通的特点主要是由农业生产的特点决定的。

1. 农产品流通的季节性。农业生产受自然条件的制约并具有鲜明的季节性,从而决定着农产品流通随着季节的变化有较大的差异性。不同季节的农产品流通,有不同的规模和结构,旺季与淡季差别很大。有许多产品只在特定的季节中出产,因而也只能在它们收获的季节大量收购。有的产品还有大年、小年之分。每一种农产品都有自己的季节特点,这就要求我们必须掌握各种农产品的生产规律,做好各项准备工作,采取相应的经营策略,不失时机地组织好农产品流通。

2. 农产品流通的层次性。农产品品种繁多,性能多样,作用大小不同,对国计民生的影响程度亦有所不同。有的需要政府进行计划指导,有的可以完全放开,所以应根据农产品的不同特点采取多种流通形式。这样就形成长短不一、宽窄不同、经营形式多样和多层次的农产品流通体系。因此，商业经营者应该根据农产品流通的不同层次，采取不同的购销政策和经营形式。

3. 农产品流通的分散性。一般来讲，农业生产具有分散性的特点，这在我国表现得尤为突出，这是由我国的生产力发展水平和生产形式决定的。目前，我国农产品生产分散在2亿多个农户手中。农业生产点多面广，这就决定了农产品流通的分散性。其流通方向是由分散到集中，由农村到城市。因此，开展农产品经营，收购网点的设置、人员的配备、商品的运输和接收以及贮存设施的建立，都必须适应这个分散性的特点。

4. 农产品流通的不平衡性。以农业生产而言，由于受气候、日照、地势等条件的制约，在地区、季节和年度之间存在很大的不平衡性。有集中产区和分散产区之分；有丰收地区和歉收地区之分；有丰年和歉收年之分。针对这种不平衡性和不稳定性，在组织农产品流通中，必须贯彻统筹兼顾，全面安排，留有余地，以丰补歉的原则。

现阶段我国农产品流通的现状是，小生产和大市场的矛盾非常突出，从而制约着农业生产的发展。随着农村经济体制改革的深化，农业生产商品化和专业化的提高，以及适度的规模经营，必然要求农产品流通的社会化、多样化、系列化。这就要求建立和完善农副产品流通体系，为农业生产提供产前、产中和产后服务。同时，要为促进农产品大规模流通创造条件。

（三）生产资料流通的特点

1. 生产资料流通具有生产性。生产资料不少属于中间产品，作为一个部门或企业的产品经过商品流通进入另一个部门或企业后作为生产要素被使用、被消耗，其消费是直接与生产合一的，消费过程与生产过程同时发生，消费的物质同时又被生产成新的物质。

2. 生产资料流通具有相对稳定性。这是由生产资料技术性、配套性、专用性较强的特点决定的。生产资料在选用上比较严格，选择性较小，不如生活资料可替代性与互补性强。因此，这使生产资料在流通方向、规模和结构上相对稳定，产销关系较为固定，有些生产资料流通不经过中间环节，而以产需直接交易和直达供应的形式进行流通。

3. 生产资料流通具有批量性。这主要从工业生产资料流通中反映出来。这是因为工业生产资料的主要需求者都是具有一定规模的企业，需要进行相对稳定的批量生产。为了保证生产的正常进行，它们在购买生产资料时不同于个人购买消费品那样频繁、零星、分散，而是需要频率小、数量大，成批交易，相对集中，从而具有批量性的特点。

4. 生产资料流通具有较强的技术性。各种生产资料都有特定的用途，结构复杂，性能不一，都有不同的技术要求，对于产品的品种、规格、质量都有严格的规定。这就要求在生产资料流通过程中，商业人员不仅要具有一定的生产知识和技术知识，而且要懂得所售商品的使用、维护和维修，进行必要的售后服务。同时，随着科技的进步，新的设备、新材料、新工艺的应用，经营单位要充分掌握和了解科技信息与发展趋势，以提高市场竞争力，确保潜在需求的实现。

5. 在生产资料流通中，无形损耗所造成的损失比较大。在市场上，常见到某些商品有削价处理或降价出售的情况。这方面原因复杂，有些是由于质量差、花色品种单调、货不对路或定价不合理，有些是错过了时令或保管不善造成了残损。这些原因主要可归结为工作上的失误。但是，即使工作上不失误，例如产品是对路的，定价是合理的，保管储存是完好无损的等，商品流通一定时间后，也仍然存在削价或降价的可能性，这就是无形损耗所造成的损失。就生产资料而言，如新型的设备投入批量生产后，同类型的旧的型号设备便无销路，使用某种零配件的设备被淘汰后，这些零配件也就无人问津等。由于生产资料技术性及专用性强，更容易发生无形损耗，因此，与一般商品相比，生产资料流通中，无形损耗造成的损失比较大。

思考题

1. 简述商业主体的运行要素。
2. 简述商情信息的主要内容。
3. 简述商业组织的产生和发展。
4. 简述商业组织的类型。
5. 简述商业企业集团的含义与特征。
6. 简述综合商社的含义与特征。
7. 简述综合商社的功能。
8. 简述现代商业组织创新的意义。
9. 简述现代商业组织创新的主要特征。
10. 何为商业主体运行？商业主体运行的客观要求有哪些？
11. 简述商业客体的内涵。
12. 简述商业客体的主要分类。
13. 简述商业客体的运行过程。
14. 简述商业客体运行的原则。
15. 何为商品流通渠道？商品流通渠道有哪些主要类型？
16. 简述影响商品流通渠道的主要因素。
17. 何为商品流通渠道主导权？商品流通渠道主导权的争夺有哪些类型？
18. 如何获得商品流通渠道的主导权？
19. 简述流通渠道冲突的主要成因。
20. 简述伙伴型渠道关系的构成因素。
21. 简述伙伴型渠道关系的作用。

第七章

零售商业

零售商业是商业产业最重要的组成部分，是商品从流通领域进入消费领域的最后一道环节，与人们的日常生活息息相关。零售商业的发达程度是衡量一个国家或地区商业发达程度的最重要标志。本章首先阐述零售商业的含义、特点和功能，让人们了解零售商业与零售活动的区别、零售商业与批发商业的不同特点以及零售商业的重要性；接着重点介绍各种零售业态的类型与选择的依据；最后阐述零售商业变革的原因、零售商业演进的理论、零售商业的发展方向以及改革开放以来我国零售商业的发展情况。

第一节　零售商业的含义、特点与功能

零售商业作为最重要的商业经营形式，有着自己的内涵、特点和功能。

一、零售与零售商业

（一）零售与零售商业的关系

所谓零售，是指针对最终消费者的销售活动。所谓零售商业，是指商品流通过程的最后一道环节，是将商品直接出售给最终消费者的商业形式。可见，零售与零售商业具有密切的关系。简而言之，零售商业是零售的一个重要组成部分，而非全部。进一步来讲，零售与零售商业的关联之处在于：第一，零售商业必然从事零售，或者说零售是零售商业存在的必要条件。零售商业主体除了必须从事零售以外，还可能从事其他业务活动，如批发业务等。第二，从事零售商业的主体即零售商是从事零售的主体即零售经营者的主要组成部分。但零售经营者除了零售商以外，还有生产厂商、批发商、代理商等，它们也可以开展零售业务活动。第三，零售与零售商业的服务对象都是最终消费者。

零售与零售商业的区别在于：第一，零售是一种销售活动，是商品交换过程中

具体的业务活动;零售商业是一种商业形式,是专业化的商品交换的一种存在形式,是商业产业的重要组成部分,二者的内涵及外延不同。第二,零售经营者经营的零售商品可以是自己生产的,也可以是市场上购买的;而零售商经营的零售商品基本上是通过市场购买的,零售商除了可能少量生产自有品牌商品外,自身一般不生产商品。第三,零售涉及生产者自销等行为,属于贸易的范畴;零售商业则属于商业范畴,因此零售比零售商业的范围要广。

(二)零售商业的含义

区分了零售与零售商业这两个概念之后,我们将零售商业的含义概括为以下几个方面。

1. 零售商业属于商业范畴,是一种商业形式,具有商业运行的一般特点,如为卖而买、先买后卖、贱买贵卖、连续买卖、快速买卖等。

2. 零售商业的服务对象是最终消费者,消费者从零售商那里购买商品之后,商品直接进入消费领域,而不像批发商业那样,以生产者或转卖者为服务对象,生产者或转卖者从批发商那里购入商品后,商品仍然停留在生产领域或流通领域,而没有进入消费领域。

3. 零售商业的服务对象是最终消费者,最终消费者可以是个人,也可以是集体,如企事业单位购买生活消费品为职工发放福利等。

4. 零售商业销售商品的同时,还提供相关的劳务,如安装、调试、包装、修理等,这些劳务与出售的商品一起,构成零售商业的销售对象,提供给最终消费者,满足其消费需求。

5. 零售商业除了销售之外,还执行刺激和便利最终消费者购买和消费的服务职能,如橱窗陈列、送货上门、购货指导、分期付款、发布广告等,这也是零售商业竞争的重要内容。

6. 零售商业销售的商品一般限于生活消费品及其相关劳务,而不包括生产资料。

二、零售商业的特点

零售商业作为商品流通的最后一道环节,最终完成商品从生产领域到消费领域的转移,实现商品的价值,在商品流通中发挥着重要作用。零售商业作为一种独立的商业形式,有着自身鲜明的特点。这些特点主要有以下一些方面。

(一)零售商业平均每笔交易额小,但交易频率高

由于零售商业以最终消费者为服务对象,其中又以个人消费者为主,消费者购买商品的目的是满足生活消费的需要,因而其一次的购买量不可能很多,因此,零售商业平均每笔交易额较小。但由于生活消费每天都要发生,因此,其交易频率很高。这一点与批发商业形成鲜明的对比。批发商业以组织购买者如产业用户、中间商、政府等为服务对象,他们购买商品的目的是生产、加工、转卖、租赁或履行政府职能,因此,平均每笔交易金额较大,但因其购买者数量少而集中,故交易频率

较低。

（二）零售商业（实体）商圈较小

所谓商圈，即商势圈，是指企业吸引消费者的区域范围。零售商业（实体）的商圈分为三个层次：核心商圈、次级商圈与边际商圈。零售商业的消费者为最终消费者，其中主要又是个人消费者，购买的批量小，且为生活消费品，故以当地消费为主。因此，一般而言，零售商业（实体）要以核心商圈为主要服务对象。据统计，核心商圈能吸引70%左右的顾客，次级商圈能吸引20%左右的顾客，边缘商圈吸引顾客比较稀少，一般不到5%。当然，商店位置不同，业态不同，各级商圈吸引顾客的数量也有所不同。例如，居民区内的商店，一般就没有边际商圈的顾客；而商业中心的商店，核心商圈的顾客最少，次级和边际商圈的顾客相对较多；大型百货店则边际商圈的顾客最多。随着电子商务的发展，网络零售商业的商圈大大扩大。

（三）零售商业属劳动密集型行业

零售商业要为众多的最终消费者服务，而消费者每次购买额又较小，购买频率很高，因此，为了给众多的消费者服务，需要较多的从业人员来承担，使得零售商业具有劳动密集型行业的特点。即便是消费者自助服务的零售商业形态，如超级市场，其理货、结算、导购、监控等所需的人力也是相当可观的。

（四）零售商业（实体）布局上点多面广，且往往设于繁华地段或居民区内

零售商业以最终消费者为服务对象，消费者众多，交易频繁，而每个零售商业（实体）主体的商圈又相当有限，因此，为了满足消费需求，方便消费者购买，势必广泛设置营业网点。另外，为了争取消费者、扩大营业额、赢得竞争优势，零售商业（实体）网点往往设于城市繁华地段或居民区，这样的商业网点可以获得一定的级差收益。

（五）零售商业的业态多种多样，既具有竞争性，又具有互补性

零售商业的业态即零售商业的组织形式与经营方式，可谓多种多样，例如百货店、专业店、超级市场、连锁店、仓储商店、折扣店、目录店、邮购店、自动售货亭、电视商场、网络商店等。这是由零售商业的激烈竞争和消费需求多变造成的。在零售市场上，不但同一业态内部存在着竞争，而且不同的业态之间也存在着竞争，它们相互之间存在着一定的彼此消长关系，但同时，不同业态之间也有一定的互补性。这是因为：市场需求是多层次的，每个零售商在经营中都会有它的市场定位，每种零售业态又都有它的适应范围，因此，任何一种零售业态都不可能占有整个零售市场，不同业态之间可以各尽所长，相互补充。

（六）零售商业对消费者的诱导性强

零售商业以最终消费者为服务对象，个人消费者占极大比重，其购买行为随意性大，因此，冲动性或情绪性的购买相当常见，不像组织购买者那样具有高度的理性色彩，因而零售商业对消费者的诱导性较强。

（七）零售商业注重服务

零售商业直接为最终消费者服务，不仅为其提供商品，还提供相关服务，如送

货上门、安装、调试、修补、延期付款、购物指导等。有些零售商还提供画廊、茶室、餐厅、休息室、儿童游乐场等服务项目，这一切都是为了与消费者建立和保持良好的关系，引导和方便消费者购买，从而取得竞争优势。

（八）零售商业竞争激烈

零售商业面对最终消费者，消费需求复杂多变，因此，为了满足消费者多样化的消费需求，零售商要不断地进行创新，否则，就会在激烈竞争的市场上处于不利地位。

（九）零售商业要求有较高的经营管理水平

零售商业对经营管理水平的要求较高，这是因为：第一，零售商业属劳动密集型行业，员工众多，且以服务为主，劳动的弹性大、主观能动性强，能否实现员工的组织化，减少摩擦和内耗并激发其积极性，增强整体凝聚力，直接关系到零售商业主体的兴衰成败，这对经营管理提出了相当高的要求。第二，零售商业经营的商品种类繁多，想要做出科学的经营决策，及时地调整商品经营结构，需要较高的经营管理水平。第三，零售商业的盈利率一般较低，费用稍高可能就会亏损，如何提高商品的周转率，需要较高的经营管理水平。第四，零售商业直接面对最终消费者，而消费需求复杂多变，导致零售商业经营环境缺乏稳定性，并且零售商业竞争激烈，各种业态不断涌现，这对经营管理也提出了更高的要求。

三、零售商业的功能

零售商业处于商品流通的最终环节，直接服务于最终消费者，商业联结生产与消费的作用在零售商业得以最后实现。供给与需求之间存在的时间、空间、数量、品种、价格、信息等方面的矛盾最终主要靠零售商业来完成。这是因为零售商业具有如下方面的功能。

（一）消费者采购代理的功能

广大消费者的消费需求是非常广泛的，涉及衣、食、住、行各个方面，所需商品种类繁多且购买批量小、购买频率高，不可能直接从生产者或批发商那里购买。零售商业则充当了消费者的采购代理，从生产者、批发商那里大量购入商品，将其分类、组合，以便于消费者选购。如今一些特大型零售商店还提出“一店解决”或“一站式购买”服务，即除了汽车与房屋之外，各种消费需求都可以在一家商店中解决。

（二）生产者与批发商销售代理的功能

生产者从事直销或者批发商兼营零售的情形虽然存在，但不可能占据主流地位。生产者与批发商大多要借助于零售商来完成最终的商品流通过程。之所以如此，是因为从分工的效率和效益情况来看，一般来讲，由零售商来完成相应的服务往往可以降低交易成本。因此，零售商往往成为众多厂家和批发商的销售代表。

（三）稳定价格的功能

供给与需求之间的一大矛盾就体现在价格上。供给方常常从成本出发考虑价格，需求方则从效用角度评价价格，加上竞争因素的影响，价格易于波动，这就给供需双方均带来很大不便。零售商业同时作为生产者、批发商的销售代理和消费者的采购代理，能够较好地协调供求双方在价格问题上的矛盾。这是因为：零售商业大多采取定价制度以取得消费者的信赖，频繁变动价格不利于扩大销售，因此，零售商业通常能够承担价格波动的风险，使商品价格保持相对稳定，以便最终赢得消费者，赢得市场。

（四）物流的功能

零售商业的物流功能主要表现在商品的储存和保管上。由于消费者的需求与生产者的供给在时间上存在矛盾，如有些商品是常年生产、季节消费的（如雨衣、皮衣）；有些则是季节生产、常年消费的（如粮食）。零售商业对于前者往往适当储存，并倡导反季节购买，以价格、服务等手段刺激购买力均匀实现；对于后者则常备不懈，随时满足消费需求。由于商品生产往往是大量、集中的，而个人消费往往是小额、零星的，零售商业通过储存、保管种类繁多的商品，可以较好地解决供求双方在商品集散上的矛盾。此外，零售商业还以送货上门等方式创造空间效用，以及进行商品包装、装饰等活动，这些都是物流功能的体现。

（五）服务的功能

零售商业的特点之一是注重服务，不仅为消费者提供与商品交易直接相关的订货、送货、包装、安装、退货、换货、修改、修理等劳务，而且还以免费停车、代保管物品、照顾婴儿、代兑支票、代收费用等服务项目为消费者购物提供便利；以橱窗陈列、广告宣传、时装表演、购物指导等活动刺激和引导顾客的消费需求；某些零售商还兼营画廊、展览、餐厅、茶座、游乐场等服务业，优化购物环境，吸引消费者购买。零售商业通过多方面的服务，为消费者创造了效用，节约了消费时间，提高了消费效益，体现了经济效益与社会效益的统一。

（六）信息的功能

零售商业处于商品流通的最终环节，直接面对最终消费者，可以方便地获得消费信息，并且其出于经营需要，还组织一些消费调查，以便及时掌握消费需求。零售商业将这些信息迅速反馈给生产者与批发商，可促使其调整生产结构与经营结构，提供适销对路的商品，适应消费需求的变化，更好地服务最终消费者。与此同时，零售商业还以广告宣传、商品陈列、购物指导、商品咨询等方式将生产者与批发商的商品信息传播给最终消费者，激发其购买欲望，指导其科学地、合乎实际地消费。

（七）融资的功能

零售商业的融资功能体现在消费信用上。消费信用之一是赊销，即零售商在消费者购买商品时不是每次都收取现金，而是采取记账方式，定期或不定期地结一次账。这样做一方面方便了消费，另一方面也刺激了消费，零售商与消费者均可从中获益。当然，消费信用中，零售商要承担一定的风险，消费者要丧失现金折扣的优惠。消费信用最普遍的一种方式是,消费者购买金额较大的高档耐用消费品时,在消费者提出担保证明后,支付第一笔货款即可获得现货,余款在一定期限内分次结清,这样消费者可以将未来的收入提前支配,获得现时急需但无力一次性付款的大件商品。零售商则可以通过消费信用的方式,促进高档耐用品的大量销售,开发中低收入者的市场。因此,这种销售方式为现代零售商业广泛采用。

(八)承担风险的功能

商品从生产领域进入流通领域,客观上存在着诸多风险,如流通事故风险、价格波动风险、财务风险、信用风险和外汇风险等。虽然流通风险大部分由批发商业承担,但零售商业则要承担余下的风险。因此,零售商业常常采取市场分析、科学保存、参加保险等方式来减少或转移自己所承担的风险。

(九)建设与传播商业文化的功能

零售商业是商业文化的重要建设者与传播者。零售商业的"为人民服务""消费者就是上帝"等经营理念,童叟无欺、公平交易、货真价实、信誉至上的经营作风,热情周到、礼貌文明的经营行为,均成为弘扬商业道德、树立商业价值观念、建设和传播商业精神文化的重要手段。零售商业以琳琅满目的商品陈列、优雅舒适的购物环境、细致入微的服务措施、别致生动的典礼仪式、灵活高效的营销手段,来诠释商品文化、商业营销文化与商业环境文化,从而在制度与物质层面上建设与传播着商业文化。

第二节　零售商业的业态类型与选择

一、零售商业的业态类型

如前所述,零售商业的业态多种多样。本书从两个方面加以介绍。

(一)根据有无固定营业场所,零售业态可分为有店铺零售和无店铺零售两大类

国家质量监督检验检疫总局、国家标准化管理委员会联合颁布并于2021年10月1日开始实施的《零售业态分类》国家标准(GB/T 18106—2021)规定,根据有无固定营业场所,零售业态可分为有店铺零售((store-based retailing))和无店铺零售(non-store selling)两大类。

1.有店铺零售业态。有店铺零售是指有相对固定的进行商品陈列、展示和销售的场所和设施,并且消费者的购买行为主要在这一场所内完成的零售活动。依据《零售业态分类》国家标准(GB/T18106—2021),有店铺零售业态,按店铺的特点,根据其经营方式、商品结构、服务功能,以及选址、商圈、规模、店堂设施、目标顾客等要素进行细分,分为便利店、超市、折扣店、仓储会员店、百货店、购物中心、专业店、品牌专卖店、集合店、无人值守商店等10种零售业态。

(1)便利店(convenience store)。《零售业态分类》国家标准(GB/T 18106—2021)规定,便利店是指以销售即食商品为主,满足顾客即时性、服务性等便利需求为主要目的的小型综合零售形式的业态。

根据服务顾客群体的不同,便利店分为4种类型:

①社区型便利店。选址位于社区周边,主要顾客群体为社区内常住人员,客流稳定。社区型便利店的门店面积一般为50~199平方米,货架组数为15~25组。经营的商品以日常生活用品、饮料、烟酒、应急性商品以及部分生鲜商品为主。根据社区档次的不同,商品结构有所不同。服务功能方面,营业时间通常在16小时以上,可提供线上订货及多种便民服务。有些便利店提供送货上门服务。

②客流配套型便利店。选址位于公共交通枢纽以及景点、商业中心、医院、高校、园区等人流较为密集的区域及周边,顾客群体以上班族、出行人群和特定人群为主。客流配套型便利店的门店面积一般为50~120平方米,货架组数为15~25组。经营的商品以饮料、香烟、即食品、休闲食品、报纸杂志为主,位于旅游景点的店铺销售旅游纪念品。服务功能方面,以提供即食品、手机充电、ATM取款、上网等服务为主。

③商务型便利店。选址位于写字楼集中的区域及周边,顾客群体以收入较高的商务人群为主。门店面积一般为20~80平方米,货架组数为10~20组,设置就餐简易设施。经营的商品以鲜食盒饭、即食商品、现冲饮料、新鲜水果、功能性饮料、蜜饯糖果、时尚小商品为主。服务功能方面,以提供早、中、晚即食商品,以及信用卡还款、上网等服务为主。有些提供线上订货服务。

④加油站型便利店。选址依托加油站,在加油站内。顾客群体以司乘人员为主。门店面积一般为10~120平方米,货架组数不等。经营的商品以食品、饮料、香烟、应急商品、汽车养护用品为主。服务功能方面,提供ATM取款等金融服务,以及洗车等汽车相关服务。

便利店产生于20世纪30年代的美国,20世纪60年代末期以后,在美国获得很大的发展。20世纪70年代初传到日本,此后获得了巨大的发展。20世纪90年代以来,便利店在我国发展得很快。

便利店在世界范围内的发展有着深刻的社会背景。首先,大中型百货商店、超级市场发展,迫使小型零售商寻求新的经营模式,以适应环境变化;其次,都市化发展使得工作时间延长,生活节奏加快,商圈扩大,双职工、独身家庭增多,引起购买行为的变化,要求新的经营模式与之相适应;最后,批发企业面临经营成本增加、利润下降乃至经营萎缩的局面,为了维持其功能和生存与发展,需要加强零售业特别是中小零售店服务的深度与广度,由此促进了便利店的发展。

目前,便利店以连锁经营为主。在日本,便利店又以加盟连锁为主。例如,截至2024年3月,目前世界上最大的连锁便利店——日本7-11便利店,在全球20个国家共拥有84 762家店,其中95%左右的商店是加盟连锁便利店。

(2)超市(supermarket)。又称超级市场。《零售业态分类》国家标准(GB/

T18106—2021)规定,超市是指以销售食品、日用品为主,满足消费者日常生活需要的零售业态。通常采取开架销售的形式,也可同时采取在线销售的形式。门店内可提供食品现场加工服务及现场就餐服务。

①按照营业面积大小,可以将超市分为大型、中型和小型超市 3 种类型:

第一,大型超市。俗称大卖场。选址在市、区商业中心或城乡接合部、交通要道及大型居住区。营业面积大于或等于 6 000 平方米。商圈辐射半径在 2 公里以上,目标顾客以居民、流动顾客为主。经营的商品以各类生活用品、包装食品及生鲜食品为主,商品种类丰富,满足一站式购物,注重自有品牌开发。服务功能方面,通常设不低于营业面积 40%的停车场,营业时间在 12 小时以上,可提供线上订货服务。

第二,中型超市。选址在市、区商业中心居住区。营业面积为 2 000 ~5 999 平方米。商圈辐射半径为 2 公里左右,目标顾客以商业区顾客、社区居民为主。经营的商品以日常生活用品、包装食品及生鲜食品为主,商品种类较多,满足日常生活所需,单品数少于大型超市。服务功能方面,营业时间在 12 小时以上,可提供线上订货服务。

第三,小型超市。选址在在市、区商业中心居住区。营业面积为 200~1 999 平方米。商圈辐射半径为 1 公里左右,目标顾客以社区便民消费为主。经营的商品以包装食品及生鲜食品为主,提供日常生活必需品。食品类商品品种较多,满足日常生活必需。服务功能方面,营业时间在 12 小时以上,通常提供便民服务,可提供线上订货服务。

②根据生鲜食品营业面积占比,可以将超市分为生鲜食品超市和综合超市 2 种类型:

第一,生鲜食品超市。生鲜食品超市是指生鲜食品营业面积大于或等于总营业面积的三分之一、满足消费者日常生活必需的零售业态。生鲜食品的有效单品数量通常占总单品数的 30%及以上。选址在社区周边,是大型购物中心的配套业态。营业面积一般为 200~6 000 平方米。商圈辐射半径为 2 公里左右,目标顾客以商业区顾客、周边居民为主。经营的商品以生鲜食品、包装食品为主,配置必需的非食商,总经营品种在 0.7 万~1.5 万种左右。服务功能方面,营业时间为 12 小时以上,提供生鲜食品简单处理、加工服务,可提供线上订货服务。

生鲜食品按照加工程度和保存、售卖方式不同,包括初级生鲜食品、冷冻冷藏食品和现场加工食品三大类:

初级生鲜食品。包括新鲜的蔬菜、水果、坚果、畜禽肉及其产品、水产品、谷物等,以及经初级加工处理后在冷冻、冷藏或常温下销售的上述食品。

冷冻冷藏食品。冷冻食品是指以农、畜、水产作为原料,经加工调理,急速冷冻在-18 ℃以下储存并销售的食品;冷藏食品是指以农、畜、水产作为原料,经加工调理,急速冷却在 4 ℃以下储存并销售的食品。

现场加工食品。是指在商零售经营者的营业场所内,对食品进行切割、腌渍、烹饪(或蒸、烤、炸、烙等)加工后,可以直接食用的食品,包括各种熟食、面包、点心、冷菜、凉菜、切割果蔬、半成品等。

第二,综合超市。综合超市是指经营品种齐全、日常生活用品一次购齐的超市。非食品单品数量占比较高。选址在市、区商业中心、居住区。面积一般为2 000~10 000平方米。商圈辐射半径为5公里左右,目标顾客以商业区顾客、周边居民为主。非食品类商品数较多,经营品种齐全,总经营品种在1.5万~3万种左右。服务功能方面,营业时间在12小时以上,可提供线上订货服务。

超级市场产生于1930年的美国纽约,被称为零售业的第三次革命。它以商品销售价格较低、顾客自我服务为特色,赢得了消费者的青睐。20世纪60年代以来,超级市场在世界范围内广泛开设,成为当今世界流行的零售商业业态。

超市的基本特征是:第一,小型超市一般位于市、区商业中心、居住区,大型超市一般位于市、区商业中心、城郊结合部、交通要道及大型居住区。第二,小型超市商圈辐射半径为1公里左右,目标顾客以居民为主;大型超市商圈辐射半径在2公里以上,目标顾客以居民、流动顾客为主。第三,商品经营结构以包装食品、生鲜食品和日用品为主,大型超市一般可以满足顾客一次性购齐所有日常生活用品的需要,并且开始注重自有品牌商品的开发。第四,商品售卖方式为自选销售,出入口分设,在收银台统一结算。第五,在服务方面,营业时间一般在12小时以上,大型超市一般设不低于营业面积40%的停车场。第六,在顾客信息系统管理方面,信息化程度较高。

超市出现之后,在世界范围内获得了迅速的发展并产生了一些新的形式。如前文提到的,在我国,根据生鲜食品营业面积占比不同,超市可以分为生鲜食品超市和综合超市;根据营业面积的大小不同,可以分为小型超市、中型超市和大型超市;根据地理范围的不同,可以分为地方超市和全国超市;根据发达程度不同,可分为初级超市与现代超市;根据组织形式的不同,可分为独立式超市与连锁式超市。

超市之所以能够在世界范围内迅速发展,是因为它具有自身的优势。这些优势主要有:第一,低价销售,具有价格竞争优势,这对消费者很有吸引力,能促使其批量购买;第二,经营的商品种类多,备货充足,能为消费者提供充分挑选的机会;第三,采购量大,能直接从厂家进货,减少中间环节,降低采购成本;第四,采取自我服务方式,可节约人工费用,加上无送货制度,可节约送货费用;第五,商品的大量陈列发挥了商品实体的诱惑力,能刺激顾客购买的欲望。

当然,超市也有自身的缺陷。主要表现为:第一,人员服务较少,因而对顾客而言缺乏亲切感;第二,对于不喜欢自助购物的消费者而言,超市将会丧失这一部分顾客;第三,结算时排队会使顾客感到不方便;第四,由于不易进行商品保护,因而不宜经营高档、贵重商品;第五,自助服务模式下容易发生失窃事件,导致成本加大,利润降低。

但从总体上来讲,超市的优势远远超过其不足之处,因而其至今发展势头不货店在世界各国得到了很大的发展。目前,从世界范围来看,尽管百货店已经进入衰退期,但它仍然是一种重要的零售业态。

百货店的优势主要表现为:第一,拥有各式各样的商品供顾客选购,顾客在同一店内可采购不同的商品,从而可以节省顾客购买的时间和精力;第二,客流量大,每天人来客往,气氛热闹,交易兴旺,可以刺激顾客购买的欲望;第三,资金雄厚,能广纳大量人才,分工合作,不断创新,提高经营管理水平;第四,社会信誉好,能吸引众多顾客前来购物;第五,购物环境优良,能给顾客以舒适感和美感,同时能提供多种服务以促进销售。

百货店也存在一些劣势,主要表现为:第一,百货店虽然规模很大,但受零售商圈的限制,单体规模扩大到一定程度之后,会出现规模报酬递减的现象;第二,虽然服务水平高,营业设施完善,能吸引众多的消费者,但同时也造成费用的上升,致使商品销售价格偏高,不具备价格竞争的优势,从而会失去一部分消费者;第三,随着生产的发展,商品种类、品种、规格、花色层出不穷,百货店要兼顾综合化与专业化越来越困难;第四,投入资金大,如果决策失误,将会造成巨大的损失。

由于百货店具有自身的缺陷,加上其他新兴零售业态的不断兴起,如今它已失去了零售业霸主的地位。为了恢复百货店昔日的市场地位,许多百货店在不断地采取新的措施,如:实行多店化和巨店化策略,纷纷开设分店,扩大店铺规模;改进经营管理,大量使用现代化管理手段,如大量采用 POS 系统(销售点实时管理系统)、EOS 系统(电子订货系统)、VAN 系统(流通增值网络系统)等;减少雇员,提高劳动效率;按消费者需求重新进行商品组合;转型或实行多角化经营以寻找出路;等等。

(6)购物中心(shopping center; shopping mall)。《零售业态分类》国家标准(GB/T 18106—2021)规定,购物中心是指由不同类型的零售、餐饮、休闲娱乐及提供其他服务的商铺按照统一规划,在一个相对固定的建筑空间或区域内统一运营的商业集合体。

根据服务目标顾客的不同,可以将购物中心分为都市型购物中心、区域型购物中心、社区型购物中心和奥特莱斯型购物中心 4 种类型。

①都市型购物中心。以满足顾客中高端和时尚购物需求,配套餐饮、休闲娱乐、商务社交等多元化服务。位于城市的核心商圈或中心商务区,服务范围可以覆盖甚至超出所在城市。营业面积不包含停车场的建筑面积通常在 50 000 平方米以上。购物、餐饮、休闲和服务功能齐备,时尚、休闲、商务、社交特色较为突出。服务功能方面,提供停车位、导购咨询、个性化休息区、手机充电、免费无线上网、ATM 取款等多种服务。

②区域型购物中心。满足不同收入水平顾客的一站式消费需求,购物、餐饮、休闲和服务功能齐备,所提供的产品和服务种类丰富。位于城市新区或城乡接合部的商业中心或社区聚集区,紧邻交通主干道或城市交通节点,辐射半径在 5 公里以上。营业面积不包含停车场的建筑面积通常在 50 000 平方米以上。服务功能方面,提供停车位,通常还提供导购咨询、个性化休息区、手机充电、免费无线上网、

免费针线包、ATM 取款等服务。

③社区型购物中心。以满足周边居民日常生活所需为主,配备必要的餐饮和休闲娱乐设施。选址位于居民聚居区的中心或周边,交通便利。营业面积不包含停车场的建筑面积通常为 10 000~50000 平方米。商圈辐射半径在 3 公里以内。经营的商品以家庭生活、休闲、娱乐用品为主,配备必要的餐饮和休闲娱乐设施,服务功能齐全。提供停车位,通常还提供休息区、手机充电、免费无线上网、免费针线包、ATM 取款等服务。

④奥特莱斯型购物中心。以品牌生产商或经销商开设的零售商店为主体,以销售打折商品为特色。在交通便利或远离市中心的交通主干道旁,或开设在旅游景区附近。建筑形态为街区型或封闭型。营业面积不包含停车场的建筑面积通常约在 50 000 平方米以上。商圈辐射所在城市或周边城市群,目标顾客为品牌拥护者。经营以品牌生产商或经销商开设的零售店为主体,以销售打折商品为特色。服务功能方面,提供停车位。

(7)专业店(specialized store)。《零售业态分类》国家标准(GB/T 18106—2021)规定,专业店是指经营某一类或相关品类商品及服务的零售业态,如办公用品专业店(office supply)、家电专业店(home appliance)、药品专业店(drug store)、服饰店(apparel shop)、体育用品专业店(sporting goods store)和家居建材商店(home center)等。

专业店的最大特点是要求销售人员具有丰富的专业知识。

一般来讲,适合专业店经营的商品主要有:花色品种繁多、需求变化快、挑选性及时间性较强的商品,如服装、纺织品、鞋帽等;商品构造复杂或经营技术要求高或需提供售前、售后服务的商品,如钟表、眼镜、照相器材、家用电器、药品等;鲜活商品以及需要专门加工、保管条件的商品,如蔬菜、水果、鱼肉、糕点、茶叶、肉制品、风味食品等;需要具有某些专业知识及经营技术的商品,如金银制品、文物、工艺美术品等。

因此,专业店主要有:花色品种选择性极强的专业店,如花卉店、棉布店、丝绸店、服装店、鞋帽店、纽扣店、床上用品店等;规格型号复杂、品种类型齐全的专业店,如五金店、电料店、钟表店、眼镜店、照相器材店、中西药店等;生活用品专业店,如粮油店、食品店、蔬菜店、茶叶店、水果店、副食调料店、饮食用具店、洗涤用品店、燃料店等;特种商品或贵重商品专业店,如古玩店、字画店、珠宝首饰店、工艺品商店;耐用品专业店,如家用电器店、厨房设备店、家具店等;文教用品和科学器材专业店,如文具纸张店、办公用品店、体育用品店、电脑店、器材店等;经营特定消费对象所需商品的专业店,如妇女用品店、儿童用品店、老年用品店。在一些国家还有狗食店、犬饰店等。

专业店是目前世界各国零售业态发展势头良好的一种零售店。之所以如此,是因为它具有这样几个方面的优势:第一,能够满足顾客的挑选性要求。虽然经营的商品种类单一,但是能够提供丰富的品种,商品的规格、档次、花色、式样齐全,使消费者较容易购买到称心如意的商品。第二,经营者以某一顾客群为目标市场,针对性强,对消费者需求反应敏感。第三,经营方式灵活,可以与厂商合作。第四,容易树立起商店特色。

当然,专业店也有自身的缺陷。主要表现为:第一,经营商品的类别少,不能满足消费者其他方面的需要。第二,对商店的经营水平及技术要求高。因此,经营专业店有一定的难度,经营者必须有专业知识。综观商海,一些成功的专业店,其经营者往往对所经营商品有着精深的了解,是这方面的行家、专家。

(8)品牌专卖店(brand exclusive shop)。《零售业态分类》国家标准(GB/T 18106—2021)规定,品牌专卖店是指经营或被授权经营某一品牌商品的零售业态。品牌专卖店目标顾客以中高档消费者和追求时尚的年轻人为主。

品牌专卖店的特点是:第一,选址在繁华商业区、商店街或百货商店、购物中心内;第二,营业面积根据经营商品的特点而定;第三,商品以著名品牌、大众品牌为主;第四,销售上具有量小、质优、高毛利的特点;第五,商店的陈列、照明、包装、广告讲究;第六,采取定价销售和开架销售;第七,注重品牌名声,从业人员必须具备丰富的专业知识,并提供专业服务。

品牌专卖店是改革开放后才在我国国内出现的新型业态。1984 年 8 月,第一家皮尔·卡丹品牌专卖店在北京正式营业,拉开了品牌专卖店在我国发展的序幕。1991 年下半年,北京王府井分别开业了斯特法内、贝纳通等服装品牌专卖店,“东方鳄鱼”进入上海开店;1993 年 8 月,广州市北京路第一家“佐丹奴”服装品牌专卖店出现,品牌专卖店发展进入高潮。仅仅一两年时间,北京王府井大街、上海南京路、广州北京路迅速改变了容貌,被各种品牌专卖店所充斥,除了中外合资品牌专卖店外,国内品牌专卖店开始成长,如李宁服装店、三枪内衣店、衫衫服装店等。

近年来,品牌专卖店发展十分迅猛,几乎涵盖了各个商品种类,除了传统的服装、化妆品、鞋帽等外,家电行业、汽车行业、电脑行业等品牌专卖店都得到了很大发展。

品牌专卖店在中国获得迅速发展的原因有三个:一是随着国内工业生产的高速发展,已经出现了一批知名度和美誉度较高的名牌商品,加上国际著名品牌的进入,各自形成了一定的忠实消费群;二是随着收入的增长,消费者品牌意识逐渐提高,对假冒伪劣商品的担忧使之更相信品牌专卖店商品;三是制造商利用开设专卖店来开辟新渠道,控制营销主动权,实施整体营销策略,树立品牌形象。

随着个性化需求的不断提高和品牌意识的不断增强,品牌专卖店将有更为广阔的发展前景。

(9)集合店(selection shop)。《零售业态分类》国家标准(GB/T 18106—2021)规定,集合店是指汇集多个品牌及多个系列的商品,可涵盖服饰、鞋、包、文具、电子产品、食品等多种品类的零售店。集合店选址在市、区级商业中心、专业街以及百货店、购物中心内。营业面积通常为 300~1 500 平方米。目标顾客为品牌特定消费者。经营商品汇集多个品牌及多个品类的商品,产品间有较强的关联性。在服务功能方面，注重品牌声誉，从业人员专业知识丰富，提供专业服务。

（10）无人值守商店（unmanned store）。《零售业态分类》国家标准（GB/T 18106—2021）规定，无人值守商店是指在营业现场无人工服务的情况下，自助完成商品销售或服务的零售店。选址位于大卖场周边、社区、办公楼周边、购物中心内等可以补充其他业态销售的区域。经营面积一般为 10~25 平方米。无人值守商店主要顾客群体为周边客群，追求快捷、方便。经营商品以饮料、休闲食品、应急性商品为主。根据区域不同，商品结构有所不同。可 24 小时营业。

2. 无店铺零售业态。无店铺零售是指通过互联网、电视/广播、邮寄、无人售货设备、流动售货车或直销等，将自营或合作经营的商品，通过物流配送、消费者自提或面对面销售等方式送达消费者的零售活动。依据《零售业态分类》国家标准（GB/T 18106—2021），根据服务方式的不同，无店铺零售业态分为网络零售、电视/广播零售、邮寄零售、无人售货设备零售、直销、电话零售、流动货摊零售等 7 种零售业态。

（1）网络零售（online retail）。网络零售是指通过电子商务平台、物联网设备等开展商品零售的活动。根据经营模式的不同，网络零售可分为网络自营零售和网络平台零售。

①网络自营零售。经营者利用自有网络平台或第三方电子商务平台，自主经营、销售商品的零售活动。

②网络平台零售。电子商务平台通过为商品经营者提供网页空间、虚拟经营场所等相关服务，助其完成商品交易的零售模式。

（2）电视/广播零售（television/broadcast shopping）。电视/广播零售是指以电视、广播作为商品展示、推介渠道，提供使用效果、方法等推介内容并取得订单的零售业态。目标顾客以电视观众、收音机听众为主。与市场上同类商品相比，有一定差异性。经营的商品具有某种特点，以电视、广播向消费推介商品，通过电话订购。一般送货到指定地点。

（3）邮寄零售（mail order）。邮寄零售是指以邮寄商品目录为主，向消费者进行商品展示、推介，并通过邮寄等方式将商品送达给消费者的零售业态。目标顾客为商品目录、或报纸、杂志的阅读者。经营的商品适宜储存和运输。

（4）无人售货设备零售（unmanned equipment retail）。无人售货设备零售是指通过售货设备、智能货柜或贴有支付码的货架等进行商品售卖的零售业态。

无人售货设备零售目标顾客以交通节点、商业区等流动顾客和固定区域（如办公区、生活区）顾客为主。经营的商品以饮料、预包装食品和简单生活洗化用品为主，商品单品数通常在 30 种以内。商品售卖方式是商品置于自动售货机、无人货架、智能货柜等设备内，消费者自助购买。

（5）直销（direct selling）。直销是指在固定营业场所之外，直销企业招募的直销员直接向最终消费者推销产品的零售业态。经营的商品以某一类或多品类为主，系列化。商品售卖方式是销售人员直接与消费者接触，销售其产品。

(6)电话零售(tele-shopping)。电话零售是指通过电话完成销售的零售业态。经营的商品单一,以某类品种为主。商品售卖方式是通过电话完成销售。

(7)流动货摊零售(retail sale via mobile stalls)。流动货摊零售是指通过移动售货车或其他展示、陈列工具销售食品、饮料、服饰、鞋帽等日常消费品的零售形式。经营的商品单价较低,满足即时性、冲动性购物。商品售卖方式是面对面销售。

(二)根据管理系统的不同,零售业态可以分为独立商店、连锁商店、租赁商品部、消费合作社与商店集团等形式

1. 独立商店。独立商店即只拥有一家店铺的独立零售商店。独立商店一般为小型零售店,资本少,雇员不多,大多由业主自己经营管理。这种商店在整个零售行业中所占的比重最高。由于竞争激烈,倒闭率也很高。

独立商店的优点是:经营灵活,投资较少,容易实现专业化。

独立商店的缺点是:规模小,资金有限,难以降低进货成本,不具备价格竞争优势;由于集所有权与经营管理权于一身,难以引入外部人才提高经营水平。因此,总的来看,独立商店很难发展壮大。

2. 连锁商店。连锁商店,也称为联号商店,是指由若干同行业店铺以共同进货的方式连接起来共享规模经济效益的一种零售商业业态。它由多家分店组成,经营管理权集中于总店。连锁商店的分店具有高度统一性,其经营的商品、价格、服务以及店面装潢、店堂布置等均要求高度统一。连锁商店采取进销分离的管理制度,总店负责商品的集中采购,而分店负责商品销售。由于连锁商店适应了流通集约化的大趋势,因而出现之后便迅猛发展,现已成为当今世界零售商业发展的主流。连锁商店的出现被称为零售业的第二次革命。

3. 租赁商品部。租赁商品部是零售商店(通常是百货商店、折扣商店或专业店)将其店内的某部门或专柜出租给店外人经营,由承租者负责部门或专柜的全部经营活动,包括室内的设备和装饰,并从营业额中抽取一定比例作为租金交给商店,商店为确保总体协调一致对租赁商品部有各种要求。

多数情况下,租赁商品部是已有的零售企业为了将经营范围拓宽到零售商自身不具备的且需要高度专业化技能或知识的产品或服务项目而采取的一种措施。因此,租赁商品部经营的商品往往是商店的主要产品线的相关产品。最常见的租赁商品部有店内美容院、摄影室、珠宝手表部、眼镜部、化妆品部等。目前,在国内许多百货商店中,许多专柜也租给某品牌商作为其专卖点,形成大量店中店现象,也就是人们常说的百货联营现象。

租赁商品部的优点是:可以减少财务风险,节约经营成本;能扩大商品经营范围;可以解决人才不足的困难;可以扩大销售能力。

租赁商品部的缺点是:商品售价由承租者制定,与本店经营的价格政策不一致,会影响商店形象;无法控制进货质量和服务质量;由于本店人员不参加经营工作,会导致自身管理、竞争、服务功能的萎缩,不利于本店人员素质的提高。

目前,我国一些传统百货商店由于不能适应新形势,自身经营效益不佳,凭借优良的地理位置而将柜台出租,有些甚至全店划割出租,靠租金生存。这种过分依赖租赁商品部的做法从长远来看是背零售商业的本质和初心的,不利于零售商业的发展。

4. 消费合作社。消费合作社是由消费者自行投资创办、自己经营管理并分享收益的零售商业业态。消费合作社存在的目的是免受中间商的盘剥,维护自己的利益。参加消费合作社的社员要缴纳一定的入社费或股金才能取得社员资格,社员有权参与民主管理,享受价格优惠,并获得红利。消费合作社减少了中间环节,价格低廉,社员能够得到一定的实惠,但因其经营管理属于合作性质,水平有限,竞争力并不强,发展也不快,往往作为福利性组织而存在。

5. 商店集团。商店集团是指以大型零售商店为核心、由不同行业和部门的若干独立法人共同组成的一种企业联合体,是企业集团的一种形式。与一般企业集团不同的是,商店集团的核心是大型零售商店。商店集团有利于分散风险,开拓市场,但其组织管理相当复杂,不易实现整体最优。

二、零售商业业态类型的选择

(一)选择零售商业业态类型的原则

1. 以消费者为中心的原则。随着社会经济的不断发展,人们的消费结构与需求层次也会经常地发生变化,消费者的选择权在不断扩大。这些变化既为商家提供了市场机会,也增加了市场的不稳定性。所以,选择零售经营业态时必须以消费者为中心,并将其作为出发点。否则,商家将面临很大的风险。如 20 世纪 90 年代后期,我国出现大商场不断倒闭的现象,其中最重要的原因就是经营者不顾市场需要,盲目建设。

2. 以业态合理化为原则。在市场经济中,对任何一个企业而言,为了把市场机会变成自己的机会,都存在一个市场定位问题。就零售商业企业而言,市场定位包括四个方面的内容:一是区域定位,即商店应该在什么地点,选择什么区段,才能取得区域优势,产生中心效应和群体效应;二是规模定位,即商店经营规模有多大才能产生规模经济效益;三是商品定位和服务对象定位,即应该经营什么商品,经营什么档次的商品,以什么阶层的消费者为服务对象;四是业态定位,也就是选择什么样的组织形式与经营方式与目标市场的需求相适应。可见,业态定位是零售商业企业市场定位的重要内容。零售商业企业选择什么样的业态,当然要以业态合理化为原则,即要与目标市场的定位相适应。

(二)影响零售商业业态定位的主要因素

1. 选址。零售店的位置既影响到零售企业的商圈,也关系到零售企业选择什么样的业态。因为,从前面零售业态的类型当中可以看出,不同的零售业态有不同的空间要求。因此,选择什么样的零售业态,首先要考虑到零售店的位置。而零售店的选址主要应考虑哪些因素呢?大致说来主要有:区域内的人口数量、特征及其发展趋势;区域内购买潜力与已有网点的设置与经营状况;区域内经济发展前景与产业多元化的程度;区域内交通、运输、服务、金融、信用、保险、物业等的状况;区域内劳动力市场条件;区域内法律、工商行政管理情况;区域内民情风俗以及吸引顾客所特有的公共和文化教育设施情况,如有无公园、剧院、博物馆、纪念场所、学校、科研机构等。

2. 竞争程度。一般而言,经营同类商品的企业越多,距离越近,竞争就越激烈。从这一因素考虑,零售商应尽可能避免集聚在一起开设新的商店,以免影响自己的商圈。当然,从消费者的角度来看,这种认识又是不全面的。因为,从消费者的心理和购买习惯来看,他们要求商店集中分布,形成商店群,这样可以产生"群体效应",带来诸多好处:一是可以低价购买商品,因商店较多,竞争激烈,商家自然会降价出售商品;二是商店众多,品种齐全,可以满足不同层次消费者的购买需求;三是购买商品可以"货比三家",有更多的选择余地,可以提高购买成功率。因此,在考虑竞争程度时,还必须综合利弊,做出抉择。

3. 商品。做商品买卖,必须对商品本身有充分的了解,这是经商必备之道。前面已经提到,不同的零售业态,往往要求有不同的商品与之相适应。例如,服装,就适宜于开专业店或折扣店,而不适宜于开超级市场或仓储店;又如家具,就适宜于开仓储店,而不适宜于开目录店;再如金银首饰,就适宜于开目录店,而不适宜于开邮购店。凡此种种,核心要求在于选择什么类型的零售业态,必须考虑到商品本身的特点。

4. 规模和租金。一个商店的规模,主要取决于营业面积的大小。占地面积小,可以开方便店或专业店;占地面积大,则可以开百货店、超级市场或购物中心等。在当代,城市物业的租金对零售业态的选择产生着日益重要的影响。因为租金的高低,直接影响到经营费用的高低,从而影响到商品的价格竞争力。因此,有些零售业态,可以在租金比较高的地段开设,如精品店、时装店、首饰店等专业店,而有些零售业态,则适宜在租金比较低廉的地方开设,如超级市场、仓储商场、折扣店等。因此,选择什么样的零售业态,还必须考虑到城市的物业租金。

5. 其他。其他因素主要包括价格策略、销售方式、投资规模等,它们都会影响到零售业态的选择。例如,搞低价竞争,就可以选择折扣店、仓储店等低价竞争的零售业态;搞消费者自助服务,就可以选择超级市场这类自助服务的零售业态;投资规模小,就可以选择方便店这类投资规模要求不大的零售业态;投资规模大,就可以选择百货店、超级市场、购物中心这类投资规模要求较大的零售业态。

第三节　零售商业的发展

零售商业是一个古老而常青的产业。从最初的沿街叫卖,到今天的零售店林立,其间发生了无数次大大小小的变化。其中最引人注目的是零售商业发生的变革。

零售商业的变化要提升到重大变革的高度,应该满足三方面的条件:一是革新性,即这一变化应产生一种全新的零售经营方式、组织形式和管理方法,并取得支配地位;二是冲击性,即新的零售组织和经营方式将对旧组织和旧方式带来强烈的冲击,同时也影响着顾客购物方式的变化和厂商关系的调整;三是扩展性,即这场变革不是转瞬即逝的,而是扩展到一定的空间、延续到一定的时间的。从这几个方面考察,西方零售商业历史上曾出现过三次重大变革。

一、零售商业的革命

历史上,零售商业曾经出现过三次革命,其标志分别是:百货商店、连锁商店、超级市场的依次出现,至于第四次革命,则众说纷纭。

(一)零售商业的第一次革命——百货商店的出现

19 世纪以前,零售店经营规模小,经营品种有限,经营策略陈旧。随着社会生产力的发展,社会生活方式日益丰富多彩,不断冲击着人们的消费观念。一些人追逐财富和享受,社会有产阶层消费量大增。在一个商店内,让消费者买到吃、穿、用、住、行各类消费品,顾客自由进入,商品明码标价,交易实行退换货制,经营实行薄利多销,这些想法最先在法国人阿里斯蒂德·布西科头脑中产生。于是,1852 年他在巴黎创办了“邦·马尔谢”商店(又译“好市场”商店),成为世界上第一家百货商店。这家商店开业成功后,在随后的几年中,巴黎又涌现了一批百货商店,如卢浮百货商店(1855)、市府百货商店(1856)、春天百货商店(1865)等。此后,美国、英国、德国等国也开始纷纷仿效。我国自己开设的百货商店出现较晚,其中,1918 年由郭氏兄弟在上海市创办的永安公司是我国早期最为著名的百货商店,该店营业面积 1 万多平方米,经营品种达 1 万种以上。

百货店之所以被称为零售业的第一次革命,是因为它采取了划时代的经营方式:①消费者可以自由进出,不必非购物不可。这与此前商人的经营作风迥然不同。以前如果不准备购物,最好别进商店,否则商人会缠住不放,不买东西就无法脱身。②采取定价制度,明码标价,一视同仁。这也与此前商人的行为有明显区别,此前商人并不明码标价,而是与消费者讨价还价,与不同消费者的成交价格相差很大,其间难免有欺诈成分。③商品种类齐全,品种繁多,存货充足,采取商品柜台销售方式,由售货人员为消费者提供服务。这也与以前的小规模、少品种、透明度不高的经营方式形成对照。④消费者如对所购商品不满意,商店保证退换。这一点也与此前“出门不退不换”的态度不同,消费者利益得到了有力的保障。⑤奉行薄利多销的原则,低盈利、高周转,通过增加销售量获利。这与此前商人牟取暴利的短期行为亦有天壤之别。

百货商店兴起之前,零售商业经营以杂货店、初级专业店为主,经营商品品种有限,专业化程度低,商圈小,交易过程中渗入血缘、地缘关系,服务水平起伏很大,很难适应商品交换所要求的“自由、平等、公平、自愿”的原则。百货店的崛起,适应了商品流通大规模、高效率、标准化的客观趋势,符合商品交换的上述原则,因此称其为零售业的第一次革命。其意义主要表现在以下几方面:①将综合化与专业化较好地结合起来。百货店经营范围广而深,每一个商品部都是专业化经营的,而整体则是综合性的。这种结构能够有效地满足消费需求,扩大商圈。②百货商店采用定价制度,服务上一视同仁,符合商品交换的原则,促进了交易费用的降低。③百货商店强调服务,注重完善营业设施,开展各种促销活动,努力建立和维持商业信誉,这些富于现代色彩的销售策略适应了零售商业激烈竞争的要求。

(二)零售商业的第二次革命——连锁商店的出现

连锁商店的原型可以追溯到中世纪晚期,德国奥格斯堡的富格尔公司在15世纪时就在欧洲各地设立了许多分店。17世纪中叶,日本的三井家族也开办了连锁形式的商店。不过,一般认为现代意义的连锁商店创办于1859年的美国纽约。20世纪20年代之后,连锁商店迅速发展,1967年,美国连锁商店已取得了销售额的绝对优势,西欧、日本的连锁商店虽然起步较晚,但很快也取得了优势地位,完成了零售商业的第二次革命。

连锁商店之所以风行世界,在零售业中占有举足轻重的地位,在于其有着自身独特的优势:①连锁经营、广布网点的方式,突破了零售商圈的局限性,能够迅速扩大商圈、开拓市场;同时,连锁商店的投资效果也比单纯扩大商店的单体规模好得多。②连锁商店的分店具有高度统一性,从商品、价格、服务到店面装潢、店堂布置具有高度一致性,容易扩大影响,提高知名度,建立商誉,积累无形资产。③连锁商店由总店集中采购,可以增强价格谈判能力,往往能够绕过批发商,直接从厂商进货,减少中间环节,节省流通费用;因其购货批量巨大,可享受价格折扣,降低进货成本,提高竞争能力。④总店统一负责制定发展规划和经营战略,培训人员,筹措投资,从而有利于合理配置资源,建立整体优势,获取规模经济效益。⑤各分店专门从事销售,且经营策略统一,有利于实现标准化作业,便于控制服务质量,稳定服务水平。连锁商店的这些优势,使专业商店、百货商店、超级市场等零售业态纷纷仿效,实行连锁经营,甚至跨越国界,形成国际连锁店。

连锁商店也有一些不利因素:①集中统一有余,机动灵活不足。由于经营管理的决策权集中于总店,分店难以因时制宜、因地制宜地灵活调整经营管理策略,总店的商品、价格、服务等策略未必符合当地的具体情况,不能恰到好处地满足消费需求,从而影响了竞争能力。②规模经济与规模不经济的界限很难把握,连锁商店为了发挥自身优势,获得规模经济,必然广设分店,大举扩张,但也造成了组织体系庞大,控制难度增加,管理效率下降,决策可行性降低,从而又产生了规模不经济,与规模经济的初衷发生冲突,二者的均衡点不易获得。③分店基本上属于执行机构,如何调动其积极性,满足员工的自我实现愿望,也是一个难题;同时,分店经理在权力有限的情况下进行经营管理,要求有出色的管理能力,而连锁商店规模的庞大导致了对优秀管理人才的大量需求,这也不容易满足。

（三）零售商业的第三次革命——超级市场的出现

超级市场首先出现于1930年的美国纽约，以后迅速发展，风靡世界各地，其销售额占零售商业相当的比重，经营范围也得以大大扩张，从以食品为中心扩展到清洁用品、化妆品、玩具、五金、家用器皿等，并且超级市场的单体规模也不断扩大，往往实行连锁经营，引入计算机信息处理技术等现代化经营管理手段，推动了商业经营管理的现代化，从而当之无愧地成为第三次零售商业革命的标志。

如前所述，超级市场具有一系列的竞争优势，因而自其产生之后便在世界范围内广泛传播。但由于其也存在一定的缺陷，因此，零售业的革命性变革仍将继续下去。

（四）零售业第四次革命

关于零售业第四次革命，比较有影响的观点有两种：一种认为以购物中心的出现为标志，强调零售业已进入整合发展阶段，在各种服务设施的配合下，各种零售商业形态彼此互补，协调发展，在统一规划与管理之下满足顾客购物、休闲、娱乐等综合消费需求。另一种观点则认为以无店式零售店的发展为标志，尤其推崇网上购物，认为它最终将击败一切经营对手，统治整个零售商业领域。

二、影响零售商业业态产生和发展的主要因素

在商业产业中，零售业态是变化最快的领域，尤其是近20年来，这一特点表现得非常明显，这与社会、经济、文化的巨大变化是相吻合的。一般说来，影响零售业态变化的因素主要有以下几个方面。

（一）生产因素

零售商业担负着组织商品流通的任务，而流通是与生产相适应的，生产的发展对零售商业业态有着很大影响。当小生产占统治地位时，商品种类少、数量小，商品流通不发达，零售商业业态以杂货店、初级专业店等为主。近现代以来，商品生产日益发达，趋向大规模、多元化，商品品种与数量骤增，这就要求流通的大型化、综合化，于是，百货商店、超级市场等零售商业业态应运而生。此外，产业结构的升级对零售商业业态也有一定的影响。例如，产业结构的升级使耐用消费品渐趋普及，仓储式商场、折扣商店等低价型零售商业业态便成了家用电器等耐用消费品的流通主渠道。

（二）消费因素

零售商业的服务对象是最终消费者，因此，消费者的消费水平、消费习惯、消费形式等极大制约着零售商业业态的发展。例如，随着国民收入的增加，居民购买力提高，可支配收入比例增大，冲动性购买大量出现，对商品质量和服务水平提出了更高的要求，这就促使高档次、高服务的百货店、专业店兴起。从零售商业为最终消费者服务这一点来说，消费因素比生产因素对零售商业业态的影响更大。

（三）技术因素

零售商业业态要以一定的技术作为支持，这是零售商业业态发展的硬件部分。

例如,如果没有发明电话,自然不会有电话推销;如果没有计算机处理技术、条形码技术、商品储藏技术,超级市场也难以产生和发展。可见,技术不仅通过生产而间接作用于零售商业业态,而且本身就是零售商业业态产生和发展的直接制约因素。因此,不考虑技术因素,盲目引进新型零售商业业态,风险是很大的。

(四)生活方式因素

零售商业的任务是满足生活消费,最终消费者的生活方式对零售商业业态有相当大的影响。例如经济发达国家,汽车拥有率高,冰箱、微波炉等已基本普及,家庭主妇习惯于一次性购足一周或更长时间的日用消费品。因此,设在较偏远的郊区、有大量停车位、开架自选、以食品和日用品为主、鼓励大批购买的超级市场就能够兴旺发达起来。又如自动售货机、方便店等营业时间长、商品售价高的零售商业业态,与现代社会生活节奏快、夜间活动频繁的生活方式相适应。再如购物中心的发展,与人们闲暇时间增多,往往将购物与休闲、娱乐结合在一起的生活方式相吻合。

(五)人口因素

人口是影响零售商业业态发展的重要因素之一。人口的总量、结构、分布的变化往往促使零售商业业态的发展变化。例如在城市化早期,城市人口不断膨胀,城市中形成繁华商业区,百货商店与大型专业商店不断涌现;而城市化成熟之时,乡村与城市的差距缩小,大量城市人口移居郊区,人口密度渐趋均匀,百货商店开始普遍设立分店,实行多店式经营,连锁商店大量涌现,郊区及偏远地区也出现了购物中心。

(六)文化因素

文化也是影响零售商业业态发展的因素之一。它通过作用于人的思想、观念、意识而影响其心理和行为的发展变化。例如传统观念强调家庭主妇事必躬亲,每天采购生活必需品成为例行公事,因而她往往不会从超级市场一次性购回大量商品,而愿意到集贸市场采购少量的未经加工的蔬菜而不到超级市场购买包装好的半成品,因为购买半成品的做法往往会被认为是“懒惰”和“浪费”。在这种文化环境下,超级市场的发展就会遇到一定的阻力。又如在一个比较封闭、对陌生人不信任的社会,上门推销的难度就相当大。再如血缘、地缘关系浓厚的地区,小杂货店生命力很强,因为它利于沟通人们之间的感情,是重要的社交场所,而以自动服务为特色的超级市场就难以获得良好的发展。

三、关于零售商业演进的主要理论

如前所述,零售业态多种多样,而且变化非常快。为了把握其变化的规律,长期以来,西方零售商业理论家在不断地探索,形成了一些主要的零售商业演进理论。这里扼要介绍其中的主要内容。

(一)自然淘汰理论

零售业态的自然淘汰理论是从达尔文的自然选择理论派生出来的。根据达尔文的自然选择理论,适者生存,即最能适应环境的物种最有希望生存下来。就零售业态来说,各种零售业态可看作不同的经济“物种”,它们都面对着由顾客、竞争者和变化着的技术所组成的环境。零售业态的发展变化必须与社会经济环境相适应,越能适应这些环境变化,就越能生存发展。否则,它将会自然地被淘汰或走向衰落。

例如,在第二次世界大战后,美国社会经济发生了巨大变化,城市人口向郊区转移,这使得位于市中心的百货商店由于地理限制、交通拥挤、停车困难、客流量减少等原因,业务经营遇到了困难,而在市郊的购物中心则蓬勃发展。百货商店不得不采取措施摆脱困境以求生存与发展,如有的公司到购物中心设立分支机构,设置廉价部,开发多元化经营等。

由于环境是经常变化的,当环境发生变化时,零售业态有可能与变化的环境不相协调。因此,任何一种零售业态要生存和发展,就必须不断进行自我调整,以适应环境的变化。

(二)零售轮转理论

零售轮转理论又被称为车轮理论,是美国哈佛商学院零售专家 M·麦克尔教授提出的。他认为,零售业态变革有着一个周期性的像一个旋转的车轮一样的发展趋势。新的零售业态最初都采取低成本、低毛利、低价格的经营政策。当它取得成功后,必然会引起他人效仿,结果,激烈的竞争促使其不得不采取价格以外的竞争策略,诸如增加服务、改善店内环境,这势必增加费用支出,使之转化为高费用、高价格、高毛利的零售业态。与此同时,又会有新的以低成本、低毛利、低价格为特色的零售业态出现,于是轮子又重新转动。超级市场、折扣商店、仓储式商店都是沿着这一规律发展起来的。具体情况如图 7-1 所示。

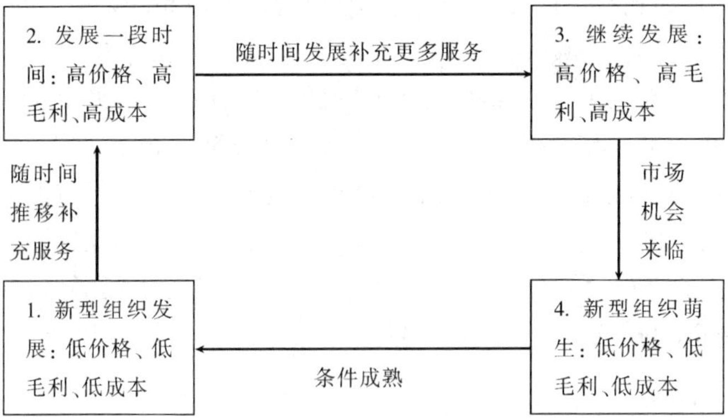

图 7-1　零售业态轮转路径

零售轮转理论实质上是建立在这样四个基本前提基础上的:①存在许多对价格敏感的购物者,他们愿意舍弃顾客服务、广泛的备选商品和方便的店址,追求较低的销售价格;②价格敏感型顾客的忠诚度通常为零,而愿意转向售价更低的零售商;③新型零售商通常比现有零售形式运营成本更低;④随着零售商沿轮转攀升,通常能带来销售增长、目标市场扩大和商店形象的改变。

由此可见，现有零售商在增加服务和从低价市场转向高价市场进行战略转移时应谨慎，因为价格敏感型的购物者通常不存在对商家的忠诚，他们很可能会转向价格定位较低的公司。

（三）手风琴理论

手风琴理论用拉手风琴时风囊的宽窄变化来形容零售业态经营范围的演变特征。手风琴在演奏时不断地被张开和合起，零售业态的经营范围与此相似地发生变化，即从综合到专业，再从专业到综合，如此循环往复，一直继续下去。

根据这一理论，美国等西方国家的零售业大致经历了五个时期：一是杂货店时期；二是专业店时期；三是百货店时期；四是超市、便利店时期；五是购物中心时期（如图 7-2 所示）。

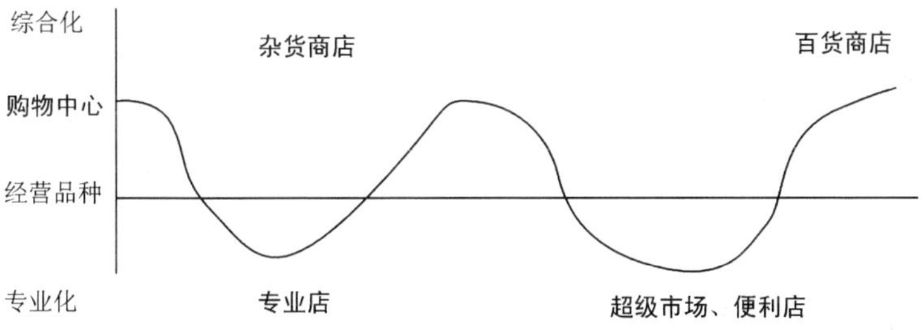

图 7-2　零售业态循环周期示意图

手风琴理论主要以商品经营范围来分析零售业态的演变。零售业态的经营范围是不断地从综合化向专业化再向综合化方向循环发展的，每一次循环不是过去的重复，而是赋予新的内涵，从而出现了不同的零售业态。专业化与综合化互为主导，也互为补充。

（四）零售业态生命周期理论

美国零售专家戴维森等人认为，零售业态像生物一样，有它自己的生命周期。随着时代的发展，每一种零售业态都将经历创新期、发展期、成熟期、衰退期四个阶段。在创新期，会出现新的零售业态，由于新型零售业态的许多特点与传统零售业态不同，因此，新型业态具有差别优势。企业的投资回报率、销售增长率和市场占有率都迅速提高。到了发展期，由于新型的零售业态在竞争中获得了优势，因此有大批模仿者开始效法，而最早进入市场的新型零售业态也开始进行地区扩张。市场竞争异常激烈，市场占有率和收益率达到最高水平。进入成熟期，该种零售业态以前那种朝气蓬勃的生命力已经消失，逐渐受到处在创新阶段的新的零售业态的挑战，结果是市场占有率稳定或下降，投资收益率下降。但是对大多数零售业态而言，成熟期是长期的。如果经营者善于应变，会使商店的经营管理适应市场变化的形势，能够保持稳定增长，取得中等水平的盈利。到衰退期，该种零售业态的市场范围明显萎缩，反应迟钝，最终退出市场。表 7-1 是美国各种零售业态所处生命周期的状况。

表 7-1 美国零售业态生命周期状况

零售业态类型	快速发展时期（年）	从创新至成熟（长）期时间（年）	目前生命周期阶段
杂货商店	1800—1840	100	衰退
专业商店	1820—1840	100	成熟
百货商店	1860—1940	80	成熟
综合商店	1870—1930	50	衰退
邮购商店	1915—1950	50	成熟
连锁商店	1920—1930	50	成熟
超级市场	1935—1965	35	成熟/衰退
折扣商店	1955—1975	20	成熟
购物中心	1950—1965	40	成熟
消费合作社	1930—1950	40	成熟
便利店	1965—1975	20	成熟
家居中心	1965—1980	15	成长
仓储商店	1970—1980	10	成熟
专卖店	1975—1985	10	成长

资料来源：Eric，Berkowitz Rogera，Kerin Willam Rudelius. Marketing. 1989.

（五）商品攀升理论

商品攀升理论认为，当零售业态增加相互不关联的或与公司原业务范围无关的商品和服务时，即发生了商品攀升。例如，一家鞋店原先经营的品种主要有皮鞋、运动鞋、拖鞋、短袜、鞋油等商品，经过一段时间的发展，其经营的商品种类越来越多，又增加了诸如手袋、皮带、伞、帽子、毛衣、手套等商品，这就出现了攀升的商品组合。美国零售专家巴里·伯曼和乔尔·R·埃文斯认为，今天发生零售商经营出现大量商品攀升现象，其原因主要有：零售商希望增加销售规模；卖得快的和毛利高的商品和服务不断加入；消费者的购买冲动越来越多；消费者热衷于一次购齐；可抵达不同的目标市场；季节影响和竞争性可能降低。此外，零售商原经营产品线的需求可能下降，使其不得不增加产品线宽度以稳定顾客基础。

该理论还认为，商品攀升具有传染性，例如，药店、书店、花店和照片冲印店都受到超级市场商品攀升的影响。超级市场不仅经营食品和日用品，目前还不断增加商品品种，经营药品、书、杂志、鲜花和季节性商品等非食品类商品，这使得上述专业店也被迫扩大商品经营范围，以填补超市经营引起的损失。这类商店增加了无关商品的经营，如玩具、礼品、贺卡、电池、相机等，这又影响了其他零售商的经营，后者也只有如法炮制，出现商品攀升。

商品攀升盛行意味着不同类型零售商之间的竞争加剧，对制造商来说则因为销售分散到更多零售商而增加了分销成本。商品攀升还给零售商带来其他问题，如零售商在采购、销售它们不熟悉的商品及提供相应服务方面缺少专业知识，增加了与更宽的商品组合相关的成本（包括较低的库存周转速度），及增加的商品经营不成功会给零售商形象带来损害等。

不难看出，商品攀升理论是从产品线变化的角度解释零售业态不断增加其商品组合宽度的规律。

上述几种理论从不同的角度对零售商业业态的演变做了适当的分析，但迄今为止，尚没有一个权威性的零售商业业态演进理论。因此，关于零售商业业态变化的规律，还有待于进一步研究。

四、连锁经营是零售业发展的主流

（一）连锁经营成为当今世界零售业发展主流的原因

在当今世界商业产业的发展中，连锁经营已成为商业产业中一种重要的经营形式，在零售商业中表现得更为突出。例如，在当今世界上，销售额排名前列的大零售商店，无一不是连锁商店。在西方发达国家，由于市场竞争激烈，企业倒闭司空见惯，但统计表明，采用连锁经营的企业倒闭率很低。在西方发达国家，连锁经营的商品销售额一般已占到该国社会商品零售总额的1/3以上，在美国已达到70%左右。连锁经营的优越性已为业内人士所认同。20世纪60年代以来，一些新兴的工业化国家和地区先后引进连锁经营，推动了商业产业的发展和现代化，促进了经济发展。我国自20世纪90年代以来，为顺应国际零售商业发展潮流，也开始大力发展连锁经营，并出现了良好的发展势头。

连锁经营为什么能成为当今世界零售业发展的主流呢？主要是因为连锁经营具有以下一些方面的优势。

1. 可以降低经营风险。独立开店，一般要冒很大的风险。作为连锁商店的一员，则可以大大降低经营的风险。这是因为它有一个大的连锁总店集团作后盾，从中既可获得很多现成的技术支持，还可以获得完善的管理与供应服务，因此，在日常经营中，它可不必为经营中可能出现的诸多难题担心。能够降低经营风险是连锁经营最吸引投资者的地方。

2. 可以快速获得成长。对于一个独立经营的零售店而言，要在激烈的市场竞争中短时间内扩大影响和知名度，打响招牌，不是件易事，但如果加入一个在消费者心目中颇有影响的连锁企业集团，则可以快速获得成长。因为这样做可以轻而易举地贴近消费者，得到消费者的认可，从而利于企业扩大影响，获得发展。

3. 可以享受规模经济与专业化分工带来的益处。连锁经营的实质就是把现代大工业、大生产的组织原则应用到商品流通领域，达到提高协调运作能力和实现规模效益的目的。现代大工业、大生产的组织原则之一是分工的高度专业化。它应用于连锁商业经营中，在采购、配送、仓储、商品陈列、橱窗装潢和店堂设计、促销、公共关系、财务、经营决策等各个领域都进行分工，由专家负责。由于连锁经营是规模经营，资金雄厚，人才济济，可以在战略与策略研究上投入较多力量，各个店铺只需以低费用就可以获得研究的成果。总部以单个店铺无法负担的人力、财力和物力，不断改进本集团中所属各店的店风店貌、经营商品的种类、操作程序、服务质量,使各个连锁店的经营始终保持在一个高水平上。同时,在专业化分工经营方式下,总部负责商品的统一采购,大量进货,可以降低进货成本;各分店主要负责商品的销售,分店经理一心一意抓销售,可以降低销售费用。可见,连锁经营具有规模经济和专业化分工带来的高效益。

4. 可以提高流通效率。连锁经营与独立式经营不同,各连锁店都不同程度受总公司或总部的领导和控制。总部集中管理,统一制定经营政策,控制商流、物流、信息流、资金流等,分店的经理只负责执行。大规模集中化的经营管理,可以将商业活动中独立出来的批发与零售环节结合为一个整体进行运作,从而克服了因批发与零售环节各自独立运作带来的弊端。进一步讲,其优点是:①可以减少流转环节,使经营者能更多地掌握市场需求变化趋势;②信息反馈速度快,使得整个流通速度加快;③可以减少流通领域内的盲目消耗。

5. 可以扩大经营规模,改善服务。在连锁经营中,店址的选择、策划与设计、经营设备、商品陈列、操作程序、技术管理、开办前的人员培训、广告、促销等,都会由总部集中管理,提供一揽子的服务方案,自始至终进行监督与指导,从而保证各分店在店名与店貌、价格、服务规范、广告宣传等方面的统一。加之连锁经营中的统一管理、统一采购、统一配送、统一核算,可以广泛地满足消费者对各方面的服务要求,因此,可以扩大销售和经营规模。

6. 可以充分利用现代化管理手段与技术,提高管理水平。具体表现为:①可以充分运用现代管理科学方法。由于经营连锁化、集团化,其组织化和社会化程度高,有些类似于大工业部门的运作。因此,在工业部门中所应用的现代管理科学方法,如"目标管理""质量管理"等都可以运用其中。由于连锁经营建立的各种标准规范是全方位的,如从店址选择、形象设计到员工岗位责任制、质量控制等,是一项系统工程,这也为现代管理科学的运用提供了广阔天地。②可以充分运用电子信息技术。其中包括计算机技术、通信网络技术、POS 系统、EOS 系统、条形码应用、电子广告等。在美国,一些连锁化集团不惜花重金用于电子信息技术设备的建设。如西尔斯公司,投入巨资建立起由数百台小型计算机和 5 万多台 POS 系组成的统计算机控制系统。不仅如此,该公司还运用先进的多媒体技术、卫星通信网络,在总公司与各地分店及供应商之间传递各种信息。该集团的各个连锁店当天的经营情况,在晚间都要传到设在芝加哥的总部大楼,由总部实施对连锁店的控制和管理。③可以建立起自己的商品检测与检验系统。随着规模经营的实行以及商品更新换代加速,新产品层出不穷。为使出售商品的质量和性能符合市场消费需求,杜绝假冒伪劣商品入店,保持良好商业信誉和形象,一些连锁店建立了自己的商品质检系统。如美国的西尔斯公司在芝加哥总部大楼中就有近 2 万平方米的实验室,拥有 200 多名各类工程师和技师,对全公司系统出售的数十万种商品实行检验、评估,并为顾客和有关部门提供技术咨询和服务。④可以利用现代化配送技术。商品在流通过程中有一个再加工和包装的过程。连锁店拥有自己的配送中心,对商品实行再加工和形象再塑造,是连锁经营中不可缺少的环节。许多大宗商品进入配送中心后，经过二次加工、包装，变为具有商业企业自身特色的新商品，从而更吸引顾客。不仅如此，配送中心是以计算机网络为基础控制系统来进行控制的。目前，一些大零售企业正在与生产企业、物流企业通力合作，并突破国家界限，在全球范围内统筹安排物流活动，以实现全球范围内的物流合理化。

7. 可以提高市场竞争力。由于总部负责采购，替许多分店进货，批量大，可以从厂家得到较优惠的折扣，为降低售价打下基础。独立店能大批量进货的只是极少数，又由于其资金有限，很难像连锁店一样深入消费腹地，因而其竞争力与连锁商店相比自然处于下风。

（二）连锁经营的三大原则

连锁经营的三大原则，可以简称为“3S”主义，即简单化（simplization）、标准化（standard）和专业化（specialization）。

1. 简单化。是指为维持规定的作业，创造任何人都能轻松且快速熟悉作业的条件。以零售店为例，平日顾客来店时间较分散，而节假日比较集中。因此，店铺在用人方面，就涉及如何合理配置、减少成本的问题。一般做法是在必要的时间段雇用临时工。于是，店内就产生了计时工管理系统。但是临时工不可能长期工作，这样就需要将店内的作业内容简单化，使初次来店工作的人员只要稍加训练，就能迅速地熟悉作业内容，达到工作要求。对店铺而言，雇用临时工则可以支付比熟练工少得多的费用，从而达到用人灵活、低成本经营的效果。

复杂的作业在短时间内难以掌握，增加练习的时间就加大了成本投入，解决这一难题的最有效的办法就是将作业内容简单化。而强调简单化绝不意味着减少作业，因为节省基本作业就难以形成系统。所以，简单化可彻底排除“浪费部分、过剩部分、不适部分”，以达到提高作业效率的目的。

2. 标准化。是指为持续生产、销售预期品质的商品而设定的既合理又较理想的状态、条件以及能反复运作的经营系统。

一般来讲，设定最佳品质商品的规格较容易，但是，能始终确保持续性地生产、销售最佳品质商品的企业却很少。对作业工艺、作业方法、作业条件等要求过高，使作业人员难以始终遵守，作业人员无论如何拼命地工作，也不能实现生产、销售预期品质的商品。因此，作为连锁经营，在实行标准化时，要确保其作业工艺、作业方法、作业条件等能够持续地执行，作业人员能根据这个作业标准开展持续性的作业。这样，就能向顾客提供所期望的品质的商品，还能在标准时间内提供商品，从而做到既减少顾客的等待时间，又减少制造成本和销售成本，加快客流量的流动。

在连锁网点建设和发展过程中，标准化非常重要，如在店铺的规模、结构、服务标识、职能等所有系统都标准化的情况下，A 店的工作人员调到 B 店工作，可以不受任何影响，没有任何障碍，从而利于工作的迅速展开。

采取连锁经营的企业，需要设定较理想的、较高标准的规范。为达到这些要求，企业必须开展训练、培训，一旦连锁店（或加盟店）达到标准化要求的水准，就会给消费者留下“无论到该连锁企业的哪一家连锁店，都能得到同样质量的商品和服务”的好印象。

标准化有益于连锁企业的店铺选址,使开店简单,店铺建设时间缩短,使店铺损益计划及投资回收计划更加明确。另外,通过公司统一大量地订购机械、设备等,可以降低成本,减少每一店铺的设备投资,进而加速连锁化的形成。

在国际上,采取连锁经营的企业,都非常重视标准的水平和适用性,在设定了标准之后,还不断根据现实情况加以修改、调整,同时努力克服个人随意性的修改,防止标准化系统的支离破碎。所以,连锁企业的标准制定及修改,必须依靠小型专家团体或组织。

3. 专业化(也称专家化)。是指连锁企业为了在某方面追求卓越,将工作特定化,并进一步增强竞争能力和开发创造出独具特色的技巧及系统。在市场竞争激烈的条件下,企业必须有自己的特征,而且要使这些特征浓缩体现在某一领域,并努力防止其被其他企业模仿,这就需要专业化或专家化。

总之,简单化、标准化、专业化是连锁经营企业在扩大组织规模、发展连锁网点、开展日常经营活动中,企业决策层、管理层以及业务操作人员都必须坚持和遵守的原则。

(三)连锁经营的三大变革

1. 经营原则的变革。传统零售业的基本经营原则之一是追求“新、奇、特”。因为零售业生存、发展的前提条件是尽可能多地拥有顾客。顾客作为个体消费者,其购买行为在很大程度上受感性支配,因此,商店的经营内容、方式以及店容店貌的与众不同便成为吸引消费者的最好方法。连锁经营制度则主要要求企业经营与操作高度的统一化、规范化、标准化。这种经营原则不是在“新、奇、特”上下功夫,而是尽力方便顾客购买,追求大众消费市场,这与传统零售经营有所不同。

2. 经营模式的变革。连锁经营模式具有以数量管理为主的技术密集型产业的特点。一个连锁店在确定经营内容和规模时,主要从现实商圈内的消费者人数、结构、收入水平、交通状况、商品采购量以及销售费用等实际的量化数据出发,制定出以数量目标为表现形式的营业日程表。在业务管理上,重视的是员工行为的规范化、标准化,而不是其个性能力与技能的发挥。传统零售业确定经营内容和规模时,很大程度上是从经营者对市场的感性认识,即预计的消费趋势和市场走向出发的。经营计划的制订和实施过程是以经营者的感性认识为基础的“预期计划”的制定、实施、调整的过程。行为管理主要以员工的个体行为和操作技能为对象。这种经营模式反映的是难以量化控制的劳动密集型产业的特点。因此,其不确定因素很多。

3. 营业体制的变革。传统的零售业,无论是独立店还是多店铺的分店制企业,每个店同时承担买进(采购)和卖出(销售)两种职能。这是传统的商人营业特征在现代企业中的延续。连锁经营制度使这两种职能分离,即总部负责买进,对该类商品的采购成本和成本利润率负责;分店负责销售,对销售费用和销售利润率负责。这种职能分化打破了传统零售店买卖一体的营业体制,这也是连锁经营不同于传统商业经营最本质的区别之一。

（四）连锁经营的类型

连锁经营经过上百年的发展，逐渐形成了三种主要形式，即正规连锁、特许连锁与自由连锁。

1. 正规连锁。对正规连锁的名称与定义，西方国家中有不同的叫法和表述。美国将正规连锁称为“联号商店”或“公司连锁”，并规定正规连锁经营必须由 11 个以上分店组成。欧洲国家将其称为“多店铺商店”“多支店商店”。其中，英国规定必须由 10 个以上的分店构成。日本通产省将正规连锁定义为：“处于同一流通阶段，经营同类商品和服务，并由同一个经营资本及同一个总部集中管理领导，进行共同经营活动的组织化的零售企业集团。”国际连锁协会对正规连锁的定义为：“以单一资本直接经营 11 个商店以上的零售业或餐饮业。”我国将正规连锁称为直营连锁，连锁店应由 10 个以上门店组成，实行规范化管理。直营连锁经营的门店均由总部全资或控股开设，在总部的直接领导下统一经营。我国将正规连锁称为直营连锁经营的重要原因在于，我国最初开展的连锁经营，多数是在原行政公司所属的基层店中发展起来的，是将原行政公司实体化，建立适合连锁经营的总部，将原下属各基层店改造成连锁店，总部对各连锁店拥有完全的所有权和直接的经营权，实行人、财、物、产、供、销等方面的统一管理。如较早成立的上海联华超市公司、北京的超市发公司等就属于这类连锁经营形式。

正规连锁中，总部与连锁店的关系一般表现为：①总部与连锁店属于同一资本，连锁店不具备独立的企业法人资格；②总部对连锁店有人事权和直接经营权；③连锁店对总部无资金投入；④连锁店的意见、建议对总部无多大影响；⑤连锁店的自主性小或几乎没有自主性；⑥连锁店不需向总部上交经营指导费；⑦连锁店的一切行为按公司总部规定行事；⑧总部与连锁店之间无合同规定；⑨总部机构中无连锁店人员参加；⑩总部对连锁店实行高度的集中、统一经营管理，连锁店只管专心致志地从事销售。

正规连锁中，总部的职能主要为：①统一调动资金；②统一经营战略；③统一开发和运作整体事业，以同一的实力雄厚的大资本，与金融界、生产部门打交道；④大量、统一、有计划地进货，对生产厂家形成影响力；⑤统一培训、使用人才；⑥统一新技术、新产品的开发和推广；⑦统一商业票据和经营设施；⑧统一服务标识等。

2. 特许连锁。尽管特许连锁经营（1903 年产生）的发展已有一个多世纪的历史，但至今在国际上尚无统一的定义。美国商务部对特许连锁的定义为：“主导企业把自己开发的商品、服务和营业系统（包括商标、商号等企业象征的使用、经营技术、营业场合和区域），以经营合同的形式授予加盟店在规定区域内拥有经销权和营业权。加盟店则交纳一定的营业权使用费，承担规定的义务。”日本特许连锁协会的定义为：“特许连锁是指以同样标识、销售同种商品或服务的、进行事业活动的特许连锁总部与其全部特许连锁加盟店所构成的事业集团。”我国政府对特许连锁没有明确的定义，但对特许经营有明确的定义，原国内贸易部于 1997 年制定和公布的《商业特许经营管理办法（试行）》，对特许经营的定义为：“特许经营是指特许者将自己所拥有的商标(包括服务商标)、商号、产品、专利和专有技术、经营模式等以特许经营合同的形式授予被特许者使用,被特许者按合同规定,在特许者统一的业务模式下从事经营活动,并向特许者支付相应的费用。”特许经营与特许连锁虽然很相似,但严格地讲,二者还是有区别的。因为特许经营是指特许权的转让,它可以是单个产品品牌的转让,也可以是单项科研成果或某项尖端技术的特许权转让。特许经营涉及的产业、行业、业态甚广,而特许连锁是指特许连锁经营系统的转让,是成套地转让已被实践证明是成功的买卖技巧。可见,特许经营比特许连锁经营的范围要广。

特许连锁中,总部与加盟店的关系表现为:①总部与加盟店是不同资本之间的关系,各连锁加盟店保持独立的企业法人地位;②总部对加盟店无人事权和直接经营权;③在总部的资金构成中,加盟店持有部分股份;④加盟店的意见、建议对总部的影响小;⑤加盟店的经营自主性小;⑥加盟店向总部上交经营指导费,一般占销售额的5%以上;⑦总部与加盟店的合同约束力为强硬型;⑧总部与加盟店之间合同规定的加盟时间一般较长,多为5年以上;⑨总部机构人员全部由专业人员组成。

特许连锁中,总部的职能主要为:①按合同规定向加盟店提供特许经营权和经营技巧;②审查加盟店资格;③选择批准加盟店;④制定经营方针计划;⑤统一进货配送;⑥统一资金管理;⑦统一核算;⑧统一业务指导;⑨统一培训;⑩统一促销;⑪统一标志及店堂设计等。

3. 自由连锁。自由连锁的名称和定义,各国表述也不尽相同,主要有自愿连锁、志同连锁、任意连锁等叫法。美国商务部对自由连锁经营所下的定义是:“由批发企业组织的独立零售集团,成员零售店经营的商品,全部或大部分从该批发企业进货。作为对等条件,该批发企业必须向零售企业提供规定的服务。”日本通产省对自由连锁经营的定义是:“分散在各地的众多的零售商,既维持各自的独立化,又缔结着永久性的连锁关系,使商品进货及其他事业共同化,以达到共享规模利益的目的。”1997年我国原国内贸易部公布的《连锁店经营管理意见》对自由连锁的定义为:“自由连锁公司的门店均为独立法人,各自的资产所有权关系不变,在总部指导下,共同经营。”

自由连锁是中小零售企业或批发商为获得经营上的规模效益和低成本竞争而自由组织起来,建立统一的管理机构,实现统一经营的一种连锁方式。自由连锁中总部与自由加盟店的关系表现为:①总部与连锁加盟店是不同资本关系,自由连锁总部与每个成员加盟店都是独立的企业法人;②总部对连锁加盟店无人事权和直接经营权;③总部的资金全部由连锁加盟店出资构成;④连锁加盟店的意见、建议对总部具有非常重要的影响;⑤连锁加盟店自主性大;⑥连锁加盟店要向总部上交经营指导费,一般占销售额的1.5%~5%;⑦总部与连锁加盟店的合同约束为松散型;⑧总部与连锁加盟店之间合同规定的加盟时间较短,一般为一年;⑨总部机构人员中有连锁加盟店代表参加。

自由连锁中,总部的职能主要为:①确定、组织大规模销售计划;②实行共同进货;③联合开展广告宣传等促销活动;④开展业务指导,包括店堂装修、商品陈列等;⑤组织物流,开展合理的商品配送业务;⑥组织教育培训;⑦共同利用信息;

⑧开展资金融通；⑨开发扩大商店数量；⑩指导财务和劳务管理等。

五、零售商自有品牌的发展

零售商自有品牌(private brand,PB)是指零售企业通过收集、整理、分析消费者对某类商品的需求特性的信息,提出新产品功能、价格、造型等方面的设计要求,自设生产基地或选择合适的生产企业进行加工生产,最终由零售企业使用自己的商标并在本企业销售的商品品牌。与零售商自有品牌相对应的是生产企业拥有的、面向全国市场销售的公众品牌(national brand,NB)。

20 世纪 80 年代以来,零售商自有品牌得到了迅速发展。欧美许多国家的大型超市、连锁商店、百货商店几乎都出售标自有品牌的商品,一些较早涉足自有品牌的商家,已在这一领域获得了巨大成功。英国马狮百货集团从 1928 年便开始销售自有品牌“圣米高”牌商品,目前仅在英国就有 260 多家连锁店,营业面积达 609 万平方米,每周光顾其连锁店的顾客超过 1 400 万人。全球最大的零售企业——沃尔玛集团 30%的销售额及 50%以上的利润来自它的自有品牌商品。

在我国,零售商自有品牌虽早已出现,但是引起人们注意还是近几年的事情。

(一)零售商自有品牌的发展

根据世界著名的市场调查公司 AC Nielsen 对 2002 年 4 月到 2003 年 3 月底期间 36 个国家 80 个商品种类中零售商自有品牌商品(以下简称“自有品牌”)的发展初期销售情况所做的调查,在这一年中,自有品牌的总销售额是 850 亿美元,比上年增长 4%,占全部销售额的 15%,并且呈现以下特点。

1. 自有品牌与制造商品牌之间的质量差距缩小了,其原因是零售商十分注重商品原材料的采购。

2. 欧洲和北美仍然是世界上自有品牌发展最迅猛的地区。从规模和市场份额角度看(见表 7-2),2002—2003 年,欧洲是自有品牌发展程度最高的地区,其自有品牌销售额为 520 亿美元,占全球自有品牌销售总额的 61%,而其制造商品牌产品的销售额只占全球同种消费总额的 40%。在全球自有品牌销售总额中,瑞士贡献 38%,居第一位;英国和德国自有品牌销售额约为 140 亿美元,是欧洲两大自有品牌市场。

表 7-2　各国自有品牌销售额统计

名次	国家(地区)	地区	自有品牌所占销售额(%)	名次	国家(地区)	地区	自有品牌所占销售额(%)
1	瑞士	欧洲	38	7	加拿大	北美	20
2	英国	欧洲	31	8	荷兰	欧洲	19
3	德国	欧洲	27	9	美国	北美	15
4	比利时	欧洲	24	10	丹麦	欧洲	13
5	西班牙	欧洲	23	11	奥地利	欧洲	12
6	法国	欧洲	21	12	新西兰	大洋洲	11

续表

名次	国家（地区）	地区	自有品牌所占销售额(%)	名次	国家（地区）	地区	自有品牌所占销售额(%)
13	澳大利亚	大洋洲	11	25	希腊	欧洲	3
14	葡萄牙	欧洲	11	26	波多黎各	拉丁美洲	3
15	瑞典	欧洲	11	27	哥伦比亚	拉丁美洲	2
16	意大利	欧洲	10	28	阿根廷	拉丁美洲	2
17	匈牙利	欧洲	8	29	智利	拉丁美洲	2
18	挪威	欧洲	8	30	波兰	欧洲	2
19	爱尔兰	欧洲	7	31	新加坡	亚洲	1
20	芬兰	欧洲	7	32	墨西哥	拉丁美洲	1
21	南非	非洲	6	33	泰国	亚洲	1
22	捷克	欧洲	4	34	巴西	拉丁美洲	1
23	日本	亚洲	4	35	韩国	亚洲	<0.5
24	中国香港	亚洲	3	36	菲律宾	亚洲	<0.5

资料根据 AC Nielsen 资料整理得到。

3. 自有品牌在亚太地区、新兴市场和拉丁美洲也得到了迅速发展。尽管上述地区的自有品牌明显落后于欧美国家，自有品牌的销售额所占比例不足 5%，但是在 10 个自有品牌发展最快（增长速度超过 20%）的国家中，有 9 个属于上述三个区域。具体见表 7-3。

表 7-3　十大自有品牌增长最快的国家

名次	国家	地区	自有品牌增长率(%)	制造商品牌增长率(%)	自有品牌销售额(千美元)	自有品牌所占份额(%)
1	波兰	新兴市场	115	4	171 413	2
2	菲律宾	亚太	48	2	158	<0.5
3	捷克	新兴市场	44	-2	114 006	4
4	匈牙利	新兴市场	44	8	250 227	8
5	泰国	亚太	35	9	38 123	1
6	哥伦比亚	拉美	31	11	48 632	2
7	阿根廷	拉美	31	19	96 526	2
8	南非	新兴市场	28	7	272 987	6
9	瑞典	欧洲	25	2	640 663	11
10	日本	亚太	23	3	1 252 454	4

资料根据 AC Nielsen 网页资料整理得到。

4. 自有品牌的增长速度快于制造商品牌增长速度。例如,瑞典自有品牌销售额增长率为25%,而制造商品牌增长率只有2%;德国自有品牌增长率为10%,制造商品牌增长率也为2%。在被调查的36个国家中,有22个出现自有品牌增长快于制造商品牌增长的现象。近一半的国家自有品牌以两位数的比率增长。

5. 自有品牌集中在食品和饮料中。从统计数字来看,自有品牌在食品类别中所占比重最大。例如,在欧美国家,花在冷冻或冷藏食品上的每100美元中就有28美元是用来购买食品自有品牌商品的。

6. 自有品牌的价格平均低于制造商品牌价格30%左右。其中,个人用品和保健品的自有品牌产品价格低于同类制造商品牌45%;冷冻食品的自有品牌与制造商品牌价格差距最小,也有20%的价差。

7. 消费者对于自有品牌的忠诚度较低。其原因是多方面的,有待进一步研究。

2005年AC尼尔森对全球38个国家的零售商自有品牌再次进行调查,调查数据显示,全球零售商自有品牌保持良好的发展态势。2005年全球零售商自有品牌市场份额为17%,比2004年增长了5%。其中,欧洲超市自有品牌所占市场份额最大,比例为23%,较上年增长4%;其次为北美,超市自有品牌市场份额为16%,较上年增长7%;以下依次为:新兴市场自有品牌市场份额为6%,较上年增长11%;亚太地区自有品牌市场份额为4%,较上年增长5%;拉丁美洲自有品牌市场份额为2%,较上年增长5%。

2011年,英国零售情报调查机构Planet Retail调查结果显示,全球零售商自有品牌市场份额已经从2000年的14%上升到2010年的24%。其中,北美地区从20%上升到27%,西欧地区从20%上升到31%,大洋洲从15%上升到21%,拉丁美洲从3%上升到9%,中欧和东欧从1%上升到7%,日本从2%上升到10%,中国从0.1%上升到4.5%。近年来,随着市场竞争的日益激烈,零售商不断提高自己的竞争力,零售商自有品牌将继续保持良好的发展态势。

近年来,随着市场竞争的不断加剧,零售商在未来必须不断提高自己的竞争力,其自有品牌才能继续保持良好的发展态势。

与国外零售商自有品牌发展情况相比,我国零售商自有品牌还处于起步阶段,因此,有广阔的发展空间。

(二)零售商自有品牌发展的原因

促进零售商自有品牌发展的原因主要如下。

1. 通过开发和经营自有品牌,零售商可以获得更多的利润。任何企业生存和发展都希望实现利润的最大化,零售企业也不例外。在传统的制造商品牌产品的销售过程中,零售商的利润取决于制造商的让渡。而制造商的让渡利润是有限的。自有品牌为零售商提供了获取利润的工具。只要零售商自有品牌开发得当,经营有方,管理到位,不断积累品牌资产,就可以获得源源不断的利润,而不受制造商的限制。

2. 自有品牌的经营可以有效地解决零售商和制造商之间存在的整体绩效问

题。在销售制造商品牌的过程中,产品销售成功,零售商和制造商都会把功劳归于自己;产品销售失败,双方都会推卸责任。消费者也很难区分二者贡献的大小。这种消费者无法将制造商和零售商各自的绩效分开评价的现象称为“整体绩效”(performance inseparability)现象。以销售速冻食品为例,商品质量不仅依赖于制造商的生产技术,还受到零售商储藏技术的影响。购买到了质量差的食品,消费者不能辨别究竟谁该对此负责。零售商可能会为了保证商品的质量而投资购买好的冰柜,但是消费者不会认为冷冻食品的质量好是因为商店的冰柜好。由于整体绩效的存在,制造商或零售商都可能为对方的失误承担责任,遭受损失。当产品畅销时,双方都称自己提供了好的商品或服务,从而导致在利益分配上出现分歧。整体绩效的范围越广、程度越深,制造商与零售商之间的冲突就越激烈,协调矛盾的成本也就越高。

自有品牌的出现为有效解决整体绩效问题提供了很好的途径。零售商给产品贴上自己的品牌,其绩效的好坏完全由零售商自己承担,消费者也能够清楚地知道零售商所做的贡献,从而避免整体绩效问题。

3. 自有品牌具有价格竞争优势。如前所述,自有品牌价格平均低于制造商品牌三成,因此,自有品牌具有价格竞争优势。

4. 自有品牌可以节约推广成本。随着传播媒体的不断增加,商品媒体宣传效果在不断地下降,尤其是广告宣传的效果大大下降。当今的顾客生活在商业信息的包围之中。以电视为例,在我国就有 200 多个频道供你选择。人们每天可接触到的电视商业广告不计其数。此外,还有报纸杂志、包装、广告牌、推销电话、电子邮件等广告信息,让人目不暇接。在商业信息如此之多的情况下,传播成本大大增加,商品传播效果大大下降。以前,少量的媒体面对着众多的大众,因此,媒体的传播效果较好。而今天,众多的媒体面对着众多的“分众”。这就意味着,单个媒体的传播对象大大减少,如此一来,今天品牌借助媒体要想达到以前同样的传播效果,就需要付出比以前更大的代价。而自有品牌的宣传基本上以店内宣传为主,可以节省大量的宣传促销费用。另外,消费者对广告容易产生反感,进而采取主动回避的态度;而对于零售商的店内宣传,消费者则不容易产生反感,而且只要消费者前去购物,几乎是无法回避这些广告的。因此,自有品牌易于推广。

5. 大型零售企业的出现促进了自有品牌的产生和发展。随着零售业的发展,尤其是连锁经营的发展,零售企业的规模不断扩大,零售市场集中程度不断提高。例如,目前西欧国家全国性的连锁店控制着大部分的零售业,美国零售业的集中度已达到80%以上。与此相对应,英国主要超市30%以上的商品为自有品牌,美国超市中40%以上的商品为自有品牌。可见,零售市场集中程度越高,自有品牌发展的可能性就越大。因此,自有品牌往往出现在大型零售企业中。

(三)实施自有品牌对零售商的好处

1. 对零售商来说,发展自有品牌最直接的好处是实现低成本经营。这是因为,自有品牌不经过中间环节，在本企业内部销售，宣传主要靠店内，不需要投入大量的广告，而且包装费用也少，因此，自有品牌可以低成本运营。

2. 自有品牌可以给零售商带来差异化竞争优势。正如世界著名的百货公司Sears公司高级副总裁南希·玛瑞娜所言："大多数零售商意识到不能仅靠价格来赢得消费者，他们必须实现商品品牌的差异化，改变现有的战略。现在的百货公司70%的商品都相同，只有从海外购货来增加差异化。零售店必须成为品牌的商店。自有品牌可以成为一个公司不可复制的、可以移动的巨大财富。"

3. 自有品牌可以提高零售商在流通渠道中的地位。无论零售商采取自行组织生产的方式还是与制造商合作开发自有品牌，都使零售商有权参与商品的生产和经营，并且在制定价格上享有更大的自主权和灵活性。

4. 自有品牌有利于增强零售商的内部凝聚力。品牌是企业形象和素质的集中表现，是企业声誉的标志，自有品牌的出现可以调动全体员工的积极性，自觉维护自有品牌声誉，使企业形成以品牌为中心的强大凝聚力，推动企业不断发展。

5. 实施自有品牌策略有利于提高消费者对商店的品牌忠诚度。随着收入水平的不断提高，消费者越来越喜好购买有品牌的产品，加上自有品牌又具有价格竞争优势，消费者当然愿意去这样的商店进行购物。如果消费者对自有品牌满意，久而久之，就会对商店产生品牌忠诚。

六、改革开放以来中国零售业的发展

改革开放以来，随着经济的快速增长和消费需求等方面的巨大变化，中国零售业发生了巨大的变化，取得了快速的发展。

（一）改革开放以来我国零售业发展的特点

1. 零售业态不断增多，并在短时间内相继出现。西方发达国家零售业态的产生基本上是依次进入市场的。19世纪以前是业种店的时代。1852年在法国出现了百货店以后，百货店不断发展，到20世纪初在西方零售业中居于主导地位。1930年在美国出现了超市以后，超市迅速发展起来，到20世纪50年代风行世界。20世纪50年代在美国出现了折扣商店，20世纪60年代出现了便利店，20世纪70年代出现了购物中心，20世纪90年代出现了网络商店等。经过几十年的发展，零售业态逐渐丰富和发展起来。每一种新兴业态的出现都需要经过一定的时间，每种业态都是随着时间的推移依次进入市场的。

我国新兴零售业态不是依次进入市场，而是在很短的时间内同步导入和发展起来的，跨越了西方国家商业革命100多年的历程。自1900年俄国人伊·雅秋林在哈尔滨开设了中国第一家百货商店——秋林洋行（即秋林百货公司的前身）以来，中国零售业态一直没有多大变革。从中华人民共和国成立初期至20世纪90年代，百货店一直是我国主要的零售业态。20世纪90年代以来，随着改革开放的不断深入和市场化进程的不断加快，中国经济快速增长，消费需求水平空前提高，在西方国家诞生的各种零售业态，如超市、便利店、折扣店、购物中心、电视商店、网络商店等在很短的时间内迅速导入我国市场并发展起来，呈现同步发展的态势。

2. 地区发展不均衡比较突出。由于我国经济发展的差异性，决定了商品市场在不同的区域也同样具有明显的差异性，经济发达的东部沿海省份，零售网点多，发展快，所占的市场份额也相对较大，零售市场商业网点发展呈明显的不均衡性。到 2023 年为止，我国东部地区零售企业网点和从业人数仍然均占全国总量的 60% 左右，而中、西部地区所占比重偏低。

3. 零售市场组织化程度不断提高，但集中度仍然偏低。随着市场的不断成熟和企业的快速发展，我国零售行业的组织化程度不断提高，但市场集中度仍然偏低。据统计，2023 年中国零售百强中前 4 位企业实现销售额占当年社会消费品零售总额为 4.05%，前 8 位企业所占比达到 5.68%，与发达国家相比，我国零售业集中度仍然偏低。

4. 多种业态稳步发展。尽管我国各种零售业态在很短的时间内大量出现，但并没有出现严重的相互挤压现象，而是多种业态稳步发展。尤其是近年，我国零售企业为了抵抗竞争压力、满足多元化的消费需求，大多采取多业态经营的策略。据对中国零售百强企业的统计，从 2006 年起，采取多业态发展的企业比例已经上升至 52%，首次超过单一业态发展的企业数量。在进入中国零售百强企业的百货类企业中，更有 80%以上的企业采取了多业态的发展策略，而且企业名次与多业态发展策略的使用呈现出较高的正相关性，说明采取多业态发展策略的企业具有更强的市场竞争能力。在业态的选择上，超级市场、便利商店、专业店是零售企业的主要发展业态形式。

5. 新型零售业态发展较好。这主要表现为：①专业店、专卖店发展速度较快。据统计，2006 年限额以上连锁专业店的零售额达到了 5 766.8 亿元，增长幅度达 27.9%，居各业态之首；店铺数量的增幅达到 14.45%，其中外资、港台专业店的发展速度更是引人瞩目。如法国丝芙兰 2007 年的店铺数量增长幅度达到 150%，以每月至少开一家店的速度拓展中国市场。专卖店的发展速度虽不及专业店，但仍保持良好的发展态势。2007 年专卖店的销售额增幅为 10%，门店数量和营业面积的增长幅度为 7.3%和 5%。值得指出的是，在部分区域或城市、部分品类上，专卖店增长速度非常快。这主要源于国人对奢侈品的消费能力不断提高，促使国际奢侈品品牌加速进入中国市场。据统计，国际奢侈品品牌专卖店的主要落脚点上海、北京、杭州、成都等特大型城市，专卖店数量增长非常快，有的品牌专卖店近 3 年保持 80%以上的增长率。2023 年，限额以上连锁专业店和专卖店零售额分别比上年增长 4.9%和 4.5%。②购物中心快速成长。中国经济的快速发展为中国购物中心的诞生、推广和普及奠定了日益稳固的基础。20 世纪 90 年代初北京赛特购物中心的出现拉开了中国大型购物中心建设的序幕。近年来，这种集购物、餐饮、住宿、休闲、娱乐、观光旅游等为一体的“一站式”购物中心开始席卷中国，不同规模、不同定位的购物中心大量涌现，迅速占领了北京、上海、深圳、广州等消费发达的城市。中国现有购物中心近 6 000 多家，购物中心在中国的发展正日益成熟。③网上零售继续高速增长，零售额占比已经超过 20%。在传统零售企业经营状况下降的同时，近年来我国网络购物继续保持高速增长。据国家统计局公布的数据，2023 年全年网上零售额达 15.42 万亿元，同比增长 11%，占社会消费品零售总额的比重达到 27.7%。

6. 零售业对外开放不断扩大，目前已全面开放。自 1992 年 7 月我国商业零售领域正式对外开放以来，零售业对外开放不断扩大，到 2004 年 12 月 11 日，中国商业领域对外开放的过渡期全部结束，商业零售领域进入全面自由对外开放阶段。目前，外资企业正以各种方式进入中国市场。

我国零售商业对外开放主要经历了以下四个发展阶段。

(1)初步试点阶段(1992 年 7 月至 1999 年 6 月)。

根据乌拉圭回合中国政府承诺的零售业开放步伐，1992 年 7 月，国务院做出《关于商业零售领域利用外资问题的批复》，同意先在北京、上海、广州、天津、大连、青岛 6 个城市和深圳、珠海、汕头、厦门、海南 5 个经济特区，各试办 1~2 个中外合资或合作经营的商业零售企业，项目由地方政府或国务院审定，但暂不兴办外商独资经营的零售企业。同时规定，试办期间外商投资于商业的项目，由地方政府报国务院审批，外商投资商业企业的经营范围仅限于百货零售业以及进出口商品业务。经批准的外商投资企业享有进出口经营权，进出口经营权的总原则是出大于进，外汇自行平衡。但进口商品仅限于本企业零售的百货类商品，年度进口总量不得超过本企业当年零售总额的 30%。

1995 年 6 月，国务院发布了《指导外商投资方向暂行规定》和《外商投资产业指导目录》，将商业零售列入"限制外商投资产业目录"的乙类项目，允许有限度地吸收外商投资，但不允许外商独资。对属于国务院规定的审批限额以下的项目建议书由国务院行业归口管理部门审批，项目可行性研究报告按照项目的建设性质，分别由省、市有关部门审批，并报国家计委或原国家经贸委备案。同年 10 月，国务院批准在北京或上海开办两家中外合资连锁商业企业，并规定必须由中方控股 51%以上，掌握重大问题的决策权，经营年限不超过 30 年等。

1997 年 12 月，国务院批准《外商投资产业指导目录》修订本，其中国内商业仍属于限制外商投资产业目录中的乙类，不允许外商独资经营，而且必须由中方控股或占主导地位。

纵观这一阶段，试点是中国零售商业对外开放的主基调。具体表现为：一是地点上的试点。国家只允许东部十几个城市各自试办 1~2 个中外合资或合作经营的商业零售企业，其他地方不得试点。二是有限度地吸引外资。国家只允许试办中外合资或合作经营商业零售企业，不得试办外商独资商业零售企业。商业零售、商业批发和物资供销被列入"限制外商投资产业目录"中。三是限制了外商投资商业企业的经营范围。四是规定了外商出资的权限。经批准的中外合资或合作经营的商业零售企业，中方必须控股 51%以上，掌握重大问题的决策权，在合资或合作经营中占主导地位，外商处于从属的地位。

在此试点阶段，外商纷至沓来，表现出对我国零售商业领域投资极大的兴趣和热情，出现了外商投资我国零售商业领域的“三多”现象。

一是开办的中外合资与合作经营的商业零售企业比政府批准的数量多。按照国务院颁布的政策，此试点阶段只允许在北京等6个城市和深圳等5个经济特区进行商业对外开放，经国务院批准的中外合资零售商业企业为20家，但实际上全国共有20个省、市、自治区自行批准开办了277家外商投资零售商业企业，其中部分是连锁经营企业，若按单个店铺计算已经超过400家。

二是著名跨国公司进入多。1992年上海八佰伴作为国内正式批准的第一家中外合资零售企业在上海成立。此后被列为美国《财富》杂志世界500强的零售商，在此阶段共有14家跨国零售企业进入中国商品市场，约占这一时期500强中零售企业的23.7%。例如，全球零售业巨头美国沃尔玛百货有限公司、亚洲零售巨头日本大荣公司、欧洲零售巨头德国麦德隆公司以及法国家乐福公司、欧尚公司等都在此阶段进入中国市场。

三是外商进入的地区在经济发达的地区多。外商投资的中外合资与合作经营的商业零售企业大部分集中在中国的大城市和沿海经济发达地区。仅广东（含深圳市）、上海、江苏就有194家，约占此阶段开办的277家外商投资零售企业数量的70%。

（2）规范试点阶段（1999年6月至2001年12月）。

1999年6月，原国家经贸委与外经贸部联合发布了《外商投资商业企业试点办法》，该办法称“……使扩大商业领域利用外资投资试点健康有序进行”。这一阶段，我国零售商业对外开放的步伐明显加快。

《外商投资商业企业试点办法》明确规定了外国合营者、中国合营者和合营企业的申办资格。根据该办法，申请设立从事零售或批发业务的外国合营者，申请前三年，年均商品销售额或商品批发额分别应在20亿或25亿美元以上，申请前一年，资产总额应分别在2亿或3亿美元以上。我国政府出台这一新政策，旨在吸引国际大型商业企业来华进行投资，以提升中国商业行业的整体经营水平。新政策还对商业对外开放的地区、外商的出资比例、经营年限、形式和审批权做出了明确的规定。

新政策颁布后，外商反应十分积极。许多国际大型商业企业在中国稳步推进其扩张战略。上海、广州、杭州、南京等大城市成为此阶段外商投资的重点。

（3）加入WTO后的过渡阶段（2001年12月至2004年12月）。

2001年12月10日，我国正式加入WTO。根据加入WTO的承诺，加入WTO后，中国商业领域将全面对外开放，但有一个过渡期。过渡期开放的进程如下。

在批发业方面，2001年前，允许外资在合资企业占大多数股权，取消地域或数量限制；2003年前，取消企业股权及形式的限制，外资企业可为其分销产品提供全面性相关服务，包括售后服务。

在零售业方面，“入世”后允许在5个经济特区以及北京、天津、广州、大连、青岛、郑州及武汉成立合资企业;在北京及上海,允许设立4家合资零售企业,在其他地方最多成立2家合资零售企业,北京可允许两家合资企业在市内开设分店;在2002年1月前,允许外商拥有控股权,允许在所在省会城市和重庆、宁波成立零售企业;在2003年1月前,取消所有地域、数量、外资持股比例的限制。

加入WTO一年后,外资商业企业从各方面迅速扩张。从单店经营到连锁经营、从零售到批发、从沿海到内地、从中方控股到外方控股都出现了新高潮。与此同时,也出现了地方越权审批的违规外资商业企业,后经过清理整顿,基本上制止了违规现象。

从2002年底开始,我国商业领域利用外资出现了新变化,即外资企业开始通过并购进入我国商业领域。出现这一现象,与我国商业领域利用外资的政策密切相关。2002年11月4日,证监会、财政部和经贸委联合发布《关于向外商转让上市公司国有股和法人股有关问题的通知》,国家经贸委、财政部、国家工商总局(现为国家市场监督管理总局)、国家外汇管理局也随后颁布了《利用外资改组国有企业暂行规定》。同年11月7日,中国证监会和中国人民银行联合发布《合格境外机构投资者境内证券投资管理暂行办法》,11月28日国家外汇管理局公布《合格境外机构投资者境内投资外汇管理暂行规定》,沪深证券交易所发布《合格境外机构投资者证券交易实施细则》。根据上述管理规定,合格境外机构投资者可以自由购买上市公司的股票,并通过购买上市公司的股票控股上市企业。这些规定标志着合格境外机构投资者可以合理合法地进入中国证券市场进行投资。同时也意味着外资企业可以并购的方式进入中国商业领域。

为迎接我国商业领域对外开放过渡期的结束,商务部于2004年4月16日颁布了《外商投资商业领域管理办法》(以下简称《管理办法》),而此前1999年颁布的《外商投资商业企业试点办法》自动废止。根据《管理办法》规定,外商可以设立独资商业企业;取消了合资股权限制;取消商业开放地域的限制,从事零售的外商投资商业企业及其店铺的设立地域在2004年12月11日前限于省会城市、自治区首府、直辖市、计划单列市和经济特区。自2004年12月11日以后,取消地域限制。这些新规定,有力地促进了我国商业利用外资的规模和速度。

(4)全面对外开放阶段(2004年12月至今)。

按照中国政府加入WTO的承诺,到2004年12月11日,中国商业领域对外开放的过渡期全部结束,包括零售商业在内的整个商业领域进入全面自由对外开放阶段。

2004年12月11日之后,外资企业加大了在中国境内投资开店的力度和速度。

为了进一步加强商业领域对外开放和利用外资,2006年商务部进一步下放了利用外资审批权。同年商务部发布了《商务部关于委托地方部门审核外商投资商业企业的通知》,自2006年3月1日起执行。根据《通知》要求,商务部将绝大部分外商投资商业企业的审批权下放给省级商务主管部门和国家级经济技术开发区。在一定程度上简化了审批程序。商务部这次下放的部分审批权包含三大类:一是单一店铺面积不超过5 000平方米，且店铺数量不超过3家，同时外国投资者通过设立的外商投资商业企业在中国开设的同类店铺总数量不超过30家的企业。二是单一店铺面积不超过3 000平方米，且店铺数量不超过5家，同时外国投资者通过设立的外商投资商业企业在中国开设的同类店铺总数量不超过50家的企业。三是单一店铺面积不超过300平方米的企业。

这次审批权的下放，使得外资单店面积不大的连锁店、便利店、小型超市、折扣店、品牌专卖店等零售业态在我国迅速发展。

近20年来，通过商业领域的对外开放，我国合同利用外资累计金额达数百亿元。

（二）改革开放以来我国零售业发展的主要因素

改革开放以来，中国零售业的巨大发展，从总体上看反映了国际零售业发展的一般规律，但也有其自身独特的社会经济背景和发展轨迹。

中华人民共和国成立以后，由于长时期实行计划经济体制，商品流通按国家统一计划分配调拨，商业机构实质是一个商品分配系统。零售业态基本上形成了以中小型百货商店与杂货店为主的单一结构业态。改革开放以后，随着计划经济向社会主义市场经济的转化，尤其是随着经济持续高速增长和居民购买力水平的较快幅度跃升，客观上要求由货色品种齐全、购物环境优雅、附加服务功能完善的大型百货商店成为市场零售业态的主角。因此，这段时期的大型百货商店如雨后春笋般地在全国城市中拔地而起。进入20世纪90年代中期，宏观经济呈现有效需求不足的态势，各地的大型商厦效益明显下降，问题开始暴露，与此同时，自选超市、仓储商场、专业店、专卖店、便利店等新兴零售业态却在国内各大中城市迅速发展，目前呈现多业态互补共存的发展格局。总体来讲，推动中国零售业发展的因素主要有以下几个方面。

1. 生产力水平提高，为我国零售业的发展提供了强有力的支持。改革开放以来，我国经济持续、快速的发展，为我国零售业的发展提供了坚实的物质基础。生产力的大发展决定了产品的多样化和差异化，产品的多样化和差异化又进一步满足了消费者的需求，在消费者多样化的需求面前，客观上要求零售业态的多样化，于是出现了多业态互补共存的发展格局。

2. 商品市场的不断成熟，为零售业的发展提供了前提条件。随着我国市场经济的发展，我国商品市场发生了根本性的变化。从20世纪90年代后期开始，我国商品市场出现了全面的买方市场，商品供过于求的局面不断得到巩固，这为零售业的发展尤其是各种新兴零售业态的发展提供了前提条件。

3. 居民收入、消费结构及消费方式的不断变化，客观上对新型业态提出了新的要求。随着我国经济的不断向前发展，居民的收入水平不断提高，与此同时，居民的消费水平、消费结构和消费方式都在发生变化，这就对零售经营提出了新的要求。传统的零售业态和经营方式已经变得不能适应变化了的消费需求，要求有新的零售业态与之相适应，于是不断产生新的零售业态。

4. 交通运输条件的改善，城市化水平的提高，也促进了零售业的发展。商业是与人及其生活方式息息相关的行业，必然受到人的居住条件、交通条件等生活条件的制约。例如，以地域广阔、居住分散、公路和汽车发达为标志的美国生活方式形成了美国特定的零售业态格局；国土狭小、人口集中程度高、以电车为主要交通工具的生活方式形成了日本特有的零售业态格局。改革开放以来，我国交通运输条件的改善，城市化水平的提高，大大促进了我国零售业的发展。

5. 市场竞争的不断加剧对我国零售业的发展起到了一定的催化作用。改革开放以来，零售主体日益多元化。非国有零售主体（集体、个体、私营、外资）的商业网点和市场份额日益扩大，从而造成市场竞争不断加剧。市场竞争不断加剧，又进一步促进我国零售业的发展。尤其是加入 WTO 后，中国经济快速融入世界经济全球化的大潮中，中国庞大的市场潜力已吸引了欧、美、日等国家和地区的零售企业纷纷登陆中国零售市场。随着国内市场国际化竞争的加剧，中国零售业将进一步获得发展。

6. 商业技术的广泛应用，大大促进了零售业的发展。20 世纪 90 年代以来，现代零售业大量运用商业信息化技术、自动化技术和标准化技术，零售业的技术含量大大提高，在各种零售商业技术的带动下，我国零售业发生了深刻的变革。零售业信息化管理和现代化水平大大提高。与此同时，零售业经营观念、经营方式也发生了巨大变化。

（三）我国零售业发展的主要趋势

1. 零售市场总体规模将不断扩大。随着我国经济的不断发展，商品市场将更加丰富，人们的消费水平将不断提高，居民购买力将不断增强，与此相适应，我国零售市场总体规模将不断扩大，预计未来 5～10 年，每年将保持 10% 以上的增长幅度。

2. 零售业态多样化将长期保存。21 世纪之前，以百货商店为主的传统零售业态为满足人们的物质文化生活需要做出了巨大贡献。进入 21 世纪之后，以便利化、电子化、网络化、闲暇化、体验化为基础，能体现多功能、快节奏、高效率、低费用、新潮流等特点的新兴零售业态将成为主流。零售业态多样化的局面将长期保存。

3. 零售业布局将由原来以城市市场为主转向城乡市场并重。大力培育和开拓广阔的国内市场是中国经济发展的优势，也是一种必然的要求。中国 14 亿多人口，大部分在农村，但目前农村商品市场的销售占我国社会商品零售额的比重偏低。相比之下，农村商品市场开拓的潜力还很大。另外，城乡市场有很强的继起性和互补性，城市商品市场的发展对农村商品市场的发展可以起到带动作用。为促进城乡经济和城乡的协调发展，今后我国零售业在继续发展城市市场的同时，必须高度重视农村市场的培育和开拓，做到城乡市场并重。

4. 零售国内市场的国际化将进一步突出。自 2004 年 12 月 11 日以后，我国商业零售领域进入全面对外开放阶段。但目前由于多种因素的影响，外商与港澳台商投资企业在中国市场所占份额还不高。随着我国零售商业对外开放程度的不断提高,零售商业已经形成的外商独资、中外合资以及各种经济成分共同竞争的格局将会进一步巩固,内资零售业将在更广的范围、更深的层次上参与全球市场的竞争。

(四)提高我国零售业竞争力的基本思路

从目前国内市场的竞争和世界零售业发展的趋势来看,要提高我国零售业的竞争力,至少应做到六大转变,狠抓两个基本点。

1. 从注重价格竞争转变到注重价值竞争。目前零售业的竞争,大多集中在利用广告和促销搞价格竞争上,一些企业利用非对称性信息的存在,欺骗消费者,结果陷入恶性的价格竞争之中而不能自拔。为此,我国零售业要走出这种困境,必须转变到注重价值竞争上来,给消费者带来实实在在的利益。这就要求降低经营成本,提高服务价值。

(1)降低经营成本,主要是降低采购成本、销售成本、仓储成本和配送成本。而要降低成本,主要应该提高零售业的信息化水平。

(2)提高顾客服务价值。随着消费水平的不断提高,消费者对商品实用价值的需求有所下降,但对商品的心理需求(包括情感需求和自我实现的心理需求)随之上升。因此,零售业可以在提高消费者心理需求方面多做文章,满足他们的心理需要。

2. 从注重交易到注重关系。世界零售巨头沃尔玛多年来位居世界500强之首,其中一个很重要的原因就是它善于处理各种关系。长期以来,沃尔玛以"尊重个人,服务顾客,追求卓越"的企业精神为动力,巧妙处理公司与员工、公司与供应商的关系。

与之相比,长期以来,我国零售企业都把与顾客发生的买卖行为看成简单的交易,而没有将其发展成为一种信任关系。如今,随着市场竞争的不断加剧,企业发现获得一个新顾客的成本比保留一位老顾客的成本要大得多,获利要少得多。于是,越来越多的企业开始注重建立与顾客的关系。就零售企业而言,一方面,要注重加强与消费者的沟通,与消费者建立起长久的信任关系;另一方面,要注重与供应商建立伙伴性的渠道关系。而要建立这两个方面的关系,除了树立这种正确的经营理念以外,最重要的是利用现代信息技术,充分挖掘顾客资源,积累顾客资产。同时,要充分利用和整合各种传播渠道,创建表里如一的品牌形象,赢得顾客的信任。

3. 从注重外部顾客到注重内外部协调平衡。俗话说得好:得人心者得天下。在市场上,对企业来讲,就是得消费者心得市场。因此,长期以来,企业一直注重对外宣传,以期赢得消费者的"芳心"。

但随着服务经济的发展和体验经济的到来,消费者与员工之间相互作用日益加强,以往注重对外部顾客进行各种宣传已经远远不够了。在今天的商务环境中,商家之间的竞争不再过多依赖于"消费者获得了什么",而在于"消费者如何得到自己所需要的东西"。这样,消费者对企业的印象更加强烈地受到与其打交道的员工的影响。因此,对外宣传固然重要,但是企业能否确保自己的员工让消费者在对外宣传中所期望的承诺得到实现就显得更加重要。这是因为,如果对外宣传得很好,但在与商家打交道的过程中并未得到应有的服务和承诺,顾客就会不满和流失,企业就会遭受损失。为此,零售企业今后的经营管理过程中,不仅要重视对外宣传,更应该重视对企业内部员工的知识、技能和价值观等方面的熏陶。这样一来,企业还必须做到激发和调动员工的积极性,赢得员工的心。

由此可见,在今天的市场竞争中,零售业要提高竞争力,必须赢得“两颗心”——消费者的心和员工的心。因而,要从注重外部顾客发展到注重内外部协调平衡。

在这方面,沃尔玛树立了典范,既尊重顾客,又尊重员工。

在尊重顾客方面,沃尔玛的待客之道有口皆碑。设立迎宾员、三米微笑、收银七步曲、200%满意、日落原则等已成为沃尔玛企业文化的一部分。其经营信条为“第一条:顾客永远是对的;第二条:如有疑问,请参照第一条。”充分体现了对顾客的尊重。

在对待员工方面,沃尔玛深知,要实现“服务顾客”这个营销宗旨,就要最大限度地调动起每一个员工的服务积极性,为每一个员工创造实现自我价值的宽松舒适的工作环境。只有尊重员工,才能服务顾客,进而超越顾客的期望,赢取更多的利润。因此,沃尔玛公司内部没有上下级之分,员工不被称为“雇员”(employee),而被称为“合作者”或“合伙人”;无论何时何地,员工均能倚着“言路开放自由”的体制,以口头或书面形式与管理人员乃至 CEO 进行平等交流,提出合理化建议,投诉受到的不公正待遇。

4. 从注重商品经营到注重品牌经营。零售业面对的是最终的消费者,要把商品直接销售给消费者。因此,长期以来,零售企业注重商品的采购、运输、储存和销售等商品经营工作。但到今天,商品经营这一立足点固然重要,品牌经营的作用却显得更为突出。

品牌经营包括两个方面:一是经营品牌商品。这是因为,第一,随着收入水平和消费水平的不断提高,消费者的品牌意识大大增强。据国家统计局统计,从 2005 年起,我国城镇居民品牌消费倾向已经超过 60%,如今在进一步增强。第二,消费者选择的多样性大幅度增加。据研究,目前市场上的单品多达 100 万种,普通超市平均达 4 万多种。而顾客在购买商品时,往往只选购其中的 150 种左右。这就意味着 80%以上的商品被消费者忽视了。要提高商店经营的效益,就必须经营品牌商品。二是创建品牌。目前零售业发展的主流方向是连锁经营。连锁经营从表面上来看,是通过规模经营,降低成本,提高竞争力,而实质上连锁经营的发展最终依靠企业品牌的发展。这就是连锁经营中加盟连锁发展最多的主要原因。因为在加盟连锁中,特许方往往拥有强大的品牌资产,可以减少受许方经营的风险。目前世界上最大的连锁企业日本 7-11 便利店,到 2023 年年底在全球 20 个国家已拥有 84 762 家门店。而在这众多的店铺中,95%左右的店铺是特许加盟店,只有 5%左右的店铺是直营店。日本7-11便利店之所以有这么大的吸引力,就在于它拥有多年积累起来的品牌资产。因此,零售业想要良好发展,要有竞争力,必须创建自己的品牌,其中还包括有条件地开发自有品牌商品。

因此,在品牌制胜、渠道为王的今天,零售企业要从注重商品经营转变到注重品牌经营。

5. 从注重服务到注重创造体验。随着市场竞争的加剧,消费水平的不断提高,新技术的巨大发展,消费者闲暇时间的增多,以及消费者表现自我、实现自我意识的不断增强,体验需求日益增加,体验消费已经成为一种趋势和时尚。因此,在现实中我们不难发现,现在人们最想去的是旅游胜地,最想提高的是知识,最想逛的是购物中心与专业店,最想买的是汽车,最想穿的是流行服饰……于是,与很多产品市场滞销形成鲜明对照的是,旅游胜地、娱乐场所、网吧、学校、美术馆、购物中心、家电城、服装城、汽车场、时装店等生意十分红火。之所以如此,是因为这些地方不仅能够满足消费者对产品和服务的需求,更重要的是能够满足他们体验性的消费需求,使他们获得更高层次的享受和心理满足。

有鉴于此,为了满足消费者日益增强的体验消费需求,零售企业应该从注重产品和服务转变到创造体验活动,让顾客的每次购物活动都变成一次难忘的体验。

6. 从注重品类管理到注重单品管理。为了提升顾客的价值,近年来,越来越多的零售企业与供应商合作,开展品类管理。这是一个很大的进步。但从提高竞争力和与国际企业管理水平相比,零售企业还要再上一个台阶,从注重品类管理上升到开展单品管理。这将是一个飞跃。因为,只有做到单品管理,才能真正了解顾客的需求,才能降低采购成本、配送成本和销售成本,把库存成本降到最低限度甚至为零。仍以世界最大的连锁企业日本7-11便利店为例,其成功的最大秘诀就是以信息为中心的单品管理体制。通过其发达的信息系统,借助卫星通信,对商品订货情况进行细分,7-11便利店现已能够分时段、依天气对商品进行管理,既满足了顾客的需要,又大大提高了商品的配送效率,从而使其在国际市场竞争中拥有强大的竞争力。

而要实行上述这六大转变,必须抓住以下两个基本点。

一是大力开发和应用现代商业技术,提高零售业的技术含量。现代商业技术主要包括商业信息化技术、自动化技术和标准化技术。前面提到的降低经营成本、挖掘顾客资源、建立与顾客的信任关系、实行单品管理等,都离不开现代商业技术。例如,沃尔玛为了降低物流成本,加速商品周转,于1987年不惜斥巨资租用卫星为公司建立起全球最大的私人卫星通信系统,以加强总部与各分支机构的沟通,加快决策传达和信息反馈的速度,提高整个公司的运作效率。又如,日本7-11连锁便利店之所以能够做到分时段、依天气对商品进行单项管理,主要在于它拥有发达的信息系统。为了真正做到单品管理,从1978年开始到现在,7-11连锁便利店已经投资数亿美元进行了5次店铺综合信息系统的改造和提升。目前,7-11连锁便利店拥有全球最大的企业信息网。

由此可见，现代商业技术已成为现代零售业提高竞争力的重要支撑点。

二是始终坚持人性化经营，回归零售业之本。零售业是直接与顾客打交道的行业，人性化经营可以说是零售业基业长青的根本。无论国内还是国外，成功的零售企业无不充分体现出了人性化经营这一保持企业基业长青的立足之本、强大之本与长久之本。沃尔玛的成功既有天时（处于世界零售业发展期），又有地利（从小城镇起家，稳扎稳打），更有人和。全球第一 CEO 通用公司的韦尔奇先生曾经这样评价沃尔玛的创始人山姆·沃尔顿："他了解人性，就像爱迪生了解创造发明，亨利·福特了解汽车一样。他给员工最好的，给顾客最好的。"山姆·沃尔顿自己总结沃尔玛成功的十项基本原则中涉及员工和顾客的条文就占据八项之多。沃尔玛现任 CEO 李斯阁先生也说过，"沃尔玛成功的秘诀之一就是尊重个人。做到了这一点，我们就有可能做到一切。"可见，人性化经营是零售企业竞争力之源，基业长青之本。

为了有效地开展人性化经营，零售企业至少要做到以下几点。

第一，尊重人，即尊重员工和顾客。这是人性化经营最基本的要求。为此：①要培养和选拔优秀的员工；②礼貌地对待每个顾客；③广告宣传真实透明；④促销活动实实在在；⑤商店布局、商品陈列人性化。

第二，方便人，即节省顾客购物时间和精力，提供多种便利。长期以来，浪费顾客的时间和精力是国内外零售业经营中的通病。国外的研究成果表明，83%的女性和 91%的男性会因为需要排队结账而停止购物。因此，零售企业一定要抓住便利这一核心要素。

从实际情况来看，零售企业至少可以为消费者提供五个方面的便利：一是进入便利（access convenience）；二是搜寻便利（search convenience）；三是占有便利（possession convenience）；四是交易便利（transaction convenience）；五是退货便利（return goods convenience）。

第三，诱导人，即在顾客购买过程中，要善于用身体语言、演示工具等诱导顾客，解决其希望解决的问题，让其乐于购买，而不是强行推销。

第四，打动人，即在与顾客打交道的过程中，要动之以情，晓之以理，说服顾客，打动顾客。

第五，激发人，即要创造条件，让顾客参与到企业举办的各种活动当中，体验购物的乐趣。

第六，研究人，即要深入研究顾客的购买心理和行为，琢磨顾客的思想，洞察顾客的灵魂，切实提供顾客需要的商品和服务，满足顾客表现自我、实现自我的心理需要。

第七，以德传人，即树立正确的商业道德观，通过商品经营和品牌经营，做到讲诚实，守信用，影响广大的消费者。

我国的零售企业如果能够以上述两个基本点为核心，及时进行经营思路的转变，一定可以获得更好的发展。

思考题

1. 简述零售商业的内涵。
2. 简述零售商业的特点。
3. 简述零售商业的功能。
4. 何为百货店？它有哪些优势和劣势？
5. 何为专业店？它有哪些优势和劣势？
6. 何为超级市场？它有哪些优势和劣势？
7. 方便店有哪些特征？
8. 折扣店有哪些特征？
9. 仓储商店有哪些优势和劣势？
10. 无店式商店主要有哪些？
11. 何为连锁商店、商业街及购物中心？
12. 影响零售业态定位的主要因素有哪些？
13. 简述零售业的三次革命。
14. 零售业自然选择理论的主要内容。
15. 零售业生命周期理论的主要内容。
16. 为什么说连锁经营是零售业发展的主流方向？
17. 简述连锁经营的三大原则与三大变革。
18. 何为正规连锁？正规连锁总部与分店的关系是什么？
19. 何为特许连锁？特许连锁总部与分店的关系是什么？
20. 何为自由连锁？自由连锁总部与分店的关系是什么？
21. 试述零售商自有品牌的发展特点。
22. 试述零售商自有品牌的发展原因。
23. 试述改革开放以来我国零售业发展的特点。
24. 简述改革开放以来我国零售业发展的主要因素。
25. 简述我国零售业发展的主要趋势。
26. 试述提高我国零售业竞争力的基本思路。

第八章

批发商业

批发商业是从事批发业务的商业形式,是商业的又一重要形式。与零售相比,批发在整个商品流通过程中表现为“较高的中项”,是商品流通的重要环节,具有零售商业和其他贸易形式不可替代的功能。本章首先介绍批发商业的含义、特点和类型,明确市场经济条件下的批发商业是一个完整的体系。接着阐述批发商业地位的演变和批发商业的功能,指出批发商业的地位在不断地发生变化,“批发商业无用论”的观点是错误的。批发商业之所以能够存在和发展,是因为它独有的功能。然后阐述了现代批发商业面临的机遇和挑战。批发商业的发展虽受多种因素的影响,但只要不断地变革和创新,就一定可以抓住发展的机遇。最后在此基础上简要论述了我国改革开放以来批发商业的发展情况和发展方向。

第一节　批发商业的含义、特点与类型

批发商业作为相对独立的商业经营形式,有其自身特点和多种类型。

一、批发与批发商业

(一)批发

批发是与零售相对而言的,它是指零售以外的商品交换活动与商品流通环节。与零售相比,批发出现的历史要短得多,它是在商品经济发展到一定程度之后才出现的交易形式。批发与零售的主要区别在于:第一,批发交易发生在生产者之间、经营者之间以及生产者与经营者之间,不涉及最终消费者(无论是个人还是团体),而零售必须是针对最终消费者的销售活动;第二,批发是用来满足生产消费需要或商品再流转需要而存在的,不是用来满足人们直接生活消费的需要的,而零售则是直接用于满足消费者生活需要的。

由此可见,批发和零售的根本区别不在于交易额的大小。因此,社会上存在的

"批发是大宗交易,而零售是小额交易"的观点是不对的。诚然,交易额的大小是批发与零售的显见区别之一。一般而言,批发是大额、集中的买卖;零售是小额、零星的买卖,这也符合人们的一般印象。然而,这种交易额的差异只是表面的、相对的、非本质的,不能反映批发与零售之间的根本区别。有些时候零售交易额比一般的批发交易额还大。因此,对批发与零售要有正确的认识。在现阶段我国的商品流通领域当中,一些零售商打着批发交易的幌子,做着零售交易的买卖,给消费者一种错觉,扰乱了市场秩序。

(二)批发商业

批发商业是批发的商业形式,是批发交易发展到一定程度之后才产生的一种商业形式。在我国,早在西周时期就有了批发交易,但直到春秋时期才产生批发商业。当然,批发与批发商业的区别不在于产生的时间早晚,而主要在于以下三个方面。

第一,批发属于贸易范畴,批发商业属于商业范畴。这就意味着,从事批发的主体是多元的,既可以是生产者,也可以是经营者,还可以是居间商,而批发商业的主体只能是经营者。

第二,批发可以发生于生产者之间、经营者之间或者生产者与经营者之间,而批发商业只能发生在经营者与生产者之间或经营者相互之间,而不包括生产者相互之间发生的批发交易,也就是说,批发商业的主体必须是经营者。

第三,批发商业居于中介地位,往往是"较高的中项",而批发除此以外,还包含直销的形式,如生产者直接将生产资料销售给生产资料需求企业。

由此可见,批发与批发商业虽有联系,但又有很大的区别。归纳起来,批发商业可以界定为:与零售商业相对称,是指从生产者或其他经营者采购生活资料与生产资料,再将其提供给再销售者、生产者及其他生产资料消费者的经济行业。这里的"再销售者",是指零售商业主体与二次以下的商人批发商;"生产者"是指其购买目的是从事加工、生产活动的组织与个人;"其他生产资料消费者"是指其购买目的不是加工、生产或转售,而是满足自身业务需要。在商业理论中,我们一般把批发的主体称为"批发商",而把批发商业的主体称为"商人批发商"或"独立批发商"。本书主要介绍批发商业,而非所有的批发。

二、批发商业的特点

批发商业作为商品流通的重要组织者,处于商品流通过程中"较高的中项",与零售商业在交易额、行业性质、商圈大小、服务水平、交易习惯、投机成分等诸多方面都存在着明显的差异,由此形成了批发商业自身的特点。

(一)批发商业的交易额一般较大

首先,单个的批发商业交易额一般要大于单个的零售商业交易额。这是由批发商业的服务对象决定的。批发商业的服务对象除了少数购买生产资料的个体生产者以外,以产业用户、再销售者、业务用户(如政府、军队、学校、医院)等组织购买者为主，因此，其交易额一般较大；而零售商业的服务对象主要是广大的消费者，因此，其交易额小且零星分散。其次，整个批发商业的商品流转额要高于零售商业的商品交易额。这一方面是因为批发商业经营的商品范围较零售商业广，它除了经营生活资料以外，还经营生产资料；另一方面是因为它经营的生活资料往往要经过一次以上的批发环节，因此，批发商业的商品流转额要高于零售商业的商品交易额。从世界范围来看，批发商业的商品流转额与零售商业的商品交易额之比(简称为批零比率，常用 W/R 表示)，一般为 1.5∶1 左右。

(二)批发商业基本属于资金密集型行业

批发商业的服务对象主要是组织购买者，交易额大而交易次数较少，与零售商业交易额小且零星分散恰好相反，因而批发商业从业人员比零售商业要少得多，一般前者为后者的 1/3 左右；同时批发商业的商品流转额又比零售商业的交易额要高出 50%左右，因此，对于批发商业而言，资金较劳动更为重要，资金问题往往是决定批发商业经营成败的关键。目前，我国国有批发商业全面陷入困境，其原因很多，但与其自有财力不足、资金成本过高有直接关系。

(三)批发商业的商圈比较大

由于批发商业的服务对象主要为产业用户、业务用户、再销售者等组织购买者，而这些组织购买者的活动能力远较零售商业的主要服务对象——广大的消费者要大，分布范围较零售商业的商圈要广，因此，批发商业的商圈较零售商业商圈要大得多。中小批发商业一般集中在地方性的中小城市，但经营范围会辐射到周围地区。大型批发商业往往分布于全国性的大城市，其经营范围可以涵盖整个国内市场，有些大型批发商还开展进出口业务，其商圈还可以突破国界。因此，一般而言，批发商业的商圈往往大于零售商业的商圈。

(四)批发商业的服务项目相对较少

由于批发商业与零售商业的服务对象不同，其服务对象主要是组织购买者而非个人消费者，因此，批发商业一般不要求设在繁华热闹的地段，而往往设于租金低廉的地段，如城市郊区等地；营业场所也不像零售商业那样注意装饰，不要求富丽堂皇；服务项目也不如零售商业齐全、周到，绝大部分批发商业只提供有限服务，与零售商业提供的送货、包装、安装、剪裁、停车、广告、陈列、茶室、餐厅等系统化、全方位、多功能的服务形成鲜明的对照。相对而言，批发商业的服务不注重人与人之间的接触，而着重于通信、储运、信息、融资等方面，表现为组织对组织的服务。

(五)批发商业的交易往往更理性化

零售商业主要以个人消费者为服务对象，个人消费者的购买行为复杂多变，冲动性强，可诱导性大，含有许多非理性的成分，广告、奖售等促销手段对其有很大影响。批发商业主要以组织购买者为服务对象，组织购买者往往有专门的采购机构与科学的购买决策程序，通常按既定的组织规则行事，更具有理性的经济人色彩，冲动性购买较少，对各种促销方式一般不会盲从，并且交易双方往往有固定的交易关系，变化较少，彼此相当熟悉，容易达成默契和形成一致的商业习惯。因此，批发商业的交易具有理性化的色彩。

（六）批发商业投机性较强

商业活动是一种逐利性的投资活动，因此，一旦有机会，这种投资活动就会变成投机性的活动，如买空卖空、囤积居奇等。这种投机性在批发商业上表现得比较突出。这是因为，与零售商相比，批发商往往拥有更多的信息和较大的资金。批发商业的投机活动主要依靠信用制度的支持，利用买卖的分离而进行多次连续买卖，造成虚假的供求关系，从中牟取暴利。因此，批发商业的这种投机一旦失败，往往会造成社会财富的巨大浪费，甚至引发经济、社会的动荡，冲击经济运行的正常秩序。按照马克思的说法，进行投机的批发商不是拿自己的财产进行冒险，而是拿社会的财产进行冒险。因此，一方面我们不反对批发商业的投机活动，但另一方面，我们又必须防范和控制批发商业的过度投机，以免造成市场流通秩序的混乱。

三、批发商业的类型

批发商业作为一个独立的经济行业，在其产生和发展过程中，已经形成了一个相对完整的批发商业体系。按照不同的标准，我们可以对批发商业体系做以下分类。

（一）根据经营主体的不同分类

根据经营主体的不同，可以将批发商分为商人批发商、制造业批发商、合作批发商、批兼零批发商和连锁批发商。

1. 商人批发商。又称为独立批发商，是指专门从事批发业务的批发商。它不依附于其他经济主体，拥有自己的资金与渠道，自主经营，独立核算，从生产者或上游批发商那里购进商品，然后再销售给下游批发商或零售商。商人批发商一般采取批发商业公司的组织形式，是批发商业体系中的主导力量。

2. 制造业批发商。是指生产企业的销售机构从事批发业务的批发商。改革开放以来，我国商品流通领域当中出现的工业自销就是这种情况。

3. 合作批发商。又称为共同批发商，是指中小零售商为了与百货商店、连锁商店等大型零售商相抗衡，共同开展批发业务的批发商。其目的是利用大量采购，争取优惠价格，节约流通费用，降低经营成本，提高竞争能力。

4. 批兼零批发商。是指以批发业务为主，同时兼营零售业务的批发商。在激烈竞争的市场条件下，批发商为了提高经济效益，开展多角化经营，在批发业务之外，同时做一部分零售业务。

5. 连锁批发商。是指由多家批发商业主体组成的连锁组织。这种批发商利用大量采购可以获得价格优势等条件，集结其下面的零售商，以对抗大型零售商的竞争。

（二）根据经营客体的不同分类

根据经营客体的不同，可以将批发商分为普通批发商与专业批发商。

1. 普通批发商。是指经营商品范围广、品种多的商人批发商。一般多为综合批发商,主要为综合性零售商店服务。随着综合性零售商店、百货商店的衰落和专业零售商店的发展,这种普通批发商也呈现出衰退的倾向。

2. 专业批发商。是指专业化程度较高,经营商品广度小(通常为一类)而深度深的批发商,如专门经营食品、纺织品、医药品的批发商。他们主要为专业零售商店服务。由于专业批发商易于掌握所经营商品的性能、价格、渠道、产量等信息情报,备货齐全,成本较低,较易取得竞争优势,尤其在商品资源极大丰富,新产品、新品牌层出不穷的现代社会,专业批发商的优势更为明显。

(三)根据商圈大小的不同分类

根据商圈大小的不同,可以将批发商分为跨国批发商、全国性批发商、区域性批发商和地方性批发商。

1. 跨国批发商。是指商圈范围超越国界的批发商业批发商。这类批发商不仅在国内开展批发业务,而且在国际市场上经营批发业务,集内贸与外贸于一身,如日本的综合商社就是典型代表。

2. 全国性批发商。是指承担全国性批发业务,在全国各地设有分支机构和营销网络的批发商。其商圈覆盖国内市场,分支机构众多,经营规模宏大,声誉很高,但适应性与灵活性较差。这类批发商一般经营大众化商品,不经营特殊品。

3. 区域性批发商。是指经营范围介于全国性批发商和地方性批发商之间的批发商。一般设于地区性中心城市,其商圈基本上能够覆盖周边地区。

4. 地方性批发商。是指在一个较小的地域内经营批发业务的批发商。这类批发商的商圈范围最小,但由于其接近零售商,能够了解市场需求,灵活性与适应性很强,部分地弥补了规模不经济的缺陷。

(四)根据承担的职能与提供的服务不同分类

根据承担的职能与提供的服务不同,可以将批发商分为完全服务职能的批发商与有限服务职能的批发商。

1. 完全服务职能的批发商。是指承担批发商业的全部职能和提供全方位服务的批发商。具体是指承担商品集散、调节供求、商品整理、信息沟通、资金融通、风险承担等职能和提供商品储存、运输、推销、宣传、信用等服务的批发商。

2. 有限服务职能的批发商。是指部分地承担批发商业的职能和提供部分批发商业服务的批发商。这类批发商一般依据自身的资源条件,发挥专业优势,或提供直运业务,或提供仓储条件,或开展邮购,或执行推销服务等。有限服务职能批发商有多种形式,主要如下。

(1)直运批发商(又称写字台批发商)。对商品仅拥有法律上的所有权,而不拥有商品实体,只负责销售而无库存,商品直接由制造商交与买方,交货期间直运批发商承担风险。直运批发商节约了储存、运输和装卸费用,经营成本很低。

(2)现购自运批发商。不负责送货,顾客须以现款支付,自办运输,不设推销员,不提供预购、赊销服务,批发价格极低,主要面向小零售商。

(3)卡车批发商。主要经营水果、蔬菜、食品、饮料等,以货车定期巡回送货,交易规模小,但交易次数频繁,经营费用较高。

(4)邮购批发商。以邮寄方式进行批发业务,主要经营食品杂货、小五金、化妆品、印刷品等重量轻、体积小的商品,服务对象多为小零售商和业务用户。随着通信信息技术的发展,电话邮购、电传邮购的批发业务逐渐增多。

(5)货架批发商。在超级市场等大型零售店中设置货架,陈列商品,售出货物按商定比例由零售商付款,未售出货物由批发商取回,货架批发商承担商品储存和销售过程中可能带来的各种损耗等风险。

(五)根据商品流通环节的不同分类

根据商品流通环节的不同,可以将批发商分为一次批发商、二次批发商和三次批发商。

1. 一次批发商。是指直接从生产者手中采购商品,然后进行再转售的批发商。根据其所处的地区与承担的职能不同,一次批发商业又可以分为产地批发商业与集散地批发商业。产地批发商业设于产品的集中产地,便于集中大量商品向外发售;集散地批发商业设于产品的集散中心,一般位于交通枢纽地区,起着集中与分散商品的作用。一次批发商业在资金、信息、设施、人员上拥有巨大优势,是批发商业的龙头。

2. 二次批发商。是指从一次批发商那里进货,再转售给三次批发商的批发商。二次批发商一般为中转地批发商。

3. 三次批发商。是指从二次批发商那里购买商品,直接销售给零售商的批发商。三次批发商一般又称为销地批发商。

一般而言,随着流通环节的推移,批发商的影响逐次减小,因此,三次批发商的影响最小。

第二节　批发商业的地位与功能

一、批发商业地位的演变

批发商业地位的变化,最集中地表现为商人批发商地位的变化。从世界范围来看,商人批发商自产生至今,其地位大致经历了以下四个发展阶段。

(一)批零分离、商人批发商的形成阶段(产业革命至19世纪40年代和50年代)

18世纪70年代爆发的产业革命,带来了经济的急剧扩张和工业生产的规模化与专业化,工业生产需要越来越多的原材料和更加广泛的产品销售市场,加之同一时期运输、通信和仓储条件的改善,批发商业获得了充沛的货源、大量的资本、广阔的市场和很大的风险承受能力,从而导致批零分离,使批发商业成为一个独立的商业部门。批零分离大大提高了流通效率,节约了各项交易费用,较为圆满地解决了工业生产急剧发展与商品流通之间的种种矛盾,极大地扩展了商品流通的规模,有力地促进了生产的集约化、规模化进程;同时,它也为后来商业组织形式的一系列演变以及商业领域内的结构分化和商业职能的进一步专业化奠定了基础。

(二)商人批发商在商品流通中逐渐占支配地位的阶段(19 世纪 50 年代至 19 世纪 80 年代)

在这一时期,传统的商人批发商借助于现代运输业和通信业获得了巨大的发展,并在职能和服务等方面都发生了巨大的变化。具体来讲,这些变化表现如下。

1. 逐渐将一些原来承担的职能,如运输、保管等分离出去,交由独立的行业完成,从而促使了商业职能分工的社会化。

2. 在各个地区广泛设置销售机构,配备推销人员,推动了中转批发和销地批发的形成和发展。

3. 建立了比较发达、完善、遍布各地的采购组织和网络。

4. 为降低商业信贷方面的费用,专门设置信贷发放和回收部门。

5. 在批发市场的基础上,产生了拍卖市场、贸易中心、商品交易所等新型的批发贸易组织。

随着批发商业发生上述变化,商人批发商逐渐占据了商品流通的支配地位。以美国为例,据钱德勒估计,在 19 世纪 80 年代早期,商人批发商对美国销售业的支配达到了顶峰。在 1869—1879 年,制造商的直接销售额和通过商人批发商的销售额之比从 1∶2.11 下降到 1∶2.40。当然,商人批发商的这种支配地位,与其自身利用各种新技术所实现的组织创新和经营创新进而较好地满足了商品流通发展的需要是分不开的。

(三)商人批发商的地位动摇、下降阶段(19 世纪 80 年代至 20 世纪 50 年代)

在这一阶段,通过商人批发商销售的商品有所下降。以美国为例,制造商直接销售的商品额和通过商人批发商的销售额之比,1889 年为 1∶2.33,1899 年为 1∶2.15,1909 年为 1∶1.90,到 1929 年则下降为 1∶1.16。这一阶段商人批发商地位下降的主要因素如下。

1. 大制造商和大零售商为了争夺商品流通渠道的主导权而大量涉足批发领域。它们开始认识到,现代市场的竞争,不仅仅是价格、技术和品牌的竞争,还有流通渠道的竞争,谁掌握了商品流通渠道的主导权,谁就能获得更多的竞争优势。

2. 中小零售商为应付大企业的竞争,组织起一些"进货同盟"或"联购分销共同体",无形中也绕开了商人批发商这道环节。

3. 有些商品本身的自然性质、市场需求变化特征以及技术性要求,决定了制造商需在一定程度上实行系列化经营。

4. 现代金融业、物流业和广告业的发展,弱化了制造商、零售商与批发商在资金流、物流和信息流等方面的联系,并使制造商与零售商之间的直接交易变得越来越便捷、经济。

受上述因素的影响,商人批发商在商品流通中的支配地位迅速动摇和降低。到20世纪50年代,由于生产和零售领域集中和垄断的进一步发展,在发达国家甚至出现了“批发商无用”的论调。

(四)商人批发商的地位回升阶段(20世纪60年代至目前)

尽管商人批发商的衰退一度成为世界性的经济现象,但这一切并没有演变为商人批发商彻底退出经济生活的舞台。相反,从20世纪60年代开始,发达国家的商人批发商已经表现出从衰退和挑战中重新崛起的发展趋势。以美国为例,1958年商人批发商的销售额占整个批发销售额的比重为42.7%,1987年上升为58.5%。在日本,1960—1979年,批发商店增加了63%,批发商业的销售额增加了15倍,从业人员增加了90%。[①] 以上回升趋势的出现充分显示,以社会分工为基础的社会大生产所导致的生产与消费在商品数量、品种以及交易时间和空间上的诸多矛盾,决定了商人批发商存在的必要性;同时,这种回升也是批发商业自身实行变革与创新的结果。这一时期批发商业的变革和创新主要表现如下。

1. 商人批发商的经营向连锁化和一体化方向发展。

2. 涌现出一批承担有限职能、费用水平较低的新型批发商。

3. 实现了以计算机管理信息系统(MIS)应用为代表的技术创新和管理创新,批发活动中商品购销和储运的自动化和现代化程度大大提高。

4. 革新经营方式,许多批发商推行了自选销售、最低订货和租赁经营等新的经营方式。

5. 加强了物流配送业务,抓住了流通业的发展方向。

以上是批发商业地位的一般变化,但在不同的国家,这种地位的变化存在着差异。从目前来看,我国大致处于世界批发商业地位变化的第三阶段。

二、批发商业的功能

从前面的分析来看,虽然批发商业的地位在不断变化,但其存在始终是必要的,而这种必要性又是由批发商业的功能决定的。

(一)批发商业的作用

批发商业是商品流通发展的必然结果,是商业部门分工深化的产物。批发商业的产生晚于零售商业,但它一从商业部门中独立出来,就在组织商品流通、保障社会再生产顺利进行方面发挥了重大作用,节约了整个社会的交易费用,促进了社会生产力的发展。具体地说,批发商业的作用体现在以下几个方面。

1. 保障社会再生产顺利进行。社会再生产是一个连续不断的运动过程,同时要求实物补偿和价值补偿的实现,两个条件缺一不可,否则社会再生产只能陷于停顿。批发商业则在其中发挥了重要作用。就实物补偿而言,批发商业充当生产者与生产者之间的中介,组织生产资料流通,使生产过程中消耗掉的生产资料及时获

① 林祖光.国外商业[M].北京:中国财经出版社,1989:365.

得补充；就价值补偿而言，批发商业收购生产者生产的商品（包括生产资料与生活资料），实现其商品的价值，实际上相当于代替最终消费者向生产者提前预付了资金，帮助生产者完成从商品到货币的“惊险的一跃”。可以说，商业在保障社会再生产顺利进行方面的作用，大部分体现于批发商业上，这是因为批发商业作为商品流通过程的“较高的中项”，直接与生产者发生联系。

2. 降低社会交易费用。批发商业是商业内部分工深化的产物。批发商业的存在和发展，大大降低了整个社会的交易费用，主要体现在以下两个方面。

（1）批发商业的存在降低了交易总次数。与生产者和零售商直接交易相比，批发商业介入流通过程，可以使交易总次数大大减少，从而节约流通费用，提高流通效率。假如全社会有 M 个生产者与 N 个零售商，如果他们分别直接交易，那么交易总次数为 $M\times N$；如果有一个批发商介入，那么交易总次数为 $M+N$。当生产者与零售商的数目均在两个以上时，批发商的介入显然减少了交易总次数。如果批发商数目为 Q，当 $Q<(M\times N)/(M+N)$ 时，交易总次数将大大减少。

（2）批发商业降低了社会商品储存费用。由于供给与需求之间存在着不平衡、不一致的情况，需要以一定的商品储存来解决供给与需求之间在时间和集散上的矛盾。如果每个零售商分别进行储存，那么商品资金积压与库存费用支出会很多。商品储存的任务由批发商业承担，可以获得规模经济效益，大大减少商品储存的数量，节约库存费用，并且批发商业由此还会起到蓄水池的作用，以商品储存调节供求关系，促进供求基本平衡。

3. 推动生产的商品化、社会化，促使社会分工不断深化。批发商业是商品经济发展的产物，批发商业反过来又促进了商品经济的扩张。对于自然经济最典型的传统农业经济，批发商业以雄厚资金大量收购农副产品，将小生产与大市场联系起来，使传统的自给自足农业经济逐步转变为商品化、社会化的现代农业经济，从而瓦解了自然经济的基础，为商品经济的扩张扫清了障碍。对于工业部门而言，批发商业可以开拓市场，提供融资服务。由于分工受市场范围的限制，一旦市场范围扩大，社会分工就有了发展的动力与可能，新的技术与新的商品就会不断涌现，创新的浪潮就可以席卷各个工业领域，商品经济就可以获得空前的发展，社会生产力在分工深化的基础上也将进一步向前发展。可见，这一切变化都离不开批发商业。

4. 促使商品流通向高级化发展。批发商不仅提高了商品流通的速度与效益，而且还促使商品流通出现了一系列质的飞跃，主要表现在以下几个方面：

（1）批发商业促进了高级商品交易组织形态的出现。批发商业发达之前，商品交换组织形态仅仅停留于集市和店铺的水平上，规模小、档次低、辐射面窄、组织化程度低；批发商业兴盛之后，交易会、交易所等高级商品交易组织形态出现了，商品流通的规模扩大了，组织化程度也提高了，信贷大量采用，市场范围迅速扩大，商品流通向高级化方向发展。

（2）批发商业促进了居间性流通服务组织的产生和发展。居间性流通服务组织主要有经纪商、代理商、信托商等。它们为批发商业服务，是较批发商业更高的中项，它们的存在和发展标志着流通产业的内部分工向纵深方向发展，也是商品流通高级化的表现形式之一。

(3)批发商业的发展，促进了物流业的发展。批发商业发展达到一定高度以后，商流与物流明显分离，出现了独立的、专业化的物流组织，这是商品流通领域的重大革命。物流业在当代被认为是“黑大陆”“第三利润源泉”，蕴含着巨大的发展潜力。物流的独立化也是商品流通高级化的表现形式之一。

（二）批发商业的职能

批发商业在商品流通过程中作为生产者与生产者之间、生产者与零售商之间的“较高的中项”，承担着克服生产与消费之间在时间、空间、集散、所有权、信息等方面的矛盾，高效有序地实现商品从生产领域向消费领域的转移等许多重要职能。主要体现在以下几个方面。

1. 集散商品。生产者出于规模经济的考虑，一般从事大批量、少品种的生产。而零售商作为消费者的采购代理，希望小批量、多品种地供货，这样既减少资金占压，又能更好地满足消费需求；作为生产资料购买者的生产者与业务用户也有类似的要求。批发商业的首要职能即是解决供给与需求在商品集散上的矛盾。批发商业以其雄厚的资金实力从生产者那里大批进货，然后进行编配，批发给零售商、生产者和业务用户，从而满足了供求双方在品种和数量上的各自要求，完成了商品的集中和分散，疏通了流通渠道，促进了商品流通顺畅进行。

2. 调节供求。供给与需求之间在时间和空间上存在矛盾，有些商品是全年供给、季节需求的；而有些商品是季节供给、全年需求的；有些商品的供给地区与需求地区相距遥远，彼此分离。批发商业自身的保管与运输活动解决了供给与需求之间在时间和空间上的矛盾，促使二者协调一致，保障了商品流通的顺利进行。其中产地批发商业、中转地批发商业、销地批发商业依次完成商品从供给地区向需求地区的空间转移，一次批发商业、二次批发商业、三次批发商业则承担了商品储存的繁重任务，在恰当的时间和地点将零售商业、生产者、业务用户需要的商品供应到位，从而完成了商品实体的转移与商品所有权的变换。

3. 商品整理。批发商业购入商品之后，并不是原封不动地批发出去的，而要做些调整、加工，以适应顾客需要，如：对统货分等、分级，对散货加以包装；对生产资料按规格、用途等编配；对消费品按花色、品种等包装；对某些不尽适合市场需要的商品进行加工等。批发商业从事商品整理，免去了零售商业、生产者与业务用户的复杂的采购、加工、调整工作，节省了商品流通费用，提高了流通效率，对于高效、有序地组织商品流通具有重要意义，体现了节约社会交易费用的客观要求，因而是批发商业的重要职能之一。

4. 信息沟通。批发商业在商品流通过程中处于“较高的中项”，因此是各类信息交汇的枢纽。批发商业不仅利用各类信息为自身的经营管理服务，而且还将收集整理的信息反馈给有关各方，这就是批发商业的信息沟通职能。具体来讲，对于供给一方即生产者，批发商业提供有关市场需求的变化、购买力的投向、同行业竞争者的动向等方面的信息情报；对于需求一方即零售商业、生产者与业务用户，批发商业提供商品的产量变化、技术创新、成本变动等方面的信息情报。批发商业从事的信息沟通活动，对于促使供给与需求彼此协调、趋向一致有着重要作用，有利于实现社会资源的优化配置，避免社会财富的浪费。

5. 资金融通。批发商业集中体现了商业所固有的融资功能。对于生产者而言，批发商不仅在商品进入最终消费之前垫付了资金，帮助其完成了“惊险的一跃”，而且还可以提供预付货款等信用服务，加速了其资金周转，提高了资金使用效益；对于零售商业、购买生产资料的生产者与业务用户而言，批发商业作为其采购代理，可以提供赊销、延期付款等商业信用，缓解其资金困难，保障正常的商品购入与一定的商品集中，有利于其生产经营及业务活动的开展。批发商业的资金融通职能对于加速商品流转、节约流通费用有着重要意义，它体现了商品流通与货币流通的相互依存关系，应在实践中加以充分运用。

6. 风险承担。商业的风险承担职能也主要体现于批发商业。商品在从生产领域向消费领域的转移过程中，客观上存在着种种流通风险，例如商品实体的损失（包括变质、腐败、破损、受潮、毁弃等）、商品所有权的丧失（包括被盗、被骗、赖账等）、经营方面的风险（如跌价、过时、积压、拖欠等）。批发商业承担了以上列举的流通风险的绝大部分，并以保险、避险、风险管理等活动防范和转移了相当一部分风险，使风险损失控制在较小的范围内，这样既减少了社会财富的损失，又为零售商业、生产者和业务用户从事生产、经营、业务活动提供了安全、稳定的环境。

第三节　批发交易组织

如前所述，在批发商业的发展过程中，不仅经营方式在不断地发生变化，而且批发交易的组织形式也在不断变革。随着批发交易组织的产生和发展，又推动了批发商业向更深更高的层次发展。

一、批发交易组织的含义与作用

（一）批发交易组织的含义

所谓批发交易组织，是指为批发交易提供场所和条件，并为商品流通服务的组织机构。这一含义包含着以下几个方面的内容。

1. 批发交易组织提供的服务主要是交易的场所和条件，这些条件包括运输、仓储、加工、包装、信息、结算、交易方式、监督机制、风险控制等。批发交易组织并不参与交易过程，这与居间贸易组织有所不同。

2. 批发交易组织不是批发商品流通的主体，不具有商业职能，不从事商品买卖，而是为批发商品流通的买卖双方提供服务。

3. 批发交易组织是非营利性的、自治性的流通服务组织，或者说是批发商品流通中的公益性的经济组织，一般以批发交易主体为主，由同业公会出面集资兴办、营运和管理。

（二）批发交易组织的作用

批发交易组织是商品流通发展到一定阶段的产物，它与商品流通的组织化程度紧密联系，对于增强商品流通的有序性、提高商品流通的效率、降低商品流通费用、促进商品生产的发展具有重要作用。具体来说，批发交易组织的作用主要如下。

1. 促进市场竞争，优化资源配置。批发交易组织为批发商品流通提供交易场所与条件，能够吸引和聚集众多的买者与卖者，形成庞大的买方集团与卖方集团，相对于孤立的、分散的、一对一的交易而言，批发交易组织所形成的大规模的、集中的、集团化的交易在买者与卖者之间、买方集团与卖方集团之间引进了更激烈、更自由、更公开的竞争机制，有利于形成公正的市场价格，引导社会资源的合理配置。

2. 规范交易行为，建立市场秩序。批发交易组织不是自发形成的，也不是随意撮合的，而是有着严密结构与完善运行规则的经济组织。它所提供的服务也是组织化的，即要求其服务对象——批发交易主体遵守一定的秩序和规范，否则就拒绝接纳。一般而言，批发交易组织对批发交易主体的经营资格、经营商品、竞争规划、交易程序等有着明确、具体的要求，这对于反对特权与垄断、打击不正当竞争、限制场外交易具有重要作用。

3. 降低流通费用，节约交易成本。批发交易组织提供的运输、仓储、加工、包装、信息、结算等服务具有规模经济优势，相对于各个批发交易主体个别地、分散地自我服务，无疑可以降低流通费用。批发交易组织提供的业务接洽、交易监督、风险管理等服务不仅使交易的搜寻成本大大降低，而且还可以降低交易过程中的风险，增加交易双方的相互信任程度，保障交易合约顺利履行。这对整个社会而言，实际上节约了总交易成本。

4. 促进商品生产，繁荣地方经济。批发交易组织为批发商品流通提供交易的场所和条件，不仅扩大了商品流通的规模，提高了商品流通的效率，也为商品生产开拓了广阔的市场前景。商品生产者由此可以获得最新的市场信息，及时掌握市场动态，结识众多客户，按市场需要组织和调整生产，不断提高生产的商品化、专业化、现代化水平。批发交易组织吸引和聚集了众多的批发交易主体，必然对所在地的金融、保险、运输、仓储、旅游、餐饮、娱乐等行业提出强劲的市场需求，从而带动地方经济的繁荣与发展，即所谓建一处市场，兴一方经济。

二、批发交易组织的类型

随着批发交易的不断发展，批发交易组织也在不断地产生和发展，并且已基本上形成了一个相对完整的批发交易组织体系。为了对这一体系有一个清楚的认识,下面从不同的角度进行分类分析。

1. 根据批发交易组织中经营者买卖的商品范围不同,可分为专业性批发交易组织与综合性批发交易组织。专业性批发交易组织是指仅限于为某一类或某一种商品的批发流通提供交易场所与条件的交易组织,如小百货批发市场、蔬菜批发市场;综合性批发交易组织是指为多种商品的批发流通提供场所与条件的交易组织,如商品交易所,商品范围从农产品、金属产品到食品、布料等,覆盖面广,种类繁多。

2. 根据批发交易组织地理位置的不同,可分为产地批发交易组织、销地批发交易组织、集散地批发交易组织。产地批发交易组织主要是集结产地的商品与外地客商进行物资交流;销地批发交易组织主要是吸引各地的商品,促进外来客商与当地的批发商、零售商之间的商品交流;集散地批发交易组织则主要是利用当地的交通便利、历史传统、优惠政策等优势,促成产地与销地的贩运商之间集散性的商品交流。

3. 根据批发交易组织的组织化程度与交易形式的不同,可分为批发市场、贸易中心与商品交易所。批发市场是组织化程度最低的批发交易组织类型,以即期批发交易为主,也有少量短期合同交易;贸易中心的组织化程度较高,以远期合同交易为主,但仍是现货交易;商品交易所是组织化程度最高的批发交易组织类型,执行标准化交易合约,既有现货交易,又有期货交易,但以期货交易为主。

三、三种主要批发交易组织的介绍

(一)批发市场

批发市场是最初级的批发市场组织类型,一般以农副产品(如蔬菜、水果、水产品、肉类、蛋类、奶制品等)交易为主,交易制度比较自由、松散,灵活性大,客户在批发市场中可以享受到运输、仓储、包装、结算、信息等方面的服务,进行即期现货批发交易,即钱货两清的交易。在我国,由于国有批发商业仍未完成其体制改造,同时工业生产中又存在着众多的小规模生产者,生产的集中程度低,因此还存在着日用工业品批发市场。

批发市场的存在有其客观必然性。首先,它可以解决小生产与大市场的矛盾。城市化进程使城市人口迅猛增加,每天所消费的农副产品数量十分庞大,而农业生产却主要是小规模分散进行的,因此要求批发市场这一批发商品流通的服务组织为供求双方提供交易的场所与条件,吸引广大农业生产者与城市的批发商集中交易,将小生产纳入大市场的运行轨道之中。其次,可以提供多方面的服务,降低交易成本。农副产品一般不易储藏,不宜长途运输,其使用价值容易受损失,对包装、装卸、卫生条件的要求高,小生产者组织分散,低效的商品流通显然难以适应这些要求,而批发市场拥有规模经济优势,可以集中、高效地发挥农副产品的储存、运输、分类、包装、整理等流通辅助功能,从而可以节约流通费用,避免社会财富的损失。第三,可以调节农副产品供求平衡,稳定农副产品价格。由于农副产品生产受自然因素影响大,往往会出现较大的价格起伏,而其价格需求弹性却相对较小,并且农副产品波及面广，与人民群众生活密切相关，因而农副产品易于出现供求失衡与价格暴涨、暴跌的现象，严重时不仅影响人民生活水平，甚至可能诱发社会动荡。批发市场的存在有利于强化市场竞争，促进公平交易，也有利于疏通流通渠道，维持价格稳定，调节供求平衡。

在我国，批发市场又分为地方批发市场与中央批发市场两种。地方批发市场一般是在产地设立的批发市场，其功能主要是集中商品。一般是农产品收购商及其代理人或零售商在地方批发市场向农业生产者大量收购农副产品，再转卖到城市。中央批发市场则一般设于大城市、交通枢纽或农副产品集散地，其功能是双向的，既集中商品，又分散商品。一般是商人批发商、大零售商及业务用户（如饭店）大批收购农副产品，然后再供应给广大零售商或消费者。随着农业生产集约化程度的提高，农村地区工业化进程的加快以及交通运输技术、冷藏保鲜技术的进步，农业生产者与农副产品加工企业、农副产品批发商建立直接联系的情况越来越普遍，从而导致了地方批发市场的相对萎缩。从长期来看，中央批发市场将取代相当大一部分地方批发市场，这有利于减少流通环节，提高流通效率，节省流通费用。

（二）贸易中心

1. 贸易中心的特点。贸易中心是一种组织化程度较高的为批发商品流通服务的组织，它具有以下几个方面的基本特点。

（1）交易批量巨大。贸易中心集中了大的买者与卖者，严格限于批发交易，零售商、其他较小的批发商被排除在外，因此，贸易中心是典型、纯粹的批发交易服务组织。

（2）以远期合同交易为主。所谓远期合同交易就是由买卖双方签订在未来某一时期内进行某种商品实物交割的交易方式。这种交易，合同签订在先，实物交割在后。

（3）吸引力强，辐射面广。贸易中心交易批量巨大，又以远期合同交易为主，因此易于突破交易的空间与时间限制，吸引各地商品与客户，服务广大地域。

2. 贸易中心的作用。贸易中心作为批发交易组织的重要类型，其作用表现在以下几个方面。

（1）贸易中心的存在和发展可以促进商品市场体系的完善。商品市场体系按空间范围与辐射能力，可以分为地方市场、区域市场、全国市场与国际市场。贸易中心以其交易量与辐射力，往往是区域市场或全国市场的支柱，而且往往与国际市场接轨，成为沟通国内市场与国际市场的中心环节。商品市场体系按发育状况与组织化程度，可以分为初级市场、中级市场与高级市场。贸易中心以其相对完备的功能与比较规范化的远期合同交易形式，成为中级市场的主体，它不仅担负着为多品种、大批量的商品流通服务的任务，也是市场发育中的一个承上启下的关键阶段，为商品交易所等高级交易组织形式的出现奠定了基础。

（2）贸易中心有利于建立相对稳定的购销关系，增强商品流通的有序性，为商品生产的发展创造条件。贸易中心以远期合同交易为主，且交易批量巨大。这对生产者来说，便于有计划地组织生产，易于核算成本费用，避免积压浪费，减少市场风险；对经营者而言，便于组织商品货源，积极开拓市场，强化销售，易于赢得竞争优势。生产者与经营者之间或经营者与经营者之间这种巨额合同交易，使它们彼此了解、互相信任，有利于建立相对稳定的购销关系，从而既可以增进双方的利益，又可以提高流通的效率和增强商品流通效率的有序性。

(3)贸易中心可以提供公开、公平与公正的交易场所。贸易中心是开放型的，人不分公私，货不分南北，一视同仁，平等相待。贸易中心又是鼓励竞争的，众多的买者与卖者集中交易，且交易数额巨大，供求信息量大，促进了平等、公正的市场竞争。贸易中心具有较高的组织化程度，以远期合同交易为主，且服务设施完善、服务功能齐备，有利于增强市场交易的有序性。

由于贸易中心具有上述三方面的作用，因此，在我国流通体制改革的过程中，贸易中心曾经充当过打破原有的行政式、垄断式、封闭式、分配式旧体制的急先锋，获得了迅速发展。

(三)商品交易所

商品交易所是组织化程度最高的批发商品流通服务组织，它不仅提供批发交易的场所与条件，而且对交易主体、交易客体、交易方式、结算制度、保障制度等有系统的、严密的规定与章程。商品交易所作为最高层次的批发交易组织，一般具有以下几方面的特点。

1. 交易主体必须是商品交易所的会员或其委托者。会员资格的取得需要一定的条件：必须是商品交易所入市商品的主要经营者，必须拥有一定数量的资产，必须为商品交易所提供一定的投资，必须依照法律规定完成一定的法律手续。会员经过一定的登记程序，也可以成为经纪人，接受顾客的委托进行交易。由于经纪制度的存在，尽管商品交易所中实际入场交易的仅是会员或其代表，实际上却集中了大量的交易者。

2. 交易客体仅限于商品交易所指定入市的商品，不是任何商品都可以进场交易的。一般而言，入市商品应当同时具有下列条件：质量长期相对稳定，并且易于储存、保管和运输，能够分等分级，相同的等级之间可以相互替代，不同的等级之间可以确定合理的价格差额；用途广泛、交易频繁、影响较大；价格易于波动，且上下起伏较大。由于同时满足这些条件的商品有限，因此，商品交易所交易的商品也很有限。

3. 交易高度定形化。主要表现在这样几个方面。

(1)交易方式是固定的，即商品交易所对合同文本、竞价办法、履约方式等有一系列的明确规定，努力使交易趋于公开、公正、公平，拒绝或违反这些规定与原则者将被禁止入场或者受到处罚。

(2)结算制度与保障制度严密。为了避免过度投机，减弱交易风险，交易所一般实行保证金制度，严格限制随意透支，并且结算工作效率很高，纪律极严，实施每日无负债制度，及时要求追加保证金。为了保障合约的顺利履行，商品交易所一般还设有仲裁机构，处理交易活动中的价格、数量、定势等情况，向有关管理机构报告，并通过新闻媒介发布。

(3)商品检验设施齐全，技术先进，标准品制度与等级制度十分完善。

关于商品交易所的功能和组织结构等方面的内容，将在“期货交易”一章中做进一步的介绍。

第四节　批发商业面临的机遇与挑战

一、影响批发商业发展的因素

批发商业作为商业内部分工深化的产物，有其存在的必然性和必要性。从前面介绍的批发商业地位的演变不难看出，批发商业的发展受到多种因素的制约。只有适应客观条件的变化，批发商业才能发展和壮大。具体来讲，影响批发商业发展的因素主要如下。

(一)生产状况

首先是生产者的地理分布状况。如果生产者在地理上相对分散，就需要批发商业介入，以集中商品，批量运输，节省商品流通费用。其次是生产者的规模与结构。如果生产规模小，数量多，生产集中程度低，那么批发商业的介入就可以减少交易总次数，节约社会交易费用。再次是生产的专业化分工程度。如果生产的专业化分工很深很细，那么相关的生产者之间的相互依存程度就很高，彼此之间就存在大量的市场化交易，批发的介入可以减少交易的数量，节约交易费用。最后是生产者的产品范围。如果生产者的产品范围狭小，集中于一种或少数几种产品的生产，则其与最终顾客或零售商直接交易的能力就差，相当程度上就依赖批发商业的中介作用。

(二)需求状况

首先是需求者(包括零售商、产业用户与业务用户)的地理分布状况。如果需求者在地理上是分散的，批发商业的介入就能够迅速集中商品，批量运输，节省商品流通费用。其次是需求的规模与结构。如果需求规模小，数量多，则与生产者直接打交道的能力就差，就会依赖于批发商业的中介作用，以减少交易次数，节约交易费用。最后是需求者的需求结构。如果需求者所需的商品范围广，品种多，要求商品花色、规格齐全，就需要批发商业介入，以提供采购、集中、编配、分装、发送等服务。

(三)生产与需求的差异状况

首先是生产与需求的空间差异。如果生产者与需求者相距遥远、彼此隔绝，那么批发商业的介入就可以进行集中运输，节约运费，提高效率。其次是生产与需求的时间差异。如果生产与需求的时间间隔很长或者存在错位情况，那么批发商业的介入就可以进行集中储存，节约储存费用，提高流通效率。最后是生产与需求的集散差异。如果生产是集中的而需求是分散的，或者生产是分散的而需求是集中的，那么批发商业的介入就可以解决生产与需求在集散上的矛盾，保障商品流通顺利进行。

（四）商品性质

如果商品属于鲜活、易腐类，或者体积大，单位价值低，破损率高，那么就要求减少流通环节，减少储存时间与运输里程，以节约商品流通费用，这种情况下批发商业一般不宜介入，即使介入也要求极高的效率。如果商品的技术性复杂，需要提供强有力的服务支持，那么就以生产者的直接销售为佳，批发商业由于缺乏专门的技术、人才与服务手段，也不宜贸然介入；相反，对于物理寿命长、单位价值高，运输与保管性能好、技术简单的商品，批发商业则易于介入流通过程，且能起到加速商品流转、降低流通费用的作用。

二、批发商业面临的挑战与机遇

从世界范围来看，批发商业既面临着巨大的挑战，也面临着发展的机遇。如何抓住机遇，应对挑战，是批发商业面临的重大课题。

（一）批发商业面临的挑战

1. 生产方面的变化对批发商业的挑战。

（1）生产集中程度的提高对批发商业的影响。随着现代市场经济的发展，生产的垄断趋势进一步增强，即少数大企业通过不断兼并中小企业而迅速膨胀，控制了大部分产品的生产，操纵产品的产量和价格，从而对批发商业形成压力。

（2）生产的纵向一体化程度的提高对批发商业的影响。随着纵向一体化生产程度的不断提高，原来在相关的生产者之间发生的大量市场化交易转变为组织内部的交易，从而使得批发商业作为商品交换中介的作用大大降低。

（3）生产的产品范围的扩展对批发商业的影响。许多生产者尤其是资本雄厚、规模庞大的垄断厂商，为了分散风险，增加竞争能力，获取高额利润，往往有扩展商品范围的趋势，或者使产品系列化，增加品种、规格、花色，最大限度地占领市场，或者生产若干种彼此相关或互不相关的产品。生产者的产品范围的扩展增强了其与零售商或最终消费者直接打交道的能力，这也威胁着批发商业在商品集散、编配、分类、备货等方面的传统优势。

（4）生产向销售的前向一体化扩张对批发商业的影响。许多生产者为了推出新产品、掌握市场动态、节约流通费用、服务最终消费者，往往自己设立销售机构，绕过批发商业，与零售商或最终消费者建立业务联系，从而对批发商业构成了一定的竞争压力。

2. 需求方面的变化对批发商业的挑战。

（1）需求者需求规模的扩大，使其与生产者直接打交道的能力增强，从而有可能绕过批发商业。

(2)需求者组织化程度的提高,如零售商业中的连锁商店与零售商合作组织、业务用户中的购买服务组织,可以向生产者集中采购甚至自办批发机构,从而对批发商业形成了强有力的冲击。

(3)需求专业化趋势的增强,如专业商店的崛起与兴盛,对综合批发商业提出了挑战,这就要求批发向专业化方向转化,否则批发商业将面临生存危机。

3. 流通方面与技术方面的变化对批发商业的挑战。这主要表现如下。

(1)现代金融业与保险业的发展,为商品流通提供了强大的资金支持与风险保障,从而降低了批发商业在融通资金与承担风险方面的作用。

(2)贸易中心、商品交易所等组织化程度较高的批发商品流通服务组织的存在,使得批发交易更为集约化、公开化、社会化,从而对批发商业调节供求与沟通信息方面的作用构成一定的冲击。

(3)商品标准化与物流技术的日益发达也影响了批发商业传统的商品整理作用的发挥。

(4)网络技术的发展,使批发商业所具有的信息功能大大降低。

(二)批发商业面临的发展机遇

虽然现代批发商业在发展过程中面临着多方面的挑战,但同时也面临着发展的机遇。这些机遇主要表现在以下几个方面。

1. 现代化技术的发展增强了批发商业的活动能力。计算机技术及信息处理技术可以有效地提高批发商业的经营管理能力;交通运输的发展促使批发商业扩大商圈,增强辐射能力;通信技术的进步有助于批发商业沟通信息作用的发挥。

2. 商品的品种、数量、规格、花色的迅猛增长以及消费需求的复杂多变强化了对批发商业集散商品、编配分装功能的社会需求。

3. 物流业的进步使得批发商业可以扩大商品经营范围,如冷藏保鲜技术使原来地产地销的商品得以纳入批发商业轨道,航空运输技术使时效性强的商品也进入了批发商业系统。

4. 与生产和零售的集中化趋势并存的是中小企业大量存在,这为批发商业的发展提供了广阔的空间。

5. 生产的专业化分工仍将深化,相关生产者之间的市场化交易数量也在持续增长,不可能全部为组织化内部交易所取代,这将使批发商业的中介作用进一步得到发挥。

6. 消费水平的提高制造了新的供求差异,这也为批发商业的发展提供了市场。

三、我国批发业发展的现状

从国民经济的部门角度看,商业是最早走上市场取向改革之路的行业。而在商业改革中,批发商业改革又是开始最早的。

按改革措施出台的先后次序,我国批发商业体制改革大致经过了六个过程:①通过调整社会商业结构,逐步发展集体、个体商业(包括批发与零售),扩大工业自销，并允许各部门自办批发；②放宽商品购销政策，实行工业品的多种购销形式，农副产品的合同定购和自由购销形式；③允许基层企业直接进货，取消“三固定”，打破“一、二、三、零”的批发体制束缚，同时改革作价办法，由分层次固定倒扣改为批量作价、合理差价；④削减批发层次，下放一、二级站至所在城市，站司合并，专业划细；⑤取消批零限制，发展批兼零、零兼批等形式，并在横向经济联合基础上发展批发商业企业集团；⑥在批发企业改革中，贯彻政企分开，企业自主经营、自负盈亏的原则，在企业内部则实行多种经营责任制和按照现代企业制度的要求，推进国有批发企业的股份制改革。

实践证明，批发商业的改革基本上是成功的。它一方面促进了商品生产的发展，扩大了商品流通规模和市场范围；另一方面，它朝着市场经济条件下的批发商业迈出了重要的步伐。

目前，我国新的批发体系虽然还没有效地建立起来，但在建立多元主体、多种方式、多层结构的批发体系方面有所推进。这主要体现如下。

第一，批发主体的多元化。改革开放以后，我国逐步放开了商品的经营权。加入世界贸易组织以后，我国又进一步允许外商进入国内的分销领域。目前，基本上形成了以下三大批发业主体。

一是工业企业充当重要的批发主体。改革开放后，工业企业有了产品的自销权，很多生产企业把一部分产业资本投入商业资本，自营批发，直接获取商业利润。在不少产品领域，工业企业成了最大的批发业主体。

二是非公有制经济逐步进入批发业，成为批发业的一支重要生力军。非公有制经济首先进入的是零售业，在有了一定的资本积累以后逐步进入批发业，在批发业务中，一般先进入日用工业品批发领域，再进入生产资料批发领域。目前，外资已开始进入批发环节，但数量还不太多。

三是国有批发企业经过改革、改制，优胜劣汰，仍然是批发业务的主力。特别是在盐、烟草、成品油、原油、粮油、棉花、化肥、农药、图书、钢材、汽车、煤炭、糖酒等产品领域，国有批发企业的主力地位显得尤为明显，有些已成为批发代理商与批发经纪人，有些零售企业在发展连锁超市过程中，实行批零结合，也进入了批发领域。

第二，批发形式多样化。目前主要有以下四种形式。

一是生产企业通过代理、经纪和直销，用契约方式进行批发交易。改革开放以来，各级政府虽然积极推动代理制，但由于信用体系不完善，真正的佣金代理发展很慢，批发经纪人也不发达，但生产企业通过契约直接批发给生产企业、批发企业、零售企业则成为一种主要渠道，这是一种无形市场的批发方式。

二是通过商品批发市场进行批发交易。据统计，截至 2022 年底，全国亿元以上的批发交易市场达 3 659 个，成交金额为 95 455.36 亿元；综合批发市场有 1 107 个，成交金额为 23 358.85 亿元。虽然这些批发交易市场大多是批零兼营的，但仍是目前中国许多商品特别是农副产品与部分日用品的重要批发渠道与批发载体。

三是通过网络进行批发交易。随着电子商务的发展，网上交易也成了批发交易的重要形式。按电子商务协会发布的《中国电子商务发展分析报告》,2023 年企业电子商务(B2B 电子商务)交易总额已达 33.89 万亿元。

四是通过展销会进行批发交易。这是会展经济快速发展的推动力。这类展销会涉及各个层次、各种产品,有综合性的,有专业性的;有全国性的,有地区性的;有外销为主的,有内销为主的。展销会成了批发交易的重要形式,但目前展销会蜂拥而起,除上海、广州以外,并没有形成真正的会展中心城市。

四、我国批发业存在的问题

在批发业改革取得一定成绩的同时,我国批发业也存在着一系列的问题,主要表现如下。

第一,在批发体制改革方面存在不足:①"三多一少"流通模式的运行,过分注重了多渠道的形成,而没有真正确定一个合适的"度",结果造成了一些紧俏商品层层倒手、层层加价,少环节反而逆转为"多环节";某些供大于求的商品,由于价低利微而无人问津,致使多渠道反转为"少渠道"。这种模式原本的要求与现实运行的反差,引致了批发秩序的混乱。②在部门、地区、所有制之间利益分配关系远未理顺的形势下,"开放式"经营体制已成为地区封锁与保护主义抬头的根源。③国有批发商业的整体优势在多头批发商业主体的冲击下日益减弱,宏观经济效益降低。④工商矛盾、产销矛盾、批零矛盾加剧,不仅降低了整个流通的计划性,也加大了商品供求间的矛盾程度。

第二,在认识上存在一定的误区。如果说目前全国"重生产轻流通"的思想烙印还很深的话,在流通领域则存在"重零售轻批发"的错误思想。传统批发体系的瓦解导致了人们对商品流通规律认识上的盲区,有人提出,在现代市场经济和现代流通方式充分发展的情况下,批发业没有存在和发展的必要。有人提出批发环节是多余的,鼓吹生产商直销零售商。也有人提出,生产企业要向两头延伸,撇开流通部门。这种认识严重违背了客观的流通规律。结果在实践中,批零界限模糊,生产企业不愿意更多地向批发环节让利,否定流通的专业化、规模化和流通自身所固有的规律性。这种现象说明,中国批发业的发展还没有完全走上正道。

第三,批发秩序比较混乱。在我国的商品批发领域,批发环节过于分散,进货渠道不稳定;经营行为不规范,有时零售价甚至等同或低于批发价;批发交易不仅存在假冒伪劣,而且资金互相拖欠;信用体系不健全,使"佣金代理"不能健康发展。

第四,缺少大批发商。除了进出口贸易与生产资料批发交易中有小部分规模较大的批发商以外,各类批发市场中基本没有大批发商。由小商贩为主体与支撑的传统批发市场已相对过剩,而依托现代科技、先进管理的大批发商严重不足。批发商"小、散、差、乱",极大地损害了中国批发业的形象。

第五,批发技术落后。现代批发,无论是连锁经营还是电子商务交易,都必须以现代化的商品配送中心为基础。这种从生产部门直接采购、通过网络系统和自动补货系统达到销售终端来满足客户要求的方式,信息化和标准化是关键环节。

我国商品流通的信息化和标准化虽然有了很大程度的进步，但是在应用现代电子信息技术，如电子数据交换（EDI）、电子付款服务系统（EPS）、宽带综合业务数字网（B-ISDN）、网络定位系统等方面还有很大差距，精通现代商业技术的人才又十分缺乏。这些都制约着我国现代批发业的发展。因此，如何发展我国的批发商业，是需要研究的重要问题。

思考题

1. 简述批发与批发商业的关系。
2. 简述批发商业的特点。
3. 简述批发商业的类型。
4. 简述批发商业地位的演变。
5. 简述批发商业的功能。
6. 简述批发交易组织的含义。
7. 简述批发交易组织的作用。
8. 简述批发交易组织的主要类型。
9. 简述贸易中心的特点。
10. 简述商品交易所的特点。
11. 简述影响批发商业发展的因素。
12. 简述现代批发商业面临的机遇和挑战。

第九章

商务代理

在市场经济条件下,“万事不求人”“事必躬亲”的时代已经不复存在。代理活动已深入社会经济生活中的各个方面。在现代经济活动中,如何调动生产者与经营者的积极性,实现合理的社会分工,使资源配置合理化,经济效益最大化,一直是人们关注的重大问题。发达国家的实践经验表明,遵循社会分工和平均利润原则的商务代理制,是解决这一问题的重要途径。本章首先介绍了代理和代理制度的基本含义,然后介绍了商务代理与商务代理制度,最后论述了代理商的选择与商务代理纠纷的处理。

第一节　代理与代理制

一、代理的含义与特征

(一)代理的含义

所谓代理,就是指代理人根据被代理人的委托授权,以被代理人的名义,代表被代理人同第三人订立合同或做其他事务的法律行为,由此而产生的法律效果对被代理人发生法律效力。在民法上,这里所说的被代理人称为本人,代理人就是指受本人的委托替本人办事的人,而第三人则是泛指一切与代理人打交道的人。法律效果包括:①代理行为所产生的权利义务;②代理行为所取得的其他利益;③代理人因过失造成的不利后果及损失;④代理人执行事务时,因过失而为第三人造成损失的赔偿责任。世界各国代理法规定,代理的法律效果,一般由被代理人承担。

(二)代理关系

所谓代理关系,就是指发生在被代理人、代理人及第三人之间的民事法律关系。从代理的含义当中可以看出,代理存在着三个关系人:一是被代理人,又称委托人或本人;二是代理人;三是第三人,即除被代理人之外与代理人打交道的所有人。因此,相应地,在代理关系中包含三个方面的关系:①被代理人与代理人之间基于委托授权而形成的代理权关系;②代理人根据委托授权与第三人之间发生的代理行为关系;③被代理人与第三人之间存在的代理行为的法律后果的承受关系。

这三种关系,一般又归为代理的内部关系与代理的外部关系两类。其中,代理的内部关系是指被代理人与代理人之间的关系,代理的外部关系是指被代理人与代理人二者对第三人的关系。显然,上述代理关系中的①为代理的内部关系,②与③则为代理的外部关系。

代理的内部关系是代理制度中最基本的关系。这种关系由被代理人与代理人之间签订的合同来决定。在这种合同中,规定了双方的权利、责任和义务。

在代理关系所包含的三个方面的关系中,代理人起着非常重要的作用,代理人的地位尤为突出。因为,代理人既是代理权的享有者,又是代理行为的实施者。大量实践证明,代理关系中当事人之间的争议大多是围绕着代理权限和代理行为的实施问题展开的。因此,在代理事务中,选择代理人、明确代理权限、限定代理行为非常重要。

(三)代理的特征

1. 代理人必须以被代理人的名义开展活动。在民事活动中,名义和利益必须统一。代理人虽然在委托权限内可以独立地进行代理活动,但他的行为并不是为了实现自己的利益,而是为了实现被代理人的利益。被代理人仍然是代理活动所产生的民事法律关系的主体,要承担法律后果。代理人只有以被代理人的名义进行活动,才能为被代理人取得权利、设定义务。如果代理人以自己的名义进行民事活动,那么,显然这种活动就不是代理,其所取得的权利与设定的义务也只能由代理人自己承担。

应当指出,在国外关于代理的法律规定中,大陆法系将代理分为“直接代理”和“间接代理”。直接代理是指代理人在代理权限内,以被代理人的名义同第三人签订合同或进行其他事务的代理行为,其效力直接溯及被代理人。代理人对第三人不承担责任,也不享受权利,间接代理也称为“行纪”。间接代理人也称为“行纪人”。行纪人以自己的名义与第三人签订合同,对第三人承担合同中的义务,享受合同中的权利。被代理人不是该合同中一方当事人,他对第三人不承担责任,除非行纪人将合同转让给被代理人。英美法系的国家将代理分为“显名代理”和“隐名代理”。显名代理,又称为披露被代理人的代理,是指代理人同第三人签订合同时,表明了代理关系的存在,说明他是以代理身份行为的。不管他是否指出了被代理人的姓名,他所签订的合同都被认为是被代理人与第三人之间的合同,被代理人应对合同负责。代理人在签订合同以后就应退居合同之外,他既不从合同中取得利益,也不对合同承担义务。隐名代理,又称为未披露被代理人的代理,是指代理人根据被代理人的授权,与第三人签订合同,但未披露有代理关系存在,代理人对合同承担责任。但是,被代理人有权介入合同并向第三人行使请求权或在必要时对第三人起诉。如果被代理人行使了介入权,被代理人则对第三人承担义务。同时,如果第三人发现了被代理人,就享有选择权,但第三人一旦选定了要求被代理人或代理人承担义务之后,就不能改变主意向他们当中另一人起诉。

可见,大陆法系与英美法系对代理的解释有原则性的分歧。在大陆法系国家的民法中,只承认"直接代理"为代理关系,而只把"间接代理"当作行纪关系来处理;而英美法系国家民法不仅承认"显名代理" 为代理关系,而且也承认"隐名代理"为代理关系。显然,英美法系国家的代理概念大于大陆法系国家。

2. 代理行为必须是具有法律意义的行为。这就意味着代理人与第三人之间通过代理行为能够产生法律上的权利和义务关系,并产生法律后果。否则,就不能称之为法律上的代理行为。例如,代人捎信问候、代人保管物品、代人照看老人、儿童等只是提供劳务,并不与第三人发生法律关系。

我国《民法典》将代理行为限制在"以被代理人的名义实施民事法律行为"。民事法律行为是指公民或法人设立、变更、终止民事权利和民事义务的合法行为。显然,代理人的代理行为属于民事法律行为。但在社会生活中,代理人的代理行为又不限于民事法律行为,即代理人还可以代理其他意义的非民事法律行为。例如,某些工商行政管理咨询机构代理企业登记以及申请营业执照的行为,就其性质而言属于行政法律行为而不是民事法律行为,但这些行为是合法的,并能产生法律上的后果,即公民、法人的民事权益可以得到维护,企业可以产生经营的权利能力和行为能力等。而对这些行为的代理,我国的法律并没有予以禁止。

3. 代理人只能在被代理人的授权范围内进行代理活动。这就意味着代理权在代理关系中具有决定性的作用。代理权是被代理人给予代理人的权利,是确定代理人代理行为的实施和代理行为法律效果归属的依据。代理人只有具备了代理权,才能对所代理的事宜独立地从事代理行为。但代理人得到授权之后,必须在被代理人的授权范围内进行民事活动,不得擅自变更或超越代理权限。否则,由此造成的后果由代理人自己承担。显然,在代理关系中,代理权的确定非常重要。如果代理权限过小,代理人就难以独立行事;如果代理权限过大,代理人就可能滥用权利;如果代理权限不清,就可能失去对代理人的监督和管理。

代理人必须在被代理人的授权范围内进行民事活动,这并不妨碍代理人的独立行为能力。相反,代理人在代理行为中有独立进行"意思表示"的权利。所谓意思表示,就是指行为人把所要求进行的民事活动的意愿,以口头或书面的形式表现于外部的行为。代理人为了较好地完成被代理人委托的代理事务,代理人在代理权限内可以根据代理活动的实际情况进行相应的意思表示,即可以决定如何向第三人进行意思表示,或决定是否接受第三人的意思表示。例如,在商务代理中,代理人有权在合同谈判中决定如何向对方讨价还价,提出要求,有权决定是否接受对方提出的条件。这就意味着,代理人在实施代理行为时,可以全面地权衡利弊得失,争取在对被代理人最有利的情况下完成代理事务,维护被代理人的利益。

4. 代理行为所产生的法律后果由被代理人承担。代理人的代理行为是以被代理人的名义进行的，因此，代理行为实际上应视为被代理人的行为。代理人只不过是执行被代理人的意志，并体现被代理人利益的要求，这样，代理行为所产生的权利和责任，自然要由被代理人来承担。

被代理人对代理人的代理行为承担民事责任，既包括对代理人在执行代理事务中的合法行为承担民事责任，也包括对代理人在执行代理事务中的违法行为承担民事责任。这就意味着，被代理人承受的代理行为的法律后果，既包括合法的和有利的法律后果，也包括违法的和不利的法律后果。

二、代理的类别

现代代理活动多种多样，为了对不同的代理行为有一个清楚的认识，了解其适合于何种领域、何种业务，有必要对其加以分类。

（一）根据代理权产生的原因不同分类

根据代理权产生的原因不同，可将代理分为委托代理、法定代理和指定代理。

1. 委托代理。委托代理，又称为“委任代理”“意定代理”，是指由委托人（即被代理人）授权而产生的代理行为。委托代理是市场经济条件下最广泛的一种代理类型，商务代理就属于委托代理之列。

委托代理在委托人的“委托授权”下产生。所谓委托授权，是指委托人向代理人授予代理权的意思表示。委托授权是一种单向的民事法律行为，以委托人单方意思表示为成立要件，只要委托人做出了这一意思表示，代理人就取得了代理权，授权的法律效果也就随之产生。可见，委托授权在委托代理中具有决定性的意义。

委托代理可采用书面形式，也可以采用口头形式。法律上规定用书面形式的，应当用书面形式。授予代理权的书面形式，称为代理委托书或代理证书。它是证明代理人具有代理权的法律文件。由于代理是代理人以被代理人的名义与第三人进行的法律行为，其后果直接由被代理人承担，而且对第三人也产生相应的权利与义务，所以，代理委托书的合理与否至关重要。我国《民法典》第 165 条规定，书面委托代理的授权委托书应当载明代理人的姓名或者名称、代理事项、权限和期限，并由委托人签名或者盖章。为了避免发生纠纷，代理委托书有的要经过公证机关的证明。法人等社会组织发出的代理委托书应加盖法人印章才发生法律效力。

委托代理是委托人与代理人在自愿的基础上建立起来的一种法律关系。是否建立代理关系，与谁建立代理关系，代理范围的规定等都由当事人的意志来决定，这是委托代理的特点。在委托代理中，委托人有权随时撤销其委托，代理人也有权随时辞去代理。代理人辞去代理时，应及时通知委托人，或向委托人返还代理委托证书。一般说来，法人与法人、法人与公民之间的委托代理，采用书面形式；公民之间的委托代理，可采用书面形式，也可采用口头形式。

委托代理中的代理人，可以是公民个人，即自然人，也可以是取得法人资格的代理机构。代理机构代理一般都是有偿的，公民个人之间的代理可以是有偿的，也可以是无偿的，这取决于双方的协议。这一点与法定代理有明显区别，法定代理一般是无偿的。因为,法定代理是基于代理人和被代理人之间的特定社会关系并由法律直接规定形成的。它既是一种权利,同时也是一项义务,不以营利为目的。

2. 法定代理。法定代理是根据法律的规定而发生的代理行为,也就是说代理人的代理权是根据法律的规定而产生的。法定代理主要是为无行为能力的人或限制行为能力的人设立的一种代理制度。

法定代理的特点是:第一,法定代理产生的依据是法律的直接规定。由于当事人之间存在某种特定的社会关系,法律规定在他们之间当然地存在代理与被代理的关系。代理人的代理权是由于法律的直接规定而当然地享有,而不是由当事人的意思表示所决定的。这是法定代理与委托代理的根本区别。第二,法定代理人的代理权限也是由法律规定的。一般都属于普通代理或全权代理,没有权限范围的特殊限制。法定代理人所进行的代理活动主要有下列内容:①代理参加继承关系,接收遗产;②代理参加继承关系,接收遗赠;③代理参加赠与关系,接收赠与;④代理参加诉讼;⑤代理签订合同;⑥代理处分财产(必须是为了被代理人的利益)。法定代理人与当事人处于相同的地位,享有当事人的诉讼权利,承担当事人的诉讼义务。法定代理都是无偿的。

3. 指定代理。指定代理是根据法院或有关机关的指定而发生的代理行为。由于法院或有关机关也是根据法律的规定指定代理人,所以实际上指定代理也属于法定代理的范畴。在民事诉讼中,当事人一方为无诉讼行为能力的人或限制行为能力的人而没有法定代理人的,或者被代理人与法定代理人之间有利害冲突的,可由法院为其行为指定代理人。

指定代理的产生不是自由协商的,而是由人民法院或其他机关依职权进行指定而形成的,被指定人不得无故拒绝履行代理义务。指定代理中的代理人绝大多数都是公民个人,被代理人则都是无民事行为能力的人或限制民事行为能力的人。指定代理人不得拒绝或中途辞去代理,否则要承担法律责任。指定代理大都是无偿的。根据我国法律,指定代理适用于下列场合:①担任监护人有争议的;②公民被宣告失踪时的财产代管;③遗产继承中的指定代理;④民事诉讼中的指定代理。

(二)根据代理权范围的不同分类

根据代理权范围的不同,可将代理分为全权代理与部分代理。

1. 全权代理。全权代理,又称为一般代理,是指代理人在代理范围内,可以代理委托人完成任何事务的代理行为。法定代理与指定代理本身为全权代理,因为被代理人是无行为能力的人或限制行为能力的人,他们无能力实施法律行为,只能由代理人全权代理。委托代理本身虽不为全权代理,但可根据需要在委托书中载明为全权代理。

2. 部分代理。部分代理,又称为特别代理或特定代理,是指代理权受到一定限制的代理行为。由于法定代理与指定代理一般为全权代理,因此,部分代理一般出现在委托代理中。例如,在委托代理中,一个企业除总经理或总裁以外,还有下属部门经理、项目经理以及一线营业员、采购员等，这些人享有的代理权就属于部分代理。在实际的社会生活、经济生活中，如果授权委托书对授权范围限定不够明确，也就是说，不能判定是全权代理还是部分代理，根据我国《民法典》的规定，由委托人向第三人承担民事责任，代理人则负连带责任。

（三）根据代理行为是否由代理人亲自完成分类

根据代理行为是否由代理人亲自完成，可将代理分为本代理与复代理。

1. 本代理。本代理是指代理人以被代理人的名义亲自实施代理行为，也称为普通代理。一般情况下，代理都为本代理。

2. 复代理。复代理是指不是由代理人自己而是由代理人委托其他人实施的代理行为，也称为再代理或次代理。接受代理人委托的人称为复代理人。一般情况下，在委托代理中是不允许代理人将代理权委托他人行使的，这是因为委托代理是基于委托人与代理人之间的相互信任关系而产生的，所以，代理人应该亲自实施代理行为。但是，根据我国《民法典》规定，在符合一定的条件下，可以允许代理人进行再委托，由复代理人代理被代理人实施代理行为。

复代理需具备的条件是：①为了被代理人的利益。②事前征得被代理人的同意。如果被代理人表示同意，即可进行转委托。如果被代理人明确表示不同意，则不能进行转委托。代理人自作主张进行转委托，后果由代理人承担。③确因“情况紧急”而来不及事前征得被代理人同意的，代理人可先进行转委托，事后将转委托的情况告诉被代理人。被代理人对事后才被告知的转委托，可表示同意，也可表示不同意。如表示同意，则与事前征得同意具有同样的效力。如表示不同意，则转委托不能成立，代理人应对转委托产生的一切后果负责。如果代理人确实能够证明转委托是在情况紧急下进行的，则被代理人必须对复代理予以承认。

复代理的特征是：①复代理人是由代理人挑选产生的，而不是由被代理人委托产生的。②复代理可以是全部代理的转委托，也可以是部分代理的转委托，但是，复代理人的权限不得超过代理人的代理权限范围。③复代理是以原代理权为前提的，为代理权的连续行使，并不是代理权的转移。④复代理涉及的当事人有四方，即被代理人、代理人、复代理人与第三人。⑤复代理人虽是代理人挑选产生的，但不是代理人的代理人，而是被代理人的代理人，他直接以被代理人的名义实施代理行为。

（四）根据享有代理权人数的不同分类

根据享有代理权人数的不同，可将代理分为单独代理和共同代理。

1. 单独代理。单独代理，又称为独立代理，是指代理权只由一人单独享有而行使的代理行为。

2. 共同代理。共同代理是指代理权由二人或二人以上共同享有和共同行使的代理行为。如根据我国《民法典》的规定，父母是其未成年子女的监护人，未成年子女的法定代理权由父母双方共同行使，就属于共同代理。

共同代理最重要的特征是代理权由数个代理人共同行使。所谓共同行使，是指代理权平等地属于数个代理人，由他们同时享有，只有经过全体代理人的共同同意，才能行使代理权。如果其中任何一人未经其他代理人的同意而行使代理权，则该代理行为无效。共同代理中某一个代理人或数个代理人如果未经与其他代理人协商而擅自单独行使代理权，由此给被代理人造成损失的，则应承担法律责任。在共同代理中，如果一人或者数人经与其他代理人协商而实施行为，则该行为应被看作全体代理人的共同行为，实施行为的意思表示应被看作全体代理人的意思表示。如果实施的行为给被代理人或第三人造成了损害，则应由全体代理人负连带责任。

应当指出，委托人委托的代理人数的多少不是共同代理的标志。例如，一个委托人同时委托了多个代理人，但是，各个代理人是相互独立的，彼此各自行使代理权，则这种情况只能认为存在多个单独代理，而不是共同代理。

三、代理制

（一）代理制的产生与发展

代理制是代理制度的简称，是指委托人委托代理人替自己进行民事活动的制度，也就是代理行为的制度化。

代理行为很早就已经产生了，但作为一种制度，代理制却是商品经济高度发达的产物。这是因为，第一，商品经济的发展使得生产服从于交换。同时，交换也由追求使用价值变为追求价值。商品生产者为提高生产效率，获取更大的利益而产生了生产与流通的社会分工，以及在分工基础之上的协作。商品经济的进一步发展又促进了流通职能的分化，从而形成了丰富多样的生产与流通之间的分工协作，各种商务代理的出现就是其表现之一。第二，商品经济的发展促进了信用关系的发展，为代理制的经营提供了可能。商品经济的发展、货币的出现，为解决买者与卖者之间的矛盾，产生了买方信用和卖方信用。商品经济更进一步的发展又产生了中间商人与生产者与用户之间的信用关系。生产企业预付生产资本从事商品生产活动而将商品销售的任务交给代理商。代理商则垫付流通费用（不包括购买商品的费用）为生产企业寻找用户。流通企业按既定的价格代理生产企业签订销售合同从中提取佣金并能得到生产企业的承认。这是建立在生产者信用基础之上的。而流通企业为生产企业开拓市场以及回收货款等，则是建立在代理商信用基础之上。所以，离开信用关系，代理制度就不能形成。第三，商品经济发展促进平均利润率的形成，为各方利益（特别是工商双方）协调以及代理制度的形成和稳定提供了手段。在早期商品经济社会中，由于商人对交换的垄断，形成了商人对小生产者的盘剥，工商矛盾较为突出。在近代商品经济社会中，由于生产企业规模的扩大以及垄断的形成，使得商品交换的主导权掌握在生产企业手中。生产企业通过自设销售机构垄断产品的销售，获取高额利润，工商矛盾依然突出。在现代商品经济社会中，市场已由卖方市场转化为买方市场，在这种情况下，无论是生产组织还是流通组织，企图独占市场已不可能。双方需要建立一种长期稳定的协作关系，并要有一个明确的原则来合理分配各方面的利益，特别是工商双方之间的利益。平均利润率解决了上述矛盾。平均利润率是商品经济发达的产物,它的形成与运用,使代理制度得以形成和维护。

在资本主义制度下,代理制得以最终确立并有了很大的发展。原因如下。

第一,资本主义社会是商品经济高度发达的社会,其交易频繁,且规模大,范围广。各种复杂的经营活动,以及为适应复杂的经营活动而兴起的各种经营组织,又使社会关系更为复杂,因而人们迫切需要通过他人行为进行民事活动,代理制度从而得到了广泛的应用。无论在国内贸易还是在国际贸易中,许多业务工作都是通过各种代理商进行的。在资本主义国家,这些代理商多数是公司。如果离开了这些代理商,商务活动就无法顺利进行。

第二,资本主义法律原则强调在法律面前人人平等。与资本主义生产关系相适应的法律意识是摒弃身份、等级观念,每个人都是平等而独立的民事主体,当事人的意志、自由、自愿成为神圣的法律原则。这样,委托他人代替自己进行民事活动,被认为是顺理成章的事,从而使代理制得到了广泛的推行。

第三,在激烈竞争的资本主义市场经济中,公司要进行频繁而广泛的经营活动,处理各种复杂的经济和社会关系,单纯依靠公司的董事会或经理、总裁,或其他法定代表人等来完成各种活动和处理各种关系是不可能的。为此,需要通过委托代理方式,由专门机构和各类专业人员来开展有关业务活动和处理某些关系。

近年来,随着我国市场经济的发展,各种代理活动不断开展,代理制得到了一定程度的推广。

(二)代理制形成的条件

不是一切代理活动都属于代理制,代理制作为代理行为的制度化和民法中的一项独立的法律制度,其形成需要具备下列条件。

1. 代理关系不是临时的可经常变动的关系,而应是相当长时间内稳定的关系。

2. 代理关系不是口头上的委托、道义上的信任,而是建立在契约关系上的委托关系。

3. 委托人与代理人的代理关系以特定的业务为内容,在授权范围内确定双方的权利、责任和义务,双方应共同遵守。

第二节　商务代理与商务代理制

一、商务代理的含义与特征

(一)商务代理的内涵

商务,即商业事务,是指以社会分工为基础,经法律认可的有形商品与无形商品的交易活动。它包括国内商务和国际商务,即国内贸易与国际贸易。商务代理,也称为商业代理或商事代理,是指代理人为被代理人代理商业事务并收取佣金的盈利性的商业活动。商务代理在国内贸易和国际贸易中广泛应用,尤其在国际贸易中是非常常见的商业活动形式。商务代理属于委托代理,但它与一般委托代理不同。商务代理中代理人的代理行为属于商业性质,而其他委托代理中代理人的代理活动不属于商业性质。通常把从事商务代理活动的代理人称为代理商。

商务代理是从民事代理中分离出来的,但其实质上是民事代理在商务关系中的表现,因此,民事代理的基本原则大多适用于商务代理,但商务代理与民事代理毕竟还有很大的不同,这主要表现如下。

第一,商务代理关系中,代理人必须是商人,包括商自然人(即个体商人)和商法人(即商业企业);而民事代理中,代理人为一般公民或法人,只要具有民事行为能力即可。

第二,商务代理的代理行为是以营利为目的的商业行为,因而只能是有偿的;而民事代理的代理行为是非商业行为,因此,它可以是有偿的,也可以是无偿的。

第三,商务代理既包括直接代理,也包括间接代理;而民事代理仅包括直接代理,没有间接代理。

第四,商务代理中的代理人既与被代理人存在委托代理关系,又与第三人存在买卖关系;而民事代理中的代理人仅与被代理人存在委托代理的关系,与第三人不存在买卖关系。

第五,商务代理授权方式灵活多样,被代理人既可以事前授权,也可以事后授权;既可以明示授权,也可以默示授权;既可以法定授权,也可以意定授权。而民事代理中,则通常要求事前授权,并一般采用明示和法定授权方式。

很明显,商务代理克服了传统民事代理呆板、机械等弊端,使代理制度变得灵活多样和富有活力。

另外,还须指出的是,商务代理人与商业使用人也有所不同。商业使用人,是指从属于商业主体并为商业主体服务的人,包括经理人、领班、组长以及各类职员等。商务代理人与商业使用人的区别如下。

第一,商务代理人是独立的商人,须自己投资、自己从事商业活动;而商业使用人是非独立的商人,无须自己投资,仅为受雇的营业主从事经营管理活动。

第二,商务代理人与被代理人之间为委托代理关系,仅在委托授权的业务范围内有权处理一切事务;而商业使用人与营业主之间为雇佣关系,可以处理受雇业务的全部事务,特别是企业经理享有对外企业全权经营管理代理权。

第三,商务代理人可以同时为一个或多个被代理人进行商务代理活动;而商业使用人一般只能为一个营业主服务,不能同时受雇于多个营业主开展业务活动。

第四,商务代理人在自己的经营场地开展代理活动;而商业使用人则在营业主的经营场地开展业务活动,履行应有的职责。

第五,商务代理人的报酬是从被代理人那里按合同规定收取的佣金;而商业使用人则是从营业主手中按期领取一定的工资。

第六，商务代理人开展代理活动所花的费用既可以由自己负担，也可以与被代理人共同分担；而商业使用人开展业务活动和履行职责所花的费用，全由营业主负担。

（二）商务代理的特征

1. 商务代理中，代理商既可以以被代理人的名义开展代理活动，也可以以自己的名义开展代理活动。当代理商以自己的名义开展代理活动时，他的行为将间接对被代理人产生法律后果。

2. 代理商必须是独立经营的商业主体，一般与制造商（或厂商）有较长期的固定关系。代理商与制造商之间联系的纽带是具有法律效力的经济合同（或契约）。

3. 商务代理中，被代理人主要是制造商（或厂商）。因而，相应地，商务代理主要是销售代理。

4. 代理商所从事的业务总是在一定的处所或一定的区域范围内进行的，因此，代理商的权利有一定的空间范围。

5. 代理商的活动范围一般是商务活动，不开展如诉讼代理等非商务活动。

6. 代理商作为居间商的一种，具有居间商的共同特征，即不拥有商品的所有权。

7. 代理商必须严格执行制造商的商品定价。一般而言，制造商为了开拓新市场，保住现有市场，提高商品竞争力，要对其商品制定一个科学而又较合理的价格，即对其商品定一个最高销售价，或者按最高销售价定一个指导价。因此，代理商必须严格执行制造商的商品定价，不能随行就市，或者任意浮动价格，这是商务代理的一项重要原则。

8. 代理商有权获得应有的报酬。商务代理是有偿代理，代理商有权得到报酬。代理商一般按销售额或采购额的固定百分比提取佣金。

二、商务代理的类别

商务代理的种类很多，难以一一列举，这里从几个主要的角度对其进行分类。

（一）根据代理商代理权限大小的不同分类

根据代理商代理权限大小的不同，可将商务代理分为独家代理、一般代理和总代理。

1. 独家代理。独家代理，是指委托人给予代理人在约定地区和一定期限内，享有某种或某些指定商品专营权的代理。专营权，是指独家代理商行使专买或专卖的权利，即在协议有效期内，其代理的商品在该地区只能通过“独家代理”来经营。凡在约定地区和一定期限内做成的交易，除双方另有约定以外，无论是由代理商与买主达成的交易，还是由委托人直接与买主达成的交易，代理商均可按成交额提取应有的佣金。独家代理对代理商与委托人的好处表现如下。

第一，代理商不负担经营亏损的风险，又享有专营权，多推销商品可以多收取佣金,这样有利于调动代理商经营商品的积极性。

第二,代理商只负责代理业务,收取订单,这样便于委托人掌握商品的成交价格,一般不会发生代理商控制市场的情况,委托人比较主动。

第三,独家代理一般经营集中,有利于发挥商品集中推销的作用。

在独家代理中,双方应注意相应的事项如下。

第一,被代理人必须严格遵守独家代理协议,在协议有效期限内,同一商品不能在同一地区和同一时间内委托给两个以上的独家代理人;独家代理人也不能同时经营与代理商品相同或相似的其他商品。

第二,在协议中,为了防止独家代理商"代而不理"的情况,可以规定被代理人保留直接销售的权利。但直接销售时,必须及时通知代理人,对于此类交易如何收取佣金,可在协议中规定。

2. 一般代理。一般代理,是指不享有专营权的代理,委托人可在同一地区或同一市场上同时建立多家代理关系。一般代理中,委托人与代理人之间的关系比较灵活,委托人设立一般代理,主要是想在当地招揽生意。

一般代理与独家代理的区别主要有两方面:一是独家代理商享有独家经营权,而一般代理商则不享有这种权利;二是独家代理商收取佣金的范围,既包括自己代理成交的金额,又包括委托人直接成交的金额,一般代理商收取佣金的范围仅限于自己代理成交的金额,而不包括委托人直接成交的金额。

对委托人而言,一般代理的优点在于委托人可以处于较主动的地位,他可以根据实际需要,按照自己的意志操纵商品的销售,从而做到机动灵活,进退自如。委托人既在特定地区有代理人代为销售,又与其他买主直接进行交易,一般能收到投资少、见效快的效果。因此,一般代理很受出口企业特别是一些中小企业的欢迎。凡不具备独家代理条件或不需要独家代理时,利用一般代理可以促进交易和集中经营。一般代理的缺点在于委托人对代理人的约束不大。如果有利可图,代理人可能认真代理;如果利润不大,代理人就可能"代而不理",从事其他商品经营。因此,在一般代理中,委托人选好代理商就成为成功的关键。

3. 总代理。总代理,是指委托人在指定地区和一定期限内设立全权的代理。总代理的代理商,既享有专营权,又可以代表委托人从事签订合同、履行合同、处理货物等各种商务活动,还有权代表委托人从事一些非商业活动。

在各种代理中,总代理的权限最大,是委托人在指定地区的全权代表,其行为直接关系到委托人的切身利益。因此,总代理的代理商必须是精通业务、知识全面、经验丰富、信誉较高的代理商。慎重起见,总代理都是委托人在与独家代理的长期合作关系中,经确认其具有十分可信赖的商业信誉时才授权的。在出口业务中,由于风险较大,因此,一般不宜采取总代理的方式。

(二)根据代理商承担的职责不同分类

根据代理商承担的职责不同,可将商务代理主要分为销售代理、采购代理、运送代理、保险代理、广告代理、旅游代理、投标代理与证券发行代理。

1. 销售代理。销售代理,也称卖方代理,是根据合同销售某一企业的全部产品,并为其提供有关服务的商务代理。销售代理商常常起到企业销售部门的作用,他能够代替卖方就产品价格、合同条款以及销售条件等与买方谈判、签约。因此,他对销售产品的价格及交易条件等具有一定影响。其业务范围一般存在于工业机械设备、煤、焦炭、化工、金属以及纺织等行业。

在国际贸易中,销售代理是代理商代表出口商或制造商为其产品进行销售提供各种服务的商务代理。其服务内容主要包括介绍客户、收集订单、签订合同,以及进行广告宣传、提供售后服务等。

2. 采购代理。采购代理,也称购货代理,是指代理商与被代理人有着长期的业务往来,代理其进行采购,同时也为其负责收货、验质、储运等商务活动。采购代理商大都对市场行情较为了解,并能向客户提供市场信息,还能代替买方以合理的价格购买高品质的商品。因此,采购代理商在很大程度上起到了厂商供应部门的作用。

在国际贸易中,采购代理是代理商受国外进口人的委托为其在当地采购商品、提供服务的商务代理。它既可以是直接代理,即代理商以被代理人的名义进行采购,告诉货主自己是受人之托代其签订购买合同的,在这种情况下,代理人对合同的履行不负责任,而由国外的买主承担合同义务;也可以是间接代理,即代理商以自己的名义购进货物,代理商要对支付货款和接收货物负责。特殊情况是,采购代理中,代理商说明了自己以被代理人的名义为国外的买主购货,但同时又表明自己愿意对货款负责,担保国外的买方不履行付款义务时,由自己向货主付款。这种采购代理又称为保付代理。

3. 运送代理。运送代理是指受被代理人的委托招揽货物或客人,并为被代理人运送货物或客人的商务代理。运送代理可进一步分为陆上运送代理、海上运送代理以及航空运送代理。

4. 保险代理。保险代理是指代理商根据代理合同的规定为保险人所经营的业务提供服务并向保险人收取佣金的商务代理。根据国际惯例,被保险人一般不直接与保险人打交道,而是通过保险代理人为其投保。这是因为保险代理人熟悉保险业务,并能运用其掌握的专门知识为被保险人获得较为优惠的条件。

5. 广告代理。广告代理是指受被代理人的委托并以被代理人名义为其策划、创造、制作以及安排广告业务的商务代理。广告代理是现代商务代理中的重要组成部分。

6. 旅游代理。旅游代理是指代理商与旅游企业订立委托代理合同,并为其代理产品销售服务的商务代理。旅游代理中,代理商与委托人一般有着固定的、连续的业务关系。

7. 投标代理。投标是针对招标而言的,因此,招标与投标是一个问题的两个方面。所谓投标,是指投标人(卖方)应招标人的邀请,根据招标通告或在招标单位规定的期限内,向招标人递盘的行为。所谓招标,是指招标人(买方)事先发出招标通告或招标单,提出在规定时间、地点准备买进的商品名称、数量及有关交易条件,邀请投标人(卖方)参加投标的行为。投标代理是指代理商以厂商的名义代表厂商参加招标活动的商务代理。

8. 证券发行代理。证券发行代理是指代理商接受证券发行公司的委托,代理该发行公司办理一切证券发行业务的商务代理。证券发行代理的代理商一般为证券公司。证券发行代理根据证券公司所承担的发行责任的大小不同,分为包销发售、代销发售、联合发售三种形式。其中包销发售又具体分为全额包销发售、定额包销发售和余额包销发售。

(三)根据代理商是否有权处理法律行为分类

根据代理商是否有权处理法律行为,可将商务代理分为媒介代理与订约代理。

1. 媒介代理。媒介代理是指代理商仅有代理被代理人进行媒介行为的权利,而无权与第三方订立合同的商务代理。因此,媒介代理一般只处理非法律行为的业务。

2. 订约代理。订约代理是指代理商受被代理人委托,拥有与第三方订立合同的权利,是可以处理具有法律行为业务的商务代理。

(四)根据代理商是受委托人委托还是受代理人委托分类

根据代理商是受委托人委托还是受代理人委托,可将商务代理分为上级代理和次级代理。

1. 上级代理。上级代理,一般又称为一级代理,是指受委托人委托进行代理活动的商务代理。在商务代理中,大多数代理均为上级代理。

2. 次级代理。次级代理是指受上级代理商委托进行代理活动的商务代理。开展次级代理业务的代理商,称为次代理商。次代理商有时可以再选任自己的次代理商,从而形成一级代理、二级代理、三级代理等多层次的代理商金字塔结构,但次代理商仍是委托人的代理商,委托人既对次代理商从事代理行为承担法律责任,又享有次代理商带来的经济利益。

三、商务代理的功能

在现代市场经济中,商务代理具有多方面的功能。

(一)开发新市场的功能

随着运输和通信的发展以及国与国之间贸易的频繁,产品的销售范围已无区界与国界。因此,开拓、占领新市场是现代企业经常面临的问题。但企业在开拓、占领新市场的过程中,通常有三个难题不好解决:一是对当地市场情况不熟悉,难以确知产品在当地的销售情况;二是在当地建立新的营销渠道和网点,费用高、风险大;三是营销人员缺乏,即使有营销人员也不一定能胜任,特别是国内营销人员到国外往往一时很难适应营销工作,而这些问题通过商务代理就很容易解决。因为代理商是专门从事销售的专家,他们既对所经营产品的目标市场、需求变化、储运、销售等情况了如指掌,又同消费者有密切联系,能够了解消费者的需求和挖掘潜在的需要。他们通常拥有一定的销售渠道和网点，因此，通过商务代理可以很好地开发新市场，尤其是在开拓、占领国外市场方面，利用所在地的代理商具有更多的优越条件，开拓、占领新市场就更加方便。

（二）保持市场占有率的功能

如何保持市场占有率，这对任何一个厂商而言都是十分重要的问题，即使让利，也要保住市场。保住市场占有率的办法很多，手段或花样也在不断翻新，这就需要经营者耗费大量精力，有时还得不偿失，而采用商务代理这种形式则往往可以保持一定的市场占有率。

（三）避免、减少商业风险的功能

在市场经济中，风险是一种普遍存在的社会经济现象。风险是指由各种不确定性因素引起的而给风险主体带来获利机会或造成损失的可能性。商业风险的一个重要功能是约束商业主体行为。商业风险具有可能给商业主体造成损失的一面，这就形成了对商业主体行为的约束。在进行经营活动时，经营者必须对外部环境时常加以关注，适应其变化。在决策上，经营者必须做周密的考虑与慎重决策，选择最优的经营方案以避免或减少损失。商务代理在一定程度上以“平均利润”为原则，使买卖双方分担市场风险。商务代理又是一种信誉交易，它改变了传统的现金交易方式。代理商按销售额的固定比例提取佣金，这在一定程度上降低了结算风险。因此，从全社会的角度来看，商务代理在一定程度上可以避免和减少商业风险损失。

（四）降低流通费用的功能

在当代，商品种类日益增多，销售距离长、范围广以及替代商品的竞争激烈，使商品的相对销售费用越来越高，大多数中小企业特别是小企业，其销售量不大，又无力或不愿投资建立自己的销售机构。买方市场或产品正处于成长期时，厂商迫切希望利用代理商的优势以降低或锁定销售费用。

实行商务代理，透明度高，是一种直达式的流通制度。它由生产企业确定统一公开的最终销售价，这样中间环节少，流通过程短，流通成本低。例如，据美国商务部的调查，独立批发商营销费用率一般为 14%，而销售代理商流通费用率一般为 4%。

（五）提供各种服务的功能

服务被认为是一个国际性主题。在当代，以生产企业与流通企业为例，它们合作的首要因素并不是价格，而是能否按各自的要求及时提供各种服务。在流通企业为各类企业服务中，代理是一种重要的服务方式。在当代，信息服务是一项重要的服务，而代理商广泛接触用户，触角遍布全国各个角落，甚至遍及全球市场，其渠道广、信息灵的优势能够为生产企业提供很好的信息服务。

（六）分工效果所产生的代理收益的功能

所谓分工效果是指拥有不同禀赋（如技能、偏好等）的两个或两个以上的经济主体，通过社会分工而各自获得的超额效用。随着社会化大生产的进行，社会分工渗透到了社会生活的各个方面、各个领域。代理关系的产生最直接的原因是个人能力的约束性和局限性。由于禀赋的差异、信息的不完全、时间的差异以及知识的局限等原因,各种经济主体对某一技能或专门知识掌握的熟练程度不同。由于社会分工,劳动者局限于某一种单纯的业务活动或操作中,其技能因业专而日进,熟练程度大大增强,效率不断提高。这就使人们更加各自委身于某一个特定业务,激励他们在各自业务上磨炼和发挥自身的才能。在经济生活中,当委托别人代为办理一项事务所得的收益大于自己亲自处理的收益加上代理成本时,双方都会在这场交易中获益,由此,代理关系就自然产生了。

四、商务代理制

商务代理活动早已出现,但商务代理制度化却是近代才有的事情。如前所述,代理行为制度化需要具备一定的条件。同样,商务代理制度化也需要具备相应的条件。一般认为商务代理制最初形成于 19 世纪初的美国。其原因是 18 世纪英国产业革命后,美国成为其原料主要供应地和产品的主要市场,美国经济的发展,使其商业活动走向专业化,于是,代理等一些新的商业交易方式随之产生。到 19 世纪初期,美国棉花和谷物贸易主要由专业公司经营。在风云变幻的国际贸易中,美国商人为了避免风险,由自己独立贸易逐渐改为代他人买卖以收取佣金。这种为收取佣金而从事棉花和谷物交易的新兴商人就成了代理商。随着美国经济不断发展,国际贸易越来越活跃,代理商代理交易的商品也由棉花和谷物逐步扩展到其他各种商品,随之形成数量众多的商务代理商,商务代理制也随之形成并不断得到完善和发展。据统计,1840 年,在美国商业发达的路易斯安那州,在登记从事国际贸易的公司中,代理制公司达 381 家,非代理制公司仅 24 家;在纽约,代理制公司达 1 044 家,非代理制公司仅 469 家。这些代理公司不仅为种植场主的农产品进行推销,联系订单,而且还为他们采购各种供应品,并向他们提供信用贷款。

经过 100 多年的发展,商务代理制不仅遍及全球,而且发展规模十分惊人。西方国家将商务代理制视为流通方式的一大发明,各国都非常重视,争相采用。目前在西方国家,商务代理制已相当成熟。在商务代理活动中,通常采用两种方式推广商务代理:一是代理权的代理,是指生产企业授予流通企业销售代理权,流通企业被生产企业选定为某一地区的产品销售代理公司,双方商定每年确定一定的代理量,根据代理公司的需要分批发货,生产企业确定产品出厂价格,买断经营,由代理公司承担市场变化产生的风险。这种代理的主要形式是特许经营权的代理。二是佣金代理,是指流通企业充当市场中介,根据生产企业指定的价格推销商品,依据销售额的多寡提取佣金或代理费,产品在出售前所有权属于生产企业,代理公司不需要用自己的资金进货,不承担市场风险,收取较低的代理佣金。前面介绍的商务代理类别都属于这类。

我国于 20 世纪 90 年代中期,才开始在流通领域推行商务代理制。这个时期,政府部门对改革生产资料流通体制,建立新型的工商关系,推行生产资料商务代理制非常重视。1995 年《政府工作报告》中明确指出:“要深化流通体制改革……积极发展商业代理制和连锁经营等多种经营方式,适应不同层次的市场需求。”

之所以从 20 世纪 90 年代起我国开始大力推行商务代理制,原因如下。

第一,从社会分工的角度来看,代理制可以发挥生产企业和流通企业各自的优势。对生产企业来讲,其优势在于生产,而流通企业的优势在于销售,它们有渠道、有人才、有信誉。因此,由生产企业委托流通企业代理销售或采购商品,可以扬长避短,各尽所长,这对双方都有利,从而可以形成一个共存共荣的利益共同体,充分体现公平、高效的原则,使企业在市场竞争中处于有利地位。

第二,这是流通企业求生存和发展的需要。改革开放以来,我国流通领域进行了重大变革,传统的单一的公有制经济垄断流通的局面被彻底打破,代之而起的是多种经济成分、多种经营方式和多条流通渠道的流通体制。这样,国有流通企业的保护伞没有了,旧有的企业购销关系不复存在了,于是迫使国有流通企业进入市场,寻求新的购销形式,商务代理就是其中的重要形式之一。

第三,商务代理制自身具有的优点,吸引着流通企业采用商务代理方式进行购销业务。在传统流通体制下,由于机制僵化、经营不灵、包袱沉重、自有资金严重短缺等原因,国有流通企业尤其是国有批发企业陷入了前所未有的困境。采用商务代理形式,为生产企业推销商品,具有不动用自己的资金、不需要自己的库存、不承担风险的特点,恰好适应了许多国有流通企业资金不足、购销渠道不稳、承担风险能力脆弱的状况,因此,商务代理开展之后备受流通企业的青睐。一些流通企业甚至将商务代理作为生存与发展的主要经营方式。

第四,适应了对外贸易发展的需要。随着我国对外开放的进一步扩大,对外贸易将进一步发展。从西方国家的经验来看,发展商务代理,不仅可以赢得市场,获得丰厚的利润,而且这种做法早已成为国际惯例。我国欲开辟国外市场,发展国际贸易,有必要推广商务代理这种已成为国际惯例的交易方式。

正因如此,20 世纪 90 年代中期以来,我国商务代理不仅在国内贸易中获得了发展,而且在国际贸易中也获得了巨大的发展。

第三节　代理商的选择与商务代理纠纷的处理

代理商的选择,对于委托人而言是至关重要的。因为代理商选择的好坏,直接关系到委托人的当前利益和长远利益。所以,对委托人而言,选定合适的代理商必须十分谨慎。

一、选择代理商的条件

(一)要选择与委托人经营的商品尽可能一致的代理商

委托人选择与自身经营的商品尽可能一致的代理商才能更好地发挥代理商的优势,即可以发挥代理商现有的商品营销网络及各种设备条件的作用,否则,就可能达不到预期的目的。但是,委托人切忌选择已经代理与委托人经营的商品相同或相似的代理商,因为这容易出现恶性竞争的局面。代理商代理的商品要与委托人经营的商品相一致,不应当是抽象的分析,而应根据代理商代理的商品,进行分层、分级、细致的分析,分析后觉得切实可行,才能确定其为代理商。另外,对于代理商代理的商品,委托人还要注意一个问题,那就是不要选择代理商品较多的代理商。因为代理商代理的商品过多,会使其精力分散,不能专心致志为委托人代购或代销其商品。

(二)要选择经营场地在商业比较发达地区的代理商

选择经营场地在商业比较发达地区的代理商,可以发挥其多方面的优势:一是可以很好地发挥其促销作用或辐射作用,打开销售市场;二是可以让其采购更好的商品;三是可以更好地接近顾客,了解市场行情;四是运送商品方便,可以节省费用,降低经营成本。

(三)要选择在市场上和社会上具有影响力的代理商

在市场上和社会上有影响力的代理商,意味着它有宽广的营销网络,有较大的经营规模和较高的声誉,有良好的人际关系。这样的代理商,对委托人而言,就是很好的资源,可以充分发挥代理商应有的作用。

(四)要选择具有服务能力的代理商

现代商务代理要求代理商有相关的配套服务设施和服务项目,例如仓库设施、运输工具、信息传播、售前售后服务等。代理商具有较好的服务能力,可以维护或扩大委托人的形象,提高委托人的信誉。

(五)要选择具有融资能力的代理商

代理商的融资能力包括代理商具有良好的财产状况和具备承担风险的财力,并有远见,有魄力,敢于投资,善于投资。委托人如果能够选择具有较好融资能力的代理商,就可以减少风险,扩大市场,加快商品的周转。

(六)要选择具有较好管理水平的代理商

代理商具有较好的管理水平,可以调动从业人员的主动性与积极性,可以更好地开拓市场。这样,也就可以更好地为委托人提供优质的服务,为委托人开拓市场或提供可靠的货源。

上述几方面的条件,如果进一步细分,可以概括为这样一些方面的因素:一是经营项目;二是经营区域;三是经营规模;四是代理商的声誉;五是代理经验;六是营业设施;七是销售机构及销售人员;八是售后服务能力;九是促销手段;十是经营成本;十一是融资能力;十二是管理水平。

委托人可以根据上述条件和具体因素,全面考虑,最后选择适合自己的代理商。

二、选择代理商的基本步骤

(一)通过各种途径寻找代理商

随着商务代理的不断发展,代理商的数量在不断地增加。委托人要想很快地找到自己称心如意的代理商,并不是一件很容易的事情。相对而言,委托人在国内寻找合适的代理商要容易一些,而在国外寻找合适的代理商则比较难。一般而言,寻找代理商主要可以通过两个途径来进行:一是通过信函寻找代理商;二是通过广告寻找代理商。由于寻找国内代理商相对比较容易,因此,这里主要以寻找国外代理商为例,说明如何通过这两个途径来寻找代理商。

1. 通过信函寻找代理商。就是通过给有关机构或媒体发函的办法来寻找代理商。一般来讲,可以向以下一些机构或媒体发函来寻找代理商。

(1)有关的政府机构。如我国的外经贸部、美国的商务部等。这些机构一般掌握有代理商的名录,或较容易通过其他渠道获取代理商的名录,以供委托人选择。

(2)驻外机构。如大使馆、领事馆等驻外机构,它们可以推荐代理商的名单。

(3)贸易协会或商会。在市场经济发达的国家,代理商、出口商、批发商等一般有自己的贸易协会或商会,这些贸易协会或商会对当地的贸易企业比较熟悉,可以提供代理商的名单。

(4)跨国商业银行。一般来讲,企业与银行的关系非常密切,通过跨国商业银行,也可以寻找到国外的代理商。

(5)行业刊物。现在很多行业都有自己的刊物,因此,通过与国外的一些行业刊物进行联系,也可以寻找到代理商的名录。

(6)服务咨询公司。通过与服务咨询公司联系,往往可以很快地获得代理商的名录。

2. 通过广告寻找代理商。通过广告寻找代理商,是指在报纸、杂志、电视、广播以及有关广告栏中张贴诚聘代理商的广告来寻找代理商。寻找代理商的广告,通常包括产品介绍、合作意向、委托人的优势以及联系地址和方式等内容。

上述两个寻找代理商的途径,各有自己的优缺点。一般来讲,通过信函寻找代理商的优点是能够较为深入地了解代理商的情况,缺点是联系难度大,寻找面比较狭窄;通过广告寻找代理商的优点是联系面广泛,能够引导代理商主动上门洽谈业务,委托人有较大的主动权,缺点是花费大。因此,要寻找合适的代理商,有时可以同时采取上述两个途径,做到取长补短。

(二)根据选择代理商的条件筛选代理商

委托人通过上述途径找到代理商之后,就可以根据选择代理商的标准筛选代理商,最后确定适合自己的代理商。

三、代理商确立后的工作

(一)支持代理商

代理商能否成功地进行商务代理,一方面取决于自身的条件和能力,另一方面也离不开委托人的支持。委托人对代理商的支持可以有多种形式。概括起来,主要有以下几种。

1. 协助代理商拟定市场营销计划和策略,以便更好地开拓市场和占有市场。

2. 树立代理商的形象,并向社会大力推广。

3. 及时与代理商进行沟通,加强信息交流。

4. 提供必要的培训和指导,以便更好地贯彻委托人的意愿。

5. 共同进行广告宣传。当委托人的商品进入某一新的市场时,其商品通常不为当地人所知,这时委托人可以与代理商合作,加强广告宣传,共同承担新产品的宣传费用。

6. 其他形式。如必要时,可以提供一定的资金支持等。

通过多种支持,加强委托人与代理商之间的精诚合作,共同做好商品代理业务。

(二)激励或刺激代理商

为了让代理商更好地为委托人服务,委托人还应采取一定的激励手段来激励或刺激代理商努力工作。因为,代理商毕竟不是自己的经营机构,不能对它下命令,只能不断地给予激励或刺激,促使其很好地开展代理工作。另外,代理商在推销商品时往往有许多不足之处,例如,缺乏必要的商品知识,不认真使用厂家的广告宣传资料,不能准确地保存销售记录,售后服务不十分积极,在多家代理的情况下,还可能出现相互推卸责任的情况等,这些都要求对代理商采取一些激励或刺激措施来提高他们的工作积极性。一般来讲,对代理商的激励或刺激措施主要如下。

1. 提供优质的商品。从某种程度上来讲,这是对代理商最好的激励。

2. 积极的物质激励。主要形式有:给予较高的佣金、奖金,给予一定的津贴等。

3. 消极的物质激励。主要形式有:降低佣金、取消奖金、推迟交货、终止代理关系等。

4. 代理权激励。这是指委托人通过变换代理权的形式与内容来激励代理商。主要有两种变换形式:一是先采用多家代理再转为独家代理;二是先采用独家代理后转为多家代理。从长期看,代理权的激励比一般的物质激励作用更大。

5. 其他方式。如委托人在代理商进行一段时期的商务代理之后,发现该代理商基本条件不错,但缺乏关键技术、设备,或名牌商标,为了激励代理商,可采用技术授权的方式,给予其技术授权,即委托人将自己的技术、商标、品牌授予代理商使用,并从中收取一定的权利转让费。此外,还有委托人与代理商之间相参股进行投资等方式。

(三)控制代理商

厂商将商品投入市场后,都力图控制其销售态势。当它通过代理商来销售其商品时,就必须对代理商进行控制。对代理商进行控制,主要可以从以下方面着手。

1. 让代理商了解委托人的营销目标。任何一个厂商都有自己的营销目标和营销方案,为了使委托人与代理商的行动相一致,必须让代理商了解委托人的营销目标和实施方案。为此,委托人在与代理商签订合同时可以加以阐明。

2. 确定评价代理商工作实绩的各项指标,对代理商加以评估。一般来讲,评价代理商工作实绩的指标主要有销售目标、市场份额、平均存货水平、向顾客交货时间、市场成长目标、稳定目标、广告宣传效果、资金周转和财务状况、售后服务等。在评估时,可根据需要,从不同的方面加以评估,如长期评估、短期评估、纵向评估、横向评估等。

3. 通过评估,对代理商进行奖优罚劣。这就是说,通过评估,对那些代理业绩优良的代理商,可以进一步合作,并采取一定的激励措施,鼓励其再接再厉,继续做好代理工作;对那些业绩欠佳的代理商进行分析诊断,不能合作的应尽早舍弃,有改进希望的,要求其提出改进措施,然后再考虑与其继续合作。

四、商务代理纠纷的处理

在商务代理中,委托人与代理商虽有利益一致的一面,但它们毕竟是市场中两个不同的利益主体,有各自的利益追求和目标,因而不可避免地存在着利益冲突的一面,如代理权限的冲突、代理商品的冲突、代理佣金与费用的冲突等。于是,就不可避免地会出现商务代理的纠纷事件。为了公平合理地解决商务代理纠纷,保证商务代理活动的有序进行,必须对商务代理纠纷进行有效解决。按照惯例,商务代理纠纷的解决,首先一般由双方协商和解;协商不成的,交由仲裁机构进行仲裁;如果仲裁不成,则可以提出诉讼,由法院来进行判决。

一般来讲,商务代理纠纷没有什么根本的利害冲突,因此,主要通过协商和解来解决。进一步讲,这是因为:①商务代理纠纷,是在委托方与代理商建立了委托代理关系的前提下发生的,双方当事人虽然发生争端,但是其根本利益是一致的,代理关系是经过协商一致确立的,发生了纠纷是可以通过协商和解来解决的。②商务代理发生纠纷的原因是多方面的,而最了解情况的是确立代理关系的双方当事人,因此,采取协商和解的方法解决纠纷,容易达到双方当事人的愿望。③商务代理纠纷发生后,无论是国内商务代理纠纷还是国际贸易代理纠纷,大多是通过协商和解解决的,要求仲裁机关给予解决的为数不多,到法院起诉的就更少了。这是因为,商务代理纠纷发生后,通过协商和解来解决不仅简便易行、灵活多样,而且还可以免除仲裁或诉讼的麻烦及费用,且不会伤害双方的感情,有利于促进双方关系的进一步发展。因此,一旦出现商务代理纠纷,应尽可能协商和解,以期妥善解决。

思考题

1. 何为代理关系?代理关系有哪些?

2. 简述代理的特征。

3. 简述代理的主要类型。
4. 简述代理制的产生和发展。
5. 简述代理制形成的条件。
6. 何为商务代理？商务代理与民事代理有何不同？
7. 商务代理人与商业使用人有何不同？
8. 简述商务代理的特征。
9. 何为独家代理？何为总代理？
10. 简述商务代理的功能。
11. 简述商务代理制在国内外的发展情况。
12. 简述如何选择商务代理商。
13. 简述如何支持商务代理商。
14. 简述如何激励商务代理商。
15. 简述如何控制商务代理商。
16. 简述商务代理纠纷处理的途径。

第十章

期货贸易

期货市场因具有价格导向和风险转移等功能而成为现代市场经济的重要组成部分。我国于20世纪90年代初开始期货市场的试点工作，目前期货市场还处于规范、整理的发展阶段。随着我国市场经济的发展，期货市场必将得到进一步的发展。本章首先阐述期货市场产生和发展的历史，同时回顾我国期货市场的发展情况；接着阐述期货市场的特征与功能；然后介绍期货市场的结构；最后介绍期货交易的业务流程和交易方式。

第一节　期货市场的产生与发展

一、期货市场产生的历史背景

关于期货市场产生的历史，有各种各样的说法。一些人认为，日本17世纪便开始了世界上最早的大米期货交易；也有人认为，比利时13世纪就出现了期货交易的萌芽。更有甚者，有人认为古希腊时期便有了期货交易的萌芽。但对照当代期货交易的特征，真正意义上的现代期货交易是1848年美国芝加哥谷物交易所（现名芝加哥期货交易所，简称CBOT）成立以后的事。因此，从这个意义上说，期货市场至今只有一百多年的历史。

严格地说，1848年芝加哥谷物交易所成立时，最初进行的也只是农产品远期合同交易，而未开始真正的期货交易。直至1865年该交易所推出世界上第一份标准化农产品期货合约时，才开始了真正的期货交易。同年，该交易所还首次采用了期货交易独特的保证金交易制度，期货交易从此逐步走上了规范化的道路。但期货交易走向成熟，则是在该交易所于1883年成立期货结算机构之后。

为什么期货市场会于19世纪中期在美国的芝加哥首先产生呢？分析起来，主要有这样几个方面的原因。

第一,芝加哥具有得天独厚的地理位置和战略地位。芝加哥位于美国的中西部地区,背靠密歇根湖,毗邻盛产农产品的中西部平原,因而有较好的水运条件和谷物集散条件。

第二,由于农产品具有很强的季节性,容易形成季节性的供求矛盾和价格波动。当时,常常在农产品收获季节,因所有农产品同时上市,供大于求,价格大跌,农场主被迫降价销售,有时降价后仍销售不出去;而在农产品非收获季节或年景不好的时候,因供给不足,又造成价格大幅度上涨,给农产品加工商和城镇居民生活带来了不利影响。同时,由于当时仓库稀缺,运输不发达,因而不能在时间上缓解这种供求上的矛盾,从而又进一步加剧了价格的波动。为此,急需寻找一种有效的解决途径。于是,农场主、农产品贸易商与加工商等开始在传统的即期现货交易的基础上采用远期合同交易方式进行商品交换,以稳定货源、稳定销路,缓解价格波动。

远期合同交易,即买卖双方通过签订远期合同以规定在未来某一时期进行实物商品交割的贸易方式。它可以有效地克服传统的一手交钱、一手交货的即期现货交易的不足,避免即期现货交易随意性大、供求关系不稳定、价格波动大等缺陷,从而达到稳定供需关系与缓解价格波动风险的目的。但远期合同交易仍存在着不足之处,因为它是一种"先物交易",是在实物商品交割前买卖双方通过签订合同来进行的。但在合同到期之前,由于众多因素的影响,可能会出现一方不能交货、一方无力交款,或一方不愿交货、一方不愿交款的情况。如农产品歉收,农场主便可能不能按合同上规定的数额交货或不愿按原先签订合同时较低的价格交货。此种情况一旦发生,远期合同如同虚设,交易双方就要发生纠纷。这样看来,远期合同交易仍然不能最终有效地解决供需矛盾和价格波动的问题,从而要求新的贸易方式产生。这种新的贸易方式就是期货贸易。

第三,1848 年发生的一系列重大事件,促进了期货市场的形成。具体表现为:芝加哥第一次接通了电报;伊利诺—密歇根运河开通使用;以蒸汽为动力的大型谷物提升机建成并使用;运送小麦的铁路延伸至芝加哥;第一艘远航巨轮驶进了芝加哥。这一系列重大事件的发生,有力地解决了芝加哥向前发展所存在的通信、运输和装卸问题。

在上述诸因素的推动下,1848 年 82 位美国商人在芝加哥发起并成立了芝加哥谷物交易所。由于当时条件的限制,交易所刚开始还是进行谷物远期合同交易,接着很快进行了标准化合约的期货交易,期货市场从此产生。芝加哥谷物期货交易的成功,很快带动了期货交易在其他地方和其他领域的发展。

二、期货市场的发展

自 1848 年成立的芝加哥谷物交易所开创期货市场的先河以来,期货市场发展至今已形成相当大的规模,并拓展到世界各地。纵观期货市场一百多年历史的发展历程,期货市场在以下方面取得了重大发展。

（一）交易的品种大大增加

期货市场的上市品种最初集中在少数农产品上。但20世纪30年代以后，广泛应用于工业领域的基础原材料等初级产品，如金属产品，也进入期货市场的行列。尤其是20世纪70年代以后，世界经济环境的急剧变动，特别是固定汇率制度的瓦解与浮动汇率制度的确立，以及两次世界石油危机的爆发，导致了具有很大风险的金融产品和能源新产品被积极地引入到期货市场，从而大大扩展了期货交易的品种。如今，世界期货交易的品种已形成了三大类100多个品种。第一大类是农产品与畜产品类，主要有小麦、玉米、大豆、大米、红小豆、燕麦、豆油、棉花、生丝、活畜等；第二大类是金属与能源工业品类，主要有黄金、白金、白银、铜、铝、铅、锌、锡、镍、生铁、石油、天然橡胶等；第三大类是金融产品类，主要有外汇、利率和股票指数期货。在这三类期货品种中，金融期货所具有的特性使得金融期货的发展速度大大超过其他两类期货品种的交易，成为当今世界期货交易的主流。目前金融期货交易额占世界整个期货交易额比重的80%左右。

（二）交易的空间大大扩展

期货交易最初产生于美国的芝加哥，如今不仅在全美各地已拥有20多家期货交易所，而且还延伸到世界各地。目前全球共有100多家期货交易所，分布在世界五大洲。其中以美、欧数量最多，规模最大，交易也最发达。从整体上看，期货交易所的增加主要发生在20世纪80年代中期，以欧、亚两大洲的发展最为明显。20世纪90年代以来，一些转型经济中的国家，如中国、俄罗斯等也纷纷建立了一批期货交易所。以中国为例，最多时有50余家，目前经过调整规范，还有4家期货交易所，它们分别是中国郑州商品交易所（CZCE）、上海期货交易所（SHFE）、大连商品交易所（DCE）和金融期货交易所（CFFEX，简称“中金所”）。可以说，期货交易的空间已延伸到世界各地。

（三）交易的规模日益扩大

随着期货交易品种的不断增多与交易空间范围的不断延伸，以及期货交易的功能日益被人们所认识，从事期货交易的人员日益壮大，进而期货交易的规模日益扩大。2023年全球期货与期权交易量攀升至1 372.93亿手，同比增长63.7%；首次突破千亿手，创历史新纪录。2023年是2010年以来全球期货和期权成交量增长最高的年份，更远高于过去六年来的平均增幅，这是连续六年全球成交持续创纪录。创纪录的成交受到亚太市场快速增长的推动，印度和中国的增幅分别为128.1%和25.6%。亚太市场较2022年增长翻番，增幅高达104.4%，成为推动全球成交创历史新高的主要动力，中、印两国的成交量占全球总成交量的72.6%。2023年我国期货市场规模稳步扩大，期货市场累计成交量为85.01亿手，累计成交额为568.51万亿元，同比分别增长25.60%和6.28%；累计上市期货期权新品种21个，总品种数达到131个。

（四）交易的规章制度日趋完善

从一定意义上来讲，期货市场的历史就是一部期货交易规章制度日趋完备的历史。这是因为期货交易与风险紧密相连，因而要确保具有高风险的期货交易健康而顺利进行，制定完备的规章制度就显得极为重要。从现实来看，大凡期货交易规章制度比较完备的国家，期货交易的规范化程度就比较高，期货市场就能健康运行，期货市场发达的美国就是如此。反之，期货交易不能规范化，期货市场也难以健康运行，从而会妨碍期货市场的发展。一些期货市场刚兴起的国家就是如此。因此，要发展期货市场，就离不开对期货交易规章制度的建立和完善。正因为如此，发展期货市场的国家，都非常重视期货交易规章制度的建设。

（五）交易的管理体制更加完善

期货市场经历了一个从不成熟到逐步走向成熟的过程，这与期货交易的管理体制也经历了一个由不完善到逐步走向完善的过程紧密相关。如今，在期货市场比较发达和相当发达的国家，已探讨出一套比较完善的期货市场管理体制，即三级监管体系。进一步讲，形成了一种由国家管理、行业管理和交易所自我管理期货交易的三级监管体系。这对确保高风险的期货市场的正常运作起到了关键性的作用。

（六）交易的价格分析方法不断创新

期货交易就其实质来讲，就是对期货价格判断后做出的买卖行为。由于期货交易是标准化的期货合约的买卖，期货交易的数量和单位、交易的时间、交割商品的品质等各项条款都做了统一、明确的规定，交易者无须对价格之外的期货交易的其他条件进行协商，因而在期货合约当中，期货交易唯一变动的就是价格。因此，期货交易实质上就是对期货价格进行交易。期货价格在期货交易中占有重要地位，因此，百余年来，交易者和分析家们总是致力于寻找最佳的价格分析方法来判断期货价格未来的行情，以便做出正确的交易行为。时至今日，期货价格的分析方法已相当多，但从各种分析方法的本质来看，可以分成两大派：一是基本性因素分析派，即侧重于以供求等基本因素为条件来分析期货行情的变化；二是技术性分析派，即侧重于运用各种图表和统计方法来判断期货行情的走势。这两大类分析方法有效地指导了期货交易的开展和促进了期货交易的发展。

（七）交易的国际化进程日益加快

20 世纪 80 年代之前，世界上虽有许多期货交易所，但所开展的期货交易大多是地区性的。进入 80 年代以后，世界期货市场国际化进程明显加快，进入 90 年代以后，进展速度更加明显，具体表现在以下几个方面。

1. 不少国家的期货交易所都在努力拓展国际业务。如闻名于世的芝加哥期货交易所，1986 年在伦敦设立欧洲办事处，首先在欧洲拓展业务，1987 年又在东京设立亚太地区办事处，开始在亚洲拓展业务。1987 年 4 月 30 日，芝加哥期货交易所还首次开办了夜市期货交易。更有甚者，个别国家创办期货交易所只以国际市场为目标。如新加坡国际金融期货交易所（SIMEX），设立之初就以国际化发展为目标,吸引海外投资者,目前其交易的入市者2/3以上是海外客户。这些都大大推动了期货交易的国际化。

2. 出现了跨国界的期货交易所的联合和全球交易系统。如1984年7月,新加坡国际金融期货交易所成立时就与美国芝加哥商业交易所(简称CME)联合,建立了两个交易所之间的“相互对冲”制度。即交易者在新加坡国际金融期货交易所或芝加哥商业交易所建立的多头或空头交易部位,均可以在芝加哥商业交易所或新加坡国际金融期货交易所用相反的交易进行对冲。由于两地交易时间不一致,所以,这一制度实际上等于延长了交易时间。这一制度的成功,促使不少期货交易所争相仿效。如1986年10月和11月,澳大利亚悉尼期货交易所分别与伦敦国际金融期货交易所和纽约商品交易所建立了联合。尽管该联合最终以失败告终,但其他一些国家却有不少成功的例子。因此,各国交易所联网的趋势仍然有增无减。另外1992年6月25日,全球最大的两个期货交易所——芝加哥期货交易所(CBOT)和芝加哥商业交易所联合开发的全球交易系统Globex,采用电脑交易自动撮合获得成功,从而使期货市场正式踏入了自动化与24小时交易的新纪元。这一自动撮合系统的成功,带动了其他国家的期货交易所积极开发类似的交易系统,从而促成了期货市场的国际化。

3. 期货品种在各国不同的交易所交叉上市,其中以利率和股指期货品种最为显著。如1989年12月,东京股票交易所(TSE)便上市了美国幼年期的长期国库券期货合约,且交易颇为活跃。又如伦敦国际金融期货交易所上市日本政府债券期货也很成功。更有意思的是,德国政府债券期货在德国法兰克福的德意志期货交易所(DTB)和伦敦国际金融期货交易所都上市交易,但伦敦的每日交易量远远大于法兰克福,其比率为13∶1。就股票指数期货而言,1986年新加坡国际金融期货交易所最先引入日本的日经指数期货,并且获得成功。新加坡国际金融期货交易所还有一大特点,就是其上市的品种均是芝加哥商业交易所上市的品种,如日元、欧洲美元、德国马克、英镑等利率与外汇期货等。这也是该所联网成功的重要条件。1990年9月芝加哥商业交易所推出了由美元标价的日经指数期货,也取得了成功。

4. 世界上许多国家和地区对国际期货交易的政策日益放宽。20世纪80年代以前,许多国家和地区大多不允许本国或本地区的企业、个人、金融机构参与国外的期货交易,如日本和我国台湾地区。但80年代以后,由于国际环境的变化,许多国家和地区对本国和本地区企业、个人、金融机构参与国际期货交易的限制日益放宽。如从1987年5月起,日本政府允许日本金融机构以自己的名义参与国际期货与期权交易。

综上所述,期货交易在一百多年的发展过程中,尤其是20世纪80年代以来,在诸多方面发展迅速。随着社会经济的不断发展,期货交易也将继续向前发展。

三、我国期货市场的发展情况

我国的期货市场是在中国经济体制改革和市场经济的发展过程中,在借鉴国外经验的基础上,先进行试点,然后发展起来的。最早准备引入期货市场机制的当属1990年10月成立的中国郑州粮食批发市场,但国内第一家正式开始期货交易的交易所是1991年6月成立的深圳有色金属交易所。在这以后,到1994年年底,我国共建成了50余家期货交易所,开发了近50个期货交易的品种,成立了1 000多家期货经纪公司。到1995年上半年,我国期货市场的发展到达了阶段性的顶峰。此后,由于出现了国债期货交易等一系列的风波,我国期货市场进入了调整规范阶段。1998年开始,通过对交易所的治理整顿,最后只剩下3家期货交易所,它们分别是郑州商品交易所、上海期货交易所和大连商品交易所。2007年,在上海又筹建了中国金融期货交易所,主要开展金融期货交易。期货交易品种经过压缩,只剩下少数几个品种。2004年开始,新品种有所推出,2015年还推出了1个金融期权品种,到2023年12月为止,共有131个期货和期权品种在进行交易。从2003年起,我国期货交易迅速增长,成交额和成交量较上年分别增长174.47%与100.72%,交易额突破了10万亿元人民币。2004年继续保持增势,期货交易额达14.69万亿元人民币,较上年增长35.6%。2005年受铜价波动的影响,交易额有所下降,期货交易额达13.4万亿元人民币,较上年下降了8.5%。2006年在品种增加的带动下,交易额和交易量均大幅度增加,较上年分别增加56%和39%,期货交易额达21万亿元人民币。2007年我国期货交易规模突破40万亿元人民币,达到40.6万亿元人民币,首次超过我国的GDP。此后一直保持良好的发展态势。2023年我国期货市场累计成交量为85.01亿手,同比增长25.6%,成交额为568.51万亿元,同比增长6.28%。同年我国商品期货成交量约占全球成交量一半,已连续多年居世界前列。

总的来讲,我国期货市场发展到现在,只有几十年的发展历史,但期间却发生了许多惊心动魄的故事,经过几次规范整顿,如今我国期货市场的发展已经进入一个新的发展阶段。

第二节 期货市场的特征与功能

一、期货市场的特征

期货市场是在现货市场的基础上产生和发展起来的,但它与现货市场有着本质的区别,并具有自身运行的一系列特征。这些特征主要表现如下。

(一)交易合约标准化

期货交易是期货合约的买卖,而期货合约是标准化的合约。这种标准化的期货合约是由交易所设计的、经主管部门批准才能上市流通的、具有法律效力的、标准化的契约。这种标准化是指进行期货交易商品的交易单位、报价方式、交易时间、交割品级、交割地点、交割方式等都是预先规定好的,只有价格是变动的。期货合约的标准化,大大简化了交易手续,降低了交易成本,最大限度地减少了交易双方因对合约条款理解不同而产生的争议与纠纷。

（二）交易场所固定化

不管交易者身处何处，期货交易都必须在依法建立的期货交易所内进行，不许私下交易或进行场外交易。期货交易所是交易者汇聚并进行期货交易的场所，是非营利的经济组织，它旨在为期货交易提供场地与交易条件，制定交易规则，充当交易的组织者本身并不介入期货交易活动，也不干预期货价格的形成。因此，期货交易是高度组织化的交易。

（三）交易结算统一化

期货交易不仅必须在交易所内进行，而且由交易所的结算机构进行统一的专门结算。所有在交易所内达成的交易，必须送到结算机构进行结算，经结算机构处理后才算最后达成，才成为合法交易。交易双方并不直接发生关系，买卖双方都以结算机构作为自己的交易对手，只对结算机构负财务责任和履约责任。这样就大大地简化了交易手续和实物交割程序，而且也为交易者在期货合约到期之前进行“对冲”操作而免除到期进行实物交割创造了可能。交易所的结算机构对交易者的期货交易情况实行每日无负债的结算制度。

（四）实物交割定点化

由于期货交易是期货合约的买卖，因此，绝大多数交易是“对冲”交易，即先买空后卖空进行“对冲”结束交易，或者先卖空后买空进行“对冲”结束交易，因而最终进行实物交割的交易只占整个期货交易量中很少的比例，大约为2%。国内外期货市场运作的经验表明，在期货市场进行实物交割的成本往往要大于直接进行现货交易的成本，因此，包括套期保值者在内的交易者多以对冲了结手中的交易头寸。但最终进行的这部分实物交割，必须在交易所指定的定点仓库进行交割，买卖双方不得私下进行交割。

（五）交易过程经纪化

前面提到，期货交易必须在交易所内进行，是指期货交易最终必须在期货交易所内来完成，但并不意味着每个交易者都必须跑到交易所内去进行交易。事实上，除了交易所的会员单位可以直接在交易所内进行期货交易以外，绝大多数交易者的期货交易必须通过期货经纪公司来完成。因此，期货市场必须存在期货经纪公司这样的中介机构，以保证和方便交易者进行期货交易。

（六）保证金交易制度化

期货市场与现货市场相比，最大的区别在于期货交易实行保证金的交易制度。交易者只需交纳小额的保证金，就可以做很大的交易。从国际惯例来看，交易者只需交纳期货合约面值10%左右的资金，便可以做期货合约面值100%的全额交易。而在现货市场上，交易者必须支付与商品价格完全等额的资金，才能做成相应的交易。可见，期货市场的保证金交易制度，使得期货交易具有以小博大的特征。这也正是期货市场的魅力和吸引交易者的地方。

期货市场以小博大的保证金制度分为两部分,即交易保证金和结算保证金。每种保证金又分为初始保证金和追加保证金。交易保证金,也称履约保证金,是交易所规定的交易者在进行期货交易时必须交纳的一笔资金,作为买卖双方确保履约的一种财力担保和交易损失时的补偿金。其主要作用是提供良好的信誉保证,以确保买卖双方履行合约,达到控制风险和确保期货市场正常运转的目的。

交易保证金的水平由交易所规定,其金额通常为期货合约面值的10%左右,具体金额还要依据交易品种和市场风险的大小而定。另外,对套期保值者而言,所要交纳的保证金要少一些,而对投机者则要求交纳较多的保证金。

结算保证金是结算所(或结算公司)要求结算会员单位根据其客户的交易头寸情况交纳的一笔资金,作为结算会员单位履行其客户未结算的合约所必需的财力保证。

结算保证金水平由结算所(或结算公司)确定,一般根据结算会员单位持有的净多头或净空头合约数量而定。例如,某结算会员单位持有10手空头期货合约和5手多头期货合约,那么该结算会员就持有5手净空头期货合约,结算所(或结算公司)就根据5手净空头期货合约的总值来确定结算保证金。但有的结算所(或结算公司)是根据结算会员单位持有的期货合约总数来确定结算保证金的,即要求结算会员单位必须对每个在手的期货合约(多头或空头)都交纳保证金。如美国芝加哥商业交易所的结算所对结算会员单位就是这样要求的。譬如,在一般的结算机构中,一位拥有99个欧洲美元多头期货合约和100个欧洲美元空头期货合约的结算会员单位只需对一个空头期货合约交纳保证金,而在芝加哥商业交易所的结算所中,结算会员单位要对上述199个欧洲美元期货合约交纳保证金。这种做法对于确保市场的稳定性和参与者的安全性是很有用处的。目前我国期货市场波动性大、风险性高,可以借鉴这种做法来确保我国期货市场的健康发展。

无论是交易保证金还是结算保证金,都可分为初始保证金和追加保证金。交易初始保证金是交易者在进行期货合约买卖时必须按规定在自己的保证金账户上存入一笔最低限度的履约保证金。每日交易收盘后,结算机构会采用逐日盯市的制度,即一方面根据交易者未平仓合约的数量来确定交易维持保证金,其金额一般为交易初始保证金的75%;另一方面根据当日交易状况计算出有效保证金的数额,然后两相比较。一般来讲,当有效保证金的数额低于维持保证金的水平时,交易者便会被要求在规定的时间内(一般为一天)交纳追加保证金,并且追加保证金要填补到交易初始保证金的水平,而不是只填补到维持保证金的水平。在我国,保证金的计算如下:

$$有效保证金 = 现金存入 - 现金提出 + 当日盈亏 - 初始保证金$$

$$当日盈亏 = 平仓盈亏 + 持仓盈亏$$

$$平仓盈亏 = 平历史仓盈亏 + 平当日仓盈亏$$

$$平历史仓盈亏 = \sum[(卖出平仓价 - 上一交易日结算价) \times 卖出量] + \sum[(上一交易日结算价 - 买入平仓价) \times 买入平仓量]$$

$$\text{平当日仓盈亏} = \sum[(\text{当日卖出平仓价} - \text{当日买入开仓价}) \times \text{卖出平仓量}] + \sum[(\text{当日卖出开仓价} - \text{当日买入平仓价}) \times \text{买入平仓量}]$$

$$\text{持仓盈亏} = \text{历史持仓盈亏} + \text{当日开仓持仓盈亏}$$

$$\text{历史持仓盈亏} = \sum[(\text{上一日结算价} - \text{当日结算价}) \times \text{卖出历史持仓量}] + \sum[(\text{当日结算价} - \text{上一日结算价}) \times \text{买入历史持仓量}]$$

$$\text{当日持仓盈亏} = \sum[(\text{卖出开仓价} - \text{当日结算价}) \times \text{卖出开仓量}] + \sum[(\text{当日结算价} - \text{买入开仓价}) \times \text{买入开仓量}]$$

结算初始保证金是结算会员单位持有期货合约时必须存入结算机构为其开立的保证金账户上的一笔最低款项。随着每日期货交易头寸数量与价格的变化,结算会员单位每日所需的保证金也在不断地调整。具体来说,如果净持仓数量增加,结算会员单位必须于次日交易开盘前追加存入相应数量的保证金,以维持初始结算保证金的水平;如净持仓数量减少,结算机构可将多余的保证金退还给结算会员单位。为了简化手续,结算会员单位一般倾向于在其保证金账户上留有一些盈余,以免逐日存取之苦。在正常情况下,结算会员单位依据上述要求,交纳相应的结算追加保证金。另外,在期货市场剧烈波动期间,或在交易账户存在较大风险的情况下,结算所(或结算公司)可以在交易日的任何时间内要求结算会员单位存入额外的保证金以应付不利的价格变化。这种额外的保证金要求称为变更追加保证金要求。国外有规定,一旦发生此种情况,结算会员单位必须在 12 小时内将所要求的变更追加保证金以电汇的方式存入保证金账户,这笔变更的追加保证金只用于结算当日交易,而不归入常设的或初始的保证金账户。

在国外,可作为保证金存入的资产主要有四种,即现金、有息证券、结算会员单位(公司)的股份和由银行认可发放的信用证。一般情况下,初始保证金可以以商定的形式支付,而追加保证金必须以现金支付。在我国,目前规定只能以现金支付,其用意在于降低风险。

(七)交易商品特殊化

期货交易是期货合约的买卖,但每种期货合约都有它的标的物,这个标的物就是期货商品;期货交易对上市的期货商品具有很强的选择性。一般而言,只有同时具备这样几个方面条件的商品,才能成为期货交易的商品:①商品能够储藏相当长的时间;②商品的等级、规格、质量容易划分;③商品的价格波动比较频繁;④商品的供给与需求量比较大。很多商品不能同时具备这些方面的条件,因此不能成为期货交易的商品,这使得期货交易的商品具有特殊性。

(八)投机交易合法化

由于期货交易是期货合约的买卖,并不是商品实体的买卖,因此,它可以允许没有商品实物和不需要商品实物的交易者进入市场进行交易。因而,在期货市场中,买空、卖空非常盛行,且合理合法。事实上,期货市场没有投机交易,根本就不能正常运行，投机交易被称为期货市场运转的润滑剂。另外，期货市场投机交易还很具特色，即投机者既可以先买后卖，也可以先卖后买。因此，期货市场投机交易灵活方便。

二、期货市场的功能

期货市场作为市场经济条件下的一种高级市场组织形式，在稳定和促进市场经济发展方面，具有现货市场不可替代的经济功能。具体说来，主要有以下几点。

（一）价格导向的经济功能

所谓价格导向就是指期货市场可以产生具有很高真实性和权威性的期货价格，从而可以为现货市场的生产者与经营者提供有效的价格信号。之所以期货市场能够具有价格导向的经济功能，是因为期货交易是一种标准化的期货合约的买卖，同时它又实行一种以小博大的保证金交易制度，因而容易吸引众多的投机者进入期货市场当中。这样，期货交易所产生的价格信号，就可以代表着众多的投资者对未来市场价格变化的预期，进而使期货价格具有很大的导向功能。

（二）风险转移的经济功能

所谓风险转移是指期货市场上的套期保值者通过套期保值交易可以回避现货市场价格波动所造成的风险。期货市场上的套期保值者，也就是现货市场上的风险回避者，进一步讲，就是现货市场上的生产者与经营者，他们可以通过套期保值交易来回避现货市场上的风险。所谓套期保值交易，就是指在期货市场上买进或卖出与现货市场上数量相当、交易方向相反的期货合约，然后等待有利时机，进行反方向操作的交易方式，使两个市场交易的损益相互抵补，最后达到保值的目的。

（三）降低交易费用的功能

建立在现货市场基础上的期货市场，具有很好地降低交易费用的功能。一般来讲，与现货市场相比，期货市场至少可以降低三个方面的费用。

1. 可以降低契约成本与履约成本。这是因为期货交易实行的是一种标准化的期货合约的交易，在交易的过程中，买卖双方不必寻找一一对应式的交易对象，交易的结算与最终实物交割也由专门的机构来负责进行。因此，它可以降低契约成本与履约成本。

2. 可以降低信息成本。新制度经济学认为，信息成本是交易成本的关键。这是因为市场经济实际上是一种以价格信息为中心进行资源配置与调整的经济制度，因而价格信息能否反映资源的稀缺程度、供求态势，直接影响到资源的配置效率。而期货市场的价格形成机制具有以下特征：一是综合性。期货交易的参加者不仅有实体商品的供求者，而且还有众多的投机者。期货交易打破了地区甚至全国市场的局限性，是各局部市场的综合反映。二是竞争性。期货交易的集合竞价方式，兼有规模大、完全竞争的特点，一般不存在垄断的可能性，因而更能反映实际的供求状态。三是动态性。期货价格的形成，不仅反映过去和现在的状态，而且反映众多交易者对未来供求状态的预测,因而更能反映价格的动态走势。由此可见,期货价格是一种高度浓缩性的、高质量的信息,其所耗费的信息成本远比现货市场要低。

3. 可以减少风险成本。期货交易所本身虽不承担风险,但通过其保证金和交割结算制度却可以消除交易者的履约与信用风险。同时期货市场为套期保值者提供了回避风险的场所,使套期保值者可以将风险转向投机者,降低了套期保值者的风险成本。随着期货交易进一步发展而产生的期货期权交易,更可以打破传统保险成本固定、收益归保险人的格局,创造风险成本有限而盈利无限的交易方式,弥补现货市场的不足。

期货市场交易费用的降低,同时就意味着期货市场比现货市场具有更高的运行效率。

第三节　期货市场结构

期货市场是现代市场经济的重要组成部分,而期货市场本身也是一个由多种因素所构成的相对完整的体系。一般情况下,期货市场由期货交易所、期货商和期货交易者三部分所构成。

一、期货交易所

期货交易所是指专门供参加期货交易的交易者买卖期货合约的场所。它是期货市场的重要组成部分,被称为期货市场的支柱形式。

(一)期货交易所的性质

期货交易所的性质与期货交易所设立的形式密切相关,一般来讲,期货交易所设立的形式决定着期货交易所的性质。

从世界范围来看,期货交易所的设立有两种模式:一种是以股份关系为基础而设立的股份制交易所;另一种是以会员合作关系为基础而设立的会员制交易所。前一种模式的交易所,实质上就是一个股份公司。因此,从性质上来讲,这种交易所属于一种营利性的经济组织。这种交易所的股东往往过于强调自身的利益,而忽视会员与投资者的利益,因而在各国期货市场的发展过程中,这种交易所虽然存在,但始终不是主要的形式。我国在期货市场的建设过程中,也出现过这种性质的交易所。从实际运作过程看,这种交易所存在着很多弊端,造成了许多不良的影响。因此,经过几年的治理整顿,这种性质的交易所已经不复存在,目前保留下来的3家交易所,都是会员制的交易所。会员制的交易所,就其性质而言,是一种非营利性的经济组织,因此,一般不存在自身追求片面利益的倾向和忽视投资者利益的事情,而是会员通力合作、确保交易所为所有交易者提供一个公平与公正交易的场所。这也符合开办期货交易所的宗旨。因此,会员制交易所是期货交易所的主要形式。

(二)期货交易所的作用

期货交易所作为期货市场的支柱形式,主要具有以下几方面的作用。

1. 为期货交易提供一个专门的、有组织的交易场所。

2. 为期货交易提供各种交易设施和便利。

3. 通过制定标准化期货合约,避免交易者因合约本身缺陷而发生纠纷与争执。

4. 通过制定统一的交易规则,确保期货交易的正常运作。

5. 通过设立层层分解的风险分担机制,确保期货合约到期如约履行。

6. 通过公开竞价、公平竞争与公正交易的形式,确保期货交易的规范运作。

7. 通过现代化的通信设施,以最快的速度及时传递期货价格信息,发挥期货交易价格的导向功能。

(三)期货交易所的组织机构

由于期货交易所主要是会员制的交易所,因此,这里以会员制交易所为例,说明期货交易所的组织机构。

会员制期货交易所的组织机构一般是这样设置的:由全体会员参加的会员大会是交易所的最高权力决策机构;由会员大会选举产生的理事会是交易所的最高执行机构;为了加强对会员大会和理事会的管理和监督,有的国家还规定在会员大会和理事会之外必须设立监事会。我国的期货交易所就是如此。由理事会推举的理事长作为交易所的法人代表,一般不兼交易所的总裁,而是聘任交易所的总裁全面负责交易所的日常管理事务。为了保证交易所的正常运作,在交易所总裁的领导下,交易所根据业务需要设立相应的职能部门或业务部门。一般来讲,交易所的职能部门主要有运作部、研究发展部、财务部、结算部、技术部、场内交易管理部、公共关系部、综合部等。此外,在理事会下,一般还设有各种职能的专门委员会,一般主要有会员资格审查委员会、交易监督管理委员会、交易仲裁委员会、交易品种委员会等,这些委员会主要负责处理交易所日常工作以外的事务,它们与交易所的各职能部门相结合,共同进行期货交易所的管理工作。

二、期货商

期货商,就是期货交易的中介,是期货市场运作的桥梁和纽带,是期货市场的重要组成部分。就服务的范围和性质而言,在完善的期货市场中,期货商应包括期货经纪商(FCM)、介绍经纪商(IB)、场内经纪人(FB)、经纪商代理人(AP)、期货交易顾问(CTA)与期货基金经理(CPO)等。

(一)期货经纪商

期货经纪商(futures commission merchant,FCM),在我国就是指期货经纪公司。期货经纪公司是依法设立的、接受客户委托,以自己的名义进行期货买卖,以获取佣金为业的公司。按照我国政府管理部门的规定,期货经纪公司必须是经中国证监会批准并在国家工商行政管理局注册的独立法人。期货经纪公司至少应成为一家期货交易所的会员。期货经纪公司不能从事自营交易,只能为客户进行代理交易,它是收取佣金的中介机构,接受客户的买卖委托指令,通过交易所完成交易。

(二)介绍经纪商

介绍经纪商(introducing broker,IB),又称中介经纪商或中间商。国外一般有明确的法律规定,我国目前还没有明确的法律界定,其含义一般是指寻求或接受客户指令,进行期货交易,但不直接收取客户资金和佣金的期货商。很显然,介绍经纪商与期货经纪商的最大区别在于是否直接收取客户资金和佣金。介绍经纪商的佣金由它服务的机构进行支付。介绍经纪商可以是个人,也可以是经济组织。如果是个人,必须取得期货从业人员的资格;如果是经济组织,必须到主管部门登记注册。

(三)场内经纪人

场内经纪人(floor broker,FB),在我国通常被称为出市代表,是指在期货交易所内为客户直接进行期货买卖的人。很显然,场内经纪人只能在期货交易所内工作。场内经纪人可以为客户执行任何类型的期货交易指令。在期货经纪业从业人员当中,场内经纪人只占很少的比例。在传统的公开叫价制度下,场内经纪人起着非常重要的作用,其素质的高低直接影响到期货市场交易的效率,但在今天期货交易基本上由计算机撮合成交的情况下,场内经纪人的作用大大下降。充当场内经纪人,必须取得期货从业人员的资格。

(四)经纪商代理人

经纪商代理人(associated person,AP),就是指代表期货经纪商、介绍经纪商、商品交易顾问和商品合资基金经理寻求客户或对客户资金、指令有监管权的个人。简单来讲,就是指各类经纪商的负责人与业务员,其中负责人是指各类经纪商的经理人员,业务员是指在各类经纪商工作,为客户进行期货交易、期货投资分析等业务的人员。经纪商代理人在我国一般叫客户主管(account executive,AE)。经纪商代理人是期货商当中较多的一类,因为绝大多数客户的期货交易都是通过经纪商代理人来完成的。经纪商代理人是期货市场当中很重要的经纪人,这些人从事期货业务,必须取得期货从业人员的资格。

(五)期货交易顾问

期货交易顾问(commodities trading advisor,CTA),又称为商品交易顾问,是指提供期货交易决策咨询或价格预测的人员。他们通过直接或间接的形式为交易者买卖期货提供建议。在期货市场中,尽管期货交易者可凭着自己的能力取得期货交易的相关资讯,并以之作为交易决策的依据,但在风险较大的期货市场当中,有时凭一己之力所取得的资讯,往往难以确保期货交易决策准确性。于是,在期货交易当中,一些交易者便求助于期货交易顾问的协助,期货交易顾问应运而生。期货交易顾问一般都由专家担任,他们提供咨询或建议,获得相应的报酬。一般来讲,期货交易顾问的存在,对确保期货市场的稳定、抑制投机起着十分重要的作用。

(六)期货基金经理

期货基金经理(commodities pool operator,CPO),又称期货商品基金经理。这类期货商在我国目前期货商中很少,国家也还没有相应的法律规定。世界期货市场最发达的美国在其《商品交易法》中规定,期货基金经理是指任何以投资信托、企业联合或类似性质的企业,从事招揽、接受或收受他人直接或以出资、出售股票或其他证券或其他方式交付基金、证券或财产,对任一特定商品交易市场或依任一特定商品交易市场规则进行期货交易者。简言之,期货基金经理就是将客户的资金集中起来进行专家操作的人或组织。按美国规定,期货基金经理可以是个人,也可以是组织。与期货交易顾问相比,期货基金经理能为交易者提供更好的服务。

三、期货交易者

期货交易者是期货市场的主体,是期货交易的当事人。从交易者入市的目的来看,期货交易者分为两大类:一类是套期保值者,另一类是投机者。所谓套期保值者就是利用套期保值交易来回避现货市场价格波动的风险者。很显然,他们入市的目的就是回避现货市场价格波动的风险。所谓投机者,就是利用期货市场的价格波动来赚取价差的交易者。一般来讲,他们是期货市场风险的承担者和期货市场的润滑剂。这两部分交易者都是期货市场所必需的,而且二者密不可分。这是因为,没有套期保值者,期货市场就失去了存在的意义,就缺乏发展的动力;而没有投机者,期货市场就缺乏足够的流动性,套期保值者就难以将风险转移出去。

第四节　期货交易业务流程与交易方式

一、期货交易入市准备

交易者要想进入期货市场进行期货交易,必须做好充分的准备。总的来讲,就是要了解期货市场的基本知识并做好心理准备,以便合理地进行期货交易,防止盲目交易或上当受骗。前面介绍的许多期货知识,都是应该掌握的。这里主要介绍期货交易最基本的内容,也就是期货交易的对象——期货合约。由于期货交易就是期货合约的买卖,因此,了解期货合约是进行期货交易的第一步。

前面提到,期货合约是由交易所设计的、经主管部门批准才能上市流通的、具有法律效力的、标准化的契约。那么这种标准化的契约具体包括哪些条款呢?通常来讲,必须包括下列条款。

(一)交易单位

交易单位就是指期货合约签订的数量与单位名称。期货交易所为每种期货合约都规定了统一的、标准化的交易单位。如郑州商品交易所(CZCE)规定,小麦期货合约的交易单位为10吨;上海期货交易所(SHFE)规定,铜期货合约的交易单位为5吨。在同一交易所内同种商品期货合约的交易单位一定是相同的。因此,交易者在买进或卖出期货合约时,无须报买卖商品的数量多少,只需要报买卖合约的份数(或张数)多少即可。例如,你想在上海期货交易所买进100吨的铜期货,你只需报买进20份(100吨/5吨)期货合约即可,以此类推。

对于不同的期货商品,其交易单位一般是不相同的。如前面提到的我国郑州商品交易所小麦期货合约的交易单位是10吨,而上海金属交易所铜期货合约的交易单位是5吨。另外,在国际期货市场上,同种期货商品在不同交易所的交易单位也可能不同。例如,美国纽约商品交易所黄金期货合约的交易单位是100盎司,而加拿大温伯尼商品交易所黄金期货合约的交易单位为20盎司。因此,进行交易时,必须对每种商品期货合约的交易单位十分清楚,否则会铸成大错。

(二)报价单位

报价单位就是指每单位的报价。通常,不同类别的期货商品有不同的报价单位。如中国郑州商品交易所规定小麦期货合约的报价单位是“元/吨”,美国纽约商品交易所规定黄金期货合约的报价单位是“美元/盎司”。另外,同种期货商品在不同国家的交易所报价单位也不完全一样,例如中国郑州商品交易所规定小麦期货合约的报价单位是“元/吨”,而美国芝加哥期货交易所规定小麦期货合约的报价单位是“美元/蒲式耳”。

(三)最小变动价位

最小变动价位就是指每单位最小的价格波动幅度。例如,中国郑州商品交易所规定小麦期货合约的最小变动价位是“1元/吨”(相当于每张合约10元),上海期货交易所规定铜期货合约的最小变动价位为“10元/吨”(相当于每张合约50元)。交易者必须根据最小的变动价位进行报价,不能随便进行报价。

(四)每日价格最大波动限制

每日价格最大波动限制就是指每日价格最大的涨跌幅度。一般是以上一个交易日的结算价为基础,规定每日价格的最大涨跌幅度。如中国郑州商品交易所规定小麦期货合约的每日价格最大波动限制为:每吨不高于或低于上一个交易日结算价格60元(相当于每张合约600元)。

(五)交易月份

交易月份就是指期货商品进行最终交割的月份。交易者可以根据不同的交易月份进行交易。不同的期货商品期货交易月份不尽相同,有的交易月份规定与该期货商品生产的特点有关。如农产品期货合约的交易月份就与农产品生产周期具有很大的相关性,而有些期货商品的交易月份规定与该期货商品的运输、保管有关。交易所可以根据具体情况予以规定,通常不是全年的每个月份都是交易月份,而是集中在某些月份进行交割。这样可以集中交易,有利于期货市场发挥价格导向的功能。期货交易月份还有活跃与不活跃的交易月份之分。交易者在进入期货市场前,要根据商品特点,仔细研究各类期货商品的价格走势,考虑哪些交易月份是活跃的,尽量避免在不活跃的交易月份进行交易。

由于期货合约交易月份就是期货商品的交割月份,因此,交易者如果不想进行期货商品的交割,就必须在合约到期之前,将买进的期货合约卖出进行对冲,将卖出的期货合约买进进行对冲。否则,不论哪种情况,都得在交割月份到期时办理现货交割。一般来讲,98%左右的期货交易都是在期货合约到期之前进行对冲。

(六)交易时间

交易时间就是指交易所规定每周有多少个营业日及每一营业日内交易从何时起到何时结束的时间。交易所的营业日通常为每周五天营业,星期六、星期日休盘。每一营业日分为上午盘和下午盘。在国外,在同一商品交易所,不同的期货商品,交易时间不尽相同。如芝加哥期货交易所,小麦、玉米、大豆期货交易时间是营业日内上午 9∶00 至下午 1∶15(芝加哥时间);而白银期货交易时间是星期一至星期五早上 7∶25 至下午 1∶25(芝加哥时间)。另外晚场交易时间为星期日至星期四下午 5∶00~8∶30(芝加哥时间)或下午 6∶00~9∶30(中部夏时制时间)。做期货交易时,切勿错过交易时间。交易时间是非常宝贵的,因为每单位交易时间内完成的交易量可能相当大,错过交易时间,就等于丢失金钱。另外,切勿将任何交易时间都理解为国内的标准时间,即北京时间。因为各国期货交易所都有自己的标准时间。因此,如果做国际期货交易,还必须把当地交易时间换算成北京时间,以便及时参与交易。

(七)最后交易日

最后交易日就是指期货合约到期月份所在月的最后营业日往回数的某个营业日,或者是指期货合约到期月份所在月的某个营业日。例如,中国郑州商品交易所规定小麦期货合约的最后交易日为交割月份倒数第七个营业日,大连商品交易所规定大豆期货合约的最后交易日为合约月份的第十个交易日。现假定 9 月份期货交易的最后营业日为 9 月 30 日,按照中国郑州商品交易所小麦期货合约最后交易日的规定,则 9 月份到期的小麦期货合约最后交易日为 9 月 23 日。在国际上,最后交易日的交易时间通常截至最后交易日的中午。期货交易者千万不要错过最后交易日。因为如果出现失误,交易者将要承担实物交割的义务。

(八)商品交割等级

商品交割等级是指期货商品进行最终交割时应具有的标准品质和要求。如果实际商品交割等级与期货合约所规定的商品等级有出入,可以用价格差来弥补(升水或者贴水)。不同的期货商品具有不同的交割等级要求。一般来说,交易所在制定期货商品交割等级时,多以国际贸易中通用的且交易量大的商品为标准品质。如我国郑州商品交易所绿豆期货标准交割等级规定"以国标二等杂绿豆符合 GB10462—89"为标准交割品级。替代品一级杂绿豆,价格升水 3%,明绿豆价格升水 10%,三级杂绿豆价格贴水 3%。凡此种种都有严格的规定。

(九)商品交割地点

商品交割地点就是指期货商品进行最终交割时所规定的交货场地。期货商品交割地点由交易所统一规定，一般设在商品生产量大的地方或运输方便的地方。在指定的地方都设有交割实物商品的仓库。这些仓库都要求具有较高的仓储设施，绝不是一般的仓库能够充当的。国外有的交易所规定，欲充当交易所指定交货的仓库，需提前一年提出申请，经审查合格后，方可作为交割货物的仓库。对于金融期货商品而言，虽没有实物交割，但要进行现金交付，因此，也要指定交割地点。不过，这种交割地点不是仓库，而是指定的银行。

（十）商品交割方式

合约商品交割方式是指进行期货商品最终交割时所采取的结算形式。不同种类的期货商品可采取不同的交割方式。一般来讲，期货商品的交割方式有两种：一种是凭交易所签发的仓单（收据）进行实物交割，这种交割方式适应于实物性的期货商品交割；另一种是凭交易所开立的有关单据进行现金交割，这种交割方式主要适应于金融期货商品交割。

以上是期货合约的基本条款。除此之外，有的交易所在期货合约当中还列有期货商品的交易代码、交易手续费、交易保证金等。

为了帮助大家对期货合约有一个完整的认识，这里提供郑州商品交易所小麦期货合约供大家参考（见表 10-1）。

表 10-1　郑州商品交易所（CZCE）小麦期货合约

交易代码	WT
交易单位	10 吨
报价单位	元/吨
交易月份	1,3,5,7,9,11
最小变动价位	1 元/吨
每日价格最大波动限制	每吨不高于或低于上一交易日结算价格 60 元
最后交易日	交割月倒数第七个营业日
交易时间	每周一至周五上午 9：00~11：30 下午 1：30~3：00
交易手续费	2 元/手（含风险准备金）
交易保证金	占合约价值的 10%
交割日期	合约交割月份的第一个交易日至最后交易日
标准交割品级	标准北方二等硬冬白小麦 符合 Q/CZCE J001—1998
替代交割品级	标准北方一等、三等硬冬白小麦 普通北方一等、二等、三等硬冬白小麦
交割地点	交易所指定交割仓库
交割方式	实物交割

二、期货交易入市手续

期货市场虽然是一个大众化的市场，大家都有条件进入期货市场开展期货交易。但按规定，只有成为期货交易所的会员，才有资格委派自己的出市代表直接进入交易所开展期货交易。交易所的非会员，无论是单位还是个人，要开展期货交易，必须通过会员单位来进行。由于交易所的会员单位数量有限，因此，大多数期货交易参与者，只好通过交易所期货经纪公司会员单位来从事期货交易。为此，作为入市者来讲，需要办理三个方面的手续，才能有效地开展期货交易。

（一）正确选择期货经纪公司

期货经纪公司是期货市场交易的中介，是连接客户与交易所的桥梁与纽带。期货交易大众就是通过期货经纪公司将下达的交易订单传达到交易所。为了高效、准确、真实地使下达的订单进入交易所，期货交易者必须正确选择自己所信赖的期货经纪公司。

一般来讲，选择期货经纪公司可考虑以下条件：①必须是依法成立的；②拥有雄厚的资金和良好的声誉；③最好是交易所及结算所的会员单位；④拥有完备的通信系统；⑤有一批善于经营管理的期货行家和专门的经纪人队伍，能完成客户下达的各项交易指令；⑥拥有健全的组织机构和业务部门，能满足期货交易各环节的需要；⑦收取的保证金与佣金比较合理；⑧经营业绩良好，拥有众多的客户。

由于我国期货市场尚处于发展的初级阶段，相关的法律、法规还不健全，管理还不到位，因此，一些期货经纪公司可能会从事某些非法经营活动，尤其是可能存在着一些地下非法的期货经纪公司，为此，交易者参与期货交易时必须对期货经纪公司慎重选择。

（二）开立交易账户

交易者选好自己的期货经纪公司之后，就可以与其签订期货交易委托代理协议书。然后，向其交纳交易保证金，开立期货交易账户。这样，交易者就可以在期货市场上随时进行期货交易了。

值得指出的是，期货市场上交易者开立的交易账户有多种形式。

第一，如果交易者是个人，可以开立个别账户。这种账户记录单个交易者所有期货交易的情况与盈亏情况。

第二，如果交易者是合伙人，可以开立联系账户。这种账户记录合伙人共同进行期货交易的情况与盈亏情况。

第三，如果交易者是公司，可以开立公司账户。这种账户是针对与生产、经营期货商品有关的公司而开立的账户。开设此种账户，期货经纪公司需验看公司的营业执照，确定是否允许该公司做期货交易。只有当该公司被确认有权从事期货交易后，才能开设此种账户。

第四，如果交易者委托他人代理期货交易，可以开立委托账户。交易者开立此种账户时，必须签署授权书以示声明，期货经纪公司不负责相关的经济责任。

此外，在国外，根据管理形式的不同，交易者开立的账户还可以分为以下几种。

第一，一般商品账户，即由交易者自行负责管理的账户。交易者开立此种账户，在买卖成交后只需向期货经纪公司交付一笔佣金，不必再支付其他费用。

第二，管理账户。指交易者与经纪人签订一种合同书，在合同文件上赋予经纪人一种权力，即不需事先经得交易者的同意，就可以全权处理交易者的期货交易业务的一种交易账户。开设这种账户的交易者除了要向期货经纪公司交纳一笔佣金外，还要按投资或利润的百分比付给经纪人一定数额的报酬，作为经纪人管理该种账户的酬劳。对于管理账户的设立，国外大多数交易所是不鼓励的，且制定了一些特殊的规则对这种账户进行管制，有些期货经纪公司则严禁其经纪人接受这类账户。在国外，对掌管管理账户的人有明文规定，如芝加哥期货交易所规定，只有那些注册登记时间至少已连续两年的经纪人才可受理此类账户，而且有一系列业绩指标来衡量他们的交易状况，定期在全国公布。为此，国内的交易者，不可轻易开设此种账户。

第三，商品合资基金账户。这是指由专人负责运用基金进行期货交易业务的账户。这类账户通常只在大的期货经纪公司开立。这种账户的投资者可以个别购买基金的权益，并根据其所持有的基金比例分摊基金运作产生的利润或亏损。关于这种账户，国内期货经纪公司有过这方面的运作经验。如中国国际期货经纪有限公司就推出过这种基金账户。这种账户投资是一种很有前途的投资方式。

（三）选择合适的经纪人

如果交易者本人精通期货业务，善于收集、整理与分析期货行情，熟悉交易策略，则选择交易代表可以随便些。反之，如果交易者是期货业新手，对期货业务不熟悉，则要慎重选择自己的经纪人。选择经纪人主要可以从以下几个方面进行考察：①是否善于教育与招引客户；②是否熟练地向客户解释双方签订合同的内容与交易规则；③是否准确地分析市场行情并告知客户；④是否及时地向客户传递研究部门的报告；⑤是否及时地向客户报告最新消息；⑥是否及时地传递与执行客户下达的交易指令；⑦是否及时地报告客户已执行的交易头寸及有关盈亏状况；⑧是否及时地收取客户的交易初始保证金与追加保证金；⑨是否协助客户提款及终止代理合同。

如果上述条件的答案能得到满足，那么，可以说交易者已选择了合适的经纪人。但是，选择好自己的经纪人之后，不能认为只要将有关事务委托给经纪人办理就行了。事实上，没有一个经纪人能保证他的交易策略与分析能力准确无误。因而，交易者切忌过分地依赖经纪人。

当交易者开立交易账户并选好自己的经纪人之后，就可以在期货市场上进行期货交易了。也就是说，交易者在认为市场价格比较合适的时候，就可以通过电话或电报、电传等方式，向选好的经纪人下达交易指令。

三、期货交易业务流程

期货交易的业务流程有以下四种模式。

(一)第一种模式

1. 期货交易者在认为价位合理的情况下,可以通过电话、电传等方式向期货经纪公司的交易代表发出买卖指令。

2. 期货经纪公司的交易代表接到客户下达的指令后,迅速记下客户指令的全部内容(主要包括买卖的类型、买卖的商品、数量、交易所名称、价格、指令的类型、指令的有效期等),然后打上时间戳记,交给期货经纪公司的下单室。

3. 期货经纪公司下单室的交易员马上通过电话将交易指令传达到期货经纪公司驻交易所的交易代表,即场内经纪人或出市代表。

4. 场内经纪人接到传达过来的交易指令后,马上在交易所内进行交易。在电脑化交易的交易所,通过电脑竞价撮合交易;在实行公开喊叫价进行交易的交易所,场内经纪人则要大声喊叫并辅以手势来表示买进或卖出的数量和价格。

5. 交易成交后,场内经纪人或出市代表须将交易记录下来,并按原程序返回给客户确认。同时,要将交易详情报送结算机构或结算所。

6. 结算机构或结算所将交易结算结果注册后,发出保证书交给买卖双方期货经纪公司的出市代表,出市代表再将结算结果转交给期货经纪公司的经纪人,经纪公司的经纪人再将结算结果告知客户,让客户予以确认。期货经纪公司根据结算结果决定是否向客户收取追加保证金。

(二)第二种模式

1. 期货交易者在认为价位合理的情况下,亲自填写交易指令,交给期货经纪公司的下单室。

2. 其他步骤同上。

(三)第三种模式

1. 期货交易者在认为价位合理的情况下,直接将交易指令下达给期货经纪公司的下单室。

2. 其他步骤同上。

(四)第四种模式

在期货经纪公司拥有远程交易终端的情况下,期货交易者在认为价位合理的情况下,可以通过电话、电传等方式直接将交易指令下达给期货经纪公司的下单室,下单室的交易员(相当于交易所内的出市代表)进行交易指令的输入,通过远程交易终端进入交易所的主机进行撮合成交。然后,期货经纪公司将交易结果告知给客户确认,并根据结算结果决定是否向客户收取追加保证金。

此外,在期货合约到期时,投资者如果未对到期的期货合约进行对冲,则投资者要通过实物交割来了结期货投资。这就要涉及一个实物交割的问题。在期货交易中，虽然实物交割比例很少，只占合约交易总量的2%左右，然而正是由于期货交易的买卖双方可以进行实物交割，期货价格才真实地反映出所交易商品的实际现货价格。因此，期货商品交割是期货市场与现货市场的连接点，对期货市场的健康发展是极为重要的。

在期货合约到期前尚未对冲的期货合约，一般要通过实物交割来了结。由于期货合约在到期日前经过多次转手买卖，而且买卖期货合约的交易者都是通过经纪公司来进行的，因此，交易双方很难知道对方是谁，也就不可能独立进行实物交割。通常的做法是，最后持有到期期货合约的买卖双方，通过交易所结算部门安排实物交割，在交易所指定的地点进行实物的交割。

实物交割的时间和地点由卖方确定。在期货合约到期月份的最后交易日之前，卖方必须通过其经纪公司将交货通知书转交给交易结算部门。交货通知书的主要内容应包括商品等级、交货数量、交货地点、货物运抵交货地点或交易所指定仓库的日期及具体交割日期。交割日期选定为交割月份中最后交易日前的任意一天，由卖方确定。期货合约的买方无权选定交割日期和地点，只有通过交易所知道在交割月份中的某天和交易所认可的某个交货地点接收货物及交付货款，履行期货合约的购买义务。

卖方将货物运至交易所指定的仓库，进行抽样检验，如果质量合格，则在卖方确定的交割日期前1~7天将收货通知书交给代表买方的会员经纪公司，由其转交买主。由于持有在同一交割月份到期合约的买方可能不止一个，而有多个，那么交易所结算部门该选定哪一个买方接收货物呢？一般选定具体收货人的方法有两种：一是根据成交时间的早晚来确定。交易所结算部门把收货通知书交给根据其留存文件所示持有到期合约中买进成交最早的会员经纪公司，然后由该会员经纪公司将通知书再转交给在该经纪公司记录中持有到期合约的买进成交最早的交易者。二是根据持有到期合约数量的多少来确定。交易所结算部门将收货通知分发给持有到期买进合约的会员经纪公司，持有合约数量多的经纪公司最先得到收货的通知。接到通知的会员经纪公司也采用同样的方法，将收货通知转交给持有买进该到期合约数量最多的交易者。

持有到期合约而未对冲的买方客户，在收到经纪公司转交的收货通知书后，必须在规定的交割日之前，将全部货款通过其经纪公司交至交易所结算部门。在交割日，代表卖方的经纪公司将货物提单（仓单）和销售发票通过交易所结算部门转交给代表买方的经纪公司，同时收取全部货款。至此，期货交易的交割全部完成。

交易所结算部门对负责实物交割的合约都有明确的说明。一般情况下，结算部门只为买卖双方的实际商品交付办理交割程序，而不负责实际商品的交割。各交易所规定的具体交割过程是不一样的，但总体看来，都需要经过几个必要的步骤。下面以芝加哥期货交易所规定的三日交割法为例加以说明。

第一天为持盘日（position day）。这一天代表卖方的会员经纪公司根据交易者的要求，通知芝加哥期货交易所的结算部门，其交易者希望依据期货合约进行实物交割。

第二天为通知日(notice day)。在第二天交易开盘前,芝加哥期货交易所的结算部门为卖方找出持有多头合约时间最长的买方,并通过会员经纪公司通知买卖双方。代表卖方的会员公司在这一天准备销售发票并送至结算部门,由结算部门转交给代表买方的会员公司。代表卖方的会员经纪公司还应向结算部门提交一份销售发票,结算当天将卖方出具的发票转至代表买方的会员经纪公司。

第三天为交割日(delivery day)。代表卖方的会员经纪公司一旦收到代表买方的会员公司的支票,就要将仓单交给代表买方的会员经纪公司(并不是所有的商品交割都需要转交仓单),然后,代表买方的会员经纪公司在代表卖方的会员经纪公司处提交交货通知书和一张应付款保付支票。这以后的提货、提款过程,由买卖双方自行解决。至此,一宗完整的期货交易就结束了。

四、期货交易方式

期货交易的方式有多种,根据交易者入市的目的不同,一般将期货交易分为套期保值和投机交易两种形式,而套期保值和投机交易本身还有一些具体形式。下面分别加以介绍。

(一)套期保值

1. 套期保值的含义。所谓套期保值,传统含义是指在期货市场上买进或卖出与现货数量相当但交易方向相反的商品期货合约,以期在未来某一时间通过卖出或买进同等数量的期货合约而补偿因现货市场价格波动所造成的实际价格风险的交易。

按照这一传统含义,套期保值者似乎进行套期保值就可以利用期货市场来回避现货市场价格波动的风险。实际上,这种传统的套期保值的含义只概括了套期保值的理想交易结果,但在实际交易中,套期保值要复杂得多,其交易结果也有多种。也就是说,套期保值者通过套期保值交易并非能将所有的风险都转移出去,而是仍然要承担一定的风险。因此,20 世纪五六十年代,美国的期货界又提出了现代套期保值的理论。现代套期保值理论认为,套期保值者利用期货市场进行套期保值交易,可以避免现货市场上价格变动这一较大的风险,但要承担现货市场价格与期货市场价格变化不相一致的风险,即基差变动的风险。因此,套期保值难以将现货市场上的风险全部转移出去。为此,我们必须澄清长期以来在不少人头脑中形成的一个错误概念,那就是将套期保值与回避风险完全等同起来。套期保值只是为保值者提供了一个回避风险的有效途径,能否达到保值的目的,还需要多方面的条件。因此,做套期保值交易仍然需要具备投资风险意识,切不可简单地认为按照套期保值的基本含义行事就万事大吉了。这是我们理解套期保值含义时要特别注意的地方。

2. 谁适宜做套期保值。期货市场中的套期保值者数量很多,它可以是个人,也可以是公司。任何想回避现货市场商品(当然必须是可以做期货交易的现货商品)价格不利变化的交易者都可利用期货市场为其现货交易活动进行套期保值。作为一个已持有或计划持有某种现货商品如小麦、玉米、大豆、债券、外汇等的交易者,均可以利用期货市场进行“多头”套期保值来回避风险。同样地,作为一个正卖出或计划卖出某种现货商品的交易者,也可以利用期货市场进行“空头”套期保值来回避风险。一般来讲,期货市场的套期保值者主要有农产品生产者、农产品经营者、农产品储运商、农产品加工商、农产品进出口商,矿产品生产者、矿产品经营者、矿产品进出口商,商业银行、债券经销商、保险公司、各种基金会,制造商、原油生产者、原油加工者、原油需求者等。可见,套期保值可适应多个领域。

3. 套期保值的关键。对于套期保值而言,要想使套期保值交易结果符合自己的意愿,关键在于掌握基差的变动方向和正确计算与预测基差。

(1)基差的含义。基差,简单地说,就是现货价格与期货价格之差。由于套期保值交易同时涉及现货市场与期货市场两个市场,因此,做套期保值交易就要计算基差。只有正确地预测基差的方向,才能使套期保值具有良好的效果。

通常地,基差是指某种期货商品在某一时间、地点的现货价格与最近月份的期货价格之差。用公式表示为:

基差=现货价格-期货价格

如果现货价格高于期货价格,基差为正数;如果现货价格低于期货价格,基差为负数;当现货价格与期货价格相等时,基差为零。当然,基差为零的现象可以只作为一种理论上的假设。因为事实上基差为零的现象很难出现,大多数是基差趋于零的情况。

基差为正数、负数与趋近于零的三种结果,分别代表三种不同的市场情况。

一是基差为负数的正常市场状况。在正常的商品供求情况下,基差一般为负数,即各月份的期货价格应大于该商品的现货价格,远期月份合约的期货价格要大于近期月份合约的期货价格。这是因为,期货交易者握有期货合约,这就同时意味着要承担一定的风险,还需支出一定的持有成本。而承担这些风险与支出的成本不可能是徒劳的,它要反映到期货价格中去,从而使得期货价格在正常情况下要高于现货价格,远期月份合约的期货价格会比近期月份的期货价格高,基差就为负数。因此,当某时某地的基差为负数,就说明当时当地的市场情况处于正常。由于在这种正常的市场条件下,持有期货合约就会获得价格报偿,所以,这种市场也称作有报偿关系的市场。

二是基差为正数的倒置市场状况。当现货市场上商品出现明显的供不应求、货源短缺现象时,现货价格就可能高于期货价格、近期月份合约的期货价格就可能高于远期月份合约的期货价格,此时的基差便为正数。在这种市场情况下,期货价格就不能反映出持有的成本,从而持有者就不能获得价格报偿,反而会产生负的持有成本,所以,这种市场关系也称为有折旧关系的市场或倒置市场情况。

三是基差趋近于零的市场状况。当期货合约的交割期到来时,期货合约中所包含的远期因素会逐渐消失,期货价格中所包含的远期成本也会逐渐消失,持有即将交割的期货合约将不会得到价格报偿，现货价格与期货价格之间的差距会逐渐缩小，互相趋合。如果存在较大差距，便会产生投机套利交易行为，最终也会拉平现货价格与期货价格。所以，到最后交割日，现货价格与期货价格之差，可能不一定是零，但会趋近于零，即现货价格与期货价格互相趋合、汇聚为一。这也是套期保值交易能够取得保值效果的一个基本经济逻辑。

(2)影响基差的因素。影响基差变化的因素有很多，不同类别的期货商品又不完全一样，因此，做不同商品的套期保值，要关注不同期货商品的基差变化。以农产品为例，影响农产品基差变动的因素主要有：当年产量的预测值；上年转入的结转库存；替代产品的供求；国外的产量与需求；仓储费用；仓储设施的充裕程度与可利用程度；运输费用；运输过程中存在的问题；保险费用；国家经济政策；季节性价格波动等。

由于影响基差的因素很多，因此，基差经常发生变动，而不是一个常态。基差的变动有“强势”与“弱势”之分。当基差由负向基差向正向基差变动时，如从-10转向+2，说明基差呈“强势”；反之，当基差由正向基差向负向基差变动时，如从+5向-2转化，说明基差呈“弱势”。基差的这种变动，会对“多头”套期保值者与“空头”套期保值者产生不同的影响，因此，套期保值者必须密切注视基差的变动方向。

4. 套期保值的经济逻辑。期货市场上的套期保值，要想达到保值的效果，除了套期保值者会适时地进行交易以外，还必须满足两大基本经济逻辑关系。

一是同种商品的现货价格与期货价格之间会保持基本相同的走势，要涨都涨，要跌都跌。

期货交易产生之后，对于适合做期货交易的商品来说，就同时拥有了两个市场：一个是现货市场，另一个是期货市场。对于同种商品来说，其现货价格与期货价格常受到一些相同因素的影响和制约，因而，同种商品的现货价格与期货价格之间常会保持大致相同的走势，要涨都涨，要跌都跌。套期保值交易就利用了这一特点，在两个市场上同时下注，反向操作。在价格走势相同的情况下，这个市场上出现盈利，同时在那个市场上会出现亏损；或者相反。两者相抵，不盈不亏，于是便出现了保值的效果。

需指出的是，由于时间因素的干扰和制约，更由于现货市场与期货市场是两大类不同性质的市场，因此，同种商品的期货价格与现货价格虽能保持大致相同的走势，但两种价格变动的幅度不一定相同，甚至还可能出现两种价格反向而行的情况。这样，便会影响套期保值的效果，有时可能出现保值之外，还有盈余；有时可能无法真正达到保值的目的。

二是当期货合约的交割期临近时，现货价格与期货价格之间会出现互相趋合的趋势，即现货价格与期货价格会汇聚为一，大致相等。此时基差逐渐趋近于零。

正是由于期货合约交割期临近时，同种商品的现货价格与期货价格之间互相趋合，互相接近，汇聚为一，套期保值交易才能取得相应的效果。当期货合约交割期来到时，现货价格与期货价格之所以会互相趋合，是因为此时期货合约中所含的远期因素和期货价格中所含的远期成本已逐渐消失，此时再持有期货合约就不一定会获取相应的价格报偿。通常情况下，此时会形成现货价格与期货价格趋同的局面。当然，由于受时间等因素的影响，现货价格与期货价格之间的波动幅度会有所不同，从而影响现货价格与期货价格之间的趋合程度。

5. 套期保值的类型与实例。根据套期保值者入市的目的和首先采取的市场行为不同，可以将套期保值分为两种类型：一是“多头”套期保值，又称买进套期保值；二是“空头”套期保值，又称卖出套期保值。

所谓“多头”套期保值，是指在期货市场上首先采取的是“买进”期货合约的行为，然后进行反方向的操作，“卖出”期货合约进行对冲。“多头”套期保值者入市的目的是想通过期货市场的套期保值交易控制成本，回避现货市场上价格上涨所带来的风险。如农产品加工商、农产品出口商、有色金属冶炼厂等，他们担心产品价格上涨，便可以做“多头”套期保值交易。

例如，国内某油脂厂 3 月份计划 2 个月后购进 100 吨大豆，当时 3 月份的现货价为 2 200 元/吨，而 5 月份大连商品交易所的大豆期货（交易单位为 10 吨）价格为 2 300 元/吨。该厂担心价格上涨，于是在大连商品交易所买进 10 手（每手为 10 吨）5 月份到期的大豆期货。到了 5 月份，现货价果然上涨至 2 400 元/吨，而期货价也上升至 2 500 元/吨。于是该厂在现货市场买入现货，每吨亏损 200 元；同时在大连商品交易所卖出 5 月份到期的期货合约 10 手，每吨盈利 200 元。二者盈亏相抵，该厂实际购买大豆的成本为 2 200 元/吨，而非 5 月份的现货价格 2 400 元/吨，从而有效地锁定了成本，回避了现货市场上大豆价格上涨所带来的风险。

所谓“空头”套期保值，是指在期货市场上首先采取“卖出”期货合约的行为，然后进行反方向的操作，“买进”期货合约进行对冲。“空头”套期保值者入市的目的是想通过期货市场的套期保值交易控制销售价格，回避现货市场上价格下跌所带来的风险。如农产品生产者、农产品流通企业、农产品进口商、有色金属生产企业等，他们担心产品价格下跌，便可以做“空头”套期保值交易。

例如，国内某农场，在 7 月份预计 9 月将产出大豆 100 吨。当时 7 月份大豆的现货价格为 2 100 元/吨，农场对此价格比较满意。但此时大豆还未能生产出来，农场担心 9 月份大豆生产出来时大豆现货价格下跌，于是 7 月份在大连商品交易所卖出 9 月份到期的大豆期货合约 10 手，价格为 2 150 元。时至 9 月，大豆生产出来了，大豆现货市场价格如农场所预料的那样出现了下跌，价格跌为 2 000 元/吨。于是该农场将生产出来的大豆在现货市场卖出，每吨亏损 100 元。与此同时，期货市场价格也出现下跌，价格跌至每吨 2 030 元。于是该农场在大连商品交易所买进 9 月份到期的大豆期货合约 10 手，每吨盈利 120 元。二者盈亏相抵，该农场每吨还赚了 20 元。该农场实际销售大豆的价格为 2 120 元，而非 9 月份大豆的现货价格 2 000 元/吨。可见，该农场利用期货市场套期保值交易，不但回避了现货市场价格下跌所造成的风险，而且还赚取了一定的利润。

当然，上面两例都是套期保值交易比较成功的情况，事实上，期货市场套期保值交易有多种结果。一般来讲，在下列情形下，“多头”套期保值交易有盈利的机会：①现货价格停留在原处盘整，而期货价格却节节上升；②现货价格节节下挫，而期货价格却停留在原处盘整；③现货价格持续下跌，而期货价格却向上攀升；④现货价格与期货价格同时上升，但期货价格上升的速度更快一些；⑤现货价格与期货价格同时下跌，但现货价格下跌的速度更快一些。

与上述情形相反，在下列情形下，“空头”套期保值交易有盈利的机会：①现货价格不变，而期货价格却节节下跌；②现货价格持续上扬，而期货价格却停留原处；③现货价格上升，而期货价格却呈现相反方向下跌；④现货价格与期货价格同时下跌，而期货价格下跌的速度较快；⑤现货价格与期货价格同时上升，但现货价格上升的速度较快。

可见，完美的套期保值交易，即交易结果不盈不亏的情形实属罕见，而大部分套期保值交易总会出现或盈或亏的现象。不过，只要现货价格与期货价格保持相同的走势，就可以使套期保值交易达到一定的效果。

（二）投机交易

期货市场上投机交易的具体形式多种多样，但主要可以归为两大类：单向投机交易和套期图利。

1. 单向投机交易。所谓单向投机交易，就是指在期货市场上首先只买进或卖出期货合约，然后进行反方向操作的交易行为。根据投机者入市首先采取的交易行为的不同，可以分为买空投机和卖空投机两种类型。

（1）买空投机。即首先在期货市场上买进期货合约，然后卖出同种商品、同一月份的期货合约进行对冲的交易行为。

例如，国内某投机者预计 7 月份的大豆价格趋涨，于是在大连商品交易所买入 10 手 7 月份的大豆期货合约（交易单位为 10 吨），价格为 2 300 元/吨。后来价格果然上涨，并上涨到每吨 2 400 元，于是该投机者按此价格在大连商品交易所卖出 10 手 7 月份的大豆期货合约，共获利 10 000 元[10×10 吨×(2 400 元/吨-2 300 元/吨)]。很显然，买空投机是在投机者预计某种期货商品价格会上涨的情况下进行的投机行为。

（2）卖空投机。即首先在期货市场上卖出期货合约，然后买进同种商品、同一月份的期货合约进行对冲的交易行为。

例如，某投机者预计 11 月份的小麦会下跌，于是在郑州商品交易所卖出 20 手 11 月份到期的小麦期货合约（交易单位为 10 吨），价格为 1 300 元/吨。后来小麦期货价格果然下跌，并跌至 1 180 元/吨，于是该投机者在郑州商品交易所买进 20 手 11 月份到期的小麦期货合约，共获利 12 000 元[10×10 吨×(1 300 元/吨-1 180 元/吨)]。

2. 套期图利。

（1）套期图利的含义与特点。所谓套期图利，是指在期货市场上同时买进和卖出两种品质相同或相近、数量相等或相当，但价格与价格变化幅度不同的期货合约,然后等待有利时机同时将拥有的多头部位卖出,将空头部位补进的一种投机交易方式。

套期图利与一般的单向投机交易相比,具有自己的特点。一般的单向投机交易赚取利润的方法是从单一的期货价格上涨与下跌之中赚取价差,而套期图利不是如此。它是从两个不同的期货合约彼此间相对的价格差异中套取利润。因此,投机者关心的不是某一商品期货价格的涨落,而是两种不同期货合约之间的相互价格关系。也就是说,投资者注意的主要不是期货价格的绝对水平,而是两种期货价格之间的相对变动水平。他们认为买进的是"便宜"的合约,同时卖出的是"高价"的合约。由于套期图利是从这种相对价格水平中赚取盈余,因而每笔交易结果盈余通常不是很大。但不断地套期图利获取盈余,却可以达到"聚沙成塔"的功效。

(2)套期图利的类型。套期图利主要有三种类型:跨月套利、跨品套利与跨市套利。现分别加以介绍。

①跨月套利。它是指利用同一商品但不同交割月份之间正常的价格差距,进行同时买卖远、近期的期货合约,日后等待有利时机再进行对冲而获取价差余利的一种交易方法。这是套期图利当中比较常用的形式。它又可以分为牛市套利与熊市套利两种形式。

其中牛市套利,又称买空套利,是指投机者在旺市或牛市末期买进近期月份的期货合约,同时卖出远期月份的期货合约,并期望近期月份的期货价格上涨幅度会大于远期月份的期货价格上涨幅度;而熊市套利,又称卖空套利,是指投机者在淡市或熊市末期买进远期月份的期货合约,同时卖出近期月份的期货合约,并期望远期月份合约的期货价格下跌幅度小于近期月份合约的期货价格的下跌幅度。

②跨品套利。它是指利用两种不同但又相关的期货商品之间的价差,同时买卖相同月份的两种不同商品的期货合约,日后等待有利时机再进行一系列的对冲而获取价差的一种交易方法。跨品套利交易必须明确两点:一是买卖的两种期货商品必须具有相关性或替代性,换言之,两种商品大都受同一供求因素的制约。如小麦与玉米两种期货商品,就具有这种特性。二是买卖的两种期货商品的交割月份尽量保持相近。

③跨市套期图利。它是指利用同一期货商品在不同交易所出现的价格不一致的情况,同时在两个不同的交易所进行同种商品期货合约的反向买卖,日后待有利时机,再将在手的合约对冲平仓,以获得差价余额的一种方法。

由于各区域的地理条件不同造成运输费用差别、各交易所对商品交割等级规定不同、每日对价格涨跌幅度规定不同以及某地歉收或另一地供过于求等多方面因素的影响,时常会在短期内造成同一种商品在不同交易所的期货价格存在着一定价格差的现象。于是便会出现投机者趁机在价高交易所卖出合约,同时在价低交易所买进合约,待到两个交易所的市场价格恢复到正常水平时,再将到手的合约在各自交易所对冲平仓,从而获取价差利润。如早些年,国内一些投机者利用郑州商品交易所与北京商品交易所绿豆的价差做套期图利就属于这种情况。

一般来讲,当同一种期货商品在不同的交易所有不同的价位时,会吸引很多投机者做跨市套利交易,最终再将价格拉平,因此,做跨市套利交易一定要行动迅速。

做跨市套利交易,既可以在国内两个交易所之间进行,也可以在不同国别的两个交易所间进行。当然,做跨国间的跨市套利交易,其风险要大于国内跨市套利交易。

附:期货交易有关常用术语

买空:买入期货称“买空”或称“多头”,亦即多头交易。

卖空:卖出期货称“卖空”或“空头”,亦即空头交易。

开仓:开始买入或卖出期货合约的交易行为称为“开仓”或“建立交易部位”。

持仓:交易者手中持有期货合约称为持仓。

平仓:交易者了结手中的期货合约进行反向交易的行为称为“平仓”或“对冲”。

成交单:经计算机配对后产生的买卖合约单。

开盘价:当天某商品的第一笔成交价。

收盘价:当天某商品的最后一笔成交价。

最高价:当天某商品的最高成交价。

最低价:当天某商品的最低成交价。

最新价:当天某商品当前最新成交价。

结算价:当天某商品所有成交合约的加权平均价。

买价:某商品当前最高申报买入价。

卖价:某商品当前最低申报卖出价。

涨跌幅:某商品当日收盘价与昨日结算价之间的价差。

涨停板额:某商品当日可输入的最高限价(涨停板额=昨日结算价+最大变动幅度)。

跌停板额:某商品当日可输入的最低限价(跌停板额=昨日结算价-最大变动幅度)。

空盘量:当前某商品未平仓合约的总量。

思考题

1. 简述期货市场产生的历史背景。
2. 简述期货市场的发展情况。
3. 简述期货市场的特征。
4. 简述期货市场的功能。
5. 简述期货市场的结构。

6. 简述期货交易所的作用。
7. 简述期货商的构成。
8. 简述期货合约的基本条款。
9. 简述如何选择期货经纪公司。
10. 简述期货交易的业务流程。
11. 何为套期保值？套期保值的经济逻辑是什么？
12.“多头”套期保值盈利的情况有哪些？
13.“空头”套期保值盈利的情况有哪些？
14. 何为套期图利？套期图利有哪些类型？

第十一章

电子商务与商业

20 世纪 90 年代以来，随着计算机技术、网络技术和通信技术的迅速发展，电子商务迅猛发展，在各个领域得以广泛推行。其中，商业领域开展电子商务更为普遍，并将成为未来商业发展的一个重要方向。为此，商业经营者必须了解电子商务的有关知识和其在商业经营中的应用。本章主要介绍电子商务的基本知识，以及电子商务在现代商业经营中的应用。

第一节　电子商务概述

一、电子商务的不同释义

20 世纪 90 年代以来，随着计算机技术、网络技术和通信技术的迅速发展，以及互联网(Internet)的推广和应用，商务处理方式发生了巨大的变化。电子商务可以使销售商与供应商紧密联系起来，更快地满足客户的需求；也可以让商家在全球范围内选择最佳供应商，从而在全球市场上销售自己的商品；消费者还可以利用电子商务开展网上购物等活动。电子商务作为商业贸易领域中一种先进的交易方式，已经遍及全球，并对商业贸易领域中传统的观念和行为方式产生巨大的冲击和影响。

那么，什么是电子商务呢？到目前为止，它还没有一个统一的、权威的定义。各国政府、企业界、学界都根据自身对电子商务的参与程度和理解，给出了不同的描述，以下是几个比较有代表性的定义。

美国政府在《全球电子商务纲要》中笼统地指出：“电子商务是指通过 Internet 进行的各项商务活动，包括广告、交易、支付、服务等活动。”

欧洲经济委员会在 1997 年举办的全球信息社会标准大会上将电子商务定义为：“电子商务是各参与方之间以电子方式而不是以物理交换或直接物理接触方式

完成任何形式的业务交易。”

欧洲议会在《电子商务欧洲动议》中给电子商务定义为：“电子商务是通过电子方式进行的商务活动。它通过电子方式处理和传递数据，包括文本、声音和图像。它涉及许多方面的活动，包括货物电子贸易和服务、在线数据传递、电子资金划拨、电子证券交易、电子货运单证、商业拍卖、合作设计和工程、在线资料、公共产品获得。它包括产品（如消费品、专门设备）和服务（如信息服务、金融与法律服务）、传统活动（如健身、教育）和虚拟活动（如虚拟购物、虚拟训练）。”

世界贸易组织给电子商务的定义为：“电子商务就是通过电信网络进行的生产、营销、销售和流通活动，它不仅指基于 Internet 上的交易，而且指所有利用电子商务技术来解决问题、降低成本、增加价值和创造商机的商务活动，包括通过网络实现从原材料查询、采购、产品展示、订购到产出成品、储运以及电子支付等一系列的贸易活动。”

联合国经济合作和发展组织认为：“电子商务是利用电子化的手段从事的商业活动，基于电子处理和信息技术，如文本、声音和图像等数据传输。它主要遵循 TCP/IP 协议通信传输标准和 Web 信息交换标准，提供安全保密技术。”

IBM 公司认为，电子商务“即 E-Business，是把买卖双方、厂商和合作伙伴在 Internet 网上结合起来的应用。”据此，IBM 公司提出电子商务的公式为：Internet+IT=电子商务，并认为，实现电子商务，关键是解决好“3C”问题：第一个 C 为 content management（信息管理），就是如何在网络计算领域中更好地利用现有信息；第二个 C 为 collaboration（合作），就是如何使人们更加便捷、更加有效地共事和合作；第三个 C 为 commerce（商务交易），即如何在网上从事电子商务交易，从而获取利润。

美国通用电气（GE）认为，电子商务是指“通过电子方式进行商业交易，分为企业和企业间的电子商务以及企业和消费者之间的电子商务”。

美国的 Emmelhainz 博士从功能的角度把电子商务定义为“通过电子方式，并在网络基础上实现物资、人员过程的协调，以及商业交换活动”。

加拿大专家 Jenkins 和 Lancashire 在《电子商务手册》中从应用角度将电子商务定义为“数据的电子集成”。

中国著名电子商务专家王可研究员从过程角度将电子商务定义为“在计算机与通信网络基础上，利用电子工具实现商业交换和行政作业的全过程”。

以上各种定义从不同的角度对电子商务进行了相应的概括。我们认为，从实质上来看，电子商务主要包括相互联系的两个方面：一是通信和计算机网络技术；二是商业和贸易活动。而且，从本质上来看，电子商务并没有改变传统商务活动的基本内容——商流、物流、信息流和资金流。通信和计算机网络技术只不过是电子商务的工具而已，因此，从本质上来看，电子商务重在商务。据此，我们可以将电子商务界定为：利用现代通信和计算机网络技术所开展的商业和贸易活动。

二、电子商务的演变

电子商务虽然是一个新名词，但从它产生的历史渊源来看，却并非一种全新的事物。实际上，人们早就开始使用电子手段从事商务活动了。随着电话、传真等工具的应用，现代商务一直与电子技术密切地联系在一起，但是真正意义的电子商务的研究和应用是20世纪70年代末以后的事情。

20世纪70年代末出现了企业间电子商务应用系统雏形的电子数据交换(EDI)和电子资金传送(EFT)，以电子数据交换为基础的电子商务在20世纪80年代得到了较大的发展。以电子数据交换为基础的电子商务主要是通过增值网络(value-added networks，VAN)来实现的，通过电子数据交换系统，交易双方可以将交易过程中产生的询价单、报价单、订购单、收货通知单和货物托运单、保险单和转账发票等报文数据以规定的标准格式在双方的计算机系统上进行端对端的数据传送。到了20世纪90年代，电子数据交换系统的电子商务技术已经十分成熟。应用电子数据交换使企业实现了“无纸贸易”，大大提高了工作效率，降低了交易成本，减少了失误带来的损失，加强了贸易伙伴之间的合作关系，因此其在国际贸易、海关业务和金融领域得到了大量的应用。众多的银行、航空公司、大型企业等纷纷建立起自己的电子数据交换系统，在贸易界甚至提出了“没有EDI就没有订单”“EDI引发了贸易领域的革命”等口号。但是电子数据交换系统的电子商务解决方式都是建立在大量功能单一的专用软硬件设施的基础上的，当时网络技术的局限性限制了电子数据交换应用范围的扩大，同时电子数据交换对技术、设备、人员有较高的要求，并且使用价格极为昂贵。受这些因素的制约，电子数据交换系统的电子商务仅局限在先进国家和地区以及大型企业范围内，在全世界范围内得不到广泛的普及和发展，大多数中小企业难以应用电子数据交换系统开展电子商务活动。

随着计算机技术和互联网技术的蓬勃发展，网络化和全球化已成为不可抗拒的世界潮流，连通全世界的电子信息通道已经形成，应用互联网开展电子商务业务也开始具备实用的条件，电子商务获得长足发展的时机已经成熟。在20世纪90年代初期，计算机网络技术得到了突破性的发展，依托互联网的电子商务技术也就应运而生。以互联网为基础的电子商务主要是以飞速发展的遍及全球的互联网网络为架构，以交易双方为主体，以银行支付和结算为手段，以客户数据库为依托的全新商业模式。它利用互联网的网络环境进行快速有效的商业活动，从单纯的网上发布信息、传递信息到在网上建立商务信息中心；从借助于传统贸易的某些手段的不成熟的电子商务交易到能够在网上完成供、产、销全部业务流程的电子商务虚拟市场；从封闭的银行电子金融系统到开放式的网络电子银行，在互联网上的电子商务活动给企业在增加产值、降低成本、创造商机等方面带来了空前的益处。除了互联网的发展外，信息技术也得到了全面发展，例如网络安全和管理技术得到了保证，系统和应用软件技术趋于完善等，这一切都为电子商务的发展和应用奠定了基础。

电子商务之所以受到重视,一方面是由于它具有区别于其他商务方式的不同特点,具有诱人的发展前景。它使企业能够从事在物理环境中不能从事的业务,有助于降低企业的成本,提高企业的竞争力。对各种各样的企业,无论大小,不分"贵贱",电子商务都提供了广阔的发展天地和商机,帮助它们节约成本,增加价值,扩展市场,提高效率。同时,它还能为广大的网上消费者增加更多的消费选择,使消费者得到更多的利益。另一方面,互联网的爆炸性发展促进了信息技术更加广泛的应用,由此而引起的全球性竞争要求企业必须具有比竞争对手更大的灵活性。为了适应新的市场发展的需要,企业必须调整自己的经营方式和经营结构,才能够在适者生存的市场竞争中取得立足之地。因此,电子商务的应用日益成为企业在商场上克敌制胜的关键技术。如今,电子商务的广泛推行,大大加速了整个社会的商品流通,为未来的商业贸易指明了前进的方向。

三、电子商务与传统商务的主要区别

(一)交易虚拟化

在电子商务中,贸易双方从贸易磋商、签订合同到支付货款等都无须当面进行,可以通过计算机互联网络完成,整个交易完全虚拟化。对卖方来说,可以到网络管理机构申请域名,制作自己的主页,组织产品信息上网。而虚拟现实、网上聊天等新技术的发展使买方能够根据自己的需求选择广告,并将信息反馈给卖方。通过信息的互动,签订电子合同,完成交易并进行电子支付,整个交易都在网络这个虚拟的环境中进行。

(二)交易透明化

买卖双方从交易的洽谈、签约以及货款的支付、交货通知等整个交易过程都在网络上进行。通畅、快捷的信息传输可以保证各种信息之间互相核对,防止虚假信息的流通。例如,在典型的许可证 EDI 系统中,由于加强了发证单位和验证单位的通信、核对,假的许可证就不易漏网。海关 EDI 也帮助杜绝边境的假出口、兜圈子、骗退税等行径。

(三)交易动态化

电子商务交易网络没有时间和空间的限制,是一个不断更新的系统,每时每刻都在运转。网络上的供求信息在不停地更换,网上的商品和资金在不停地流动,交易和买卖的双方也在不停地变更,商机不断地出现,竞争不停地展开。正是这种物质、资金和信息的高速流动,使得电子商务具有传统商业所不可比拟的强大生命力。

(四)交易网络化

电子商务涉及电子数据处理、网络数据传输、数据交换和资金汇兑等技术,在企业的电子商务系统内部有导购、订货、付款、交易与安全等有机联系在一起的各子系统,在交易的进行过程中经历商品浏览和订货、销售处理和发货、资金支付和售后服务等环节,电子商务业务的开展由消费者、厂商、运输、报关、保险、商检和银行等不同参与者通过计算机网络组成一个复杂的网络结构,相互作用,相互依赖,协同处理,形成了一个相互密切联系的连接全社会的信息处理大环境。这一环境简化了商贸业务的手续,加快了业务开展的速度,最重要的是规范了整个商贸业务的发生、发展和结算过程,从根本上保证了电子商务的正常运作。

(五)交易个性化

网络的实时互动式沟通,能够促进厂家与消费者的密切联系。通过这种网络交往,产品或服务的需求者更易表达出他们自己对产品和服务的要求与评价。这样厂家便可根据用户的内在需求,针对用户的个性化需求组织生产、提供服务,从而实现交易(包括服务)的个性化,更好地服务于现有用户,并吸引更多的用户。

四、电子商务的功能

电子商务可提供网上交易和管理等全过程的服务。因此,它具有广告宣传、咨询洽谈、网上订购、网上支付、电子账户、服务传递、意见征询、交易管理等各项功能。

(一)广告宣传

电子商务可凭借企业的 Web 服务器和客户的浏览,在 Internet 上发播各类商业信息。客户可借助网上的检索工具(search)迅速地找到所需商品信息,而商家可利用网上主页(home page)和电子邮件(E-mail)在全球范围内进行广告宣传。与以往的各类广告相比,网上的广告成本最为低廉,而给顾客的信息量却最为丰富。

(二)咨询洽谈

电子商务可借助非实时的电子邮件(E-mail)、新闻组(news group)和实时的讨论组(chat)来了解市场和商品信息、洽谈交易事务,如有进一步的需求,还可用网上的白板会议(whiteboard conference)来交流即时的图形信息。网上的咨询和洽谈能超越人们面对面洽谈的限制、提供多种方便的异地交谈形式。

(三)网上订购

电子商务可借助 Web 中的邮件交互传送实现网上的订购。网上的订购通常都是在产品介绍的页面上提供十分友好的订购提示信息和订购交互格式框。当客户填完订购单后,通常系统会回复确认信息单来保证订购信息的收悉。订购信息也可采用加密的方式使客户和商家的商业信息不会泄露。

(四)网上支付

电子商务要成为一个完整的过程,网上支付是重要的环节。客户和商家之间可采用信用卡账号实施支付。在网上直接采用电子支付手段将可省略交易中很多人员的开销。网上支付将需要更为可靠的信息传输安全性控制以防止欺骗、窃听、冒用等非法行为。

（五）电子账户

网上的支付必须有电子金融支持，即银行或信用卡公司及保险公司等金融单位要为金融服务提供网上操作的服务。而电子账户管理是其基本的组成部分。信用卡号或银行账号都是电子账户的一种标志。而其可信度需配以必要技术措施来保证，如数字凭证、数字签名、加密等，这些手段的应用提供了电子账户操作的安全性。

（六）服务传递

对于已付款的客户应将其订购的货物尽快地传递到他们的手中。而有些货物在本地，有些货物在异地，电子邮件将能在网络中进行物流的调配。而最适合在网上直接传递的货物是信息产品。如软件、电子读物、信息服务等。它能直接从电子仓库中将货物发到用户端。

（七）意见征询

电子商务能十分方便地采用网页上的“选择”“填空”等格式文件来收集用户对销售服务的反馈意见，这样能使企业的市场运营形成一个封闭的回路。客户的反馈意见不仅能提高售后服务的水平，更使企业获得改进产品、发现市场的商业机会。

（八）交易管理

整个交易的管理将涉及人、财、物多个方面，包括企业和企业、企业和客户及企业内部等各方面的协调和管理。因此，交易管理是涉及商务活动全过程的管理。电子商务的发展，将会提供一个良好的交易管理的网络环境及多种多样的应用服务系统。这样，能保障电子商务获得更广泛的应用。

五、电子商务的优势

电子商务是因特网爆炸式发展的直接产物，是网络技术应用的全新发展方向。因特网本身所具有的开放性、全球性、低成本、高效率的特点，也成为电子商务的内在特征，并使得电子商务大大超越了作为一种新的贸易形式所具有的价值，它不仅会改变企业本身的生产、经营、管理活动，而且将影响到整个社会的经济运行与结构。以互联网为依托的电子技术平台为传统商务活动提供了一个无比宽阔的发展空间，其突出的优越性是传统媒介手段根本无法比拟的。电子商务的优势可以归结为以下五点。

（一）全新时空优势

传统商务一般是以固定的地点和固定的时间为特征的店铺式销售，而电子商务则是以信息库为特征的网上销售，它的销售空间随网络体系的延伸而延伸，没有任何地理障碍，它的零售时间由消费者上网用户自己决定。因此，电子商务的销售相对于传统销售模式具有全新的时空优势，这种优势可在更大程度、更大范围上满足网上用户的消费需求，事实上 Internet 上的购物已没有了国界，也没有了昼夜之别。

（二）全方位展示产品及服务的优势

电子商务可以利用网上多媒体的性能，全方位展示产品及服务的功能，从而有助于消费者在全面认识商品的性能或服务后，再去购买它。传统销售中，在店铺中虽然可以把真实的商品展示给顾客，但对一般顾客而言，对所购商品的认识往往是很肤浅的，无法了解商品的内在质量，容易被商品的外观、包装等外在因素所迷惑。

（三）密切用户关系、加深用户了解的优势

电子商务的实时互动式沟通，以及没有任何外界因素干扰，使得产品或服务的消费者更易表达出自己对产品或服务的评价，这种评价一方面使商家可以更深入地了解用户的内在需求，另一方面，这种即时互动式的沟通又促进了两者之间的密切关系。

（四）降低交易成本的优势

电子商务使得买卖双方的交易成本大大降低，具体表现如下。

1. 距离越远，在网络上进行信息传递的成本相对于信件、电话、传真而言就越低。此外，缩短时间及减少重复的数据录入也降低了信息成本。

2. 买卖双方通过网络进行商务活动，生产者和消费者可以直接进行交易，减少了一些中间环节，降低了交易费用，同时在一定程度上改变了整个社会经济运行的方式。

3. 卖方通过网络营销活动可以提高营销效率和降低促销费用，据统计，在 Internet 上做广告可以提高销售数量 10 倍，而它的成本却是传统广告的 1/10，电子商务实行“无纸贸易”，可减少 90%的文件处理费用。

4. 通过 Internet 可以将市场需求信息传递给企业决策生产，同时企业的需求信息可以马上传递给供应商适时补充供给，从而实现零库存管理。

5. 电子商务可以降低采购成本，因为借助 Internet，企业可以在全球市场寻求最优惠价格的供应商，减少中间环节。

6. 企业利用内部网可实现无纸办公，可以提高内部信息传递效率，节省时间，降低管理成本。通过互联网络可以把公司总部、代理商以及分布在各地的子公司、分公司联系在一起，及时对各地市场情况做出反应，提高资源配置效率。

（五）提高交易效率的优势

互联网络将贸易中的商业报文标准化，使商业报文能在世界各地瞬间完成传递与计算机自动处理，使原料采购、产品生产、需求与销售、银行汇兑、保险、货物托运及申报等过程无须人员干预便在最短的时间内完成。传统贸易方式中，用信件、电话和传真传递信息必须有人的参与，且每个环节都要花不少时间，有时由于人员合作和工作时间的问题,会延误传输时间,失去最佳商机。电子商务克服了传统贸易方式费用高、易出错、处理速度慢等缺点,极大地缩短了交易时间,使整个交易非常快捷与方便。

六、电子商务的分类

电子商务的应用范围极其广泛,从不同的角度可以将电子商务分为不同的种类。

(一)按照商业活动的运行方式不同分类

按照商业活动的运行方式不同,电子商务可以分为完全电子商务和非完全电子商务。

1. 完全电子商务,是指完全通过电子商务方式实现和完成完整交易的交易行为和过程。它最大的优势是打破了地理空间的限制,有利于充分挖掘全球市场的潜力。

2. 非完全电子商务,是指不能完全依靠电子商务实现和完成完整交易的交易行为和过程。它的实现还要依赖一些外部因素,比如运输系统的效率等。

(二)按照商务活动的内容不同分类

按照商务活动的内容不同,电子商务可以分为间接电子商务和直接电子商务。

1. 间接电子商务,是指有形货物的电子订货和付款,仍然需要利用传统渠道如邮政服务和商业快递车送货。

2. 直接电子商务,是指无形货物和服务,如某些计算机软件、娱乐产品的联机订购、付款和交付,或者全球规模的信息服务。

(三)按照开展电子交易的范围不同分类

按照开展电子交易的范围不同,电子商务可以分为区域化电子商务、远程国内电子商务、跨境电子商务。

1. 区域化电子商务,又称本地电子商务,通常是指利用本城市或者本地区的网络实现的电子商务活动,电子交易的范围较小。区域化电子商务是开展远程国内电子商务和全球电子商务的基础系统。

2. 远程国内电子商务,是指在本国范围内进行的网上电子交易活动,其交易的地域范围较大,对软硬件和技术要求较高,异地结算、商品配送都需要具备一定的条件。

3. 跨境电子商务,是指在全世界范围内进行的电子交易活动,它涉及有关买卖方国家进出口系统、海关系统、外汇结算等,还要考虑国家间的法规、政策、语言、国际惯例等,内容繁杂,数据往来频繁,参与部门较多。

(四)按照使用网络的类型不同分类

按照使用网络的类型不同,电子商务可以分为基于 EDI 的电子商务、基于 Internet 的电子商务和基于 Intranet 的电子商务。

1. 基于 EDI 的电子商务，是指交易双方的往来信息按照公认的标准，形成结构化的事务处理或文档数据格式，再通过计算机网络与贸易伙伴进行数据处理和交换。

2. 基于 Internet 的电子商务，是采用 TCP/IP 协议组织起来的松散的独立合作的网络，进行电子交易。

3. 基于 Intranet 的电子商务，是采用 Internet 的技术标准，在原有局域网上附加一些特定的软件，将局域网和互联网相连，从而形成企业内部虚拟网络。

（五）按照交易对象不同分类

按照交易对象不同，电子商务可以分为企业与企业间的电子商务、企业与消费者间的电子商务、企业与政府间的电子商务、政府与消费者间的电子商务、消费者对消费者的电子商务、企业、消费者、代理商三者相互转化的电子商务、线上与线下相互联系的电子商务。

1. 企业与企业间的电子商务（business to business，B2B）。B2B 方式主要指供、求企业之间以及协作企业之间利用网络交换信息、传递各种票据、支付货款，从而使商务活动过程电子化。企业间的电子商务是电子商务业务中的重头戏。这类电子商务以企业通过专用网或增值网采用电子数据交换方式所进行的商务活动最为典型。阿里巴巴、慧聪网、世界工厂网等都是 B2B 的典型代表。

2. 企业与消费者间的电子商务（business to consumer，B2C）。B2C 是通过网上商店实现网上在线商品零售和为消费者提供所需服务的商务活动，这种方式是老百姓最为熟知的一类电子商务，通过网上商店买卖的商品既可以是实体化的，如书籍、服装等；也可以是数字化的，如音乐、软件等；还有各类服务，如旅游、远程教育等。如今的 B2C 电子商务网站非常多，比较大型的有天猫商城、京东商城、一号商城、亚马逊、苏宁易购、国美在线等。

3. 企业与政府间的电子商务（business to government，B2G）。B2G 方式涵盖了企业和政府间的各种事务。包括政府采购、税收、商检、管理条例的发布和法规政策的颁布等，已成为政府机关政务公开的手段和方法。电子商务中，政府的角色是双重的，一方面作为消费者，通过互联网发布采购订单等；另一方面作为宏观管理者，借助网络技术，对企业的行为进行指导规范、监督管理。

4. 政府与消费者间的电子商务（government to consumer，G2C）。这类电子商务目前刚出现，随着商业机构对消费者、商业机构对行政机构的电子商务的发展，政府将会对社会的个人实施更为全面的电子方式服务。政府各部门向社会纳税人提供的各种服务，例如社会福利金的支付等，将来都会在网上进行。

5. 消费者对消费者的电子商务（consumer to consumer，C2C），C2C 是用户对用户的模式，C2C 商务平台就是通过为买卖双方提供一个在线交易平台，使卖方可以主动提供商品上网拍卖，而买方可以自行选择商品进行竞价。

6. 企业、消费者、代理商三者相互转化的电子商务（agent、business、consumer，ABC）。ABC 模式是新型电子商务模式的一种，被誉为继阿里巴巴 B2B 模式、京东商城 B2C 模式以及淘宝 C2C 模式之后电子商务界的第四大模式。它是由代理商、商家和消费者共同搭建的集生产、经营、消费为一体的电子商务平台。三者之间可以转化。大家相互服务,相互支持,你中有我,我中有你,真正形成一个利益共同体。

7. 线上与线下相互联系的电子商务(online to offline,O2O)。O2O 是新兴起的一种电子商务新商业模式,即将线下商务的机会与互联网结合在了一起,让互联网成为线下交易的前台。这样线下服务就可以在线上揽客,消费者可以在线上筛选服务,还有成交可以在线结算,很快达到规模。该模式最重要的特点是:推广效果可查,每笔交易可跟踪。以美乐乐的 O2O 模式为例,其通过搜索引擎和社交平台建立海量网站入口,将在网络的一批家居网购消费者吸引到美乐乐家居网,进而引流到当地的美乐乐体验馆。线下体验馆则承担产品展示与体验以及部分售后服务功能。

七、中国电子商务的发展历程

信息化深刻改变着全球的生活方式、生产方式、思维方式和管理方式,电子商务是信息化基础上产生的,是信息化发展中的一个重要形态。从先进技术、业务内容和发展规模的角度看,自 1993 年以来,中国电子商务的发展经历了曲折复杂的四个阶段。

(一)1993—1997 年的探索

在 1993 年国际互联网年会上,中国计算机界的专家提出接入国际互联网的要求。1994 年 4 月,北京中关村地区"教育与科研示范网"接入国际互联网。在互联网基础上产生的电子技术,在向商业用途转变的同时,逐渐实现与社会生活的融合。以网络技术和电子技术为上层平台,经过技术新功能和商务新理念的双重整合,形成对社会经济生活有重大影响的电子商务。

1994 年 5 月,北京第一届"电子商务国际论坛"举办,标志着"电子商务"概念正式进入中国。1994 年 10 月,北京召开"亚太地区电子商务研讨会",电子商务的概念开始在我国传播。

随着电子技术的演进,电子商务的内涵经历了 EDI 的电子商务、Internet 的电子商务、E 概念的电子商务三个阶段。

1993 年始,国民经济信息化办公室相继组织了金关、金卡、金税的"三金工程";1995 年,中国互联网开始商业化,互联网公司开始兴起;1996 年,"中国国际电子商务中心"成立;1997 年,继深圳的全国信息化工作会议之后,各省(市、区)相继成立信息化领导小组,开始制定本省(市、区)含电子商务在内的信息化建设规划;1997 年,广告商开始使用网络广告,"中国商品交易中心"成立,中国商品订货系统(CGOS)开始运行。

探索期电子商务的展开体现三个特点:一是主要方式大多依靠行政管制,通过行政命令实现"政府上网",由政府上网带动和推进"企业上网"和"个人上网"。二是着眼点大多集中在信息产品和技术的实践应用上，强调高新技术的推广应用。三是各级政府、高等院校和科研机构率先参与电子商务，由此带动企业和公民个人的广泛参与。

（二）1998—2001 年的雏形

这一阶段属于互联网的民用启程阶段，1998 年，国家邮政部门投资 70 亿元启动 169 个全国多媒体通信网，上网费用大幅降低，上网费用的大幅降低为电子商务的普及创造了条件。

这一时期，以门户网站为代表的网络公司开始出现。门户网站，指提供某类综合性互联网信息资源并提供有关信息服务的应用系统。根据提供的服务，又可分为搜索引擎式门户、综合性门户、地方生活门户和校园综合门户等。1999 年，搜狐开辟新闻及内容频道，奠定了综合门户网站的雏形。之后，新浪、网易、雅虎、网景、腾讯等网站相继建立，开启了中国电子商务的门户时代。2000 年，门户网站相继在美国纳斯达克挂牌上市，在持续低迷的股票市场掀起一股“网络概念股”旋风。同年 3 月，美国纳斯达克指数达到它有史以来的最高位。网络概念股，意味着门户网站远未实现全面盈利，无盈利支撑的高股价本质上是一种炒作和泡沫，待各路投资者意识到了，“互联网泡沫”最终破灭。2001 年，指数下跌近 80%，据统计，全球有 537 家网络公司结束营业，2000—2001 年，国内 75%以上的第一代电子商务模式退出市场，或倒闭，或被平台收购。

（三）2002—2009 年的成长

经过网络泡沫破灭的洗礼，人们对互联网有了更深刻的认识，电子商务从风险资本市场转向现实实体市场，开始出现了一些较为成功、开始盈利的电子商务领域的领跑者。电子商务技术和平台更加完善，软件和解决方案的“本土化”趋势加快，电子商务全面启动初见成效。

在各大运营商的努力和利润驱动下，中国的宽带用户数量迅猛增长，截至 2009 年 12 月，国内宽带用户数量突破 1 亿户。宽带接入上网优点有两个，一是费用低，二是速度快。得益于此优点，电子商务迅速出现了多元化的商业新应用，比如网络聊天、即时通信、搜索、网络游戏、网络广告和旅游预订等的多样化应用，继而出现了以第三方平台为代表的新技术，以信用认证体系、电子签名体系、网上支付体系、标准化体系和物流服务体系为主要内容的新体系，以 B2B、B2C、C2C 为核心的新模式，逐步形成了由新技术、新体系、新模式构成的多元化应用新格局。2004 年初，马云提出“网商”概念。网商是指持续运用电子商务方式从事商务活动的个人，包括企业负责人、商人、个体经营者和业务操作者。网商群体不断扩张，又催生了服务于网商的网商，主要有网店装修服务、网店推广服务、客服外包服务、各种软件提供商以及线下物流服务等，网商产业链渐次清晰。网商群体从无到有，从小到大，其发展经历了 2003 年的浮现、2006 年的立足、2007 年的崛起、2008 年的生态化和 2009 年的社会化五个阶段，网商崛起和社会化意味着网商这一群体从边缘化到日益主流化的过程，网商的交易方式、交易规则、经销手段、支付手段、配送体系等日益显露出超越于传统商业的强大优势,“透明、分享、协作、责任、全球化”的新网商精神,成为构建未来商业世界的重要基础。

(四)2010 年至今的普及爆发

2010 年以来,中国电子商务快速发展,呈现出以移动互联网、网络视频、网络社交、网络购物、从博客到微博等为代表的纵深化普及应用。

经历探索、雏形和成长期的积累和发展,电子商务在交易额、网民数量、互联网普及率、网络购物、网站数量、手机网民、网上支付等方面达到相当规模。大型企业电子商务正在从网上信息发布、采购、销售等基础性应用向上下游企业间网上设计、制造、计划管理等全方位协同方向发展。中小企业电子商务应用意识普遍提高,应用速度保持较高的增长,网上零售规模增长迅速,市场逐步规范。据调查,建立了电子商务系统的大型企业已超过 50%,通过互联网寻找供应商的中小企业超过 30%,通过互联网从事营销推广的中小企业达 24%。而且电子商务也从平台商转向服务商,从专业服务转向综合服务,数字认证、电子支付、物流配送等电子商务运用服务支撑体系已经形成。移动互联网成为中国扩大内需的新引擎。2012 年以来,中国移动互联网用户数量、应用水平、终端普及、市场规模等均呈现迅猛增长态势。2012 年以来,以终端、平台和服务为主要组成的移动互联网产业体系得到整体发展,新的服务形态、新的商业模式极大地改变了中国互联网产业的格局,极大地改变了网民上网行为乃至生活方式,并进一步影响从政府到社会组织乃至各行各业的运行方式。

八、我国电子商务的发展现状与世界电子商务发展的趋势

(一)我国电子商务的发展现状

电子商务作为国家战略性新兴产业,对转变经济发展方式、推动产业升级、促进流通现代化发挥着重要作用,已经成为国家扩大消费促进就业的重要途径之一。同时电子商务创新能够驱动经济转型、电子商务和信息化的发展,打破了时空限制和区域地位,有利于形成统一规范市场。

随着物联网、云计算和移动互联网等新一代信息技术的飞跃发展和应用普及,电子商务作为一种新型商业模式,正在与实体经济加速融合,对人们的生产、生活和消费产生深刻影响,并且已经成为在信息化、网络化、市场化、国际化条件下配置资源的重要途径,成为引领经济社会发展进步的一种重要力量。

2013 年我国电子商务交易总额约 10 万亿元,5 年来翻了两番;网络零售预计将超过 1. 85 万亿元,5 年年均增长率超过 80%,市场规模已超过美国,成为全球最大的网络零售市场。网络零售市场的交易规模占社会消费品零售总额的比例,在 2008 年首次突破了 1%,2013 年则超过 8%,2013 年我国网络购物的用户高达 3. 02 亿,2008—2012 年间,网络零售创业创造了 1 000 多万个就业岗位,2015 年超过 3 000 万个就业岗位,我国经济的发展已经步入互联网时代。

（二）世界电子商务发展的趋势

电子商务对21世纪人类的生活起到的作用和造成的改变是不可预估的，作为互联网发展的重要应用之一，其发展前景不可预估。从长远发展来看，随着电子商务的基础设施不断地完善，支撑的无论是网络环境还是其他环境都在日趋完善。企业的发展深度在进一步加深，个人的参与深度也在逐渐加深，多重媒体结合的发展模式使得电子商务在基础完善后会逐渐向深层次发展、复杂化转变。

1. 智能化发展。电子商务所依赖的网络环境拥有大量的信息，即处在“大数据”时代，对于大量信息的收集、分析和利用完全依靠人工是不可能的，智能技术将广泛应用于电子商务的各个环节，从供应商、商业伙伴的选择到生产过程的优化；从个性化推荐、智能搜索到智能化自适应网站；从物流配送到客户的售后服务与客户关系管理等。主要的智能技术包括自然语言处理和自动网页翻译、多智能代理技术、智能信息搜索引擎和Web挖掘技术、数据挖掘、商业智能、面向电子商务的群体智能决策支持系统、知识工程与知识管理等。

面向电子商务的商业智能管理系统就是在智能管理系统和在线决策支持系统相结合的基础上，将智能化、集成化、协调化、网络化及在线决策支持的思想融入传统的商业计算机管理系统之中，使其能够适应现代商业发展的规律与趋势，为经营决策者提供更好的经营管理环境和决策支持。

未来，电子商务的竞争因素之一就包括是否拥有一套适用的商业智能系统，是否拥有一个强大的数据分析团队，他们相当于电子商务企业面的智囊团。

马云曾多次强调，“21世纪核心的竞争是数据的竞争，谁拥有更多数据，谁就拥有未来”。近些年，国际各大行业巨头纷纷打开“数据门户”，如沃尔玛通过数据分析掌握客户的消费习惯、优化现金流和库存，并扩大销售量，数据已经成了各行各业商业决策的重要基础。

2. 个性化发展。由于我国电子商务消费者群体的不断壮大，我国的电子商务无疑会走上一条个性化发展的道路。互联网的发展本身就遵从着个性化发展的模式，在此平台下运行的电子商务无疑也会走上这样的发展道路。更多地为了满足每个个体的需求，再加上人们的生活水平在日益提高，个性化的个人定制服务无疑会是以后的一个发展趋势，电子商务比传统的商业模式更容易提供这样的发展空间、发展平台。可以多快好省地解决客户的实际需要，可以满足每一个个体的消费需求，对电子商务的消费者以及大量的潜在消费者来讲，这无疑又是一个不小的诱惑。电子商务的客户群是不成问题的。

3. 融合化发展。Kalakota R. 和 Robinson M. 博士在其《电子商务2.0：成功之路》中认为，“电子商务致企业的业务流程、应用系统和组织结构复杂融合，从而形成高效的企业经营新模式”。电子商务融合化主要指电子商务的三种融合趋势：①传统企业与电子商务的融合。②同类网站之间优胜劣汰后强者融合弱者，实为兼并。③电子商务的B2B、B2C、C2C的边界越来越模糊，趋于融合。主要体现在以下三个方面。第一，B2C自主销售网站开放平台空间，引入第三方销售商或品牌商。第二,C2C 平台上开设 B2C 商城。第三,B2B2C 等三维电子商务新模式的出现,使 B2C 等二维电子商务模式的内涵和外延更为宽泛,销售的主体更加多元化,平台的功能在延伸,任何的 C 都能够通过电商平台(第二个 B),购买或代理分销第一个 B 的产品。

4. 移动电子商务将成为电子商务市场新领域。移动互联网的快速普及,为移动电子商务的发展奠定了基础。移动互联网凭借其及时性和便携性,成为网民获取信息的重要通道。其地理位置服务、微信、二维码等应用,为新的商业模式提供了发展机遇;其媒体属性和个性化服务,为移动营销提供了广阔空间。随着 4G 应用的发展,移动电子商务将成为电商企业角逐的新战场。

第二节　电子商务在商业中的应用

一、电子商务对商业经营观念的变革

电子商务依赖于信息技术的发展,是信息技术在经济活动中的应用。随着信息技术和电子商务的发展,它们对商业经营观念将产生直接影响。

(一)时空观念的变革

电子商务的发展,使传统的时空观念在商业经营中发生巨大变化。电子商务是通过网络进行的,当经营者通过互联网络进行商务活动时,他们首先必须对传统的空间和时间概念进行修正。从空间概念上看,电子商务所构成的新的空间范围以前是不存在的。它有两个显著的特点:第一,这个依靠互联网所形成的空间范围与以往经营的空间范围不同,它没有地域界限;第二,在这个空间范围活动的主体主要是通过互联网网络彼此发生联系的。从时间概念上看,电子商务没有时间上的间断,在线经营可以一天 24 小时营业。一个销售人员,如果仍然按照传统的 8 小时工作制方式去应付顾客的要求,他就可能失去宝贵的销售机遇。处于偏远地区的企业和小生产者,甚至是农民,现在都可以和大城市的企业站在同一个销售起跑线上。而且在互联网上,企业没有大小之分,顾客查阅的是产品,考虑的是质量和信用,网络上虚拟市场的竞争将会越来越激烈,而且正在波及人们非常熟悉的实体市场,这个现实是任何人都不能忽视的。

很明显,电子商务是一个通过虚拟手段缩小传统市场的时间和空间界限的场所。人们常说,眼见为实,而今天,亲眼在互联网上看到的却不是一个实体的市场,而是一个虚拟市场。也就是说,网上任何一种产品都是无法触摸的。这样一个虚拟市场,不需要修建商场建筑,没有店面租金成本,也没有商品库存积压,经营规模不受限制,而且,非常便于与顾客保持直接而密切的联系。在这个市场中,除商品本身是实体外,一切涉及商品交易的手续,包括合同、资金和运输单证等,都以虚拟方式出现。这种交易方式,一方面降低了交易成本,提高了交易效率;另一方面,也增加了竞争的强度。展现在人们面前的,将是全球性的、全方位的竞争。全球性的

竞争，意味着企业必须面对全球的企业，地域的局限、规模大小的局限都将消失。全方位的竞争，意味着企业必须将“实”的手段（产品质量）与“虚”的手段（网络营销技术）恰当地结合起来，只有这样，才有可能取得市场营销的成功；否则，必将被激烈的市场竞争所淘汰。

（二）低成本扩张观念的变革

电子商务的大规模推广应用使得人们对资本和利润关系的认识发生了改变，使低成本扩张成为可能。

资本，作为工业社会的核心生产方式，极大地推动了社会的进步。没有资本的积累，人们就会吃光喝净，永远停留在简单再生产阶段；没有资本的扩张，生产的社会化就无从实现，就不会有大规模、高效率的生产，就不会有物质产品的极大丰富。但过分依靠“吃老本”的生产方式，也带来一系列的问题。首先是生产和消费脱节，无论是计划还是市场，都不能很好解决这个问题，这就使市场存在巨大的波动，或导致产品短缺和浪费的并存。从根本上说，这是因为生产和消费之间的路径越长，对生产和消费的信息量要求越大，而建立在资本基础上的工业生产力，根本无法解决由此带来的信息问题。

网络技术的发展，电子商务活动的开展，从根本上说，就是缩小中间路径——缩小生产和消费之间的时间路径、空间路径和人际路径的一种商务方式。网络将企业所需要的信息瞬间传递过来，使被资本拉开距离的生产者和消费者重新紧密地联系起来。资本使生产和消费分离，而网络使生产和消费融合。利润作为社会财富，它的分布从来都是从属于社会生产力的。在没有资本投入的情况下，利润随着拥有信息的人走。以网络为代表的信息生产力对于利润的创造和增进的作用在于，它为从根本上克服生产的盲目性提供了技术可能，提高了人类实现目标的成功率。信息社会中的利润来源不仅仅依靠资本，而且需要依靠信息，信息的快速传播将带来巨额的利润。互联网产业发展的事实告诉人们，在网上开展商务活动，观念和思维方式的改变比资本的投入更重要。

（三）营销观念的变革

未来成功的经营者，必须具备新的营销观念。从目前发展的趋势来看，21 世纪世界上最大的市场将是电子商务市场，最大的顾客群将是亿万个网民。

为此，对网络营销的商家来讲，营销观念必须有巨大的变革。在营销观念上，至少要突出以下三个方面。

1. 速度。在网络市场上从事营销活动，讲究的是一个“快”字，速度要高，行动要快。这种速度，首先表现在产品的更新换代上。产品的更新换代周期必须快。其次，表现在网站内容更新的速度上。没有内容更新的网站，很快就会被顾客抛弃。第三，表现在信息查询的速度上。查询速度慢的网站，包括主页调出缓慢、检索功能不畅，都不可能得到顾客的青睐。

2. 信用。电子商务是无纸贸易，与传统的营销方式相比，它没有物理介质以保证交易的安全性，它所依赖的是密码、认证和其他保密措施。在这样一个市场中，信用程度的高低是关系到企业生死存亡的大问题。没有信用的企业,很难在网络上长久地把生意做下去。网络上的企业和产品太多了,人们可以从几个、几十个甚至几百个生产厂家中选择质量、服务过硬的产品,也可以选择众多的代用品。而且,由于互联网低廉的BBS功能,消费者发现自己买的是假冒伪劣产品,可以方便地将自己的“帖子”贴到BBS广告版上,从而导致企业信誉的大幅度下降。对客户来讲,也同样存在一个信用观念的培养问题。认真履行电子合同,按时支付款项,是每一个客户应当树立的消费观念。

3. 服务。电子商务中,电子邮件为厂商与客户之间的沟通创造了极为有利的条件。其最大的特点在于快捷、准确,能够及时反映客户的意见。及时回复客户的电子邮件,满足客户的合理要求,提供优质的售后服务,努力改善与客户的关系,是每个商家必须树立的营销新观念。

(四)学习观念的变革

在知识经济时代,学习是生存的条件。学习型组织是知识经济中成功企业的楷模。电子商务为企业展示了一片新天地。而且,由于网络营销技术的飞速发展,甚至连业内人士也常常是“丈二和尚摸不着头脑”。企业要想在电子商务中保持竞争优势,经理和员工需要不断地学习和培训。怎样创设自己的网页,怎样在网上做广告,怎样进行网络市场的调查,怎样保证电子支付的安全性……诸如此类的问题,都要求企业网络营销人员尽快地掌握。所以,今天的学习,已经不再是一件可有可无的事情。通过不断地学习和创造来更新自我是适应世界经济环境变化的需要。在学习上缺乏上进心、培训工作缺乏投入的企业,很难进入这一市场,即使勉强进入了,终究也要在未来的市场竞争中被淘汰。

应当承认,从传统的市场运作到网络市场的运作,二者之间有一段距离,这段距离并非不可逾越,反而是可以迅速消除的。消除的办法就是在实践中不断学习。计算机超出常规的迅猛发展,即使是对于许多专业人员来说,也常常不是先学好了再做,而是在做中不断地学。电子商务的应用,需要商业经营者在实践中不断地摸索和开拓。

二、电子商务的系统框架

所谓电子商务系统,广义上讲是支持商务活动的电子技术手段的集合。狭义上讲,是指企业、消费者、银行(金融机构)、政府等在Internet和其他网络的基础上,以实现企业电子商务活动的目标,满足企业生产、销售、服务等生产和管理的需要,支持企业的对外业务协作,从运作、管理和决策等层次全面提高企业信息化水平,为企业提供商业智能的计算机系统。

而电子商务系统框架是实现电子商务的技术保证。电子商务的技术支持分三个层次和两个支柱。三个层次由最基础的技术层次至电子商务的应用层次,可以分为网络层、多媒体信息发布层、一般业务服务层。在业务服务层上面,就是真正的商务活动。两个支柱是公共政策和法律,以及安全和技术标准。

（一）三个层次

1. 网络层。网络层是电子商务的硬件基础设施，是信息传输系统，包括远程通信网（telecom）、有线电视网（cable TV）、无线通信网（wireless）和互联网。远程通信包括电话、电报，无线通信网包括移动通信和卫星网，互联网是计算机网络。目前，这些网络基本上是独立的，相关部门正在研究将这些网络连接在一起，到那时拥挤的传输线路将被彻底改变。

这些不同的网络都提供了电子商务信息传输线路，但是，大部分的电子商务应用还是基于 Internet。互联网络上包括的主要硬件有：基于计算机的电话设备、集线器（hub）、数字交换机、路由器（routers）、调制解调器、有线电视的机顶盒（set-top box）、电缆调制解调器（cable modem）。

经营计算机网络服务的是 Internet 网络接入服务供应商（IAP）和内容服务供应商（ICP），它们统称为网络服务供应商（ISP）。IAP 只向用户提供拨号入网服务，它的规模一般较小，向用户提供的服务有限，一般没有自己的骨干网络和信息源，用户仅将其作为一个上网的接入点看待。ICP 能为用户提供全方位的服务，可以提供专线、拨号上网，提供各类信息服务和培训等，拥有自己的特色信息源，它是 ISP 今后发展的主要方向，也是发展电子商务的重要力量。

2. 多媒体信息发布、传输层。网络层提供了信息传输的线路，那么互联网上传输的内容是什么呢？这就是信息。线路上传输的最复杂的信息就是多媒体信息，它是文本、声音、图像的综合。最常用的信息发布应用就是 WWW，用 HTML 或 Java 将多媒体内容发布在 Web 服务器上，然后通过一些传输协议将发布的信息传送给接收者。

3. 一般业务服务层。这一层实现标准的网上商务活动服务，以方便交易，如标准的商品目录/价目表建立、电子支付工具的开发、保证商业信息安全传送的方法、认证买卖双方的合法性方法等。

（二）两个支柱

1. 公共政策和法律。

（1）公共政策。公共政策包括围绕电子商务的税收制度、信息的定价、信息访问的收费、信息传输成本、隐私问题等需要政府制定统一规范的政策。其中，税收制度如何制定是一个至关重要的问题。

（2）法律。法律是商务活动正常运作的重要保障，违规活动必须受到法律制裁。网上商务活动有其独特性，买卖双方很可能相距甚远，存在地域的差别，他们之间如果出现纠纷，没有一个成熟的、统一的法律系统进行仲裁，纠纷就不可能解决。那么，这个法律系统应该如何制定、应遵循什么样的原则、其效力如何保证，这些都要求制定相应的法律。否则，电子商务活动就难以开展。

2. 安全和技术标准。

（1）安全。保障电子商务活动的安全，一直是电子商务正常开展的核心问题。一个安全的电子商务系统，首先必须具有一个安全、可靠的通信网络，以保证交易信息安全、迅速地传递；其次必须保证数据库服务器的绝对安全，防止网络黑客闯入盗取信息。

(2)技术标准。技术标准是信息发布、传递的基础，是网络上信息一致性的保证。这就像不同的国家使用不同的电压传输电流，用不同的制式传输视频信号，限制了许多产品在世界范围的使用。EDI 标准的建立就是电子商务技术标准的一个例子。

一个完整的电子商务系统所包含的框架如图 11-1 所示。最底层是网络基础设施包括电信网、Internet 等网络通信平台，依次从下到上建立起各种应用服务，如 WWW 服务、安全认证服务、商务服务等；最高层是电子商务应用，直接为用户提供具体应用服务和解决方案。

必不可少的是贯穿于各层的两大支柱：政策法规和各种技术协议及标准，以此保证电子商务的合法、安全、统一和应用。

<table>
<tr><td rowspan="5">政策法律
及隐私</td><td>电子商务应用：
供货链管理、视频点播、网上银行、电子市场及电子广告、网上娱乐、有偿信息服务、家庭购物</td><td rowspan="5">各种技术
标准安全
网络协议</td></tr>
<tr><td>贸易服务的基础设施：
安全、认证、电子支付、目录服务</td></tr>
<tr><td>报文和信息传播的基础设施：
EDI、E-mail、HTTP</td></tr>
<tr><td>多媒体内容和网络宣传：
HTML、Java、WWW</td></tr>
<tr><td>网络基础设施：
电信、有线电视、无线设备、Internet</td></tr>
</table>

图 11-1　电子商务系统框架结构

三、电子商务的商业模式

(一)商业模式的不同释义

全球著名的管理学家彼得·F·德鲁克曾经说过：“当今企业之间的竞争，不是产品之间的竞争，而是商业模式之间的竞争。”可见，商业模式的选择对企业发展的重要性。

然而对于什么是商业模式，人们却有不同的理解。其中三种观点比较有代表性：第一种观点认为，商业模式就是企业的运营模式、盈利模式；第二种观点认为，商业模式就是企业创造价值的模式；第三种观点认为，商业模式就是一个由很多因素构成的系统，是一个体系或集合。如同人们对商业模式有不同的理解一样，对商业模式的构成要素也有不同的理解。其中三要素论认为，商业模式由外部现实情形、财务目标和内部活动三个要素组成；四要素论认为，商业模式由服务理念、技术结构、组织安排和财务安排四个要素构成；六要素论认为，商业模式由使命、结构、过程、收入、法律事务和技术六个要素构成；七要素论认为，商业模式由客户价值、范围、定价、收入来源、关联活动、实现、能力、持久性七个要素构成。

尽管人们对商业模式和商业模式的要素有不同的理解，其核心是在为企业增加盈利的同时体现客户的价值。因此，任何商业模式都要清楚他们的盈利模式和价值体现。电子商务的主要特点之一是新型商业模式的创造。电子商务商业模式是一个企业通过网络环境下的商业模式运作产生收益来维持公司生存的模式。

（二）电子商务商业模式价值体现

价值体现就是指公司从一项新的业务中能间接地得到的益处，既包括直接的、显性的、量化的，如销售收入的增加、盈利增加，也包括间接的、隐性的和非量化的，如扩大了品牌的知名度、提高了客户满意度。

价值体现表现在需求整合和企业间协作两个方面。整合克服了市场的零散性，供应商有更广阔的市场范围，而购买者有了更多的选择，也有了更好的价格透明度；协作使市场参与者建立和加深了他们之间的商业关系，从而改善各个企业和整个供应链的性能。

电子商务的商业模式中的价值流确定了商业模式对供应商、消费者、市场创建者或互联网门户的价值体现，企业的长期生存能力主要取决于价值流是否健壮。

Amit 和 Zott 挑选了欧美 59 家（美国 30、欧洲 29）电子商务企业进行调查研究，从中发现了电子商务商业模式的四种价值源，即高效性、互补性、锁定性和新颖性，如图 11-2 所示。

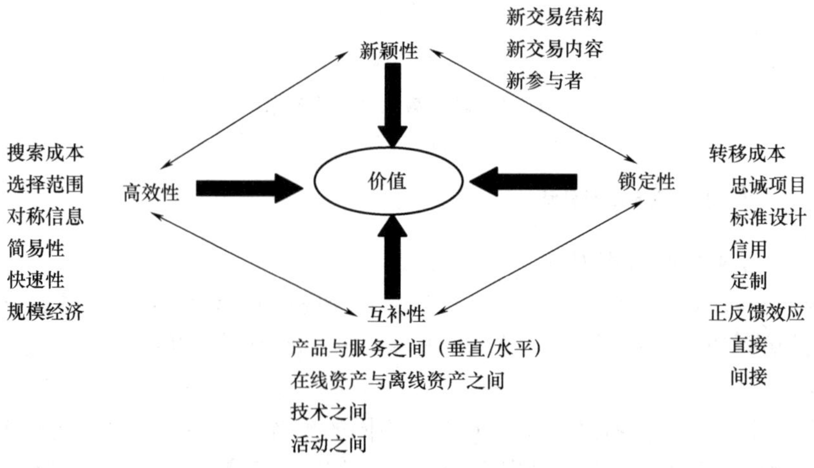

图 11-2　电子商务中价值创造的源泉

1. 高效性。提高效率可使企业处理单位事务的成本下降,因此效率越高的电子商务业务模式成本越低,因而价值也就越高。①减少了买卖双方信息不对称。互联网便捷、快速的信息传输能力使双方能获得最新和最全面的信息。②完善的信息降低了客户搜索成本和讨价还价成本,还减少了客户投机行为。③利用虚拟市场的互联性,为客户提供了更有效、更快捷的决策。④提供更便宜的选择,手段包括降低流通成本、流线化库存管理、简化处理(可减少错误);通过需求聚集和大量采购使个人消费者享受规模经济的好处;流线化供应链;加快事务处理和订单履行。⑤减少了营销、销售、事务处理、沟通成本。

2. 互补性。当捆绑商品所提供的价值超过每件商品单独提供的价值总和时就呈现出商品间的互补性,电子商务可充分利用信息技术的优势发挥商品互补价值。①垂直互补。供应链上的商品或服务互补,如第三方物流、协同设计、售后服务。②水平互补。不同行业的产品或服务互补,如一站式购物,照相机与胶卷的互补。③核心互补。以企业的核心业务为中心,同时提供相关的互补性商品或服务。如航空公司除机票服务(核心业务)之外,还提供景点、天气、宾馆、其他交通等信息或订购服务。④离线与在线间的互补。利用离线产品或服务为在线业务提供补充,如沃尔玛在线销售的商品可以到其物理店铺办理退货或调换。⑤其他补充。企业为了吸引客户,还可能提供众多补充服务,例如在拍卖、直销、零售网站上还提供个人主页、博客、聊天室、BBS、E-mail、在线贺卡、软件下载、音乐点播、短信发送、铃声下载等补充服务。

高效性为互补性创造了条件,互补性也提高了经营效率,例如互补性降低了投机性。从消费者角度看,互补性为其提供了高效的事务处理流程。

3. 锁定性。锁定包括两个方面,一是客户,二是伙伴。锁定使客户重复购买,这也激励了战略伙伴维持和改善其协作,结果既增加了伙伴让利客户的愿望,又降低了公司的机会成本。锁定能有效防止客户和战略伙伴向竞争者转移。锁定客户是锁定的基本任务,客户锁定策略主要包括:①忠诚项目。对回头客给予一定回报,如积分、返点、折扣。②设计主宰行业的标准,包括业务流程、产品、服务等。③建立信用。通过独立的可信第三方给予客户交易安全、可靠的保证。④定制与个性化。人的习惯一旦形成后是不容易改变的,因此利用这一特征,企业可从多方面提供服务以锁定客户:提供独特的、友好的网站界面和超链接结构,当客户习惯这种网站界面和结构后就可能不太愿意接受另一种界面或结构了;提供产品、服务或信息定制功能;利用客户档案、消费历史、访问记录进行个性化产品、信息或服务推荐,形成个性化界面、针对性营销等,当客户与网站交流越多时,个性化推荐就越精确,客户也就越愿意留下,使客户产生对网站的依赖。⑤正反馈效应。正反馈效应展现的是一种网络外在性(network externality)。一种网络外在性是关系外在性,当一个客户加入某个社区时,随着在社区中建立越来越多的关系,客户就受到了网络的约束而使脱离网络的成本增加,建立的关系越广,转移成本就会越高,从而达到锁定客户的目的,如 mail. sina. com、QQ. com 等。另一种是消费外在性,消费者认为一个商品的消费效用随着其他消费者的消费量增加而增加。例如人气越旺的游戏网站聚集的人会越来越多,反之则会越来越少。还有一种间接的网络外延性,例如某种游戏既可以投放到联众(ourgame.com),也可以投放到另一家游戏网站,但由于联众在其他游戏中能吸引大量的玩家,因此供应商就会认为新游戏在联众上的潜在玩家更多,这样就有更多的游戏供应商愿意将自己的产品投放到联众上而使联众更有吸引力。

高效性和互补性所创造的价值能够培育锁定性,锁定性反过来又巩固和加强了高效性和互补性所创造的价值。

4. 新颖性。业务模式创新是电子商务永无止境的话题,21世纪的企业竞争就是创新力的竞争。自从电子商务出现以后,各种创新层出不穷,例如eBay的C2C拍卖、Priceline.com的逆拍卖等都是交易结构创新;各种创新的互补性商品市场则是交易内容创新。创新必然会产生各种新的市场参与者,如eBay、Amazon、阿里巴巴、新浪、腾讯等。

创新是电子商务业务模式保持高效性、互补性和锁定性的动力。创新可以吸引和保持客户,特别是有著名品牌支持时,有利于对客户的锁定;各种商品、服务、信息的组合都是互补性创新;而高效性来自对互联网的各种创新应用。

(三)电子商务商业赢利模式

价值体现和赢利模式是商业模式的核心,价值是基础,盈利是目标,不能创造价值的商业模式不可能盈利,但创造价值并不代表企业就一定能盈利。例如,网易(163.com)为客户提供了许多有价值的服务,如邮件服务、各类新闻和信息、搜索、贺卡等,但在2000年前后一直难以将这些价值转换成收入和利润,网易也一直处于亏损状态,直到2002年推出短信平台和其他增值服务,才创造了利润。企业经营的最根本目标是为投资者获得超额回报,盈利是企业的固有特征。电子商务盈利模式就是指实施电子商务的组织如何利用网络获得收入和利润。下面列举一些主要的盈利模式。

1. 边际收益增加。一些传统企业实施电子商务战略的目的是提高企业的边际收益,主要通过减少交易成本和寻找客户成本、去中介化(如不再需要分销商或零售商)、加快周转、控制库存等手段。

2. 产品销售。通过在线销售产品、产品使用权、服务、信息等有形或无形产品获取收入,如在线音乐、在线影视、软件许可、图书(纸质、电子)、玩具等。

3. 交易费。电子商务企业根据交易量收取委托费。交易费可以按交易额收取,也可按交易次数收取。交易额模式是按交易额的一定比例提成,一般在3%~15%之间,但不同产品差异很大。按交易次数收费就是每笔交易收取某个定额。

4. 会员费。注册成为企业的会员客户,每个客户按照一定的周期交纳固定费用以取得某类服务,如联众游戏、中国化工网、QQ等都有这种盈利模式。国外的许多新闻媒体也采用注册为会员方式订阅新闻。会员费有时也称为订阅费、注册费等。

5. 广告费。向在网站投放广告的企业收取广告费。广告费的收入模式比较复杂,它与位置、大小、表现形式有关,同时计费方式也各种各样,如有的按广告的基本规格(位置、大小、表现形式)收费;有的按点击次数收费,即有效点击该广告并链接到相应的位置才计算一次;还有一种是按有效成交收费,即消费者点击该广告进入所链接的企业并完成商品的购买,一般按交易额的一定比例收取,这种广告费也称为联属费(affiliate fee)。

6. 增值服务费。电子商务企业为客户提供增值服务所收取的费用。如信用卡认证可提取一个认证费;Paypal. com 提供第三方支付服务收取佣金;第三方履约托管(escrow)也是一种增值服务,是指买卖双方通过可信的第三方履行合约,例如,买方可将资金转给担保方,待买方收到合格产品后通知担保方支付资金;网络短信平台服务商与移动公司分成短信发送收费;邮件服务、博客等各类增值服务都可能成为收入来源。

(四)电子商务商业模式类型

电子商务发展至今,已经形成了许多商业模式,而每个电子商务企业在实际运作中一般选择多种商业模式进行集成。下面我们分别介绍一些比较典型的电子商务商业模式。

1. 电子市场。电子市场就是指利用通信网络特别是互联网环境开展商品、服务、信息的买卖,包括实物产品销售如玩具、图书、鲜花、计算机硬件,也包括数字产品销售如在线音乐、软件许可、铃声下载、旅游线路、电子图书等。可以分为买方市场、卖方市场和第三方市场。

(1)买方电子市场。买方电子市场是指依据企业或个人的需求,采用逆拍卖、谈判或其他任何电子采购方式构建的基于 Web 的市场,主要包括买方集市和团购。①买方电子集市(buy-side e-marketplace)。买方电子集市是公司为从合格的供应商处采购满足企业需要的产品所建立的基于 Web 的市场,可用的市场机制包括议价、招标、逆拍卖等。买方电子集市可以由某一家企业拥有,也可以由多家企业联合拥有。②团购(group purchase)。在交易中采购量大可以得到比较好的折扣,因此采购量较小的中小企业或个人通过互联网渠道,将同一区域内具有相同购买意向的零散的、小批量的购买收集起来(一般由第三方中间商完成)形成一个比较大的量,以谈判或招标方式得到一笔最佳买卖。因此利用"团购"的概念,零散的买主也能得到比较好的折扣。电子商务使个人消费者也能享受到规模经济的折扣。2002 年,北京 76 名网民联合组成的购房团与某小区开发商谈判并成功签约,不仅得到了价格优惠,还签下了 20 余条补充条款,充分展现了团购的力量。此后团购迅速在全国发展,团购的对象也从大额商品如房屋、汽车和 IT 产品,衍生到价格水分较多的家庭装修用品以及各种旅游、健身和装修服务等。③"由你定价"(name your own price)。买主根据自己的需求及愿意支付的价格发布在第三方网站上(如 priceline. com),卖方根据需求及价格提供合格商品或服务。

(2)卖方电子市场。卖方电子市场是指企业通过电子目录、电子拍卖、谈判等市场机制向众多企业或个人消费者出售产品或服务而建立的一个基于 Web 的市场,主要形式是在线直销、电子卖场等。①电子卖场(e-mall)。电子卖场是指拥有众多商店的在线购物场所,交易类型为 B2C。例如新浪商城(mall. sina. com. cn)就是一家电子卖场。它包含一个产品分类目录和商品搜索引擎。当消费者对某件商品感兴趣时,他们就会被引导到销售这些商品的独立店铺去购物,各店铺之间独立经营,不分享服务。淘宝(taobao. com)也是一家电子卖场。②网上店铺。网上店铺是指销售产品和服务的单个公司的网站。店铺既可以属于生产企业(dell. com),也可以属于零售商(如 walmart. com),还可以属于个人。可以经营各类商品(如 amazon. com),也可以专营某类产品。③在线直销。从生产商直接销售到客户手中而不经过任何中间商,零售商直销也可以看作一种在线直销。客户可以是个人用户,也可以是企业用户。"定制"是直销常用的一种经营策略。④卖方电子集市。卖方集市是公司销售标准化或定制产品给合格企业的场所。"按订单生产"是卖方集市常用的一种经营策略。⑤电子拍卖。拍卖是一种动态定价的市场机制,由卖方提供商品和保留价格,买方通过竞价达到最终成交价,电子拍卖就是通过互联网完成拍卖业务。由于拍卖是一种市场机制,在各种卖方市场中常被采用。C2C 卖方市场如淘宝(taobao. com)、易趣(ebay. com. cn)都提供电子拍卖机制。

(3)电子交易所。买方市场或卖方市场都是以满足一方需求为目标的单向市场,电子交易所(或公共电子集市)是为买卖双方提供交易匹配而建立的一个基于 Web 的双向市场,它一般由第三方市场创建者所有,是一种中介模式的市场。它可以是属于某一行业的垂直市场,也可以是横跨多个行业的水平市场,其主要功能有:①匹配功能,建立市场机制和提供相关服务,为买卖双方寻找到合适的交易伙伴。②促进交易,为买方提供商品、服务、配送等信息,提供逆拍卖、请求报价、请求投标等服务;为卖方发布电子目录等信息,提供拍卖销售、客户发现等服务;为双方提供托运、保险、第三方履约托管、支付结算等服务。③维护交易政策和基础设施。保证交易服从相关法律;保证交易(批量交易、复杂交易)正常进行;提供买卖双方接口。

阿里巴巴(alibaba. com. cn)可以看作一家公共电子集市(但它更像一个门户)。它有一个商品分类目录和一个搜索引擎,客户进入感兴趣的产品页面后就可以选择自己想要的产品,然后开始订货或议价。

在线股票交易市场是一个比较复杂的电子交易所,同一只股票有多个卖方寻价,同时也有多个买方报价,然后按照一定的匹配机制完成交易。目前几乎所有的证券公司都推出了网上交易系统,如国元证券(gyzq. com. cn)。其他类型的电子市场还包括易物交易、个人竞买、废物回收等。

2. 信息门户网站。信息门户网站是用户利用浏览器浏览所需信息的唯一入口。根据信息提供者的角色不同可以分为专有门户、公共门户。专有门户有个人门户和企业门户,企业门户是消费者访问企业内外部信息的唯一入口;公共门户因其提供的信息特点不同又可分为综合门户（水平门户）、垂直门户。

（1）企业门户。企业门户是企业信息化过程中信息集成的需求，企业在建设了一些应用系统之后，继而希望打破应用系统之间的壁垒，形成一个协同的信息平台。

企业门户就是一个联接企业内部和外部的网站，为用户提供一个单一的访问企业各种信息资源的入口，企业的员工、客户、合作伙伴和供应商等都可以通过这个门户获得个性化的信息和服务，它融合了商业智能、内容管理、数据仓库/集市、数据管理等一系列用于管理、分析、发布信息的软件程序。企业门户提供的功能主要有：①通过企业门户，企业能够动态地发布存储在企业内部；②可以完成网上交易；③可以支持网上的虚拟社区，网站的用户可以相互讨论；④支持员工之间、团队之间、企业与伙伴之间的协同；⑤完善供应链管理、客户关系管理、物流管理；⑥集成分散在企业内外部的信息系统。

（2）公共门户。公共门户是以网络媒体为主要特征，提供分类信息的综合性网站，其目的是通过吸引大量的重复性用户建立在线用户群，使访问者产生购买网站广告所推销的产品的可能性。

①综合门户（水平门户）。提供各类综合性信息服务的公共门户，其特点是内容广泛而全面，覆盖许多行业。综合门户为了吸引访问者、提高网页浏览量，会不断为用户推出系列免费内容和服务，如电子信箱、网络硬盘、博客、个人主页等，也常集成其他业务模式，如电子市场、拍卖等，还提供各类增值服务如短信平台、铃声下载、电子贺卡等。人们习惯上将 B2C 类型的门户称为综合门户，而将 B2B 类型的门户称为水平门户。如我国最著名的三大门户网站新浪、网易和搜狐就属于综合性门户，此外还有一些地区性的综合性门户网站，如浙江都市网（zj. com）；而阿里巴巴（alibaba. com）、慧聪网（hc360. com）就属于 B2B 水平门户。还有一类综合性门户专门提供目录服务，如网址之家（hao123. com）是专门提供网站地址服务的综合门户。

②垂直门户。针对某一行业或专门领域提供综合信息服务的公共门户，其特点是专业性强，针对特定的消费人群。目前，从制造业到服务业、从工业到农业、从娱乐休闲到度假旅游，几乎每个行业都有多家垂直型门户网站，例如仅钢铁行业就有上百家门户，带“中国”字眼的钢铁网就有近 10 家，如中国钢铁网（yesteel. com）、中国联合钢铁网（custeel. com）、中国钢铁网（china-steelnet. com）、中国钢铁产业网（ttssteel. com）、中国钢铁门户网站（steelchina. net）、中国钢铁交易网（chinasteel. com. cn）。

思考题

1. 简述电子商务的不同释义。

2. 简述电子商务的演变。
3. 简述电子商务与传统商务的主要区别。
4. 简述电子商务的功能。
5. 简述电子商务的主要优势。
6. 简述电子商务的主要类别。
7. 简述我国电子商务的发展历程。
8. 简述世界电子商务的发展趋势。
9. 简述电子商务条件下商业经营观念的变革。
10. 简述电子商务系统框架的主要内容。
11. 简述商业模式的不同释义。
12. 简述电子商务商业模式的价值创造。
13. 简述电子商务的主要商业赢利模式。

第十二章

商业物流与配送

随着现代经济的发展，物流业已被认为是继资源和劳动力之后的第三大利润源泉。因此，世界各国都对物流十分重视。商业物流是物流业的重要组成部分。本章对此进行专门的介绍。首先介绍商业物流的内涵和功能；接着介绍商业物流的基本活动；最后重点介绍配送与配送管理的主要内容。

第一节　商业物流的内涵与功能

一、物流与商业物流的内涵

（一）物流的含义与要素

1. 物流的含义。物流一词最早出现在美国，当时被称为“physical distribution”（PD），意为“实物分配”或“货物配送”。20 世纪 60 年代，物流被引入日本，日本学者将物流理解为“在连接生产与消费间对物资履行保管、运输、装卸、包装、加工等功能，以及作为控制这类功能后援的信息功能，它在物资销售中起到桥梁的作用”。[1] 后来，随着物流业的发展和物流地位的提高，物流的内涵发生了很大的变化。如今，现代物流不仅包含商品从生产者到消费者的“货物配送”，还包括从供应商到生产者对原材料的采购，以及生产者本身在产品制造过程中的运输、保管等各个方面。物流业被认为是继资源、劳动力之后的第三大利润源泉。

2. 物流的要素。物流的内涵虽然在变化，物流的活动也多种多样，但任何物流都至少具备四个基本要素，即流体、载体、流动和流向。

（1）流体。即物流中的“物”。总体来讲，物流中的“物”包括一切有经济意义的物质实体。具体来讲，它既包括生产过程中的物资，如原材料、零部件、半成品及

① 鲍尔索克斯，克劳斯. 物流管理［M］. 林国龙，译. 北京：机械工业出版社，1999：5.

成品,又包括流通过程中的商品,还包括消费过程中的废弃物品。

物流中的"物"既具有自然属性,又具有社会属性。自然属性是指流体的物理、化学、生物属性。物流管理的任务之一就是保护好流体,使其自然属性不受损坏,这就需要在物流过程中根据流体的自然属性合理安排运输、保管、装卸等物流作业。社会属性是指流体所体现的价值,以及生产者、采购者、物流作业者与销售者之间的各种关系,有些关系国计民生的重要商品作为物流的流体还肩负着国家宏观调控的重要使命,因此在物流过程中要保护流体的社会属性不受任何影响。

根据流体的自然属性和社会属性,可以计算出流体的价值系数,如每立方米体积商品的价值。该系数可以反映商品的贵贱,对物流部门确定物流作业方案有重要的参考价值。价值系数越大的商品,物流过程越要精心,可采取商品保险措施;同时,运输、保管、包装、装卸等各个环节的组织与作业均要精心安排。

(2)载体。即流体借以流动的设施和设备。载体分为两类:一类是指基础设施,如铁路、公路、水路、港口、车站、机场等基础设施;另一类是指直接承载并运送流体的设备,如车辆、船舶、飞机、装卸搬运设备等。物流载体的状况,尤其是物流基础设施的状况直接决定物流的质量、效率和效益。

(3)流动。即物流中的"流",指流体的物理性移动,它既包括空间上的位移,也包括时间上的流动。

(4)流向。即流体从起点到终点的流动方向。物流的流向一般有四种:一是自然流向,指根据产销关系所决定的商品流向,即商品要从产地流向销地;二是计划流向,指根据政府部门的商品调拨计划而形成的商品流向,即商品从调出地流向调入地;三是市场流向,指根据市场供求规律由市场确定的商品流向;四是实际流向,指在物流过程中实际发生的流向。对某种商品而言,可能会同时存在以上几种流向。如:根据市场供求关系确定的商品流向是市场流向,这种流向反映了产销之间的必然联系,是自然流向;实际发生物流时还需根据具体情况来确定运输路线和调运方案,这才是最终确定的流向,这种流向是实际流向;在确定物流流向时,理想的状况是商品的自然流向与商品的实际流向相一致,但计划流向与市场流向都有其存在的前提,以及载体等方面的原因,导致商品的实际流向经常偏离自然流向。

物流的四要素之间有极强的内在联系,如流体的自然属性决定了载体的类型和规模,流体的社会属性决定了流向,载体对流向有制约作用,载体的状况对流体的自然属性和社会属性均会产生影响。因此,进行物流活动要注意处理好四要素之间的关系,否则就会使物流成本提高,服务降低,效益效率下降。

(二)物流的种类与现代物流的特点

1. 物流的种类。随着物流业的发展和物流在社会经济中的地位不断提高,物流也逐步地细化,并呈现出多种类型。

(1)根据物流活动的范围不同,可将物流分为供应物流、生产物流、企业内物流、销售物流、回收物流和废弃物流。

①供应物流。就生产企业而言,其供应物流是指原材料、零部件、半成品等从

这些物品的供应处开始直到购买这些物品的生产企业收到货物为止的物流；就流通企业而言，其供应物流是指商品等从购进开始直到订购这些商品的流通企业收到商品为止的物流。

②生产物流。指原材料、零部件、半成品等在工厂各车间之间、各工序之间的流动。因此，生产物流是在原材料购进后，通过生产工序进行加工，直到完成产品的物流。

③企业内物流。就生产企业而言，是指从对产品实施运输包装开始，直到最终确定销售对象为止的物流。除了运输、包装以外，还包括保管、分类等；就流通企业而言，企业内物流是指从本企业收到购进商品时开始，直到最终确定销售对象时为止的物流。除了运输、包装外，还包括保管、分类等。

④销售物流。就生产企业而言，销售物流是指确定销售对象后直到将商品发货交付给顾客为止的物流，包括包装、发货、配送等。在由工厂仓库直拨给顾客的情况下，从向顾客发货后直到商品被顾客接收为止，也可称为销售物流；就流通企业而言，其销售物流是指确定销售的顾客后，直到发货交付给顾客为止的物流，包括包装、发货、配送等。

⑤回收物流。就生产企业而言，回收物流是指回收已退出生产过程但仍具有使用价值的物料而产生的物流；就流通企业而言，回收物流是指回收直接或经再处理可重复利用的废旧物品而产生的物流。

⑥废弃物流。就生产企业而言，废弃物流是指由于产品以及包装或运输所用容器的废弃而产生的物流；就流通企业而言，废弃物流是指因商品以及包装或运输所用容器、材料的废弃而产生的物流。

(2)根据物流系统的不同，可将物流分为微观物流与宏观物流。微观物流是指企业本身的物流，即企业采购原材料、零部件等生产资料，加工与制造产品过程中物质资料的流动过程(即输入物流)，然后脱离生产过程，经由流通领域，最后到达用户或消费者手中的运动过程(即输出物流)；宏观物流是从国民经济角度考察的物流，即生产、流通、分配与消费各领域中物质实体的纵横交错、相互联系的运动体系。

2. 现代物流的特点。现代物流具有三个方面的特点：一是广泛性，即现代物流处于社会再生产过程中的每一阶段之中及不同阶段之间，也就是说，现代物流不仅存在于生产过程和流通过程之中，而且还存在于生产过程到流通过程直至消费过程之间。二是系统性，即现代物流中的“流”，不仅包括物资实体的物理流动，而且还包括与之相关的其他活动，如包装、装卸、储存保管、配送、流通加工等内容。三是生产性，即发生在生产过程中的物流活动是生产活动的组成部分，发生在流通领域中的物流活动属于“生产过程在流通领域中的继续部分”，其所耗费的劳动是社会必要劳动，同样具有生产性。因为它们不仅关系到商品使用价值和价值的实现，而且还参与商品价值的创造。

（三）商业物流的内涵

商业物流，即商品流通过程中商品实体及其附属物的时空运动，是整个社会物流的重要组成部分。具体来讲，包括商业企业的供应物流、商业企业的内部物流、商业企业的销售物流、商业企业的回收物流和商业企业的废弃物流等几个方面的内容。商业物流的含义如下。

1. 商业物流中的“物”，不泛指一切物质资料，仅指有形商品实体及其附属物。

2. 商业物流中的“流”，既包括空间运动，如运输；又包括时间运动，如储存。

3. 商业物流仅仅涉及流通领域，而不涉及生产领域。

4. 商业物流以商业企业为依托，与商品交换相联系，其实质是经济运行过程中商品使用价值的运动。当然，商品使用价值的运动要受商品价值运动的制约，同时又对商品价值运动产生影响。

二、商业物流的作用

商业物流是商品流通过程的重要组成部分，随着商品经济的发展，其作用日益重要。大致来讲，商业物流在社会经济运行和发展过程中的作用，主要体现在以下几个方面。

1. 商业物流是商业活动的重要组成部分，是商品流通顺畅进行的物质保证。商品交换是价值让渡与使用价值让渡的统一。商业作为专门媒介商品交换的经济行业，商品使用价值的让渡显得更为重要。从商品流通过程来看，商业物流是随着商流产生而产生的，它是商流的物质基础，是商品流通顺畅进行的物质保证。在商业活动中，商流完成商品所有权的转移，而物流则要完成商品实体的转移。商业物流的发达程度，不但直接决定着商品流通的规模和速度，而且影响着商品流通的效益。因此，在商品活动中，商业物流占据着非常重要的地位。

2. 商业物流是社会分工的重要物质保障，并促进社会分工的深化。社会分工是生产力发展的体现，社会分工造成了大量的市场化交易，市场化交易能否高效、顺利地完成，决定着社会分工的命运，也影响着生产力的发展，而商业物流无疑是市场化交易的重要物质基础。商业物流对于社会分工的重要意义体现在两个方面：一方面，商业物流对各生产部门之间的分工及其深化起着物质保障作用，使生产的专业化与分工协作很好地结合起来，为社会化大生产的顺利进行提供了发达的物质运动体系的支持；另一方面，商业物流承担了一部分生产加工的任务，参与形式效用的创造，使生产部门可以专门从事“大批量、少品种、专业化”的生产，而商业部门则在流通领域针对消费需求复杂、多变及个性化的要求，对商品进一步加工，完善其使用价值，这无疑是社会分工的合理深化。此外，商业物流的发展还可以扩大商品实体运动的时空范围，如运输配送可以使商品行销远方，储存保管可以使商品供给时限延长，从而利于商业企业进一步开拓市场，而市场范围的扩大又是社会分工发展的重要条件。

3. 商业物流是现代经济运行中“第三利润源泉”的重要组成部分，对提高经济效益有重要意义。随着现代经济的发展,人类掘取利润的源泉已经发生了巨大的变化。物流业被称为继资源和劳动力之后,人类掘取利润的第三大源泉。“第三利润源泉”,是对物流潜力与效益的描述与估价。从历史上看,人类历史上曾经有过两大提供利润的领域。一是资源领域。在经济和科学技术不发达的时代,人类通过掠夺式地利用廉价原材料、燃料而获取利润。在经济与科学技术发达的时代,人类则依靠科技进步,节约消耗,综合利用,回收利用再生资源乃至用人工合成方法创造物质资源,以此获取利润。人们将这称为“第一利润源泉”。二是人力领域。经济不发达时代,人类利用廉价劳动力获取利润。在经济发达时代,人类依靠科学技术进步,如广泛采用机械化、自动化等先进手段,提高劳动生产率,降低人工成本以获得利润。人们将这称为“第二利润源泉”。当这两个领域利润的潜力越来越小时,人类便要开拓新的“利润源泉”。当今,人们普遍认为物流领域的利润潜力巨大,故将其称为“第三利润源泉”。物流领域之所以利润潜力巨大,最主要的原因在于物流不仅创造价值,而且还能节约费用。商业物流作为物流的重要组成部分,当然也就成为人类“第三利润源泉”的重要组成部分,对提高商业行业经济效益具有十分重要的意义。

三、商业物流的功能

商业物流的实质是商品使用价值的运动,它以商品的使用价值为中心,以保存、输送和销售商品的使用价值为出发点,因此,其功能也主要是围绕商品的使用价值展开的。具体来讲,商业物流的功能主要包括以下几个方面。

(一)空间功能

商业物流的空间功能主要体现在商品的运输、配送、装卸与搬运等方面。商品经过运输、配送、装卸、搬运等物流过程,其实物形态并未发生变化,数量也没有增加,但供给与需求之间空间分离的矛盾可以得到有效的解决。因此,商业物流的上述活动创造了空间效用,具有空间功能。在自然经济条件下,各个地区之间的经济联系比较薄弱,自给自足的经济形态占主导地位,物流的空间功能仅限于在经济体内部解决偶尔出现的供求双方的空间分离。随着商品经济的发展,物流的空间功能不断显现出来,其在社会经济发展过程中的重要性日益增强,商业物流往往作为“先行官”而被优先加以考虑。在商业物流空间功能得以实现的过程中,运输与配送形成空间线路,装卸与搬运则构成空间结点,由此共同组成严密完善的空间运动网络,使供给方与需求方实现有效的联结,保障商品流通顺利进行。

(二)时间功能

商业物流的时间功能主要体现在商品的储存、保管和包装等方面。商品经过储存、保管、包装等物流过程,其商品实体得到了妥善保护,它可以满足需求方的需要,解决供给与需求在时间上不一致的矛盾。于是,商业物流的上述活动创造了时间效用,具有时间功能。

由于自然的、经济的和社会的因素的影响，在商品生产与消费之间，集中生产、分散消费，季节生产、全年消费，全年生产、季节消费等生产与消费在时间上的矛盾经常出现。解决这些矛盾，最主要的途径就是发挥流通领域中商业物流的时间功能，通过储存、保管、包装等活动，实现生产与消费在时间上的统一。此外，就社会再生产过程来说，为了实现各个环节的顺利衔接，也需要在商品的供、产、销等各个领域中保持一定的储备，以防止再生产过程中断。商业物流的时间功能对保障社会再生产的顺利进行起到重要作用。

（三）形式功能

商业物流的形式功能主要体现于商品的流通加工和包装之中。商品进入流通领域之后，其规格、功能、包装等并不总能够完全适合消费者的需求，因此要求对商品实体进行一定的加工和包装，以保存商品的使用价值。商业物流的上述活动可以改变商品实体的存在形式，因此，商业物流可以创造形式效用，具有形式功能。一般而言，商品形式的创造主要在生产领域，但在现代市场经济社会中，流通领域的形式创造日益重要。其原因主要在于，生产企业为了取得规模经济效益，往往“少品种、大批量、专业化”地生产，而随着人们收入的不断增加，消费需求日益呈现出复杂化和个性化的特征，因此，生产领域通常完成商品基本形式的创造，而流通领域则针对消费者需求的变化进行形式再创造。此外，商品形式经过流通领域的再创造，可以使商品实体更便于流通，从而提高商品流通效率，降低流通成本。

（四）信息功能

商品流通是商流、物流、信息流、货币流的统一，它们彼此不是相互分离或隔离的，而是相互依赖和渗透的。例如，商业信息流就包含着商业物流信息。商业物流信息主要是指关于商业活动所涉及的物流数量、物流地区、物流时间、物流费用等方面的信息。商业物流信息不仅对商业物流决策具有重要作用，而且对商品流通全局具有指导作用。一般而言，在现代市场经济条件下，商品的价值流通十分方便快捷，相应的货币流通在发达的金融体系之下也很高效安全，而商品的使用价值的流通却相对滞后，由此形成的流通费用占有很大比重。为此，有必要重视商业物流信息的收集、整理、分析和传播，充分发挥商业物流的信息功能。

第二节　商业物流的基本活动

商业物流的基本活动，主要包括商品运输、储存、包装、装卸搬运、配送、流通加工与物流信息等方面。由于配送具有特殊性，我们将单独加以介绍。

一、商品运输

在商品流通过程中，商品运输主要完成商品的空间位移，它是商业物流的核心。

（一）商品运输在商业物流中的重要性

马克思曾经说过："除了采掘工业、农业和加工工业外，还存在着第四个物质生产领域……这就是运输业。"①运输作为生产过程在流通领域内的继续，处于国民经济和社会发展的先行地位。就商品运输而言，它完成商品实体从供给方向需求方的空间运动过程，创造了空间效用，使商品的使用价值成为现实效用，因此，商品运输在商业物流中占有举足轻重的地位。其重要性主要表现在以下几个方面。

1. 商业作为专业化媒介商品交换的经济部门，购销活动是其基本业务，而商品采购与商品行销往往是跨地区进行的，因此，商品运输在商业活动中必不可少。自然地，商品运输构成商业物流的重要内容。

2. 商品运输对商业物流的其他活动具有一定的制约作用，如：运输方式决定着商品包装的具体要求；运输工具决定着装卸搬运设备的类型选择；运输能力与效率影响着商业库存的储备数量等。

3. 商品运输费用在商业物流费用中占有很大的比重。因此，合理组织运输，以最少的费用、最短的时间，高效、安全、及时、准确地实现商品实体的空间转移，是降低商业物流费用、提高商业经济效益的重要途径。

（二）商品运输方式及其各自特点

商品运输依据商品自身的特点和商业购销业务的具体要求，按照"及时、准确、经济、安全"的原则，可以选择铁路、公路、水运、航空、管道等不同的运输方式。各种运输方式各有长短，可合理地进行选择或进行组合。

1. 铁路运输。铁路运输是陆上货物运输的主力军，在我国更是货物运输的主要承担者。其特点是载运量大、速度较快、运价较低、安全可靠，但其机动性差，除非自备专用线，否则难以做到"门到门"服务。铁路运输特别适合于大宗、单一、长距离的商品运输，如煤炭、木材、钢材、水泥、粮食、棉花、石油、化肥等。当然，其他商品，甚至冷冻食品、鲜活商品等，也可以采用铁路运输方式。

2. 公路运输。公路运输主要承担短途运输及未建铁路地区的长途货运任务。其最大特点是机动灵活，可以提供"门到门"服务，节省中转装卸的费用开支，但其运量较小、运价较高，因此主要用于中小批量商品的中短距离运输，特别适合于鲜活易腐商品，如水果、蔬菜、鲜鱼、鲜肉等的运输。

3. 水路运输。水路运输可以利用自然条件，投资小、运价低、运量大，但运输速度较慢，并受自然条件和水运状况的影响，一般适合于时效要求宽松的大宗、散装货物的长途运输。

4. 航空运输。航空运输速度最快、时效性强，但运量小、运价高，通常只适用于运量不大、时效要求强的贵重商品。

5. 管道运输。管道运输不受自然条件影响，安全可靠、运费低廉，但机动性差，

---

① 马克思，恩格斯．马克思恩格斯全集：26卷[M]．北京：人民出版社，1972：444.

且只能运输特定的商品，如石油、煤粉、矿石等。

6. 联合运输。联合运输是集多种运输方式为一体，综合运用各种运输工具与设施，各取所长、协同互补，充分发挥不同运输手段的运输效率的运输形式，具有手续简便、运输快捷、节省运费的特点。

（三）商品运输合理化

商品运输合理化，是指按照商品流通规律，依据交通运输条件和商品的市场供求状况，合理安排货物流向，以最短的路线、最少的环节、最少的运力、最低的运费、最快的时间，将商品由供给方运送到需求方。商品运输合理化可以加速商品流转，扩大商品流通，降低商品流通费用，提高商业经济效益。在商业物流组织中，应依据运输距离、运输环节、运输工具、运输时间、运输费用等各种制约因素统筹安排，系统分析，利用线性规划、网络分析、计算机模拟等技术手段组织合理运输。商品合理运输的主要形式如下。

1. 分区产销平衡运输。即在商品流通组织工作中，依据商品供求关系和交通运输条件，将一定的生产区与一定的消费区对应起来，本着近产近销的原则，合理确定运输流向，避免迂回、对流等不合理运输，尽量缩短运输路线。这种运输形式主要适用于品种单一、规格简单、运量巨大、集散矛盾突出的商品，如煤炭、木材、粮食、生猪等。

2. 直发运输。即实行某种程度的商流与物流分离，尽量减少商品运输的中间环节，在商品所有权转移的前提下，商业经营者直接将商品从供给方运抵需求方。这主要适用于生产资料和规格简单的日用消费品。

3. 合装整车运输。即利用整车与零担的运费价差，将各种零担货物合理配置，拼成整车运输。这主要适用于批量小、品种多、花色规格复杂的商品，依不同情况，可以安排直达，也可安排中转或分运。

二、商品储存

商品储存是商品流通的重要环节，也是商业物流的重要组成部分。它是指商品离开生产过程，尚未进入消费过程期间的停滞。商品储存是社会再生产顺利进行的重要保障。

（一）商品储存在商业物流中的重要性

商品储存是社会再生产的必要条件，也是商业活动的客观要求。商品储存解决供给与需求在时间上背离的矛盾，创造时间效用，并且保存商品的使用价值，使其在一定的时间可以满足消费需求。商品储存是商业活动四项最基本的活动（购、销、运、存）之一，也是商业物流的重要环节，具有重要的地位。商品储存在商业物流中的重要性主要表现为以下几个方面。

1. 商业作为专门媒介商品交换的经济部门，是供求双方联结的纽带，商业部门要发挥这一纽带作用，必须拥有一定数量的商品，否则就无法发挥其应有的作用。商品的储存正是商业实现这一职能的重要保障。

2. 商品储存对商业物流的其他活动具有一定的制约作用。如商品库存中的保管养护，就对商品包装有一定的要求；商品库存的管理，就要求有高效、准确的物流信息等。

3. 商品储存费用占商品流通费用一定的比重。商品储存费用包括仓储费、保险费、自然损耗、资金利息、削价损失、缺货损失等内容。这部分费用占商品流通费用相当大的比重，因此，商品储存合理与否对商业经营和商业物流具有十分重要的意义。

（二）商品储存的主要内容

商品储存主要包括两个方面的内容：一是储存管理。储存管理要依据“储存多、进出快、保管好、损耗小、费用省、保安全”的总要求，进行储存计划管理、入库管理、在库管理、出库管理和安全管理。以下分别加以简要介绍：①储存计划管理。主要是制订入库计划、出库计划、保管养护计划、设备利用计划、劳动组织计划、储存费用计划等业务计划，为各项储存业务提供活动方向和行为框架。②入库管理。主要做好接货、验收、入库三项工作，为储存业务的其他活动奠定基础。③在库管理。主要是做好分区分类工作，合理存放，固定货位，统一编号，充分利用仓容，妥善保管好储存商品。这是储存管理的中心环节。④出库管理。主要做好核对凭证、备货、核对实物三项工作，以及时、准确、方便、优质的服务结束储存业务活动。⑤储存安全管理。主要是加强安全教育，建立安全制度，加强安全检查，保证商品万无一失。

二是商品养护。商品养护的目的是最大限度地保存商品的使用价值，避免各种因素对商品实体的损害，尽量减少商品损耗，以便在一定的时间将商品转移给消费者并满足其对商品效用的要求。不同类别的商品，商品养护的工作重点有所不同。例如，对一般商品，主要是防尘、防晒；对棉毛织品、丝织品、化纤、皮革、粮食、食品、烟酒、肉类、鱼类、蛋类等商品，主要是防霉防腐；对各种金属物品，特别是钢铁材料及其制品，主要是防腐蚀；对各类可燃物与化学危险品，主要是防燃烧、防爆炸；对各种有害品与腐蚀品，主要是防毒害、防腐蚀；对高分子材料及其制品，如塑料、橡胶、合成纤维等，主要是防老化、防变质；对温度和湿度敏感的商品，主要是控制温度和调节湿度。可见，商品养护要讲科学，要做到有的放矢。

（三）商品储存合理化

商品储存合理化，是指按照商业活动的客观规律，依据商品的市场供求状况和商业经营情况，合理确定商品储存，既避免商品积压，又避免商品脱销，保证在适当的时间将商品从供给方转移到需求方。商品储存合理化对于减少资金占用、加速商品流通、减少物流费用和支出、提高经济效益具有重要意义。在商品储存工作中，主要运用存储理论，确立存储策略（包括订货点、订货量、存货水平等），防止出现储存过多造成资金占用、利息支出、仓储保管费过高等现象及储存不足造成的商品脱销、顾客流失、收益下降等现象；运用 ABC 分析法对储存商品的种类、数量、价值、出入库频率等进行分类,施行重点管理,抓好关键商品,合理配置力量,降低储存费用。不论采用何种方法,运用何种技术,商品储存合理化都要求以效益为宗旨,以整体优化为出发点,按下列四大原则执行。

1. 储存量合理化。即订货补充之前,能够保证在此期间商品正常供应的数量。为此,要考虑社会需求量、商品再生产时间、交通运输条件、商业企业自身条件等制约因素。

2. 储存结构合理化。即商品的不同品种、规格、花色、品牌之间储存量的比例关系要协调。为此,主要要考虑市场需求结构的变化。

3. 储存时间合理化。即商品的储存时间要与商品的生产时间、销售状况和商品的使用寿命相适应。

4. 储存网络合理化。即批发与零售及其内部各环节、各网点之间的商品储存分布要保持一定的比例关系。一般而言,批发环节主要执行商品“蓄水池”的作用,因而要以一定规模的商品储存调节市场;而零售环节商品储存量可以较小,主要是加速商品周转,做到勤进快销。

三、商品包装

商品包装是指在商品生产和流通过程中,为了保护商品,方便储运,促进销售,运用一定的技术手段,采用一定的容器、物料对商品实体加以处理的物流活动。

(一)商品包装在商业物流中的重要性

商品包装大多在生产领域进行,但在流通领域中,商品包装也很重要。商品包装对商品流通的作用主要表现为两个方面:一是保护和完善商品的使用价值;二是促进商品价值的实现。这是因为,商品包装具有广告功能,可以表现商品的美感,刺激消费者的购买欲望,促进商品的销售,因此,商品包装被称为“无声的推销员”。商品包装在商业物流中的重要性具体表现如下。

1. 商品包装可以保护商品实体免受外部因素的影响,在商品实体与外界因素之间筑起一道防线,保护商品的使用价值,维护商品质量,确保商品安全。

2. 商品包装可以方便运输、储存、装卸、搬运等其他物流活动,加速商品周转,降低流通费用。商品包装将千差万别的商品形态规格化、标准化,适应储运、装卸、堆垛等环节的要求,使物流空间得以充分利用,从而提高物流效率;同时商品的外包装还可以方便商品的清点、验收,减少货损货差,加速商品周转,降低物流损失,从而提高物流效益。

(二)商品包装的主要内容

商品包装具有丰富的内容,可以从不同的角度进行分类。这里只介绍其中几个主要方面。

1. 按商品流通过程的需要不同,商品包装可分为储运包装和销售包装。储运包装主要是为了满足运输、装卸和储存的需要,通过包装(主要是外包装),起到保护商品、便于作业和管理的作用;销售包装主要是为了满足销售的需要,通过包装(主要是内包装或中包装),起到保护、美化和宣传商品的作用,便于商品陈列展销,便于顾客识别购买。

2. 按商品销售市场的不同,商品包装可以分为内销商品包装和出口商品包装。内销商品包装是指满足国内市场销售的包装,出口商品包装是满足国外市场销售的包装。值得指出的是,出口商品包装必须适应出口所在国的法律法规的有关要求和出口所在国的物流环境与市场要求。

3. 按商品来源的不同,商品包装又可分为农产品包装与工业品包装。商品包装还可以按包装材料、包装容器、包装技术方法等进行分类。商品包装的材料、容器和技术方法构成商品包装的物质基础。商品包装材料要具有保护性能、加工操作性能、外观装饰性能、方便使用性能、节省费用性能或易处理性能等,因此,一般要选用金属、玻璃、木材、纸、纸板、塑料及各种复合材料等。商品包装容器包含了包装材料与包装造型。储运包装容器与销售包装容器有较大差别。储运包装容器主要有瓦楞纸箱、木箱、托盘集合包装、集装箱、塑料周转箱等。销售包装容器主要有玻璃、金属、纸、塑料等制成的瓶、罐、箱、袋、盒等。商品包装技术方法因商品流通过程不同,可分为运输包装技术方法与销售包装技术方法。运输包装技术方法包括一般包装技术方法(主要针对商品形态)和特殊包装技术方法(主要针对商品的自然性质)。特殊包装技术方法又分为缓冲、保鲜、防潮、防腐、脱氧、充气、灭菌等具体方法。销售包装技术方法包括贴体、收缩、拉伸、真空、充气、脱氧等具体方法。

(三)商品包装合理化

商品包装合理化,是指商品包装适应商品从生产领域向消费领域转移的客观要求,以先进适用的科学技术、稳定可靠的功能效用、最小的成本和最高的效益,保护商品的使用价值,促进商品价值的实现。为使商品包装合理化,应坚持这样几条原则:第一,商品包装要适合商品生产和商品流通的具体环境,做到灵活运用;第二,商品包装要以满足消费者的消费需求为最终目的,能够增加消费者的效用;第三,商品包装要有利于社会经济效益的最大化。据此,商品包装合理化应注意这样几个方面:①应能妥善保护商品,防止其质量受损;②包装材料应当安全无害;③包装容器应当安全无害;④包装的容量要适中,便于商品销售和顾客采购使用;⑤包装要对商品有准确、贴切的说明或标志;⑥要充分利用包装容积,避免过大包装;⑦要与商品本身相适应,包装费比率要适当,避免过度包装或包装不足;⑧要便于包装废弃物的治理及回收利用;⑨要有利于节约资源、保护环境;⑩要符合有关政策法规,避免通过包装搞不正当竞争或欺骗消费者。

四、装卸搬运

所谓装卸,是指在同一地域范围内,改变商品存放状态的物流活动;所谓搬运,是指在同一地域范围内,改变商品空间位置的物流活动。一般情况下,存放状态和空间位置总是密不可分的，因此在物流作业中，装卸与搬运也总是密切结合、互相联系的。装卸搬运在物流系统中主要充当结点，即将商品的不同运动状态与运动阶段连接起来，使商品实体之“流”结成物流之“网”。

（一）装卸搬运在商业物流中的重要性

在商品运输与商品储存活动中，装卸搬运是必不可少的，装卸搬运费用占物流费用的比重一般不低，因此，装卸搬运对于商品流通和商业物流效益有明显影响。为此，有必要改善装卸搬运活动，加速车船周转，发挥站、港、库的效用；加快货物周转，减少资金占用；简化包装，降低损耗；减少事故，提高服务水平。

（二）装卸搬运的特点

装卸搬运作为物流活动的重要项目，贯穿于生产与流通领域，与物流活动的其他方面密切衔接、彼此联系，同时又有自己的特点。一般来讲，无论是生产物流还是商业物流，装卸搬运都具有这样几个方面的特点。

第一，伴生性。装卸搬运作为重要的物流环节，并不能独立出现，而是伴随着储存、运输等其他物流活动出现的。

第二，保障性。装卸搬运主要提供劳务，不消耗原材料，不占用大量流动资金，它为物流活动的其他环节服务，保障物流活动的顺利进行。

第三，结点性。装卸搬运虽然不改变商品的自然性质，也不创造可视效用，但它作为物流系统的结点却制约着整个物流系统的效率与效益，成为物流系统的闸门与咽喉。

不过，商业物流中的装卸搬运与生产物流中的装卸搬运还是有很大区别的。这主要体现在以下几个方面。

第一，生产物流的装卸搬运与生产活动的节奏相一致，基本上是均衡的、平稳的、连续的；商业物流的装卸搬运则受商业活动复杂多变特点的影响，常常是波动的、突击性的、间歇式的。这就要求商业物流装卸搬运活动有很好的适应能力。

第二，生产物流的装卸搬运活动基本限于企业内部，可控程度高；商业物流的搬运活动则涉及运输、仓储、买方、卖方等各个部门、各个环节，任何一方都难以完全控制，需要各方密切协作才能搞好装卸搬运工作。

第三，生产物流的装卸搬运往往单纯改变货物的存放状态，活动比较简单；商业物流的装卸搬运则与储存、运输紧密衔接，同时需要进行堆码、满载、加固、计量、取样、检验、分拣等工作，活动比较复杂。

由此可见，要搞好商业物流的装卸搬运，需要多方面的衔接和配合。

（三）装卸搬运的基本原则

装卸搬运作为物流系统的结点，制约着物流的效率与效益，因此，为了更好地发挥其作用，在具体的装卸搬运活动中，应遵循以下原则。

1. 减少环节，简化流程。装卸搬运是必不可少的，但它并不能增加商品的使用价值,反而增加了商品损坏的可能性,也增加了商品流通费用。因此,应当尽量减少装卸搬运的环节和次数。对于必需的装卸搬运活动也要科学规划,合理组织,充分利用技术设备,尽量简化流程,提高效率。

2. 集中作业,集散分工。装卸搬运要尽量集中,充分利用设施设备,实现机械化、自动化;同时也要做好商品的集装化与散装化,为集中装卸搬运创造条件。

3. 协调兼顾,标准通用。装卸搬运活动涉及多个工序、多个环节,不仅在其内部,而且在其与其他物流活动之间都存在着客观联系。装卸活动应当做好系统化与标准化工作,提高物流系统的整体效能。

4. 合理设计,循序渐进。装卸搬运活动应当合理设计各个作业单元,使各单元衔接紧密,运转顺畅,按由难到易的程序进行组织,以提高装卸搬运效率。

5. 巧装满载,牢固稳定。装卸搬运常常与运输或储存相配合,因此必须一方面充分利用好车船的载重与仓库的库容,另一方面注意采取安全措施,做到既提高经济效益,又确保安全无误。

(四)装卸搬运的基本方法

装卸搬运的方法很多,按活动的对象、活动的手段、活动的原理及方式等的不同,可进行相应的分类。具体如下。

1. 按活动对象不同,可分为单件作业法、集装作业法与散装作业法。其中集装作业法又包括集装箱作业法、托盘作业法、货捆作业法、滑板作业法、网袋作业法、挂车作业法等。其特点是先将货物集零为整,再行装卸搬运。散装活动法又包括重力法、倾翻法、机械法、气压输送法等。其特点是对商品不加包装,散装散卸,既充分利用载重库容,又提高装卸搬运作业的效率。

2. 按活动手段不同,可分为人工作业法、机械化作业法和综合机械化作业法。

3. 按装卸设备作业原理不同,可以分为间歇作业法与连续作业法。

五、流通加工

流通加工,是指在商品从生产领域向消费领域的运动过程中,为了维护商品质量、提高物流效率、促进商品销售,由流通企业对商品做一些必要的加工,增加其价值并改善其使用价值。流通加工是商业物流的基本活动之一,是社会分工深化的产物。

(一)流通加工的特点

流通加工与生产加工相比,具有以下几个特点。

1. 流通加工的对象是已经进入流通领域的商品,而生产加工的对象是停留在生产领域的原材料、零部件或半成品等,并非最终产品。

2. 流通加工的主体是流通企业,生产加工的主体是生产企业。

3. 流通加工往往是简单加工而非复杂加工,是对生产加工的一种辅助与补充,而不是对生产加工的代替。

4. 生产加工创造了商品的价值与使用价值,流通加工只是在此基础上增加商品的价值,保存和完善商品的使用价值。

（二）流通加工在商业物流中的重要性

流通加工是社会分工深化的产物，有利于解决“少品种、大批量、专业化”的生产与“复杂多变、个性化”的消费之间的矛盾，是流通对生产能动作用的反映，它促进了社会经济效益的提高。流通加工针对消费需求，将进入流通领域的商品进行适当调整，改善其规格、外观、功能，以较少的投入解决了供给与需求之间在商品数量、规格、花色上的矛盾，使生产与流通相互渗透，供给与需求彼此适应，推动了社会经济的进一步发展。流通加工在商业物流中的重要性主要体现在以下几个方面。

1. 流通加工将规格简单的商品（如钢板、木材、玻璃等）按用户需求集中下料，合理分割，提高了原材料的利用率。

2. 流通加工通过建立集中加工点，采用先进的技术设备，较用户个别分散地从事初级加工节约了投资、设备及人力，提高了设备的利用率和加工效率，同时也方便了消费者。

3. 流通加工大多设在销地附近，加工的对象可以由产地大批直运，因而能够取得规模经济效益。加工的成品为多规格、小批量的商品，可以就近灵活配送，加快商品流转。

4. 流通加工可以以较少的投入创造较高的商品附加价值，特别是对商品外观和包装的加工，能够大幅度提高商品价值。

（三）流通加工的主要内容

常见的流通加工方法主要如下。

1. 生鲜食品的流通加工，如冷冻加工、分选加工、精制加工、分装加工等。
2. 燃料流通加工，如煤炭制浆、配煤加工、天然气和石油气液化加工等。
3. 木材流通加工，如磨制木屑压缩输送给造纸厂等。
4. 平板玻璃加工。
5. 钢板剪裁及下料加工。
6. 水泥加工，如将水泥原料在使用地磨制水泥。
7. 机械产品及零配件的流通加工，如自行车、机电设备等的组装加工等。

六、物流信息

（一）物流信息的内涵与特点

物流信息与商流信息共同构成商品流通的信息流。一般来说，商流信息主要是与商品交易、市场供求等有关的信息，如货源信息、资金信息、合同信息等；而物流信息则主要是与商品实体运动有关的信息，如运输信息、库存量信息、物流费用信息等。二者密切相关，相互作用。如商流信息中的交易信息，为物流活动提供了前提；而物流信息中的库存量信息，又是商品交易决策的依据。

商业物流信息的主要特点如下。

第一,地位突出,作用重要。在商业活动的四个基本方面(购、销、运、存)中,物流活动(运、存)就占一半。另外,商流与物流并行交织,商流信息与物流信息也是彼此渗透,因此商业物流信息在商业活动中居于十分突出的地位,是商业经营的重要依据。

第二,涉及面广,变化大。商业活动涉及面广,不确定性因素多,因此,商业物流较生产物流复杂,由此决定了商业物流信息也具有涉及面广、变化大的特点。

第三,内容多,关联性强。商业物流是由商品运输、商品储存、商品包装、装卸搬运、商品配送、流通加工等方面组成的复杂系统。这些活动都有自己的信息,而且相互间密切相关,因此商业物流信息内容丰富且关联性强。

(二)商业物流信息系统

商业物流信息不仅对商业物流具有指导作用,而且对整个商业活动也具有重要影响。因此,在现代商业经营中,常常将商业物流信息加以收集、整理、加工、分析、储存、使用,使之成为一个完整的信息处理系统。

商业物流信息系统的运作主要包括:①静态信息反映。如商品库存量、商品在途量、商品配送能力、物流客户状况等某一时点的商业物流信息的储存与提供。②动态信息处理。如订货情况、发货情况、配送计划、结算情况等动态变化的商业物流信息的收集、分析与反馈等。③日常信息管理。如根据订货、发货、库存量等信息,提出物流活动的具体建议与指令,如补充库存或准备出库等。④系统外衔接。即与商流信息系统、生产信息系统、消费信息系统等进行信息的交流、分析与传播,为商业物流决策服务。

第三节　配送与配送管理

一、配送的含义与特点

(一)配送的含义

配送是指将从供应者手中接受的多品种、大批量货物,进行必要的储存保管,并按用户的订货要求进行分货、配货后,将配好的货物在规定的时间内,安全、准确地送交给需求用户的一项物流活动。

不难看出,配送与一般运输具有很大的相似性,都属于货物运输的范畴。但从实质上来看,它们之间有明显的区别。大致说来,这种区别主要表现在三个方面。

1. 一般运输活动比较单一,而配送除了运输或输送以外,还包括其他活动,如装卸、包装、保管、加工等,几乎包括了所有的物流活动,是物流的一个缩影。

2. 一般运输活动虽然比较单一,但其运输方式和运输工具却多种多样,配送由于运输的距离短、批量小、品种多,因此,运输方式和运输工具比较简单,一般是短途运输,运输工具主要是汽车。

3. 一般运输可以适应不同领域和不同距离的输送,而配送仅指从物流据点至需求用户之间的货物输送，在整个货物运输过程中是处于“二次输送”、“支线输送”或“终端输送”的地位。比如工厂通过配送中心向顾客交货时，工厂和配送中心之间的货物输送称为运输，而配送中心与顾客之间的货物输送则称为配送。

（二）配送的特点

一般来讲，配送具有以下三个方面的特点。

1. 配送是从物流据点到需求用户之间的一种特殊送货形式。配送的实质虽然是送货，但与一般的送货是有区别的。这种区别就在于：①从事配送的主体是专门从事交换的流通企业，如配送中心等，而不是生产企业；②配送是一种“中转型”的送货，而一般送货，尤其是从工厂至用户的送货往往是直达型的送货；③一般送货是企业生产什么就送什么，而配送则是顾客需要什么送什么。

2. 配送是“配”和“送”的有机结合。配送是按照顾客订货所要求的商品品种、规格、等级、型号、数量等在物流据点中经过分拣、配货后，将配好的货物送交顾客。因此除了各种“送”的活动之外，配送中心还要从事大量的分拣、配货、配装等“配”的工作。而且“配”是“送”的前提和条件，“送”是“配”的实现与完成，两者相辅相成，缺一不可。配送通过物流据点中有效的分拣、配货、配装等理货工作，可以使送货达到一定的规模，从而降低送货成本，体现出规模经济的优势。

3. 配送是一种门到门的服务方式。配送是“按用户的订货要求”，以供给者送货到户式的服务来满足用户的要求。从服务的方式来讲，是一种“门到门”的服务方式，它可以将货物从物流据点一直送到用户的仓库、营业所、车间乃至生产线的起点，这就决定了配送中用户的主导地位和配送企业的服务地位。

二、配送的作用

（一）配送是实现流通社会化的重要手段

社会化大生产的发展，必然要求流通的社会化。配送是使原来小生产方式的流通向社会化流通发展的重要手段，它促使流通格局和流通形式改变，对实现流通社会化具有重要的意义。配送向需求用户提供的送货上门式的社会性服务取代了一家一户的“取货制”，取代了层层设库、户户储运的分散、多元化的物流格局，使原来条块分割、部门分割的流通体制向社会化大流通转变，从而改变了小生产式流通方式下的分散的、低效率的运行状态，实现了与社会化大生产相适应的社会化商品流通。

（二）配送通过集中库存使企业实现低库存或零库存

长期以来，流通领域中层层设库、户户储运的状况，使库存结构分散，库存总量偏高，成为流通社会化难以逾越的一大障碍，而配送为从根本上解决库存问题找到了一条出路。配送使库存从小生产形态转变为社会化大生产形态，从分散的供应库存形态转变为集中的流通库存形态。依靠配送企业提供的准时配送,用户企业就不需保持自己的库存或只需保持少量的保险储备,从而实现企业多年追求的“零库存”或低库存,解放出大量的储备资金,改善了企业的财务状态,提高了企业的经济效益。同时,集中库存能形成比单个企业保险库存大得多的保险库存,为各个企业提供了较以前大得多的安全保障,因而提高了保证供应程度。配送通过其强有力的保证供应,又能使用户企业避免出现呆滞和超储备库存。此外,配送企业通过其有效的服务,采取准时配送、即时配送等多种服务形式,保证用户临时性、偶然性和季节性的需求,使用户摆脱库存压力,减少储存量。配送在解决库存问题的同时,还实现了社会资源的合理流动与配置。

(三)配送有利于实现运输的合理化

商品生产与消费在空间上的分离决定了商品生产出来之后只有通过运输才能进入消费领域,到达消费者手中。但消费需求的分散性和多样化,使得商品的运输呈现批次多、批量小和送货地点分散的状况。如果给用户送货是有一件送一件,需要一点就送一点,势必会造成大量的运力、物力与财力的浪费。配送通过将多个用户的小批量商品需求集中起来进行发送,在货源上集零为整,扩大了运输批量,提高了运输工具的利用率,有利于实现运输的合理化。

(四)配送可以为消费者提供方便、优质的服务

随着社会经济的发展和人民生活水平的提高,消费者对商品及其与之相应的服务提出了越来越高的要求。他们不仅要求品种多样化、个性化,而且要求服务方便、周到。在现代化大生产条件下,专业化生产程度越高,企业生产的产品品种就相对越少,而生产规模却越来越大,生产的产品数量越来越多。这样,生产与需求的矛盾便比较突出。通过流通过程中的配送环节,可以在商品品种上加以组合,变单一为多样;在数量上加以分散,化大为小,化整为零,从而满足消费者需求的多样化、个性化。同时,在配送过程中辅以必要的流通加工,将配好的商品送交到顾客手中,可以为消费者提供方便、优质的服务。

三、配送的类别

配送的种类很多,可以从不同的角度加以分类。

(一)按配送组织者的不同分类

按配送组织者的不同,可以将配送分为配送中心配送、仓库配送、商店配送和生产企业配送。

1. 配送中心配送。配送中心配送是指由专职从事配送业务的配送中心组织的配送。配送中心配送的规模较大,专业性较强,和用户有比较固定的配送关系,一般实行计划配送。配送中心按配送需要储存各种商品,储存量比较大。配送中心的设施与工艺流程是根据配送的需要专门设计的,所以配送能力强,配送距离较远,配送的品种多,配送数量大,可以承担工业企业生产用主要物资的配送和向商

店实行补充性配送等。配送中心配送是配送的主要形式。

2. 仓库配送。仓库配送是指由仓库组织的配送。仓库配送既可以是将仓库改造成为配送中心,也可以是仓库在保持原有功能的基础上增加一部分配送职能。由于仓库的设施设备不是专门按配送中心的要求设计和建立的,所以仓库配送的规模比配送中心要小,配送的专业化程度低。由于可以利用仓库原有的储存设施及能力、收发货作业场地和交通运输线路等,所以仓库配送是开展中等规模配送的可选形式,也是容易利用现有条件而不需大量投资即可实施配送的最好形式。

3. 商店配送。商店配送是指由商业网点组织的配送。这些网点主要承担商品零售业务,经营品种齐全。除了日常零售业务外,还可根据用户的要求将商店经营的品种配齐,或代用户订购一部分商店平时不经营的商品与商店经营的品种一起配齐后送交用户。这种配送因实力有限,一般只限于少量、零星的商品配送。商店配送是配送中心配送的辅助形式。

4. 生产企业配送。生产企业配送是指由生产企业直接对本企业生产的产品进行配送而无须将产品发运到配送中心进行中转的配送。生产企业配送避免了一个物流中转环节,节省了物流费用,因而具有一定的优势,但在社会化大生产条件下,生产企业往往大批量低成本生产,品种单一,因而不能像配送中心那样依靠多种商品凑整运输取得规模经济优势,所以生产企业配送不是配送的主要形式。

(二)按配送商品的种类和数量不同分类

按配送商品的种类和数量不同,可以将配送分为单品种、大批量配送,多品种、小批量配送与成套配套配送。

1. 单品种、大批量配送。这种配送形式适合于工业企业需要量较大的商品,单独一个品种或少数几个品种就可以达到较大的输送量,实行整车运输,而不需要再与其他商品搭配。由于商品配送量大,车辆满载率高,配送工作比较简单,因而配送成本较低。

2. 多品种、小批量配送。这种配送形式是按用户的要求,把其所需要的各种各类数量不大的商品配备齐全,凑成整车后由配送企业送达用户。这种配送要求配送中心设备齐全,配货送货的计划性强,配货作业达到一定水平。在各种配送方式中,这是一种高水平、高技术的组织方式。

3. 成套配套配送。这种配送是按企业生产需要,尤其是装配型企业生产的需要,将生产每一台件设备所需要的全部零部件配齐后,按生产节奏定时送达生产企业,生产企业随即将此成套零件送入生产线装配产品。配送企业承担了生产企业大部分供应工作,从而可使生产企业专注于生产,利于提高生产效率。

(三)按配送的时间和数量不同分类

按配送的时间和数量不同,可以将配送分为定时配送,定量配送,定时定量配送,定时、定路线配送与即时配送。

1. 定时配送。定时配送是指按规定的时间间隔进行配送,如数天或数小时一次。配送商品的品种和数量可按计划执行,也可在配送之前用商定的联络方式(如电话、计算机终端等)加以确定。这种配送方式,由于配送时间固定,配送企业易于安排工作计划和计划使用车辆;对于用户来讲,也易于安排接货力量。如果配送商品的种类变化,会导致配货配装工作难度较大,如果要求配送的商品数量变化较大,也会造成配送运力不均衡的状况。

2. 定量配送。定量配送是指按规定的商品数量在一个指定的时间范围内进行配送。这种配送方式数量固定,备货工作较为简单,可以按托盘、集装箱及车辆的装载能力定量配送,也可采取整车配送,以提高配送效率。由于配送时间上没有严格限定,可以将不同用户所需商品凑成整车后配送,从而提高车辆的利用率和节省运力。对于用户来说,每次接货作业处理的是同等数量的货物,有利于人力、物力的调度和准备。

3. 定时定量配送。定时定量配送是指按规定的配送时间和配送数量进行配送。这种配送方式兼有定时、定量两种配送方式的优点,但特殊性很强,计划难度大,一般采用的不多。

4. 定时、定路线配送。定时、定路线配送是指在规定的运行路线上制定送货到达的时间表,按运行时间表进行配送,用户可以按规定的路线及规定时间接货,并提出配送要求。这种配送方式有利于计划安排送货车辆和调度驾驶人员,用户既可以在一定的路线、一定的时间上进行选择,又可以有计划地安排接货力量。

5. 即时配送。即时配送是指完全按用户临时提出的配送时间和数量进行的配送。这种配送方式具有极强的随机性和很高的灵活性,是服务水平最高的一种配送方式,但由于计划性差,车辆利用率低,因而配送成本较高。

(四)按配送的组织形式不同分类

按配送的组织形式不同,可以将配送分为共同配送、集团配送与独立配送。

1. 共同配送。共同配送是指由几个配送中心联合起来,共同制订计划,在具体执行时共同使用配送车辆,共同对某一地区用户进行配送的组织形式。在用户不多的地区,若各企业单独配送,会出现因车辆利用率低而影响配送经济效果的现象。如果把配送企业的用户集中到一起,就能更有效地实施配送;也可以把双方的用户进行合理分工,实行就近配送,以降低配送成本。共同配送的收益可以按一定的比例在各配送企业间进行分成。

2. 集团配送。集团配送是指由配送企业以一定的形式建立起联系紧密、指挥协调的企业集团,以在较大范围内统筹配送企业结构、配送网点、配送路线和配送用户,使配送体系更加完善和优化的一种组织形式。这种配送方式可以取得较理想的规模优势和协作优势。

3. 独立配送。独立配送是指配送企业依靠自身的力量,在一定区域内各自进行配送,独立开拓市场和联系用户,建立起自己的业务渠道和网络。这种配送是一种竞争性的配送方式,用户可以根据配送企业的服务水平和自身的利益进行选择,有利于形成一种竞争机制,也有利于用户与配送企业建立起纵向的联合或集团关系,但这种配送方式有时受客源的限制可能会出现人力、设备和运力上的浪费。

四、配送的业务流程

一般来讲,配送的业务流程可分为如下几个步骤。

(一)进货

这是配送的准备和基础,是决定配送经济效果的初期工作。进货包括筹集货源、订货、集货以及有关的质量检查、结算、交接等。

(二)储存

配送中的储存有两种形式:一种是储备。储备是按一定时期内配送经营的需要而形成的对配送资源的保证。储备的数量一般较大,储备的结构要求完善,品种要求齐全。另一种是暂存。暂存是在具体执行日配送计划时根据分拣、配货的要求,在理货场地所做的少量储备和在分拣配货后形成的发送货物的暂时存放。由于总体的储存效益取决于储存总量,所以这部分暂存商品的数量只会对作业方便与否造成影响,而不会影响储存的总效益,因而在数量上并不对其进行严格控制。

(三)分拣与配货

分拣和配货是根据用户订货所要求的商品品种、规格、等级、型号、数量等,从储存货位上拣出商品,并将同一用户所需的不同种类的商品集中在一起,形成送货批量的作业活动。

分拣、配货作业可采用全机械化的分拣,也可以采用手工分拣和搬运车相结合的半机械化作业。具体的作业方式如下。

1. 拣选式。拣选式又称摘果式。这种作业方式是搬运车巡回于保管场所,按配送要求从每个货位或货架上拣选出商品。巡回完毕,也就完成了一次配货作业。然后将配好的货物放置到发货场所的指定位置,或直接发货后,再进行下一次配货。一般是一次为一个用户配货,如果车辆容纳得下,也可以同时为两个以上用户配货。在保管的货物不易移动,或用户需要的品种多而每种商品数量较小时,可采用此种作业方式。

采用拣选式作业方式可使配货准确无误,可以按用户要求的时间确定配货的先后次序,而且配好的货可以直接装到送货车辆上,有利于简化作业环节。

2. 分货式。分货式又称为播种式。这种作业方式是将需要配送的数量较多的同种货物集中搬运到发货场所,然后,分货机械巡回于各用户的货位之间,到达一个货位即将该用户所需的数量分出,每巡回一次,便将若干个用户所需的同种货物分发完毕。如此反复进行,最后将各用户所需的货物同时配齐,完成了一轮分拣任务。在用户需要的货物种类较少、每种货物需要量不大且各用户需求种类差别不大时,可采用此种作业方式。

分货式作业与拣选式作业相比,可提高配货速度,节省配货的劳动消耗,提高作业效率。尤其是当用户数量很多时,反复拣选会使配货作业异常烦琐与重复,采用分货式作业会取得更好的效果。

3. 直取式。直取式作业是拣选式作业的一种特殊形式。当用户所需的货物种类很少,而每种数量又很大时,送货车辆可以直接开抵储存场所、货位进行装车,随即送货。这种方式实际上是将配货与送货合为一体,减少了作业环节。

(四)配送加工

配送加工是根据用户的要求进行简单的流通加工。其加工的内容取决于用户的要求,加工的目的较为单一。配送加工并不是配送业务流程当中必需的。但如果用户需要加工,则通过配送加工,可以提高配送的服务水平和用户的满意程度。

(五)配装

当单个用户的配送数量达不到车辆的载运负荷或装不满货车有效容积时,可以集中不同用户、不同种类的货物进行搭配装载,这就是配装。通过配装,合理地计算商品的配装比例,使所装商品尽可能地既达到货车的载重,又装满货车的容积,从而取得最优的运输效果。

在配装货物种类较少、车辆也较少的情况下,可采用手工计算的方法确定不同商品的配装比例。

在配装货物种类繁多、货车种类也较多的情况下,可将计算程序编成软件,采用计算机进行计算,即将有关数据,如配送货物的重量与体积、货车载重与容积等输入计算机,计算机便会自动输出配装的结果,这样可极大地提高工作效率。

(六)送货

送货就是商品配装后,按照所确定和规划的最佳运输路线及送货用户的先后次序将货物送交用户,实施送货上门服务。

配送中送货路线合理与否直接关系和影响着配送的速度、成本和效益,因此,采用科学的方法确定合理的配送路线是配送中一项非常重要的工作。确定配送运输的路线可以采取各种数学方法、建立数学模型和在数学方法基础上发展与演变出来的经验方法来确定。但是无论采用哪种方法,首先应确定试图达到的目标,然后再考虑实现此目标所存在的各种限制因素,在有约束条件的情况下去寻求最佳的方案。一般来讲,确定送货路线的目标,主要有以下几个方面。

1. 效益最高。效益是企业整体经营活动的综合体现,可以用利润来表示。因此,在计算时可以以利润数值最大化作为目标值。但是由于效益受多种因素的影响,在定数学模型时很难与配送路线之间建立起函数关系,因此一般很少采用这一目标。

2. 成本最低。成本与配送路线之间有着密切的关系,当成本对最终效益起决定作用时,选择成本最低为目标实际上就是选择了效益最高为目标。由于成本较为具体、实用,因此可多加采用。

3. 路程最短。当成本和路程长短的相关性很强,而和其他因素相关很少时,可以采取以路程最短为目标。但有时路程最短却不一定成本最低,比如道路条件、道路收费等影响了成本，这时单以最短路程作为最优解显然就不合适了。

4. 吨公里最小。吨公里数最小通常是长途运输所选择的目标。在配送路线选择中，当采取共同配送方式时，可以用吨公里最小作为目标。

5. 准时性最高。准时性是配送中重要的服务质量指标。以准时性为目标确定配送路线就是要将各用户的时间要求和路线的先后到达次序协调起来，这样做有时难以顾及成本问题，甚至要以高成本来满足准时性的要求。为此，就要根据不同的情况和要求，在高水平服务和高成本之间权衡利弊，进行选择。

6. 运力利用最合理。在运力非常紧张时，为了节约运力，充分利用现有运力，可根据运力合理与否为目标确定配送路线。

7. 劳动消耗最低。即以司机人数最少、司机工作时间最短、油耗最低等劳动消耗为目标，这也是确定配送路线时可以选择的目标。

上述任何一项目标在实现时都会受到许多条件的约束和限制，在确定配送路线时必须在各种约束条件下选择合理的目标。

（七）送达

送达就是将配好的货物运到用户指定之处。为了实现送达和用户接货的顺利移交，并且有效、方便地处理相关手续和完成结算，有必要事先确定交接方式、手续、交货地点和卸货方式等。

五、配送管理

（一）合理设置配送中心

配送中心是从供应者手中接受多种、大量的货物，进行分类、保管、流通加工，并按客户的订货要求经过分拣、配货后把货物送交客户的组织机构和配送设施。配送中心是配送活动的主要承担者。

1. 确定配送中心的数量。就一个特定的地区而言，在配送总规模确定的条件下，首先要确定配送中心的数量。一般来说，确定配送中心的数量主要应考虑三个方面的因素。

(1) 单个配送网点的规模。一般来讲，单个配送网点的规模越大，单位投资成本就越低。而且单个配送网点的规模越大，就越可以采用大规模处理商品的设备，这样能降低单位物流成本。因此，从单个配送网点的规模来看，配送中心的数量与配送总规模成反比。

(2) 物流费用。配送中心的数量与物流费用的关系比较复杂。这是因为：配送中心数量多，建设投资成本就比较高。但同时也可以使配送中心更接近各个销售或供应网点，这样有利于更迅速、及时地补充商品库存，降低库存水平，同时有利于减少商品迂回运输，降低物流成本。但是随着配送中心数量的增多，配送中心的投资和运转费用也会增加。当配送中心的数量超过一定限度时，将会导致库存分散，使配送中心集中运输的商品数量下降，小额运输增多，从而导致运输费用上升。总的来讲，确定配送中心的数量时，要使总的物流费用最小。

(3)服务水平。一般来说,配送中心数量越多,越有利于提高服务水平;配送中心的数量越少,其服务水平越低。

2. 选择配送中心位置。配送中心位置的选择是配送管理的主要内容。这是因为配送中心的位置对配送速度和流通费用产生直接的影响,而且关系到配送中心客户服务水平和服务质量的高低,并最终影响着企业的经济效益。

影响配送中心位置选择的因素有很多,其中主要有三个方面:一是商品运输量;二是商品运输距离;三是商品运输费用。下面分别从这三个方面介绍选择配送中心位置的方法。

(1)从商品运输量出发,确定配送中心的位置。商品运输量是影响商品运输费用的主要因素,由于各个销售网点销售商品的数量不同,所需运输的商品数量也就不同。一般的经验是,应使配送中心尽可能接近运量较大的网点,从而使较大的商品运量走相对较短的路程。这种确定配送中心位置的方法称为"重心法",也就是求出本地区商品运量重心所在的位置。

计算公式为:

$$x = \sum_{i=1}^{n} (x_i \times T_i) / \sum_{i=1}^{n} T_i$$

$$y = \sum_{i=1}^{n} (y_i \times T_i) / \sum_{i=1}^{n} T_i$$

式中:n——网点的数目;

x_i,y_i——各网点的位置坐标;

T_i——第 i 个网点的运输量;

x,y——配送中心设置的地点坐标。

通过求出配送中心的 x 和 y 的坐标,就可以获得配送中心的具体位置。

(2)从商品的运输距离出发,确定配送中心的位置。商品运输距离与运输费用密切相关。为了节省运输费用,使配送中心设置合理,应该使一个地区范围内配送中心到各个地点的总距离最短。这种确定配送中心位置的方法称为"最短距离法"。

计算公式为:

$$x = \sum_{i=1}^{n} \frac{x_i}{d_i} / \sum_{i=1}^{n} \frac{1}{d_i}$$

$$y = \sum_{i=1}^{n} \frac{y_i}{d_i} / \sum_{i=1}^{n} \frac{1}{d_i}$$

$$d_i = \sqrt{(x_i - x)^2 + (y - y_i)^2}$$

式中：n——网点的数目；

x_i, y_i——网点的位置坐标；

x, y——配送中心的位置坐标；

d——各网点到配送中心的直线距离。

在计算过程中，由于无法预先决定配送中心的位置，从各点到未来配送中心的位置是未知的。因此，开始需假定一个初选位置，以此为基础经反复计算，不断对计算的结果加以修正，直到配送中心位置不需再变动为止。

(3)从运输费用出发，确定配送中心的位置。运输费用是由全部运输量乘以运输里程和单位运价确定的。运输量越大，运输路线越长，单位运价越高，则运输费用也就越高。前面两种方法（"重心法"和"最短距离法"）分别从商品运输量和运输距离单方面的因素出发来确定配送中心的位置。为了全面考虑各种因素，可以将商品运输量、运输距离、单位商品运价等多种因素综合起来，使商品运输费用最小，配送中心位置设置最为合理。

计算公式为：

$$x = \sum_{i=1}^{n}(C_i x_i T_i / d_i) / \sum_{i=1}^{n}(C_i T_i / d_i)$$

$$y = \sum_{i=1}^{n}(C_i y_i T_i / d_i) / \sum_{i=1}^{n}(C_i T_i / d_i)$$

式中：C_i——配送中心到各网点的单位商品运价；

x_i, y_i——各网点的位置坐标；

T_i——各网点的商品运量；

d_i——各网点到配送的直线距离；

x, y——配送中心的位置坐标。

在计算时也需要先设定一个配送中心的初始位置，在此基础上不断反复计算，直到配送中心位置最佳为止。

（二）合理地选择送货方式

送货方式一般有两种：一是直送，二是配送。与直送相比，多品种、小批量货物采用配送方式，可以高效率、低成本地一次性送货到用户手中。如果采取直送，不同收货点的小批量、多品种货物需要频繁地送货，会产生大量的小额运输，既浪费运力，又增加运输费用。因此，对多品种、小批量的货物采用配送的方式比较合理。当然，有一部分用户所处的地方，无论从成本还是从时间上来看，利用直送方式送货会更为有利。因此，在加强配送管理、使配送合理化的同时，还必须考虑选择合理的送货方式。

思考题

1. 何为物流？物流的基本要素有哪些？
2. 简述物流的类型。
3. 简述物流与商业物流的关系。
4. 简述商业物流的作用。
5. 简述商业物流的功能。
6. 简述商业物流的基本活动。
7. 何为配送？配送与运输有何区别？
8. 简述配送的特点。
9. 简述配送的作用。
10. 简述配送的类别。
11. 简述配送的业务流程。
12. 简述配送管理的主要内容。

第十二章

商业风险、商业机会与商业投机

在任何社会中，风险都是一种普遍存在的客观现象。在市场经济条件下，商业风险最为普遍。因此，开展商业经营活动，必须学会防范和管理风险。同时，商业风险往往与商业机会和商业投机紧密地联系在一起。因此，本章主要对这些问题加以介绍。首先阐述商业风险与商业风险管理问题；之后阐述商业机会与市场开拓、商业机会与商业投机、商业风险的有关问题。

第一节　商业风险与管理

一、风险与商业风险的界定

在任何社会中，风险都是一种普遍存在的客观现象，包括自然风险、社会风险与经济风险等。在商品经济或市场经济社会中，风险主要表现为一种普遍存在的经济现象，商业风险就是其中之一。

对于风险的内涵，时至今日尚无一个统一的或权威性的释义，目前理论界主要有三种观点：一是风险客观论；二是风险主观论；三是风险两性论。

所谓风险客观论，主要强调风险是一种客观存在。如美国经济学家、芝加哥学派创始人奈特在其名著《风险、不确定性与利润》中认为，风险是“可测定的不确定性，是客观存在”。在西方学术界持这种观点的人比较多。

所谓风险主观论，主要强调风险是一种不可预测的不确定性，是人们对客观事物的主观估计。这种观点认为，风险是否会发生、何时发生、对谁发生、发生的程度与结果如何都是不确定的。如美国学者詹姆斯·布鲁姆在其所著的《风险管理案例研究》一书中认为，风险是“一种损失的不确定性”。持这种观点的人相对较少。

所谓风险两性论，是认为风险既有客观性的一方面，也有主观性的一方面。就客观性而言，风险是一种客观存在，不可否认；就主观性而言，风险具有可选择性，风险主体依据自己的判断，对是否从事风险活动可做出选择。

那么，究竟该如何界定风险呢？我们认为，任何风险都是相对于一定的风险主体而言的，因此，可以从风险主体这一参照系出发，得出风险的含义。由此我们将风险界定为：它是由各种不确定性因素引起的、给风险主体带来获利机会或损失可能性的客观现象。商业风险则是在商业活动中，由各种不确定性因素引起的、给商业主体带来获利机会或损失可能性的客观经济现象。

二、商业风险形成的原因

商业风险，是商品流通中普遍存在的经济现象。商业风险的形成，总的说来，是由商业在社会再生产中的中介地位和社会经济活动的复杂性与不确定性引起的。具体来说，主要有以下几个方面。

（一）由商业所处的中介地位引起的风险

商业处于生产与消费的中介地位，媒介商品交换是其基本职能。商业的这种中介地位，决定了商业活动不仅要受自身内部因素的影响而存在风险，而且还要受到外部多方面因素的影响而面临风险，如商品供给不足造成的脱销风险、商品质量差造成的卖难风险、商品不适销对路造成的积压风险、消费者购买力不足造成的经营不景气风险等。

（二）由经营环境的变化引起的风险

在前面的章节中已经指出，商业经营总是在一定的经济环境与非经济环境条件下进行的，即在经济环境、自然环境、人口环境、技术环境、政治环境与文化环境等的影响下进行的，这些经营环境都具有不可控的特点。这些不可控的经营环境一旦发生变化，如果经营者能够及时适应这些环境的变化，往往就可以将市场机会变成自己的获利机会；反之，就可能造成巨大的损失。

（三）由意外事故引起的风险

在商业经营中，出现一些意外事故在所难免，如水灾、火灾、风灾、高温、地震等。这些意外事故一旦发生，经营者就要遭受一定的风险，而且这种风险给经营者带来的只能是损失，而没有获利的机会。虽然经营者可以事前投保，在意外事件发生后，可以获得一定的赔偿，但就总体而言，一定的损失是不可避免的。

（四）由商品运输、保管不当造成的风险

在商品流通过程中，不可避免地会出现在运输、保管等环节中造成商品丢失、损害或变质的情况。当这些情况发生时，经营者就要面临风险。与意外事故引起的风险一样，这类风险出现时，给经营者带来的也只能是损失，而无获利机会可言。

（五）由其他因素引起的风险

其他因素主要包括商业竞争、不正当交易、信用破裂造成违约、商业秘密泄露、价格异常波动等。由这些因素引起的商业风险经常存在。

三、商业风险的分类

由于引起商业风险的原因很多,因此商业风险多种多样。为了加强对商业风险的管理,有必要对它进行分类。

(一)按商业风险的性质不同分类

按商业风险的性质不同,可将商业风险分为纯粹商业风险与投机商业风险。

1. 纯粹商业风险,又称为静态商业风险,是指当风险发生时,仅仅给商业主体造成损失的风险。如前所述的意外事故、商品运输、保管不当等所造成的风险就属这类风险。这种风险一经发生,一般只会给商业主体造成损失,不会产生风险机会和利益,因此,称为纯粹商业风险或静态商业风险。

纯粹商业风险又可以进一步细分为以下两个方面。

(1)资产实物形态的风险,即意外事故或商品运输、保管不当等发生时,使企业资产在实物形态上蒙受的损失。

(2)经营者自身的安全风险,即商业经营者在经营中出现伤残、疾病、死亡等情况使企业蒙受的损失。

2. 投机商业风险,又称为动态商业风险,是指当风险发生时,既可能给商业主体带来利益,也可能给商业主体造成损失的风险。前述的由于市场经营环境的变化所引起的风险,就属于这一类。当市场经营环境发生变化时,商业主体如能采取灵活措施,及时调整经营策略,适应市场经营环境的变化,就可以抓住市场机会,获得一定的利益;反之,商业主体如果不能适应这种变化,就可能招致巨大的损失。

投机商业风险又可以进一步细分为以下几个主要方面。

(1)经营风险。包括经营条件、经营对象与经营行为方面的风险。其中经营条件风险是指经营场地的选择、经营规模、商情信息、进货与销售渠道、资金来源等方面的风险;经营对象风险是指经营商品是否对路所形成的风险;经营行为风险是指欺骗性交易行为、商业贿赂行为、诋毁与贬低竞争对手行为、侵犯商业秘密行为、附加交易条件行为、强迫性交易行为等不正当交易行为和违约行为所造成的风险。

(2)价格风险。是指在商品经营过程中,由于市场价格的变动可能产生的利益或蒙受的损失。其中包括政策性价格变动风险和市场性价格变动风险两种情况。政策性价格变动风险对于经营同类商品的经营者机会均等;市场性价格变动风险对于商业主体而言具有非均等性。因为它对各商业主体的影响状况取决于各自的应变能力和经营水平。

(3)信誉风险。是指社会公众对经营者的整体印象和评价,从而给经营者可能带来的利益或损失。社会公众对经营者的整体印象和评价好,经营者具有良好的信誉,这将给经营者带来积极的影响和有利的市场机会;反之,就会给经营者造成损失和丧失许多有利的市场机会。

(4)汇率风险。是指汇率变动引起货币升值或贬值而使经营者在结算过程中产生的利益或蒙受的损失。

（二）按商业风险主体对商业风险的作用能力不同分类

按商业风险主体对商业风险的作用能力不同，可将商业风险分为不可选择风险和可选择风险。

1. 不可选择风险。是指对商业风险主体而言，某项风险有时是不可避免的或没有选择余地的。如意外事故所造成的商业风险就是如此。

2. 可选择风险。是指对商业风险主体来说，某项风险是可以选择或回避的。当某项风险对经营者有利时，经营者可以抓住时机去冒风险，并从中获利；当某项风险对经营者不利时，经营者便可主动放弃或采取措施回避它，而不致蒙受损失。对于可选择风险的选择情况，取决于商业主体对该风险的认识和理解程度。

（三）按风险作用的强弱不同分类

按风险作用的强弱不同，可分为高度风险、中度风险和轻度风险。

一般来说，商业风险中主要以中度风险和轻度风险为主，风险企业或高科技企业承担的主要是高度风险。风险的强弱程度一般取决于两个因素：一是商业风险主体所从事的风险活动其本身风险有多大；二是商业风险主体的实力。如规模大的商业主体的实力比中小型商业主体的实力强，所以，它就可以冒大一些的商业风险。

（四）按风险主体所承担的风险责任不同分类

按风险主体所承担的风险责任不同，可分为有限风险和无限风险。

一般来说，商业风险主体承担的风险都是有限风险。

四、商业风险的特征与功能

（一）商业风险的特征

商业风险主要具有以下几个方面的特征。

1. 客观性。即商业风险是客观存在的。自商业活动产生以来，商业风险就一直存在。商业风险存在的客观性，从根本上来讲，是由商品内在的二重性即商品的价值与使用价值的矛盾引起的。在商业活动中，使用价值与价值的内在矛盾，转化为商品与货币的对立。一切商品都必须转化为货币才能实现自己的价值，如果不能顺利地实现转化，商业的买卖活动就会受阻，商业风险就会产生。商业活动是一种为卖而买的活动，购买到的商品必须通过销售使之转化为货币。马克思把这一转化称为“惊险的跳跃”。如果跳跃失败，摔坏的不是商品，而是商品所有者。可见，商业风险是一种客观存在。

2. 可选择性。商业风险虽然是客观存在的，但大都是可以选择的。如何进行选择，取决于商业主体对风险的认知程度和能力。

3. 可预测性。作为客观存在的商业风险，之所以大多数情况下能够进行选择，是因为商业风险具有可预测性，即商业主体可通过市场调查和预测来分析或评估商业风险，预见到商业风险何时发生、结果如何等情况。

4. 共生性。是指商业风险对风险主体而言，一般来讲，既可能使其获得一定的利益，也可能使其遭受一定的损失，获取利益与遭受损失的机会同时存在。通常情况下，商业经营者所冒的风险与其所获得的利益或遭受的损失成正比，即所谓的风险越大，获利的机会就越多。当然，所遭受的损失也可能越大。反之，获利的机会越少，所遭受的损失也可能越小。这就意味着，对商业主体而言，不但要敢于冒风险，而且要善于冒风险，以便从中获得更大的风险收益。

（二）商业风险的功能

由于商业风险具有共生性，既可以给商业主体带来利益，也可能使其遭受一定的损失，因此，商业风险既可以刺激经营者的行为，也可以约束经营者的行为。具体来讲，商业风险的功能主要表现如下。

1. 约束商业主体的行为。商业风险具有可能给商业主体造成损失的一面，从而形成了对商业主体行为的约束。它要求商业主体在进行经营活动时，必须对外部经营环境时常加以关注，并适应其变化。在经营决策上，商业主体必须做周密的考虑与慎重的抉择，选择最优决策方案，以避免或减少风险损失。

2. 激发商业主体的行为。由于商业风险又具有使商业主体获利的一面，因此，商业风险对商业主体具有吸引力，可以激发它们进行开拓性经营，抓住机会，求得发展，而不是一味地因循守旧。“不入虎穴，焉得虎子”，作为有进取心的商业经营者，要敢于冒风险和善于冒风险，从而赚取较大的风险收益。

3. 调节商业主体的行为。由于商业风险具有产生收益或造成损失的两面性，因此，在商业经营活动中，商业经营者要根据外部环境的变化，及时地调整自己的经营行为，把有限的商业资源配置到效益好的部门或商品当中去，而不要造成资源的浪费，使自身遭受损失。

五、商业风险管理

（一）商业风险管理的内涵

面对普遍存在的商业风险，商业经营者总是希望能够化险为夷，取得风险收益，避免或减少风险损失。要达到这一目的，最有效的手段就是加强商业风险管理。

风险管理，是 20 世纪 50 年代初在美国发展起来的一门新兴经济管理科学。推动这一科学产生的历史背景是 20 世纪 50 年代科技与工业的惊人发展及美国社会和经济结构的急剧变化，很多意外的、从未听说过的风险开始出现。于是在工商企业界掀起了风险管理运动，同时，风险理论的研究也是从最初的以保险理论研究为主转向风险管理的研究。后来，企业风险管理成为企业管理的一个重要组成部分，如今，在许多国家的企业经营管理中风险管理被加以运用，对提高企业的管理绩效、防止风险损失起到了重要作用。

随着我国市场经济的发展，各种风险已经显现出来，加强风险管理已经成为国内许多企业关心的重要事情。商业作为市场经济条件下竞争最激烈的行业之一，商业经营者加强商业风险管理就显得更为必要。

那么,什么是商业风险管理呢?商业风险管理就是以复杂多变的商业风险为管理对象,要求商业主体树立风险意识,制定风险对策,以最少的管理费用去获取满意的风险收益和使风险损失降低到最低限度。商业风险管理的实质就是提高商业主体的竞争力、应变力与自我发展力,使其在激烈竞争和不断变化的市场环境中求得生存和发展。

（二）商业风险管理的手段

对于复杂多变的商业风险,试图用一种方法就管理好是不现实的,必须多管齐下,采取多种手段共同进行管理。具体来说,主要可以采取如下措施。

1. 树立风险意识。这是加强风险管理的前提。风险虽是看不见、摸不着的东西,但是它又是客观存在的。因此,作为商业经营者,要树立风险意识,要对员工进行风险教育,让员工知道风险对企业可能产生的影响,增强员工的危机感和紧迫感。

2. 对市场经营环境变化而引起的商业风险,主要依靠市场风险调查和风险评估来解决。由市场经营环境变化引起的商业风险,主要属于投机性风险,因此,有必要对其进行重点管理。重点管理的手段主要是开展市场风险调查和风险评估。

(1)市场风险调查。是指首先搜集市场经营环境变化方面的资料,以及过去的记录情况,然后预测今后市场环境可能发生的变化,再根据企业目前的经营状况,寻找可能产生的风险机会和环节,从而采取相应的对策。

(2)市场风险评估。是指对已调查分析的风险进行定量描述,找出风险事件发生的概率及可能产生的收益或造成的损失程度。评估的方法有很多,在风险管理书籍当中有详细的介绍,这里不再赘述。

3. 意外事故所造成的风险,主要可以通过投保的方法来解决。这样,可以减少在经营中因出现这类风险而蒙受的损失。至于具体投什么险别,可视具体情况而定。

4. 商品运输、保管当中存在的风险,主要通过加强相应的业务管理来控制。

5. 不正当交易可能造成的风险,主要可以采取这样几方面的措施:第一,加强对交易对方资产和信用的调查;第二,在签订商务合同时,可以订立一些预防性条款;第三,如对方违约可以诉诸法律来解决。

6. 价格波动与汇率变动引起的商业风险,可以通过签订远期合同或利用套期保值交易方式来转嫁风险。

总之,面对客观存在的商业风险,可以采取多种避险手段。在具体运用时,要视客观情况,灵活地加以运用,努力做到以最少的风险管理费用,获得最佳的风险收益和使风险损失减小到最低限度。

第二节　商业机会与商业投机

一、商业机会与市场开拓

（一）商业机会的内涵

世界超级管理大师彼得·德鲁克曾经说过这样一句话：把握机会重于解决问题。因为，解决问题只能减少损失，而把握机会却可以创造利润。这句话对于商业经营来讲，具有十分重要的指导意义。这是因为，商业经营受不确定性因素影响特别明显，商业机会特别多。商业经营者如果能够抓住机会，捕捉商机，并驾驭商机，往往可以获得丰厚的回报。但商业机会多，并不等于随手可得。正如人们常说的：机不可失，失不再来。这就要求商业经营者还必须及时把握商机，以发展和壮大自己的实力。

那么什么是商业机会呢？商业机会又称为市场机会，就是指市场上存在的新的或潜在的需求。它包括这样几个方面的含义：第一，商业机会以市场或需求为导向，并且这种需求是目前还没有得到满足的需求，包括已经出现的新需求和潜在需求。只有这样的需求，才能称得上是商业机会，才能给经营者带来丰厚的利润，激励经营者去捕捉商机。第二，为了满足新需求或潜在的需求，经营者必须提供新的商品或新的服务。第三，为了瞄准商业机会，经营者必须时刻盯住市场，以对市场信息了如指掌，把握市场的走势。

由于市场需求在不断地发展和变化，因此，商业机会也在不断地出现。

（二）寻找商业机会的途径

一般来讲，寻找商业机会可以从以下几个方面入手。

1. 从供求差异中寻找商机。凡是供不应求的商品，必定存在商品未满足的需求，这样自然就存在着商业机会。

2. 从市场环境变化中寻找商机。商业机会往往存在于市场环境的变化之中。例如，近年来，随着我国居民收入水平的提高，消费水平也大大提高，其中需求的个性化日益突出。这样，经营专业店的机会就出现了。从目前来看，专业店的生意普遍比较好。又如，近年来，我国人口老龄化现象日益突出，老年用品需求大大增加，这就为经营老年用品商店提供了新的商机。

3. 从市场信息中寻找商机。即通过市场调查，及时掌握可靠的市场信息，准确预测市场需求，开发和经营新的商品，开拓新的市场。

4. 从分析企业经营条件的相对优势中寻找商机。即通过分析，找出自己的竞争优势并加以发挥，以开辟新的市场需求。

（三）把握商业机会的措施

当通过一定的途径发现商机之后，就应该及时地加以把握，变商机为财富。为此，必须采取有效的措施。具体来讲，主要有以下几个方面的措施。

1. 迅速对捕捉商机所费的预期成本和所得的预期收益进行比较，然后做出科学决策。

2. 当决定利用商机开拓市场时，必须迅速决定所需要的资源，即人、财、物和技术资源等。

3. 积极筹措或调度资金，组建或调整组织机构，挑选或委派得力人员，全面开展各项工作。

4. 积极策划和组织各项促销活动，大力开拓新的市场。

（四）商业机会与市场开拓

商业机会与市场开拓具有密不可分的关系。这是因为，商业机会能否抓住，最终取决于市场开拓情况。所谓市场开拓就是指为商品销售找到新的需求者，以扩大商品的需求。它包括这样几个方面的内容：第一，增加商品在同一市场上的消费人数。因为消费人数越多，对商品需求量就越大。第二，延长商品流通的距离，扩大商品销售的空间范围。因为商品流通距离越长，意味着商品销售可以更好地突破地域的限制，在更广阔的区域内流通，销售量一般就会越多。第三，扩大商品在市场上的占有率，获得更多的市场份额。第四，在购买力既定的条件下，引导消费，把更多的购买力吸引到本企业经营的商品上来。第五，不断扩大新的消费领域。第六，在购买力水平不高，一时消费者买不起或很少能买得起某些商品的情况下，要创造条件，增强消费者的购买力，以扩大商品的需求。通过这样的市场开拓，就可以把商机变成财富。

二、商业投机的含义

（一）正确理解投机的含义

投机活动虽由来已久，但至今人们对“投机”还没有一个统一、明确的解释。《辞海》中，将投机定义为“乘时机以谋取个人私利”。《现代汉语大辞典》当中，也将投机界定为“乘机牟利”。美国人格林沃尔德主编的《现代经济辞典》中，将投机界定为“在商业或金融交易中，甘冒特殊风险希望获取特殊利润的行为”，并进一步解释说，投机通常是期望从价格变化中获利的证券、商品和外汇买卖活动。除了那些在日常商务活动中需要外汇或商品的人所做的交易外，市场上所有的交易都是投机性的。在日常生活中，人们往往把投机视为牟取暴利的冒险行为。更有甚者，将投机与赌博等同起来。那么，究竟什么是投机呢？我们认为，要理解投机的含义，首先要将投机与投资、投机与赌博区别开来，否则，便难以正确理解投机的要义。

1. 投机与投资的区别。投机与投资有时虽然难以区分，但细加比较，还是有些区别的。

（1）从交易活动的风险来看，投资活动一般只限于预期收入比较稳定、风险值较少的交易活动，而投机活动则往往是追求那些预期收入不够稳定、风险值较大的交易活动。当然，这种预期收入的不稳定性和交易风险，在实际交易中是很难用确切的数字进行衡量的，这就使二者在彼此相互区别的基础上，又存在着某种必然的和内在的联系。

(2)从买卖标的物持有的时间和交易量大小来看,投资者一般重视的是中、长期的大规模投资活动,而投机者往往追求的是短期的、小规模的投资活动。当然,在实际交易活动中,交易者的交易既可能带有一定的投机性,又可能带有一定的投资性,二者间有一定的内在联系。

(3)从交易动机来看,投资者的交易动机一般是扩大生产、融通资金、追求有效的收益,而投机活动往往是期望以比较小的投入,牟取暴利,着眼点主要在于追求利润值。当然,这种区别在一定时候也往往很难进行有效区分。一些投资者在某一交易行为中,有时以投资为目的,有时以投机为目的,有时则可能转移动机,将投资变成投机交易活动。

2. 投机与赌博的区别。投机与赌博的主要区别有两个方面。

(1)就风险本质而言,赌博是制造风险的行为,参与赌博的人员也就是赌博风险的制造者,如果赌博人员不存在,赌博交易不发生,赌博风险也就自然消失;反之,如果赌博人员建立了赌博交易,赌博风险也就随之产生。所以,赌博所冒的风险本来是不存在的,是人为制造出来的。与此不同的是,投机者所承担的风险是客观存在的,无论投机者是否存在,其风险都不会消失,所以投机者一般不制造风险,而是在一定程度上承担和降低市场交易风险。

(2)就社会效益而言,赌博所花费的时间及资源对社会不会产生新的价值,更不可能产生良好的社会效益,赌博仅仅是个人之间资金的转移;而投机则有助于增强市场的流动性,降低价格波动的风险。

由此可见,投机不同于投资,更不同于赌博。它是指利用市场上客观存在的价格波动的风险,运用投机资金冒特殊风险以赚取特殊利润的经济行为。因此,人们必须放弃长期以来将投机视为贬义的认识。

当然,投机有合法投机与非法投机之分。所谓合法投机是指在法律、政策和市场许可的条件下,以公开、公平与公正的方式进行的冒险经济行为;所谓非法投机是指在法律、政策和市场不容许的条件下进行的非法冒险经济活动。

从事投机的主体可以是组织,如公司、银行、信托公司、企业等,也可以是个人。

(二)商业投机的含义

所谓商业投机,又称市场投机,它包括两个方面的意思:一是指利用市场供需差异,捕捉需求机会,投市场急需之机,从而达到盈利目的的经营行为;二是指利用市场上客观存在的价格波动的风险,运用投机资金冒特殊风险以赚取特殊利润的经济行为。从第一层意思来看,它与商业机会密切相关;从第二层意思来看,它又与商业风险密切相关。因此,这里所讲的商业投机有一般意义上所讲的投资和投机两个方面的含义。

三、商业投机的类型和特点

(一)商业投机的类型

从商业投机的含义来看,商业投机可以分为以下三种类型。

1. 在现货市场上发掘商业机会而进行的投机活动。

2. 在期货市场上进行的买空卖空投机活动。

3. 在资本市场上进行各种有价证券的投机活动。如买卖股票赚取价差,获得风险利润等。

(二)商业投机的特点

1. 商业投机具有客观性。商业投机受两个方面的制约:一是供求差别的制约。由于多种因素的影响,商品供给和需求在总量、结构、时间、空间等方面经常存在不一致性,即存在着供求差额,这样,就为商业投机提供了机会。二是价格差别的制约。只要存在着价格差,就存在着商业投机的条件,因为投机者可以从中赚取价差。这两个方面的差别是市场经济中客观存在的普遍现象。因此,商业投机不可避免,具有客观性。

2. 商业投机具有很大的风险性。不管是哪类商业投机,都具有很大的风险性。没有风险,就不会出现投机。投机的目的是获得厚利即风险利润,亦即以最小的投资取得最大的利润,而不是一般的利润。投机的结果关键取决于投机者对市场需求和价格的未来预期是否准确。在市场经济中,市场需求和未来的价格波动受多种因素的制约,具有极大的不确定性。投机者要掌握有关市场变化的完全信息几乎是不可能的。因为有关信息的获取、处理、判断等都需付出最宝贵的稀缺资源,即人的时间、精力、理性和财力。这就使投机者只能把他们有限的资源投到他们认为是最重要的方面,而不得不放弃他们认为不很重要的方面。信息的不对称性使投机者对市场信息不可能完全把握,从而使其投机活动具有很大的风险性。虽然投机成功的概率很小,但投机一旦成功则往往可以带来丰厚的利润,因此,这种高风险、高回报的投机活动常常吸引那些投机者屡屡去冒险。

3. 商业投机不同于一般性商业活动。两者虽然都是利用市场供求差异和价格波动所造成的市场机遇来获取利润并承担风险的行为,但两者又有着诸多明显的区别。主要表现为:①商业投机是适应特定需要的一种超前行为,而一般性商业活动是为了满足正常需要的常规性活动;②商业投机是一种风险较大的经济行为,而一般性商业活动经营风险较小;③商业投机所获取的是超额利润,而一般性商业活动谋取的是正常的购销差价;④商业投机的作用是双向的,既有积极的一面,又有消极的一面,它可能会冲击法律、道德和正常的经济秩序,而一般性商业活动主要是为了满足消费需求,作为国民经济必不可少的正常性经营活动,一般不存在负面作用。

4. 商业投机合法与否取决于其发生环境中的特定的法律界定和道德取向。由于商业投机的目的是获得更多的或超额利润,所以不能以利润的多少来判断商业投机的社会价值和社会属性。特定环境中的法律界定和道德取向是决定其合法与否的关键。这样我们就能正确地理解在不同国家、不同的历史时期对市场中存在的商业投机的不同的界定和评价标准。目前,不少国家或地区都制定了“反暴利法”，主要目的是规范交易行为，维护正常的市场秩序，维护商业道德，促进社会安定和经济稳定，而不是笼统地提倡或反对商业投机。

5. 商业投机必须获得大量的信息。投机者在进行每笔交易前必须获得大量信息，通过对信息的科学整理和分析，进行预测和决策，然后再进行交易，否则盲目投机，易招致失利。投机不是单纯靠投机者的“运气”，投机者必须占有大量、充分、可靠的信息，这样才有可能成功。

6. 商业投机交易时间短。一般情况下，当投机者获得信息后，往往会迅速做出决策，进场交易，从而获取更多的交易机会，增加获利的可能性。

7. 商业投机交易覆盖面广。投机者可以利用不同地区和不同国家的市场进行投机交易活动，从而使一系列分散的市场联系起来，形成一个相互沟通、相互促进、辐射面广的统一的交易市场。

8. 现代商业投机必须在法律规范下进行，因而具有合法性、公开性、竞争性的特点。

9. 商业投机是一种博弈活动。在同一市场上，由于投机者对市场价格走势的判断不同，有的投机者决定买进，乃至大量买进，而有的投机者则决定卖出，乃至大量抛售。这种对未来价格走向的不同判断，导致双方进行智力和实力的博弈，最终的结果是有的成功、有的失败。

10. 商业投机是一项系统工程。从市场调研和捕捉商机，到利用机会进行决策；从科学决策到组织实施，并取得经营成果，整个投机活动是一个复杂的过程。要取得商业投机成果，投机者不仅需要有较高的经营素质和决策水平，而且还需要对市场环境做周密的估计，审时度势。期货市场、资本市场的投机，则更加需要各种知识，需要科学决策和熟练的操作技巧。

四、商业投机的条件

（一）投机者要有足够的资本以应付可能遭受的损失

为投机而准备的货币财产是投机资本，而投机资本已不是原来的商业资本。商业资本是再生产过程中在流通中执行商业职能的资本，而投机资本则是再生产过程外部的非职能资本。商业资本直接得到从生产剩余价值中分配的利润，而投机资本不是自我增值的资本，不能得到原来的利润分配。它只通过获得以价格变动为基础的纯粹的买卖差异来实现增值。投机引起投机者之间的财产再分配，即一方得利就是另一方的损失。因此，要想进行投机，如参加期货交易，其先决条件就是要有足够的资本以应付可能遭受的各种损失。任何一个投机者都不愿意亏损，但是，有风险才有获利的机会，而风险也意味着有亏损的机会。因此，考虑风险的大小，是决定是否投机的关键。

（二）投机者要具备一定的素质，要有承担风险的能力和具有风险意识

一个成功的投机者往往敢于承担别人不敢承担的风险，善于总结交易中正反两方面的经验教训，在实践中不断增长才干。他能够在风险面前审时度势，分析预

测，做出决断，从而一举获利。所以，投机者首先要有承担风险的能力，能够承受市场变化带来的惊喜与悲伤。一个经不起风险冲击的人是不适合参与投机活动的。同时，投机也是一项技巧性很强的经济活动，要求具备一定的专业知识和一定的分析判断能力、机敏的应变能力、果断的决策能力，以利于正确处理和判断信息，做出正确的交易决策。此外，投机者还应有法律常识、法治观念，以合法的投机获利，而不搞非法活动。

（三）投机者必须不断地进行买卖并对付瞬息万变的市场

投机的基础是价格的变动，它紧紧依附价格变动而存在。价格的变动可以因场所不同，也可以因时间不同而发生。投机者要随时利用这种场所性、时间性的价格差，这就出现了场所性、时间性的价格平均化倾向。因此，投机者应密切注意市场价格变动，随时随地做出反应。为了得到买卖差额收益，投机者必须不断地反复进行买卖，全力以赴地应付瞬息万变的市场变化。

五、商业投机的经济功能

（一）提高市场流动性，活跃市场交易

市场的流动性和交易活跃，体现为在市场上能够迅速地向某一个买方或卖方提供他们需要交易的对象。投机者投入一定的资金，或购买某种商品，或买空卖空，其买卖数量大、交易频繁，从而带来了买卖双方人数的增加，使那些保值投资者不论是买进还是卖出，都很容易找到贸易伙伴，从而大大增加了市场流动性。同时，投机交易频繁，消息传递快，还能降低交易成本。如果没有投机者参加或没有投机行为，保值性投资者因市场流动不畅，找不到成交机会，在交易中颇费周折，就会增大交易成本。

（二）承担交易风险

如果市场上价格波动频繁，生产者和经营者就会设法回避、转移价格波动的风险。有转移风险者，必然就要有承担风险者，而投机者则是专门承担价格波动风险的，他们希望通过风险来赚钱，承担风险成为投机者的专业化职能。投机者承担风险才能使旨在避险或保值的投资者或生产者、经营者顺利避险，专心从事本行业的生产与经营活动。

（三）缓和价格波动幅度，稳定市场

一般情况下，市场价格是随着供求关系的变化而上下波动的。投机者参与市场交易，可以减少市场价格波动的幅度。当市场上商品供大于求、价格很低时，投机者大量低价购进，吸收剩余，实际上增加了市场需求，缩小了市场缺口，使价格不致下降到过低水平；当商品供小于求、价格很高时，投机者大量高价卖出，客观上又增大了市场供给，消除了部分短缺，减少了供求缺口，使价格不致上升到过高水平。所以，投机行为可以缓和价格波动，使生产者和经营者不致因商品价格的暴跌或暴涨而蒙受太大的损失，从而有利于创造一个相对稳定的市场环境。

（四）传递信息，有利于配置资源

无论投机者在市场上争相买进还是争相卖出商品，都预先给生产者与经营者提供了信息，使其据此及早改变资源配置。如在期货市场上，由于投机行为充分活跃，使期货市场的商品价格预先灵活地反映出市场供求状况，从而预先为社会提供了优化资源配置的信息。

应当指出，任何事物都有一个度，商业投机也不例外。为了发挥商业投机的经济功能，必须控制过度商业投机行为，以防止其对社会经济生活产生不利影响。

思考题

1. 何为商业风险和商业风险管理？
2. 何为商业机会？何为市场开拓？何为商业投机？
3. 简述商业风险形成的原因。
4. 简述商业风险的类别。
5. 简述商业风险的特征。
6. 简述商业风险管理的手段。
7. 简述寻找商业机会的途径。
8. 简述投机、投资与赌博的关系。
9. 简述商业投机的特点。
10. 简述商业投机的条件。
11. 简述商业投机的经济功能。

第十四章

商业竞争与市场秩序

竞争是人类社会发展的重要推动力。在市场经济条件下,竞争主要表现为商业竞争。由于多种原因,在商业竞争中,经常存在不正当竞争和垄断行为,从而扰乱了市场秩序。在我国新旧体制的转轨过程中,这种现象尤为突出。因此,要保护竞争,必须加快市场秩序的建设。本章首先阐述商业竞争的客观性和商业竞争的主要内容;然后阐述不正当竞争和反不正当竞争问题;接着阐述垄断和反垄断问题;最后重点阐述市场秩序的基本理论和如何构建市场秩序目标体系以及如何建立我国市场经济流通新秩序。

第一节　市场经济与商业竞争

一、竞争是社会发展的原动力

竞争是一个古老而常新的概念。据考证,早在我国战国时期就有了竞争的概念。《庄子·齐物论》一书中,就有了“有竞有争”的说法。西晋时期的郭象,在《庄子注》中解释说:“并逐曰竞,对辩曰争。”当时的竞争主要是指政治、学术派别之间的辩论和争鸣。19 世纪,英国生物学家达尔文提出了进化论,揭示了优胜劣汰、物竞天择、适者生存的自然规律,赋予了竞争更为广泛的含义。到今天,竞争已从简单的求生存、争胜负等领域发展到人类社会生活的各个方面,在经济、政治、文化、艺术、思想、体育等各个领域,竞争都自觉或不自觉地存在着,从内在动力和外在压力上制约着人们的行为。

竞争导致优胜劣汰,不仅优化了人类本身,而且也优化了人类战胜自然界的手段和能力,优化了生产要素的配置,优化了产业结构和产品结构,从而不断地推动人类社会的进步,推动人类社会向更高的阶段发展。因此,人们常说,千规律万规律,竞争是第一规律,竞争是推动人类社会发展的原动力。

二、市场经济与商业竞争的客观性

在市场经济条件下，商业竞争是一种最主要的竞争形式，这是因为商业是市场经济条件下竞争最激烈的行业之一。所谓商业竞争，就是指具有独立经济利益的商业主体，为了获得有利的产销条件、投资条件或经营条件，自觉或不自觉地进行抗衡和较量。它随着市场经济的产生而产生，并随着市场经济的发展而发展。它既为市场经济的发展开辟道路，同时也在市场经济的发展中为商业主体自身的发展开辟道路。正如恩格斯指出的那样："一种没有竞争的商业，这就等于有人而没有身体，有思想而没有产生思想的脑子。"①商业竞争体现了商品生产者、经营者和消费者之间在物质利益方面存在着一种本质的必然的联系。在这种必然联系之中，他们之间互相对立，他们不承认任何别的权威，只承认竞争的权威。

进一步来讲，市场经济条件下，商业竞争的客观性主要在于以下几点。

第一，价值规律的作用。价值规律决定竞争的存在，而竞争又体现价值规律的要求。价值规律作为市场经济的基本规律，要求商品的价值量由生产商品所耗费的社会必要劳动时间决定，商品交换遵循等价交换的原则。社会必要劳动时间的形成和确定以及等价交换的实现，都产生于竞争的过程，又取决于竞争的结果。"只有通过竞争的波动从而通过商品价格的波动，商品生产的价值规律才能得到贯彻，社会必要劳动时间决定商品价值这一点才能成为规定。"②只要存在着价值规律，存在着以社会必要劳动来衡量劳动成果，就存在着竞争。通过竞争可以使低于社会平均成本的生产者与经营者得到保护，得到发展；使高于社会平均成本的生产者与经营者，受到限制，甚至无法生产与经营下去。

第二，经营主体利益的差别性。竞争的实质是利益的对比和调整。由于经营主体人员的素质、物质技术设备、资金实力、管理水平、营销策略等方面存在着差异，经营结果自然存在着很大的差别，这样会直接影响经营主体的利益收入。为了实现自身独立的经济利益，各经营主体必然要采取各种措施，使出浑身解数，以便赶上或超过同行，这使得竞争的范围不断扩大，竞争的力度不断增强。

第三，买者与卖者利益的对立性。由于买卖双方目的不同，利益有别，处于对立统一地位，每一个经营者都企图以尽可能优惠的条件，尽快和尽量地出售商品，以实现利益的最大化；而每一个买者都希望在市场上买到物美价廉的商品，尽可能地争取更多的优惠服务，以提高消费的物质效益和时间效益。这就决定了买卖双方必然要为争取交易条件而进行较量，最终通过"讨价还价"使买卖双方的利益得到调整和协调。这种调整和协调的结果主要取决于市场供求的态势。

---

① 马克思，恩格斯．马克思恩格斯全集：1 卷[M]．北京：人民出版社，1972：604.
② 马克思，恩格斯．马克思恩格斯全集：8 卷[M]．北京：人民出版社，1972：613.

三、商业竞争的内容

随着市场经济的发展，特别是买方市场出现之后，商业竞争以更多的形式、更大的范围、在更加广泛的时间和空间上展开。这里主要就其中的一些主要内容做简要的说明。

（一）经营内容的竞争

经营内容的竞争，也就是经营商品的竞争。这主要包括以下两种。

1. 商品质量的竞争。这是商业竞争的核心。因为质量是商品的生命，是企业生存和发展的条件。商品质量是商品价值和使用价值的集中表现。质量竞争的实质就在于它是满足用户需要程度的标志，主要表现在产品功能、效用、精度、寿命、安全、可靠、外观等方面的高低、好坏。质量竞争就是要以质取胜，以优取胜。

2. 商品品种的竞争。商品品种是指不同性能的商品和同类商品的型号、规格、系列、款式等特性的总和。商品品种的竞争表现在品种的多样化、系列化和新颖化方面的对比和较量。由于消费对象的复杂性、多样性、多变性，因此，经营者要想在激烈竞争的市场上取胜，必须在经营品种的多样化、系列化和新颖化方面下功夫，争取做到以多取胜，以新取胜，以奇取胜，以快取胜。

（二）经营要素的竞争

相对经营内容，经营要素的竞争是更深层意义上的竞争，它往往关系到竞争者的后劲如何。经营要素的竞争主要包括经营者的素质与能力、商业信誉、经营资金、经营设施与经营信息等方面的竞争。

经营者的素质与能力是商业经营最重要的要素，它的状况能够决定和改善其他要素。例如，我们经常看到有的商业企业处在较好的地理位置，资金比较宽裕，条件相当优越，但由于经营者素质低，服务态度差，结果出现经济效益低下甚至亏损而无法生存下去的情况。与之相反，有些商业企业地理位置偏僻，资金比较紧张，但由于经营人员熟悉市场，善于经营，服务周到热情，商誉很高，能吸引消费者，结果取得了很好的经济效益。因此，人们常说，商业竞争的实质是人才的竞争，是经营者的素质与能力的全面较量，是管理水平和经营水平的竞争。能否拥有一批具有现代市场经济意识、勇于开拓、善于经营和管理的人才，是商业经营者在竞争中能否立于不败之地的最关键的因素。

商业商誉是商业经营要素中一种特殊的无形要素，它既是经营者过去经营成果的反映，又是今后商业竞争取胜的利器。在商誉竞争中获胜，往往可以使经营者获得长久的利益。正是由于这一点，许多经营者投入巨大的精力和财力，努力改善企业的形象，提高企业的信誉。这是一种长期的投资，因此，对企业发展能够产生长远的影响。重视商誉的树立和商誉竞争是市场经济发展的一种必然选择。

此外，经营者资金是否充裕、资金来源是否稳定、经营设施是否先进、合理，经营信息获取是否及时、信息处理的手段是否先进、迅速等，都对经营者的竞争能否取胜产生重要的影响。

第二节　不正当竞争与反不正当竞争

正当竞争与不正当竞争是对立的,它们都是商品经济发展的产物,但两者所起的作用却完全不同。在建立社会主义市场经济秩序的过程中,我们要大力提倡并依法保护正当竞争,反对和制止不正当竞争,以保证市场机制在配置社会资源中有效地发挥其基础性作用。为此,我们有必要了解不正当竞争的内容与形式,以便有效地反对和制止不正当竞争,保护正当竞争。

一、不正当竞争的内涵

不正当竞争一般是指在市场竞争中,采取虚假、欺骗、损人利己等不正当竞争手段牟取利益,损害国家、其他竞争者和消费者利益,扰乱正常市场竞争秩序的行为。

不正当竞争行为与一国市场经济的发育程度直接相关,并与一国法律制度的建设密切相连,由于各国市场经济的发育程度、法律制度的建设程度参差不齐,因而,目前世界各国无论是在法律上还是在政策上对不正当竞争行为的概括和表述也是各不相同。

资料表明,最早定义不正当竞争概念的是 1883 年的《保护工业产权的巴黎公约》。该公约规定:“凡在工商活动中违反诚实经营的竞争行为即构成不正当的竞争行为。”由于不正当竞争行为往往是同其竞争手段相联系,而竞争手段又是多种多样、千变万化的,因而,后来西方国家在反不正当竞争中,通常采用概括法或列举法来界定不正当竞争的含义。例如,1940 年葡萄牙颁布的《工业产权法》中规定:“凡竞争行为违反任何一个部门内之经济法规或诚实习惯者,均成为不正当竞争。”这便是采用概括法来界定不正当竞争的含义。不过,绝大多数西方国家采用列举法来界定不正当竞争的含义。例如,德国《反不正当竞争法》对不正当竞争行为做了以下列举:①以把顾客引入歧途、对顾客施加压力、烦扰顾客或利用顾客的感情和说假话的方式来左右顾客的挑选,使顾客上当的行为。②以妨碍和阻挡其他的竞争者为目的而进行价格战、歧视、抵制或做比较广告的行为。③发不义之财,不正当地利用竞争者的努力行为。如故意仿效他人的产品,获取他人的灵感妙想,步他人的后尘做人云亦云的宣传以猎取他人的声誉,或模仿他人商品的外观等。④其他违法行为。如引诱竞争者手下老资格的职员违反雇佣契约,约定到本企业就职的行为。日本在《不正当竞争防止法》中规定,下列行为属于不正当竞争行为:①在本法施行的地区内,使用众所周知的他人的姓名、商号、商标、商品的容器包装等与他人的商品标记相同或类似的标记,或者销售、周转或出口使用这种标记的商品,而与他人的商品产生混淆的行为。②在本法施行的地区内,使用众所周知的他人的姓名、商号、商标等与他人营业上的标记相同或类似的标记,而与他人营业上的设施或活动产生混淆的行为。③在商品或商品广告中,以让公众得知的方法在交易文件或通信中标示虚假产地或者销售、周转或出口做这种标示的商品，而使人对产地产生误解的行为。④在商品或商品广告中，或以让公众得知的方法在交易文件或通信中，用该商品生产、制造或加工地以外的地区，来标示该商品的出产、制造或加工地，因而使人产生误解的行为，或者销售、周转或出口做这种标示的产品行为。⑤在商品或产品广告中，使用对其产品的质量、内容、制造方法、用途或数量使人产生误解的标示，或者销售、周转或出口做这种标示的商品的行为。⑥陈述损害处于竞争关系的他人营业上的信用的虚假事实，或者散布这种虚假事实的行为。

不管采用概括法还是列举法定义不正当竞争的含义，其法律和经济意义上都有其共性。这些共同的特征表现为：①它是一种违法行为。这种违法行为主要可归纳为三类：一是规避法律的行为。它是指行为人绕开法律的规定从事某种行为以达到违法目的的行为。进一步讲，就是指不正当竞争行为人为了牟取非法利益，采取某些形式上合法、实际上则逃避本应适用的法律规范的行为。二是伪装合法的行为。它是指在形式上看起来是合法的，而实际上仍然是违反法律规定并对社会和他人的利益造成损害的行为。如以某种手段骗取了生产经营合格证书，而实际上生产和销售不合格的产品，并由此造成了对消费者权益的损害。三是隐藏非法意图的行为。它是指行为人为了达到牟取利益的目的，在进行某项生产经营活动时，所采取的行为是合法的，但这种合法行为的背后实际上掩盖着某种非法的目的，也就是形似合法而实则违法的行为。如低价竞销等行为。②它是一种违背诚实信用原则的行为。目前世界各国的反不正当竞争法都把违背诚实信用的行为视为不正当竞争行为。③它是一种给人造成或可能造成损害的行为。

总之，不正当竞争行为，从经济意义上讲，是一种违背公平竞争、诚实信用的行为；从法律意义上讲，是一种违法行为。

我国于 1993 年 9 月 2 日通过的《反不正当竞争法》既采取概括法对不正当竞争做了明确的界定，又采用列举法对不正当竞争行为做了归类。根据该法的规定，不正当竞争是指经营者违反《反不正当竞争法》的规定，损害其他经营者的合法权益，扰乱社会经济秩序的行为。概括起来，不正当竞争行为包括：①以不正当手段从事市场交易，损害竞争对手的行为。具体包括：假冒他人的注册商标；擅自使用知名商品特有的名称、包装、装潢，或者使用与知名商品近似的名称、包装、装潢，造成和他人的知名商品相混淆，使购买者误认为是该知名商品；擅自使用他人的企业名称或者姓名，引人误认为是他人的商品；在商品上伪造或者冒用认证标志、名优标志等质量标志，伪造产地，对商品质量做引人误解的虚假表示。②公用企业或者其他依法具有独占地位的经营者，限定他人购买其指定的经营者的商品，以排挤其他经营者的公平竞争的行为。③政府及其所属部门滥用行政权力，限定他人购买其指定的经营者的商品，限制其他经营者正当的经营活动的行为，以及政府及其所属部门滥用行政权力，限制外地商品进入本地市场，或者限制本地商品流向外地市场的行为。④经营者采用财物或者其他手段进行贿赂以销售或者购买商品的行为。⑤经营者利用广告或者其他方法,对商品的质量、制作成分、性能、用途、生产者、有效期限、产地等作引人误解的虚假宣传的行为。广告经营者在明知或者应知的情况下,代理、设计、制作、发布虚假广告的行为。⑥经营者采用下列手段侵犯商业秘密的行为:以盗窃、利诱、胁迫或者其他不正当手段获取权利人的商业秘密;披露、使用或者允许他人使用以前项手段获取的权利人的商业秘密;违反约定或者违反权利人有关保守商业秘密的要求,披露、使用或者允许他人使用其所掌握的商业秘密。⑦经营者以排挤竞争对手为目的,以低于成本的价格销售商品的行为。但下列情形不属于不正当竞争行为:销售鲜活商品; 处理有效期限即将到期的商品或者其他积压的商品;季节性降价;因清偿债务、转产、歇业等降价销售商品。⑧经营者销售商品,违背购买者的意愿搭售商品或者附加其他不合理条件的行为。⑨经营者从事下列有奖销售行为的:采用谎称有奖或者故意让内定人员中奖的欺骗方式进行有奖销售;利用有奖销售的手段推销质次价高的商品;抽奖式的有奖销售,最高奖的金额超过 5 000 元。⑩经营者捏造、散布虚伪事实,损害竞争对手的商业信誉、商品声誉的行为。⑪投标者串通投标,抬高标价或者压低标价的行为。

二、反不正当竞争行为

由于不正当竞争行为是市场经济中自发产生出来的扰乱正常市场竞争秩序的行为,因此仅仅依靠市场自身的力量往往难以解决这一问题。世界各国的经验表明,反对和制止不正当竞争,保障并促进公平交易,维护各方竞争者的利益,促进社会经济资源的优化配置,主要应依靠法制的力量来解决。因此,制定和实施反不正当竞争法便成为世界各国反对和制止不正当竞争的主要武器。

从法律意义上来讲,构成不正当竞争的条件主要有四个:①竞争主体必须是有生产经营资格的法人或自然人;②行为人的主观心态属于故意违法的心理状态,其表现形式既包括故意违法,也包括表面上合法而实际上却采取规避法律或以合法形式掩盖其非法牟利目的的行为;③客观上扰乱了正常的市场竞争秩序;④侵犯了国家、社会和当事人的具体利益。

因此,世界各国在制定反不正当竞争法时,主要根据这几个方面的条件对不正当竞争行为加以界定,然后依法予以打击。

第三节　垄断与反垄断

垄断是竞争的对立物和伴生物,竞争产生垄断,垄断限制竞争。要开展有效的竞争,就必须反对和制止垄断。反对和制止垄断可以采取多种形式和手段,其中最主要的手段是法律手段,由此便产生了反垄断法。垄断既包括经济意义上的垄断,又包括行政意义上的垄断,以及两者交织的变种。

目前我国在由计划经济体制向市场经济体制转轨过程中,出现了这两种垄断形式相结合的特殊垄断——行政性市场垄断。因而,必须加快反垄断法律制度的建设，以促进新体制的健康发育和现代化建设进程。

一、垄断及其组织形式

（一）垄断的基本含义

垄断是社会经济发展到一定阶段的产物，广义的不正当竞争实际上涵盖了垄断的内容。但是，由于垄断是产生于资本主义自由竞争阶段之后的一种特殊经济现象，有其特定的内涵，对社会经济生活产生了一系列重大影响，因此，人们通常把不正当竞争与垄断区别开来。

简言之，垄断是对竞争过程的限制和阻碍。从垄断生成的原因来看，垄断的形成主要受市场或行政以及两者相互结合的力量的影响，由此便出现了市场垄断和行政垄断。市场垄断通常是指少数企业或经济组织排他性地控制要素市场和产品市场。产生市场垄断的表层原因是市场上存在着足够强的进入障碍和壁垒，而根本原因在于市场经济的发育和成熟的程度。在现代市场经济条件下，市场垄断有多种形式，既包括生产垄断，又包括生产要素的垄断（如技术垄断、资本垄断、信息垄断等），还包括价值形态的垄断（如价格垄断等）。行政垄断是行政部门依靠行政权力而形成的经济垄断。市场垄断和行政垄断的共同特征是垄断主体对市场或相当于市场层次上的经济运行过程具有较强的控制能力，或者可以采取排他性的控制。

垄断的形成与社会经济制度密切相关，在资本主义经济制度下，垄断是在资本主义生产和资本高度集中的基础上形成的，垄断组织是一个部门或几个部门内居于垄断地位的大企业或企业联合。它们凭借垄断地位，控制生产和流通，获取高额垄断利润。垄断的形成和发展，使资本主义社会发展到一个新的阶段。

在社会主义经济制度下，垄断在历史上首先以国家垄断或行政垄断的形式出现。这种以行政职能为依托而形成的经济垄断构成了集权模式的社会主义经济体制的主要特征。改革开放以来，在新旧体制的转轨过程中，这种垄断又同市场垄断交织在一起，对社会主义经济运行产生着重要的影响。

（二）垄断组织的形式

垄断组织的形式多种多样。从垄断联合的范围和程序的发展历史来看，其组织形式主要如下。

1. 短期价格协定。它是指大企业通过口头或书面方式规定在一定时期内共同控制某类商品的价格，以获取高额垄断利润。它是垄断组织的最简单形式，这种垄断组织形式一般不太稳定，当达到原定目的或市场条件发生变化之后，其组织就自行解体。这种垄断组织在不同的国家、不同的部门有不同的名称。

2. 卡特尔。它是指生产同类商品的资本主义企业为了获取高额利润，在划分市场、规定产量、确定价格等方面就其中的某一个或某几个方面达成协定而形成的一种垄断联合。它是垄断组织的一种重要形式，参加卡特尔的企业在生产、销售、财务和法律上都保持独立。违背协议的企业要受到罚款、撤销享受专利等处罚。

根据协定内容的不同，卡特尔的类型分别有：规定销售条件的卡特尔；规定销售范围的卡特尔；限定产量的卡特尔；分配利润的卡特尔等。企业间订立协议时一般都通过正式的书面手续，并由参加企业选出委员会，监督协议执行并保管和使用共同基金。卡特尔是大企业按实力地位缔结的协定，随着经济发展不平衡、各企业力量对比发生变化，协定也将按新情况重新订立。因而，卡特尔不很稳固，也不很长久，持续时间一般很少超过10年。卡特尔最早于19世纪60年代初出现在欧洲大陆，在德国曾盛极一时，其他国家也普遍存在。随着经济发展的国际化，各国大的垄断组织之间的竞争日益激烈，卡特尔的发展越出了国界，形成了国际卡特尔。20世纪初，石油、钢铁、铝、锌等经营领域先后出现了国际卡特尔。1914年前签有正式协定的卡特尔有116个。据估计，1938—1939年，西欧有1 200个国际卡特尔，国际贸易的40%由卡特尔或具有卡特尔职能的国际垄断组织控制。第二次世界大战以后，传统的国际卡特尔不像从前那样普遍，其地位也相对下降，但其影响力仍然很大，并且有一些新的特点。现代的国际卡特尔大部分采取更加隐蔽和秘密的形式。

3. 辛迪加。它是指同一生产部门的垄断资本企业为了获取高额垄断利润，在流通过程中通过订立共同销售产品和采购原材料的协定所建立的垄断组织。参加辛迪加的企业在生产和法律上是独立的，但在购销活动中不再有完全的独立地位。通常，购销业务活动均由辛迪加的总办事处统一安排和办理，然后按照规定的份额进行分配。因此，辛迪加可以在流通中抬高价格销售产品，压低价格收购原材料。在这种统一经营的体系下，参加辛迪加的企业不再与市场直接发生联系，因而很难脱离辛迪加的约束。如果退出，企业就必须重建销售系统，而这就会受到辛迪加的排挤。因此，辛迪加是一种比卡特尔更稳固的垄断形式。但在辛迪加内部，各企业纷争产品销售额等方面的矛盾比较突出。当矛盾达到尖锐化的程度时，就需要重新规定协议份额和重组总办事处。这种垄断形式在20世纪初流行于西欧，特别是盛行于德国。

4. 托拉斯。它是指生产同类商品或在生产上有密切投入产出关系的垄断资本企业，为了获取高额垄断利润，从生产到销售全面合并组成的垄断联合，是垄断组织的一种高级形式。参加托拉斯组织的企业，本身虽然是独立的企业，但在法律上和产销方面均失去了独立性，由托拉斯董事会集中掌握全部业务和财务活动，原来的企业成为托拉斯的股东，按股权分配利润。其主要类型，有以金融控制为基础的托拉斯和以企业完全合并为基础的托拉斯。前者的参加者保持形式上的独立，实际上完全从属于总公司。总公司通过拥有的股权进行控制，因而实质上是一种持股或控股公司。后者是同类企业通过合并或兼并形成的，总公司直接掌握产销。可见，托拉斯是一种比卡特尔、辛迪加更稳固的垄断组织。参加者只有通过股权才能取得控制权，只有通过出售股票才能退出托拉斯。在托拉斯内部，存在着以股权为核心的激烈斗争。从19世纪末以来，托拉斯在美国获得了迅速的发展，美国成为托拉斯最发达的国家。第一次世界大战之后，西欧的托拉斯组织也有了较快的发展。

5. 康采恩。它是指属于不同部门的垄断资本企业,以实力最雄厚的企业为核心结成的垄断联合。它是一种高级而复杂的垄断组织。这种垄断组织通常不仅包括不同工业部门的企业,而且包括运输业、商业、金融业和服务行业的企业。以金融为基础,其核心可以是大银行,也可以是大工业公司。这些大工业公司和大银行除了经营本身的业务外,同时又是持股公司。它们通过收买股票、参加董事会及财务上的联系,控制参加康采恩的企业,掌握和控制着比本身资本额大若干倍的许多企业,从而获取高额垄断利润。康采恩是继卡特尔、辛迪加和托拉斯之后的一种垄断组织形式,是工业垄断资本和银行垄断资本相融合的产物。

除了上述垄断组织形式外,还有联合制、混合联合公司等形式。当各国的垄断组织跨越国界,达成国际性的协定时,便形成了国际垄断组织。起初,国际垄断组织以国际卡特尔最为普遍,它产生于19世纪60年代到80年代,19世纪末至20世纪初得到迅速发展。第二次世界大战爆发后,大多数国际卡特尔宣告解体,战后又有了恢复和发展。同时,还出现了由各国政府出面组织的国际经济联盟,如欧洲煤钢联盟、欧洲原子能联盟等。从20世纪50年代起,国际垄断组织向着跨国公司(或多国公司)的方向发展。如今跨国公司在国际经济、贸易与投资中已经起到了主导性的作用。

二、转轨过程中我国垄断的特征与成因

中华人民共和国成立后,随着我国高度集中的计划经济体制的建立和发展,我国经济领域中出现了以行政职能为依托的行政垄断。改革开放以来,这种行政性垄断因市场机制的引入和作用的增强而逐步淡化,但在新旧体制的转轨过程中,衍生出了行政垄断与市场垄断相交织的特殊形式——行政性市场垄断,对经济生活产生了很多不利的影响。打破这些垄断,已成为我国经济体制改革的重要内容。

(一)转轨过程中我国垄断的特征

当前我国经济生活中出现的垄断行为和现象,与一般市场经济条件下的经济垄断相比,具有以下几个方面的特征。

1. 垄断的行业性。垄断与行业或部门内部及部门之间相互竞争的不充分有关,这种情况在市场发育不成熟的条件下尤其突出。在发达市场经济国家里,由于制定了比较完善的制止行业内部及相互之间不正当竞争或垄断的法律法规,这种行业性的垄断在相当程度得到了抑制。由于目前我国无论是市场体系的建设,还是制止行业性垄断的法律法规建设都还很不成熟,因而,这种以行业为依托的排他性控制就难以有效制止。当前出现的某些垄断在相当程度上是存在于特定行业里的。由于受到行业壁垒的排他性控制,因此,在这些行业内部无法有效地开展竞争。

2. 垄断的供给性。从西方发达国家的市场垄断情况来看,它们经济生活中出现的垄断大多是以有效需求不足为宏观经济背景的。因此,垄断往往通过需求的

排他性控制来达到获取垄断利润的目的,垄断的结果可能会使价格水平趋于降低。我国目前存在的垄断现象,往往以有效供给不足为特征。垄断部门往往通过对供给的排他性控制来实现。从当前垄断的实际情况来看,它主要集中在资源供给不足且具有卖方市场特点的领域内,如交通运输、邮电通信、金融服务等部门。垄断的结果是阻碍了有效供给的增长,助长了垄断价格的上涨和抑制了有效需求的增长,使资源配置的总体效益下降。

3. 垄断的双重性。在市场经济比较成熟的国家,一般只存在市场垄断。它是通过市场力量的排他性控制来达到垄断的目的。目前我国市场上存在的垄断,并非完全是依靠市场的力量来实现的,而是依靠市场力量和行政力量的双重作用实现的。也就是说,这种垄断既具有传统计划经济体制下国家垄断的特点,即依靠行政组织和行政手段推动垄断的形成和运作,又融进了市场经济体制下市场垄断的某些成分,即依托目前尚不完善的市场机制来操纵垄断。这是当前我国市场上出现的一种特殊垄断,是一种行政权力加市场力量形成的垄断,即行政性市场垄断。

4. 垄断的体制性。任何垄断都与一定的经济体制相关,甚至可以说,有什么样的经济体制,就有什么样的经济垄断。或者说,不同的垄断是不同的经济体制的一种反映。在发育成熟的市场经济体制下,垄断与市场经济体制的内在缺陷有关。我国目前存在的垄断,是以产权关系不顺、政企职责不分、市场机制不完备、法律法规体系不健全等为背景的。例如,一些政府机构在改革过程中兴办经济实体,常常以资产所有者、经营者、行政管理者等多重身份参与市场交易活动,这是产生行政性市场垄断的根本原因。

(二)转轨过程中我国出现行政性市场垄断的原因

行政性市场垄断产生的原因是复杂的和多方面的,既有市场经济条件下的一般原因,更有我国体制转轨过程中的特殊原因。具体来说,主要有以下几个方面的原因。

1. 市场经济不发达是造成行政性市场垄断的基本原因。垄断是市场经济发展的产物,行政性市场垄断则是市场经济不发达的怪胎。市场经济越发达、市场体系越完善、竞争机制越健全,就越不容易形成这种垄断。换句话说,发达的市场经济及其完善的市场机制,是防止或制止行政性市场垄断最强有力的武器。显而易见,由于我国的经济体制是建立在生产力水平低下和市场经济不发达的基础之上的,加之目前我国正处在新旧体制的转轨阶段,因而行政性市场垄断的出现是很难避免的,也是不可能在短期内消除的。

2. 旧体制的影响和改革措施的不配套是行政性市场垄断的直接原因。产权关系不顺、产权界定不清、产权制度不完善,是行政性市场垄断的直接原因,也是根本原因。有关制止垄断、反不正当竞争的法律法规还不健全,有法不依、执法不严、违法不究、以权代法等违法违章行为还较多地存在,这对行政性市场垄断起到了助推作用。在政府机构转变职能的过程中,一些机构"借行政权力,行市场行为",又加剧了行政性市场垄断。

3. 利益机制不健全是造成行政性市场垄断的内在原因。由于目前客观上存在着社会分配不公的问题，特别是政府机构和事业单位的人均收入水平较低，这就难免促使一些行业和部门为了本系统职工的利益而动用其资源优势甚至权力，人为设置壁垒，从而为行政性市场垄断的形成提供了内在的动力。

造成我国经济生活中的行政性市场垄断的原因是多方面的，且非短期内就能够很容易地解决，因此，在我国传统的计划经济体制向市场经济体制的转换过程中，如何有效地防止垄断、促进公平竞争，是摆在我们面前的一个重要课题，需要深入加以研究解决。

三、反垄断的手段

垄断是对竞争的限制和阻碍，为了开展有效的竞争，市场经济国家主要通过制定反垄断法来制止或限制垄断行为。反垄断法是由国家制定的明确禁止垄断者以其垄断手段牟取垄断利润（利益）、扰乱社会经济秩序和侵害他人合法权益的法律规范的总称。

由于各国社会制度和市场经济发达程度不同，垄断产生的原因及其表现形式也不一样，因此，各国立法和国际立法对垄断行为的具体界定不尽相同，甚至连反垄断法的名称也不相同，如美国称为反托拉斯法，德国称为反对限制竞争法等。

从当前我国经济体制改革和经济发展以及法治建设的各个方面来看，加快我国反垄断法的完善工作是一项紧迫的任务。

首先，加快反垄断法的完善工作，是适应建立社会主义市场经济体制的需要。制定并实施反垄断法，对于规范市场主体行为、促进市场体系发育、转变政府职能、塑造新的宏观经济调控体系、制止行政性市场垄断行为具有重大作用。

其次，加快反垄断法的完善工作，是加快经济发展、实现经济发展方式转变的需要。我国传统的经济发展方式是一种粗放型、外延型、封闭型和数量型的增长方式，最终导致经济运行的效率低下，而效率低下的根源又在于缺乏有效的市场竞争。有效竞争严重不足的根源在于长期以来形成的以体制为背景的垄断，以及由此派生出来的各种体制性问题，行政性市场垄断就是其中最突出的表现之一。显然，加快经济发展，实现经济发展方式的转变，完善反垄断法是不可缺少的重要手段。

最后，加快反垄断法的完善工作，是建立健全社会主义市场经济法律体系和制度的需要。反垄断法是市场经济条件下的一种重要法律，具有很高的地位。例如，德国把他们制定并实施的《反对限制竞争法》和《反不正当竞争法》视为该国的“经济宪法”。改革开放以来，随着市场机制的引入，竞争机制的作用逐步增强，相应地，限制垄断保护竞争的问题已经日益突出。

第四节　市场秩序与商业行为

一、市场秩序的含义和特点

（一）市场秩序的含义

秩序是一种受规律、法规、法律和自律规范的运行状态。在人类社会经济生活中，它分为社会秩序和经济秩序两个方面，并且二者相辅相成，共同影响人类社会经济的发展。在经济秩序中，市场秩序是最重要的组成部分。

市场秩序，也称为流通秩序。目前理论界对它说法不一，还没有一个统一的、权威性的定义。其中有代表性的观点为：①市场秩序是市场经济体系中各类市场主体和客体的规范化状况及各类主体在经营活动中对于市场经济中的各种规则和公共习惯的认同和遵从状况。它有广义和狭义之分。狭义的市场秩序只包括市场主体、客体等方面的有序化状况以及市场交易行为的规范化状况。广义的市场秩序还包括秩序维护者的活动状况和效果。[①]②市场秩序就是指在市场经济条件下，人们为维护公平竞争，保证交易正常进行，共同遵守市场行为准则的状况。因此，市场秩序与市场规则具有一一对应关系。在市场上，如果所有行为人都自觉遵守市场规则，就表明市场秩序良好，如果只有少数人遵守市场规则，就表明市场秩序较差，如果人们不遵守市场规则，就表明市场没有秩序，市场就会出现混乱。[②]③市场秩序，静态地讲，是指特定情境下设计的旨在激励和约束交易者行为的权利和义务的制度安排——既包括法定授权的组织规则，也包括约定俗成的行为标准；动态地讲，是指市场参与者按照特定的市场交易规则安排行为而产生的个人利益与公共利益的协调。[③] ④市场秩序是一种自发秩序，就是要让市场发挥作用。因此，“市场秩序”与“有秩序的市场”具有本质的区别。“有秩序的市场”是要限制市场的作用。“市场秩序”与“有秩序的市场”的区别，就如同哈耶克对“竞争秩序”与“有秩序的竞争”所做的区别一样。哈耶克认为，“竞争秩序”的目的是使竞争起作用，而“有秩序的竞争”的目的几乎总是限制竞争的效力。这种观点主要表现在法学界。[④]

应当说，上述观点都有一定的合理性，但又都具有一定的局限性。因为它们都是从某一个方面的角度界定市场秩序的内涵。我们认为，要界定市场秩序的内涵必须从三个方面进行全面的总结，即必须从市场运行的客观经济规律性、法律性和自律性三个方面进行概括。这是因为，市场秩序首先应该是一个自发秩序，必须建

---

① “市场秩序评价体系”课题组，国家工商行政管理局市场司. 建立有中国特色的市场秩序评价体系[M]. 北京：工商出版社，1997：44.

② 彭星闾，叶全良. 建立市场新秩序：中国市场规则研究[M]. 北京：中国财政经济出版社，1997：9-10.

③ 王根蓓. 市场秩序论[M]. 上海：上海财政大学出版社，1997：30.

④ 周小明. 法与市场秩序：市场经济法律机制研究[M]. 贵阳：贵州人民出版社，1995：29-35.

立在客观经济规律的基础之上。其次，它必须有法律法规的维护。这又是因为市场秩序在自发的形成过程中，由于市场本身的缺陷，难免会出现盲目状态和无政府状态。于是，就需要政府部门制定有关的法律法规来进行维护。再次，它必须有自律性规则的维护。因为市场运行中出现的盲目状态和无政府状态，并非借助政府的力量就能全部解决，与市场存在缺陷一样，政府也存在着缺陷。这就需要通过行业自律和企业自律来解决这一问题。因此，市场秩序可以概括为一种受客观经济规律、法律法规和行业、企业自律所规范的运行状态。

（二）市场秩序的特点

市场秩序的特点主要有以下三个方面。

1. 主观性与客观性的统一。这是因为，市场秩序首先表现为人们在对客观经济规律认识的基础上自觉遵守和运用所形成的交易规定和约束，因而既具有主观能动性，又具有客观性。但由于人们认识规律的局限性和市场自身的缺陷，因此，市场秩序又不能完全依赖人们的主观能动性，还必须依靠其他力量来制定有关规则来约束人们的交易行为。

2. 短期性与长期性的统一。这是因为市场秩序的规范不可能一蹴而就，它必须同经济发展、市场发育与经济变革相适应。因此，任何市场秩序都有时限性，有短期和长期之分。因而，良好的市场秩序需要精心地维护。

3. 层次性与主次性的统一。从市场运行的结构来看，市场秩序包括市场主体的交易秩序、市场介体的中介服务秩序和市场监管者的政府监管秩序三个组成部分。其中，前两者又分别包含着市场进出秩序、市场竞争秩序等具体内容。由于市场交易是市场的核心，因此，从主次程度来讲，市场交易秩序是第一位的，其他各种秩序处于从属或辅助地位。

二、建立市场秩序的目的和条件

（一）建立市场秩序的目的

建立市场秩序的目的一般是由市场的性质决定的，因为不同的市场性质往往有着不同的市场秩序。就我国社会主义市场经济而言，建立市场秩序的目的就是维护生产者、经营者、消费者和国家的权益，保护市场竞争，促进生产效率和流通效率的提高以及资源的合理利用，最终促进社会主义市场经济的健康发展。

（二）建立市场秩序的条件

从市场秩序的内涵和发达市场经济国家的经验来看，建立市场秩序主要应具备下列条件。

1. 按经济规律办事。即市场参与者能够充分认识和运用市场经济规律，按经济规律安排生产、经营与监管活动。

2. 市场结构合理。即建立起有效竞争的市场结构，以便充分保证竞争，防止和抑制不正当竞争与市场垄断。

3. 市场行为规范化。即市场参与者能够主动地按照市场规则办事。

4. 法律法规完备。即符合市场经济要求的法律法规都能建立起来。

5. 平等竞争的市场环境。即市场参与者都有自主权,能够以平等的身份自由开展经济活动,不存在不必要的行政干预。

6. 行政监管到位。即工商行政管理部门能够公正执法,保障合法经营者的权益,打击非法经营者的不法行为。

7. 市场主体能够做到自律和注重自身道德的培养。即市场主体能够做到行业自律和自身自律,行业自律性组织能够成为政府管理部门的得力助手。同时,市场主体能够注重职业道德和商业伦理的建设,自觉维护市场秩序。

8. 国家宏观调控体系的建立。即国家能够根据市场运行的变化,灵活地运用各种宏观调控手段,加强宏观经济的调控,确保经济的平稳运行。

不难看出,上述条件的具备并非易事,因此,建立起良好的市场秩序绝非一朝一夕就能完成的,它需要多方面的共同努力。

三、建立社会主义市场经济流通新秩序

(一)当前转轨过程中流通秩序存在的问题

当前流通秩序存在的问题,主要表现为流通无序比较严重,其根本原因在于市场主体行为的扭曲。一些市场主体在利益的驱动下,出现了逐利行为的盲目性,从而产生了商业行为的扭曲或错位,侵害了消费者和社会的利益。当然,这种现象在任何市场经济条件下都可能发生,是市场的内在缺陷。尤其是在我国建立社会主义市场经济体制的过程中,由于新旧体制的转换,旧体制的弊病尚未根除,新体制正在建立,因而这个时期最容易出现流通无序和市场主体行为扭曲的现象。当前,流通秩序存在的问题主要表现在以下几个方面。

1. 流通渠道和流通环节混乱。旧的流通体制打破之后,新的流通体制正在建立之中,目前的流通渠道和流通环节不是建立在社会分工的基础上,因而显得杂乱无章,这极大地扰乱了市场流通秩序。

2. 流通组织混乱。政企不分,公私不分,“官”“商”不分,百家经商,多头插手,缺乏统一的规划和管理。

3. 管理混乱,政出多门。管明不管暗,管“公”不管“私”,走私商品与假冒伪劣商品横流,哄抬物价、偷税漏税等现象层出不穷。

4. 竞争秩序混乱。非法经商,不正当竞争严重。虚假广告、低价竞销、贿赂行销等充斥市场,合法经营得不到保护,消费者权益遭到侵害。

5. 行政性市场垄断大量存在。一些政府管理部门,凭借自身拥有的权力,以权经商,以商谋私,利用“主管特权”“职业特权”“隶属特权”,进行强买强卖,搞地方保护主义,倒卖“批文”“计划”“许可证”,以至在“经商”“下海”的外衣掩护下,进行贪污、受贿、侵吞国家财产等犯罪活动。

这些问题的存在表明,加快建立社会主义市场经济流通新秩序已成为我国市

场经济发展过程中的重要任务。

（二）建立社会主义市场经济流通新秩序的基本思路

建立社会主义市场经济流通新秩序的基本思路包括以下几个方面的内容。

1. 市场参与者要认真学习和研究商品流通规律，按流通规律办事。其中，主要应学习和掌握等价交换规律、商品自愿让渡规律和竞争规律，以便真正做到在市场交易和竞争中认真贯彻等价交换、贸易自由和公平竞争三大原则。这三大原则是市场秩序的核心，其实质就是要求市场参与者在市场交易和竞争中做到“公丌、公平与公正”。

2. 继续深化产权制度改革，建立明确的产权制度，这是规范我国市场经济流通新秩序的前提条件。当前我国某些市场主体行为扭曲，不讲信誉，其原因之一就在于产权不清晰。产权制度的基本功能，就是给人们提供一个稳定的预期和重复博弈的规则。产权不清，市场主体就无须对自己的行为承担责任，自然就没有必要讲信誉。因此，要有良好的市场秩序首先就要有明确的产权制度。产权是人们讲求信誉、遵守规则的基础。当前一些私营、民营企业不讲信誉，原因之一也在于他们感到他们的产权还没有得到可靠的保障。明晰的产权是人们追求长远利益的原动力，从某种意义上说，只有追求长远利益的人才会讲信誉，才会主动地按规则办事。因此，要建立社会主义市场经济流通新秩序，还必须继续深化产权制度的改革。

3. 不断完善法律法规，确保市场秩序的健康运行。由于再明晰的产权也不能保证某些市场主体不钻空子、不干不正当的交易，因此，必须有一套切实可靠的制度保障，让不守信誉和规则的市场主体为此付出高昂的代价。这就需要政府部门制定相应的法律法规，从更高层次上确保市场秩序的健康运行。

4. 加大执法力度，确保市场秩序的公正性。我国经过多年的法治建设，已经有了不少成文的法律法规，但目前普遍存在的现象是有法不依、执法不严，从而助长了市场秩序的混乱。因此，加大执法力度应成为建立我国社会主义市场经济流通新秩序的重要环节。

5. 转变和规范政府的职能。市场秩序包括监管秩序。从某种程度上来讲，监管秩序的好坏，最能够反映整个市场秩序的运行状况。因此，必须高度重视监管秩序的建设。从我国目前的情况来看，加强监管秩序的建设，关键在于转变和规范政府的职能，铲除行政性市场垄断等不正当市场行为。同时，政府部门要建立严格的市场清除制度。没有市场退出机制和市场清除制度，就不会有优胜劣汰，就会出现不计成本不讲效益的恶性竞争，从而扰乱市场秩序。

6. 充分发挥行业自律、企业自律的作用。要规范我国的市场秩序，除了要加强市场监管等工作以外，还必须充分发挥行业自律、企业自律的作用。这也是市场秩序的重要内容。为此，一方面要建立、加强和规范商会、行业协会等的工作；另一方面，市场主体也要重视自身职业道德的建设。

7. 充分发挥市场机制的作用。市场秩序的建立，不仅取决于政府对市场的监管,更主要的是要依靠市场机制发挥作用。因为市场秩序首先是一种自发秩序,它要求市场机制充分发挥作用。市场机制的作用是形成良好市场秩序的内在的、自发的、长期的和根本的因素。畸形的或发育不全的市场机制,必然导致政府对企业行为的过多干涉。这样,就难以改变政府与企业之间的“父子关系”“君臣关系”,使企业无法摆脱行政附属物的地位。再加上条块分割、部门分割、政出多门、各行其是、长官意志、权大于法,就更容易使市场秩序变为无序和紊乱状态。因此,从根本上讲,要建立我国社会主义市场经济流通新秩序,就是要充分发挥市场机制的作用。为此,第一,要加快国内统一市场的建设,打破地方保护主义。第二,要继续发展和完善市场体系。只有在完善的市场体系的条件下,所有的市场主体才能够平等、自由、有序地进行经营活动。如果市场体系不完善或畸形发展,导致政策倾斜、受益不均,客观上就为非法经营提供了种种借口。处于不同地位的经营者为了争取优势的经营条件,或以权弄势(指商品、资金或经营条件的优势),或以钱买势,从而出现不正之风,扰乱正常的市场流通秩序。第三,创造公平竞争的市场环境。竞争是市场经济的产物,并作为外在的条件推动市场经济的发展。不正当竞争和垄断都是影响平等竞争的主要障碍,也是造成市场秩序混乱的重要原因。因此,要创造公平竞争的市场环境,必须反对不正当竞争和垄断。这样,如前所述,就必须加强我国反不正当竞争法的执法和反垄断法的立法工作。

8. 建立信用和信息传递系统,加快信用机制的建设。良好的信用机制是确保市场秩序的重要条件。要建立良好的信用机制,有必要建立有效的交易者行为信息传递系统,这样可以有效地加强对交易者行为的监控。在当今市场经济的环境中,交易往往具有不确定性,经常发生在互不相识的市场主体当中,如果没有有效的交易者行为信息传递系统,某些不法交易者就会在这个地方行骗之后,又到另一个地方照样行骗。当前假冒伪劣商品横行、欠债不还等不良现象的出现是社会缺乏信用观念的重要表现,而没有建立起有效的交易者行为信息传递系统又是造成这一现象的重要原因。因此,健康的市场秩序客观上要求建立信用和信息传递系统以及相应的信用机制。

9. 市场参与者要认真学习和研究国际商业惯例和规则,尤其是 WTO 的运行规则,一方面可以迎接国际化竞争的挑战,另一方面也可以确保国内市场国际竞争的秩序性。

10. 进一步强化市场观念,树立市场经济的思想意识和道德标准。要明确哪些是市场经济流通中的正常现象,哪些是不正常现象;哪些是商业行为,哪些是非商业行为;哪些是合法经商,哪些是非法经商。只有统一认识,分清是非,才不会引起思想混乱,才不会增大改革的心理压力和无形阻力,才能降低改革成本,推动市场经济流通新秩序的建立。

四、市场秩序与商业行为

(一)规范商业行为是维护市场秩序的重要条件

商业行为有特定的内涵,不是任何一种买卖行为都可以成为商业行为、都是合法的交易。商业行为是指为法律所认可,以社会分工为基础,以提供商品和劳务为内容的营利性的买卖活动。商业行为是商业职能的具体表现,通过商业行为连接生产与消费,使社会再生产过程构成统一的整体,从而推动国民经济协调、稳定、持续地发展。

规范商业行为,包括规范商业主体、规范交易规则和规范商品运行程序三个方面的内容。它是市场秩序有序进行的重要条件。这是因为:规范商业行为,一是可以划清商与非商的界线,有利于合理调整商业结构,规划商业的发展,保证社会再生产顺利进行;二是可以划清合法经商和非法经商的界线,保护合法经商,保证商业活动有序地进行;三是可以划清商业的合法利益和非法利益的界线,取缔与制止非商活动和非法经营,保护消费者的合法权益。可见,规范商业行为对保证良好的市场秩序是十分重要的。

(二)商业行为的划分

按照国际惯例划分,商业行为可以分为四种:一是直接媒介商品交换的活动。如批发、零售业直接从事商品的收购和销售活动,称为"买卖商";二是为"买卖商"直接服务的商业活动。如运输、仓储、居间行为、加工整理等,称为"辅助商";三是间接为"买卖商"服务的活动。如金融、保险、信托、租赁等,称为"第三商";四是具有劳务性质的活动,如旅店、宾馆、饭店、理发、浴池、影剧院、商品信息、咨询等劳务服务,称为"第四商"。它们的共同特点是,利润来自直接或间接为社会提供商品、劳务、资金、信息和技术,是提供有效商品和服务的酬报,而不是来自非法的掠夺、欺诈和受贿。

结合我国的特点,商业行为大致可以分为以下几种表现形式:①通过再售卖形式获得合法利润为目的的商品采购行为。②商法人、商自然人和生产企业所属的商业机构进行推销商品的行为。包括批发和零售。③利用自己的场地、设备、技术和服务性劳动,为消费者提供服务、劳务的营利性行为。④为消费者加工、复制、提供食品的售卖行为。⑤为商品使用价值的维护、延长和再生而进行的维修、加工、改制的行为。⑥承担和承揽商品储存、保管,以及货物运输的行为。⑦提供技术、劳务、承担加工订货、来料定做、售卖劳务的行为。⑧代购代销和信托寄售的销售行为。⑨租赁行为。⑩提供商品信息,进行企业诊断,参与企业决策的咨询行为。⑪从事商业性居间行为。包括信托行、交易所、贸易货栈、经纪行或经纪公司、经纪人等。⑫城乡集市贸易行为。

(三)商业职业道德与商业行为

总的来讲,商业职业道德是规范商业行为的思想基础。

所谓道德，是指人类社会依据一定的利益要求，以是非、善恶为标准，调整人们社会关系的行为规范和准则。任何社会的道德观念都是与当时的社会经济关系相适应的，并反映当时社会经济关系的要求。因此，经济发展水平不同，道德水平也不一样；不同的社会形态有不同的道德标准。市场经济作为一种经济关系，必然要求一定的道德观念与之相适应。在市场经济体制下，社会为了维护一定的社会秩序，要求通过一定的道德要求和道德观念去规范社会关系和人际关系，规范人们社会活动中最基本的共同行为。这就是说，市场经济的发展也包含着道德的进步和职业的规范。

商业道德作为职业道德，它是商业经营思想、经营作风和经营行为的最基本的规范和准则，是经营者正确处理同消费者、生产者和其他经营者关系的最起码要求。特别是在市场经济条件下，不道德的商业行为是造成市场和流通无序的重要原因。这是因为：第一，市场这只“看不见的手”的作用，可能诱导人们产生损人利己的思想，用种种不道德乃至非法手段牟取暴利。第二，商品与货币在市场经济中占重要地位，可能使一部分人产生商品拜物教和货币拜物教的倾向，从而不择手段地去获取商品和金钱。第三，市场经济所遵循的等价交换原则，可能侵入政治生活和伦理道德领域，使一部分人滋生唯利是图的思想，搞权钱交易，甚至出卖自己的人格和良心。

因此，正常的市场秩序要求建立在规范的商业道德基础上，以商业职业道德来约束商业活动，建立起对等的交易关系，保证商品交换有序进行。同时，商业道德又通过社会舆论的力量，谴责市场交易中的不道德行为，建立正确的行为导向，使商人、商法人自觉地遵守商业道德规范，维护市场交易秩序。

五、建立市场秩序的目标体系

市场秩序的目标体系可以从三个方面加以规范。

（一）交易行为的规范

交易行为是由国家法律、交易契约和商业惯例多层次制约下的自由交易行为，只有这样，才能保证平等互利、等价交换、自愿让渡等市场原则得到贯彻。交易行为无序是市场和流通无序的主要表现。交易行为扭曲、异化和错位，必然导致市场和流通混乱，投机过度，非法经商盛行，市场失控，物价波动，直接影响国民经济生活正常进行。交易行为规范化程度是市场经济是否成熟的重要标志，是市场秩序好坏的重要反映。交易行为的规范主要包括：①经营主体的合法性。即经营主体应是经工商行政管理主管部门批准的商法人或商自然人，有证经营，合法经商。②经营行为的规范性。即经营主体遵守商业职业道德和商业惯例，遵守国家的政策和法令，遵守市场交易规则，维护消费者利益，杜绝不正当竞争。③经营范围的政策性。即经营主体遵照国家主管部门核准的经营范围开展经营活动。严禁经营国家明令禁止的“毒品、黄色制品和走私物品”。④经营利润的合理性。即商业经营除必须获得正常的平均利润以外，还应允许获得一定的风险利润和机会利润，但必须严禁任意加价、抬价、弄虚作假等违法活动和暴利行为。

（二）市场运行机制的规范

市场运行机制的规范就是要培育和健全市场体系，完善市场服务机制、中介机制和监督机制，创造宽松、平等的市场环境，保证交易高效有序地进行。这方面主要包括：①规范市场运行制度，制定市场禁入条例，在扩大市场开放的同时，严惩严罚一切违法和非法经营，实行“定期禁入”“行业禁入”“终身禁入”制度，净化市场环境，规范交易行为。②规范市场服务制度，建立和完善市场服务体系。包括金融保险、运输保管、邮电通信、代购代销、生活设施等，明确服务范围，落实服务责任，明码收费标准，创造良好的市场环境。③规范市场中介组织，发挥市场运行自我协调、自我组织的功能。市场是纵横交错的流通整体，需要通过中介组织进行上上下下、里里外外的衔接和沟通，这样才能促进产销有机地结合。要规范中介组织机构、职能和收费标准，加强对市场中介组织的监督和管理，不断提高市场的组织化程度和自我协调能力。④规范市场监督制度，完善自我约束机制，实行职能部门监督与企业自我监督、主管部门监督与社会监督、舆论监督与群众监督相结合，建立多层次的监督体系。既要监督经营者的经营行为，也要监督市场管理者的执法行为。

（三）政府干预行为的规范

政府干预是市场稳定、有序、繁荣发展的基本保证。但是，如果政府干预不规范，政出多门、朝令夕改，也会给市场造成混乱，给非法经营者以可乘之机。要实现政府干预的权威性、有效性和经常性，同样必须规范政府的干预行为，使政府干预行为制度化、法治化、规范化。这方面主要包括：①规范市场干预制度，包括政府干预市场的条件、范围、手段和途径，建立相对稳定的干预体系，明确干预的职能部门，加强市场的统一管理，防止多方插手，政出多门，相互干扰，造成政府干预行为的混乱。②规范市场竞争制度，制定有关反垄断的法规，防止主管部门、公众团体、公用事业单位滥用市场支配地位和政治权力进行部门垄断、行业垄断和价格垄断，实行强买强卖，损害消费者的利益。③规范处罚制度。坚持法律依据、法定机关、法定程序三位一体的程序，严格执法，防止乱罚，禁止罚出多头，罚而无据。处罚混乱，不仅会失去处罚的目的性、严肃性和权威性，而且还容易造成市场和流通秩序的混乱。④规范政府调节市场制度，包括政府直接干预和间接调控制度。政府直接干预是指在特定条件下，政府对某种商品、某个部门实行专卖、专营、统购统销或直接经营，规范政府的直接干预就是要规范直接干预的条件、范围和相应的法律程序。建立和健全国家市场调节基金和储备制度。通过调节供求，避免市场剧烈波动，保证社会稳定。⑤规范市场管理法规，逐步建立起保证市场正常、有序进行的法制体系。

思考题

1. 简述商业竞争的客观性。
2. 简述商业竞争的主要内容。
3. 何为不正当竞争？我国《反不正当竞争法》中规定了哪些不正当竞争行为？
4. 何为市场垄断？何为行政垄断？何为行政性市场垄断？
5. 简述垄断组织的演变过程。
6. 简述转轨过程中我国市场垄断的特征。
7. 简述转轨过程中我国市场垄断形成的原因。
8. 简述市场秩序的含义。
9. 简述市场秩序的特点。
10. 简述市场秩序建立的条件。
11. 简述如何建立我国市场经济流通新秩序。
12. 何为商业行为？商业行为有哪几种？
13. 简述商业职业道德与规范商业行为的关系。
14. 简述如何建立市场秩序目标体系。

参考文献

[1]马克思,恩格斯. 马克思恩格斯全集[M]. 北京:人民出版社,1972.

[2]马歇尔. 货币、信用与商业[M]. 北京:商务印书馆,1986.

[3]康芒斯. 制度经济学[M]. 北京:商务印书馆,1983.

[4]科斯. 论生产的制度结构[M]. 上海:上海三联书店,1994.

[5]科斯,阿尔钦,诺斯,等. 财产权利与制度变迁[M]. 上海:上海三联书店,1991.

[6]熊彼特. 经济发展理论:对于利润、资本、信贷、利息和经济周期的考察[M]. 北京:商务印书馆,1990.

[7]林文益. 贸易经济学[M]. 北京:中国财政经济出版社,1995.

[8]李金轩. 市场运行原理[M]. 北京:中国人民大学出版社,1996.

[9]黄国雄,曹厚昌. 现代商学通论[M]. 北京:人民日报出版社,1997.

[10]马龙龙. 商业学[M]. 北京:中国人民大学出版社,1998.

[11]祝合良. 现代商业经济学[M]. 北京:北京经济学院出版社,1994.

[12]杨再平. 市场论[M]. 北京:经济科学出版社,1997 .

[13]易宪容. 现代合约经济学导论[M]. 北京:中国社会科学出版社,1997.

[14]黄达. 货币银行学[M]. 北京:中国人民大学出版社,1999.

[15]郭冬乐,宋则. 中国商业理论前沿[M]. 北京:社会科学出版社,2000.

[16]纪宝成. 商品流通论:体制与运行[M]. 北京:中国人民大学出版社,1993.

[17]万典武,贾履让. 市场经济下的批发商业[M]. 北京:经济管理出版社,1993.

[18]曹厚昌. 商务代理指导[M]. 北京:人民日报出版社,1996.

[19]祝合良. 期货贸易精要:案例与分析[M]. 北京:石油工业出版社,1998.

[20]鲍尔索克斯,克劳斯 . 物流管理[M]. 林国龙,译. 北京:机械工业出版社,1999.

[21]曾强. 电子商务理论与实践[M]. 北京:中国经济出版社,2000.

[22]彭星闾,叶全良. 建立市场新秩序:中国市场规则研究[M]. 北京:中国财政经济出版社,1997.

[23]王根蓓. 市场秩序论[M]. 上海:上海财政大学出版社,1997.

[24]"市场秩序评价体系"课题组,国家工商行政管理局市场司. 建立有中国特色的市场秩序评价体系[M]. 北京:工商出版社,1997.

[25]纪宝成. 转型经济条件下的市场秩序研究[M]. 北京:中国人民大学出版

社,2003.

[26]罗森布罗姆.营销渠道管理[M].北京:机械工业出版社,2003.

[27]黄国雄.国计与民生:论中国商品流通理论创新和实践的发展[M].北京:中国商业出版社,2014.

[28]三谷宏治.商业模式全史[M].南京:江苏凤凰文艺出版社,2016.